# 인간이란 무엇인가

국립중앙도서관 출판시도서목록(CIP)

인간이란 무엇인가 / 에른스트 캇시러 지음 ; 최명관 옮김.
 -- 개정판. -- 서울 : 창, 2008    p. ;    cm

원표제: Essay on Man
원저자명: Ernst Cassirer
색인수록
영어 원작을 한국어로 번역
ISBN  978-89-7453-152-2 93110 : ₩13000
철학적 인간학[哲學的人間學]
114-KDC4
128-DDC21        CIP2008001491

# 인간이란 무엇인가

에른스트 캇시러 지음 / 최명관 옮김

## 옮긴이의 말

이 책은 Ernst Cassirer의 *An Essay on Man*(Yale Univ. Press, 1944)의 완역이다. 이 책에는 <인간 문화의 철학에 대한 서론>(An Introduction to a Philosophy of Human Culture)이라는 부제가 붙어 있다. 옮긴이는 1957년에 이 책을 『人間論』이라는 제목으로 역간한 바 있고, 1969년에는 『人間이란 무엇인가?』란 제목으로 각주 없이 간행한 바 있다. 이번에 다시 출판함에 있어, 전에 잘못 번역했거나 잘못 해석했던 점들을 적지 않게 고치고, 오식들을 바로 잡았으며, 또 독자들이 이해하기 쉽도록 표현을 정확하고 부드럽게 하려고 힘썼다. 이 책의 역서를 처음 낸 지 어느덧 30여 년의 세월이 흘러갔다. 이제 앞으로는 다시 더 개선할 기회가 없을 듯하다. 그러므로 이 역서가 역자로서는 마지막 결정판이라고 생각한다.

1957년에 나온 역서의 판권 난에는 4291년이라고 단기(檀紀)가 씌어 있다. 그 책의 옮긴이의 서문에는 지금 돌이켜 생각해 보면 낯이 좀 뜨거워질 정도의 대담한 어조로 실존 철학을 비판한 것이 있다. 그것은 옮긴이가 이 책을 번역하게 된 동기의 일면을 보여주기도 하고, 옮긴이의 사상의 발전 내지 편력의 일면을 보여주기도 하여 아래에 그 일부를 적는다.

실존주의 내지 실존 철학은 현대의 유행 철학이다. 그것은 걷잡을 수 없이 혼란을 극하게 된 현대의 시대적 정세로 말미암아 현대인의 마음 깊숙이 생긴 심각한 허무감에서 잉태되고 또 개화하였다. 그러므로 그것은 먼저 존재의 해명에서 출발하나, 그 해부의 중심 대상은 구토요 또 불안이며, 그 안타까이 찾아 얻으려는 것은 자기의 자유다. 그리하여 그것은 깊이 자기의 의식을 파헤치는 데 능하다. 고민하는 현대 정신의 자연적 발로라고나 할까.

상징주의 철학은 실존 철학과 더불어 그 방향과 색채를 달리한다. 그것은 우선 <인간이란 무엇이냐?>는 물음을 제기하고, 이에 대하여 <상징적 동물>이라는 정의를 내린 후 인간의 모든 활동에 있어서의 상징적 기능을 밝힌다. 인간 문화는 바로 인간 활동의 소산이요, 인간의 상징적 기능의 소산이다. 그러므로 캇시러에게 있어서 상징주의는 인간 문화의 본성과 본질을 파악하게 하는 열쇠다.

인간은 심볼(상징)을 사용함으로써 그 주변 환경의 구체적인 개별적 사물과의 직접적인 관련을 넘어서서 또한 세계의 전체적인 주체적 시야를 얻을 수가 있었다. 구체적 존재만의 세계를 떠나 또한 추상의 세계를 노닐 수 있었다. 사실에만 매이지 않고 이상을 바라보고 또 그 이상에 나아갈 수 있었다. 그리하여 그는 인간 문화라는 귀중한 건축물을 세울 수 있었던 것이다.

실존 철학은 구체를 강조하며, 상징 철학은 추상을 높이 평가한다. 저것은 침잠하며, 이것은 진취한다. 저것은 의식의 철학이요, 이것은 문화 건설의 철학이다. 그렇다고 하면 실천 철학이 팽배한 오늘날, 상징 철학 또한 그 충분한 존재 이유(raison d'être)와 가치를 지니고 있다고 하겠다.(1958년 5월 3일)

이 서문 속에 <상징주의>나 <상징 철학>이라는 말이 쓰이고 있다. 캇시러의 철학을 이런 말로 부르는 데는 문제가 있다고 하겠다. 물론 세 권으로 된 그의 주저 *Philosophie der symbolischen Philosophie*는 흔히 『상징 형식의 철학』으로 번역되고 있다. 그런데 이 <상징>이란 말 자체가 애매하고, symbol이라는 말을 <상징>으로 옮기는 것이 꼭 옳아 보이지 않는 경우가 이 책에도 적지 않게 있다. 그래서 때로는 <상징>, 때로는 <심볼>이라고 옮겼다. 캇시러에게 있어서 Symbol이란 인간의 정신이 그것을 통해서 외부 세계 혹은 내부 세계를 이해하고 관계하는, 그리고 의미를 지닌 매개물이라 할 수 있다.

1969년에 이 책을 새로 엮을 때 옮긴이는 다음과 같은 서문을 썼다.

인류의 오랜 꿈이 드디어 실현되었다. 1969년 7월 21일 인간이 달에 첫 발을 내어 디뎠다. 온 세계의 인류는 찬탄의 마음으로 아폴로를 바라보았다. 그것은 인간의 지식, 과학의 승리였다. 분명히 인류 역사의 새로운 기원을 여는 일이었다. 인간은 그 지능의 무한함을 과시하는 동시에, 이 위대한 업적으로부터 앞으로 많은 열매가 맺게 되어 인류의 복지에 기여할 것을 기대한다.

그러나 이 지구 위에는 아직도 많은 문제가 남아 있다. 그렇게도 눈부신 과학적 승리와 인간 지혜의 개가가 울려 퍼지는 반면에, 세계에는 얼마나 많은 어두운 그림자가 드리우고 있는가. 그 중에도 월남 전쟁, 미국의 흑백 분규는 가장 비참한 인류 역사의 한 페이지를 기록하고 있다. 소위 선진국이라는 나라의 젊은 청년들이 히피라는 이름 아래 해괴한 몸차림과 놀음을 하는 것을 현대의 모순, 즉 인간 지혜의 놀라운 발달과 인간들의 비참한 증오 및 살육 사이의 모순에서 빚어진 것으로 볼 수는 없을 것인가.

여기에 문제가 있다. 인간은 달을 정복하였다. 그러나 자기들 자신은 정복하지 못하고 있다. 이 지구 위에는 아직 전쟁과 증오가 남아 있다. 그렇다면 인간이란 무엇인가? 인간의 정신은 우주의 신비를 파헤칠 무한한 능력을 가지고 있다. 그러나 그 마음 속에는 아직도 어두운 세력이 있다. 이리하여 달을 정복한 것을 경탄한 인류는 다시 자기들 스스로의 문제로 돌아가지 않을 수 없다. 그렇게도 놀라운 능력을 가진 인간이 자신들 사회의 문제, 세계 평화의 문제를 해결하기에는 까마득한 처지에 있는 것은 어찌된 것인가? 사실 세계 평화를 이룩한다는 것은 달에 상륙하는 것보다도 더 어려운 일인 것 같다. 그만큼 <인간이란 무엇인가?>라는 문제는 어려운 문제인 것이다.

이러한 시대를 당하여 우리는 캇시러의 <인간이란 무엇인가?>에 관한 사상을 다시 음미해 보려 한다. 캇시러는 인간이 무엇인지는 인간이 만들어 낸 문화를 통해서만 알 수 있다고 생각한다. 그리하여 그는 인간 문화의 본질을 밝힌다. 말하자면 간접적인 길을 통해서 인간을 알자는 것이다.

캇시러가 생각하는 인간은 그 상징의 기능을 통해서 우주를 정복할 수 있는 이성의 힘을 가진 존재다. 그러나 그 이성의 힘에는 한계가 있다. 인간은 그 이성의 힘으로 문화의 세계를 창조하였다. 이 문화의 세계는 본래 광명과 평화의 세계다. 문화의 참된 정신은 평화를 지향하는 것이다.

캇시러의 문화 철학은 우리로 하여금 위대한 문화가 어떤 것이며 그러한 문화 창조가 어떻게 이루어지는가를 이해하게 해준다. 그리고 우리도 그러한 문화를 건설하여 참되고 위대한 인간이 될 것을 바라마지 않게 하는 힘을 가지고 있다. 또 이 문화 건설과 그 문화의 향유는 평화를 사랑하는 마음에서 우러나오는 것이며 또 평화를 지향하는 것이 아니어서는 안 된다는 것을 마음 속 깊이 느끼게 해 준다. 이러한 의미에서 캇시러의 인간 및 문화에 관한 사상은 현대를 사는 우리들에게 큰 유익이 된디고 히겠다.

위에 적은 서문 중에 캇시러 철학의 성격에 관하여 말한 것에는 그의 철학에 대한 정확하지 못한 해석이 들어 있을지 모른다. 그러나 어쨌든 캇시러의 철학은 어디까지나 관념론내지 이상주의(Idealismus)

라고 할 수 있다. 그런 만큼 인간의 본성 속의 어두운 면들에 대한 언급이 별로 없는 것이 그의 철학의 약점이라면 약점이라 할 수 있다.

1979년에 세 번째로 다시 엮은 역서를 낼 때에는 역자 후기에 캇시러의 생애와 업적에 관하여 약간 자세한 언급을 하였다. 그러나 옮긴이가 1985년에 편저로 낸 책 『캇시러의 철학』에 캇시러의 생애와 업적에 관하여 자세하게 서술하였으므로, 이 방면에 관심이 있는 독자는 그 책을 참고하기 바란다. 그 책에서는 또 『An Essay on Man』, 즉 이 역서의 원서와 『국가의 신화(The Myth of the State)』를 될수록 이해하기 쉽게 요약하였고, 캇시러의 철학에 관한 좀 전문적인 논문 두 편을 실었다. 이것들이 캇시러의 철학에 대한 독자의 이해에 도움이 되면 다행이겠다.

독자의 이해를 돕기 위하여 원서에 표기된 영어 이탤릭체는 볼드체로, 라틴어는 < >로 표시하였다. 이 역서를 다시 엮어내는 데는 원소 정리와 색인 작성 등에 숭실대학교 대학원 철학과에서 석사 과정을 밟고 있는 문시영 군과 박삼열 군의 도움이 컸다. 그들의 노고를 치하하며 감사를 표한다.

1988년 4월 19일 상도동 숭실대학 연구실에서
최명관

## 지은이의 말

 이 책을 쓰게 된 것은 무엇보다도 영국과 미국의 내 친구들이 나의 『상징 형식의 철학』(Philosophie der symbolischen Formen)을 영어로 번역, 출판하여 주기를 거듭 요청하였기 때문이다. 나 스스로도 원하였지만 그들의 요청에 보답하고자 그 일을 시작하여 놓고 보니, 그것이 도저히 될 수 없는 일이요 또 현재의 형편으로 보아 이전의 책을 그대로 전부 옮겨 놓는다는 것이 옳아 보이지도 않는다는 것을 알았다. 그리고 독자들이, 어렵고 추상적인 문제를 다룬 세 권의 연구서를 읽는다는 것도 쉬운 일이 아니어서 세밀한 주의를 집중하여야만 될 것이다. 그러나 한편 지은이의 입장에서 보더라도 25년 이상이나 되는 옛날에 계획되고 쓰인 저작을 그대로 세상에 내어 놓는다는 것이 도무지 신통하여 보이지 않았다. 그 때 이후로 지은이는 그 문제에 대한 연구를 계속하여 왔다. 나는 많은 새로운 사실을 배워서 알았으며 또 여러 가지 새로운 문제에 부딪쳤다. 낡은 문제들도 다른 각도에서 보이고 또 새로운 빛 속에 나타나고 있다. 이 모든 이유로 인하여 나는 새로운 출발을 해 완전히 새로운 책을 한 권 쓰리라 결심하였다. 이 책은 전에 쓴 책보다 훨씬 짧은 것이 아닐 수 없다. 레싱은 "큰 책은 큰 악이다"라고 말했다. 『상징 형식의 철학』을 쓸 때 나는 주제 자체에 너무 열중하여 그만 이 금언을 잊었거나 소홀히 했었다. 지금 나는 레싱의 말을 더욱 옳다고 느낀다. 나는 이 책에서 여러 사실을 자세히 설명하고 또 여러 학설을 길게 논의하지 않고, 오히려 철학적으로 특별히 중요하다고 생각되는 몇 가지 문제에 초점을 둘 것과 나의 생각들을 될 수 있는 대로 간단히 그리고 명료하게 표현하려고 노력하였다.

그래도 이 책은 언뜻 보기에 서로 크게 다른 주제들을 다루지 않으면 안 되는 것이었다. 심리학, 존재론, 인식론의 문제에 관심을 가지며, 신화와 종교, 언어와 예술, 과학과 역사에 관한 여러 장을 포함하고 있는 책은, 그것이 종류와 성질이 아주 다른 여러 가지 것의 <혼성>(mixtum compositum)이라는 비난을 받기 쉽다. 바라건대 독자는 이 책을 읽은 후 그러한 비난이 근거 없는 것임을 알았으면 한다. 독자로 하여금 이 책에서 문제된 모든 주제가 결국 하나의 주제임을 확신시키는 것이야말로 나의 주된 목표들 가운데 하나였다. 이 여러 주제는 하나의 공통되는 중심으로 나아가는 제각기 다른 여러 갈래의 길이다. 그리고 나의 생각으로는 이 중심을 찾아내고 결정짓는 것이 문화 철학이 할 일이다.

이 책의 문체에 관하여서 말하면, 내가 모국어가 아닌 언어로 쓰지 않을 수 없었던 데 어려움이 있었음은 두말할 것도 없다. 나의 친구, 뉴저지 주립 사범대학의 페테그로브(J. Pettegrove)의 도움을 입지 않았더라면 도저히 이 장애를 극복할 수 없었을 것이다. 그는 원고 전부를 교정하고 언어학상 및 문체상의 모든 질의에 대하여 친절하게 조언하여 주었다. 그리고 또한 이 책의 내용에 관해서도 많은 가치 있고 타당한 비평을 가하여 준 데 대하여 그에게 힘입은 바가 매우 크다.

나는 여러 가지 점에서 쉽사리 그 어떤 통속화도 되지 않는 하나의 주제에 대한 <통속적인> 책을 쓰려 하지 않았다. 한편 이 책은 학자나 철학자만을 위한 것은 아니다. 인간 문화의 근본 문제들은 인간이 일반적으로 흥미를 가지는 바요, 또 일반 대중이 거기 가까이 나아갈 수 있도록 되지 않으면 안 된다. 그러므로 나는 전문어를 모두 피하고 나의 사상을 되도록 명료하고 또 간결하게 표현하려 하였다. 그러나 나의 비평가들이 스스로 조심하여야 할 것은, 내가 여기에서 할 수 있었던 일은 나의 이론의 제시이기보다 오히려 설명이요, 예시라는 점이다. 이 책에 담긴 여러 문제의 더욱 세밀한 논의와 분석은 나의『상징 형식의 철학』에 있는 자세한 설명으로 되돌아 갈 것을 요청하지 않을 수 없다.

독단적인 문체로 표현된 기성의 이론을 독자들의 마음에 주입하지 않는 것이 나의 간절한 소원이다. 나는 항상 어떻게 하면 저들을 스스로 비판하는 처지에 놓을 수 있을까 심려하여 왔다. 물론 나의 주된 주장이 근거하고 있는 경험적 증거의 전부를 저들의 눈 앞에 환히 제공하여 준다는 것은 불가능한 일이었다. 그러나 나는 적어도 여러 분야의 표준이 되는 저술로부터 충분하고 자세한 인용을 하여 독자에게 보여주려고 하였다. 독자가 여기서 볼 수 있는 것은 결코 완전한 문헌은 아닐 것이다. 그러한 문헌의 제목만 하더라도 나에게 허락된 지면을 훨씬 넘는 것이다. 나는 내가 가장 크게 힘입었다고 느끼는 저자들의 글을 인용하는 것과 또 대표적인 중요성과 최대의 철학적 흥미가 있다고 생각되는 실례들을 선택하는 것에 스스로 만족하지 않을 수 없었다.

헨델(C. W. Hendel)에게 이 책을 드림으로써 나는 백절불굴의 열성을 갖고 나를 도와 이 책을 준비하게 해 준 사람에게 깊은 감사의 정을 표하려고 한다. 내가 이 책의 대체적인 계획을 말한 것은 그가 처음이었다. 이 책의 내용에 대한 그의 깊은 관심과 저자에 대한 그의 우애에 넘치는 개인적 관심이 없었던들 나는 도저히 이와 같은 책을 출판할 용기를 갖지 못하였을 것이다. 그는 원고를 예닐곱 번이나 읽었으며, 나는 언제나 그의 여러 비판적 시사를 받아들일 수 있었다. 그 모든 시사는 매우 크게 도움이 되었고 또 가치 있는 것이었다.

그러나 이 책을 드리는 것은 다만 개인적인 일에 그치지 않고 또한 <상징적> 의미를 갖고 있다. 이 책을 예일 대학의 철학 과장이며 동시에 대학원 교무처장인 분에게 드림으로써 나는 철학과 자체에 대하여 나의 마음 속으로부터의 고마움을 표현하려 한다. 3년 전에 내가 예일 대학에 왔을 때 넓은 분야에 걸친 긴밀한 협조를 보고 나의 마음은 흐뭇한 놀라움에 가득 차 있었다. 다양한 제목에 대한 합동 연습에서 젊은 동료들과 더불어 연구한다는 것은 각별한 기쁨이요 또한 큰 특전이었다. 이것은 실로 나의 오랜 학구 생활에 있어 하나의 새로운 경험이었으며, 또 매우 재미있고 자극적인 경험이었다. 나는 언제나 감사하는 마음으로 합동 연습들을 나의 기억 속에 간직할 것이다. 이 합동 연습 가운데 하나는 역사 철학에 대한 것이요, 또 하나는 과학 철학, 셋째 것은 인식론에 관한 것으로서 헨델과 홀본(H. Holborn), 노드롭(F. S. C. Notthrop)과 마쥬노(H. Margenau), 비어슬리(M. Beardsley), 피츄(F. Fitch) 및 스티븐슨(C. Stevenson)이 행한 것이었다.

나는 이 책을 대체로 예일 대학 대학원에서의 나의 연구의 소산으로 보지 않을 수 없으며, 이 기회에 대학원장 퍼니스(E. S. Furniss)에게 지난 3년 동안 그가 나에게 베풀어 준 후대에 대하여 사의를 표하려 한다. 또한 내가 가르친 학생들에 대하여 진심으로부터의 감사의 말이 없을 수 없다. 그들과 더불어 나는 이 책 속에 담겨 있는 거의 모든 문제를 토론하였으며, 따라서 나는 그들이 이 책 속에서 그들 자신이 연구한 흔적을 많이 발견하리라는 것을 확신한다.

내가 이 책을 준비하는 데 도움이 된 연구비를 제공한 예일 대학의 풀루드 연구 기금에 대하여 사의를 표한다.

## 차 례

◆ 옮긴이의 말 ········································································· 4
◆ 지은이의 말 ········································································· 9

### 제1부  인간이란 무엇인가 ················································· 15
제1장  인간의 자기 인식에 있어서의 위기 ····························· 16
제2장  인간성에의 실마리 ······················································ 53
제3장  동물의 반동에서 인간의 반응에로 ····························· 58
제4장  인간의 공간 및 시간의 세계 ······································· 82
제5장  사실과 이상 ······························································· 105

### 제2부  인간과 문화 ···························································· 117
제6장  인간 문화에 의한 인간의 정의 ·································· 118
제7장  신화와 종교 ······························································· 132
제8장  언   어 ······································································· 194
제9장  예   술 ······································································· 240
제10장  역   사 ····································································· 296
제11장  과   학 ····································································· 357
제12장  요약과 결론 ····························································· 380

◆ 색인(이름 찾기) ······························································ 391

## 제1부

# 인간이란 무엇인가

제1장 인간의 자기 인식에 있어서의 위기 • 16
제2장 인간성에의 실마리 • 53
제3장 동물의 반동에서 인간의 반응에로 • 58
제4장 인간의 공간 및 시간의 세계 • 82
제5장 사실과 이상 • 105

## 제1장 인간의 자기 인식에 있어서의 위기

1

자기 인식이 철학적 탐구의 최고 목표라는 것은 일반적으로 인정되고 있는 듯하다. 의견을 달리하는 철학의 학파들 간의 모든 충돌에 있어서도 이 목표는 변하지도 또 흔들리지도 않았다. 이 목표는 모든 사상의 아르키메데스의 점, 즉 고정된 부동(不動)의 중심이었다. 또 가장 회의적인 사상가들조차 자기 인식의 가능성과 필요성을 부인하지는 않았다. 그들은 사물의 성질에 관한 모든 일반 원리를 불신하였으나, 그 불신은 다만 하나의 새롭고 좀 더 신뢰할 수 있는 탐구 양식을 개척하기 위해서였다. 철학의 역사에 있어서 회의론은 단순히 철저한 **휴머니즘**의 짝이었던 적이 한두 번이 아니었다. 외부 세계의 객관적 확실성을 부인하고 또 파괴함으로써 회의론자는 인간의 모든 사고를 그 자신의 존재로 돌릴 것을 희망한다. 회의론자는 자기 인식이 자아 실현의 첫째가는 선결 요건이라고 선언한다. 우리는 우리 자신의 진정한 자유를 누리기 위하여 우리를 바깥 세계와 연결시키는 사슬을 끊으려고 애쓰지 않으면 안 된다. 몽떼뉴는 "세상에서 가장 위대한 일은 자기 자신을 찾아 그 자기 자신이 되어 있을 줄을 아는 것이다"라고 쓰고 있다.

그러나 문제에 대한 이러한 접근—내성(內省)의 방법—도 회의론의 여러 의심에 대해서는 안전한 것이 못 된다. 현대 철학은 우리들 자신의 존재의 확실함이 흔들리지 않으며 논란의 여지조차 없는 것이라는 원리에서 시작하였다. 그러나 심리학적 지식의 진보는 이러한 데까르뜨적 원리를 도저히 받아들일 수 없었다. 오늘날 사상의 일반적 경향은 다시 반대의 극(極)을 향하고 있다. 현대 심리학치고 내성법만을 내세우거나 권하는 사람은 거의 없다. 이들은 대체로 그러한 방법이 매우 독단적이라고 말하고 있다. 이들은 엄밀하고 객관적인 행동주의적 태도가 과학적 심리학으로 나아갈 수 있는 유일한 방법이라고 확신하고 있다. 그러나 철저하고 극단적인 행동주의는 그 목적을 달성하지 못한다. 그것은 우리가 저지를지도 모를 여러 가지 방법론적 과오를 경고할 수는 있으나, 인간 심리학의 모든 문제를 해결할 수는 없다. 우리는 순전히 내성적인 견해를 비판하거나 의심스러워할 수는 있으나, 그것을 전적으로 억제하거나 제거할 수는 없다. 내성이 없으면, 즉 감정과 지각과 사고에 대한 직접적 의식이 없으면 인간 심리의 분야를 정의할 수조차 없다. 하지만 이 길만을 따라간다면 결코 인간의 본성에 대한 포괄적인 견해에 도달할 수 없다는 것을 인정해야 할 것이다. 내성은 인간 생활 가운데에서 우리의 개인적 경험이 얻을 수 있는 적은 부분만을 우리에게 드러내 준다. 그것은 절대로 인간 현상의 전 분야를 다 드러내지는 못한다. 비록 우리가 모든 소여 사실(所與 事實, data)을 모으고 결합하는 데 성공한다 하더라도, 우리는 여전히 인간의 본성에 대한 매우 메마르고 단편적인 그림만—한갓 투르소, 즉 미완성 작품—을 가지게 될 따름이다.

아리스토텔레스는 인간의 모든 지식이 인간의 가장 기본적인 여러 행동과 반응에 나타나는 인간성의 근본 경향에서 생겨나오는 것이라고 선언하고 있다. 감각적 삶의 전 범위는 이 경향에 의하여 결정되고 또 착색되어 있다.

모든 사람은 천성적으로 알려고 하는 욕망을 가지고 있다. 우리가 우리의 감각들에서 가지는 즐거움은 이와 같은 사실을 보여주는 표적이다. 왜냐하면 감각은 유용성을 떠나서 그 자체로도 애호되고 있기 때문이다. 그리고 다른 어느 감각보다도 시각이 그러하다. 이는 행동하려 할 때뿐만 아니라 아무런 일도 하지 않고 있을 때에도 우리는 다른 어떤 일보다도 눈으로 보는 일을 좋아하기 때문이다. 그 이유는 모든 감각 가운데에서 시각이야말로 우리로 하여금 사물들을 가장 잘 알게 해주고 또 사물들 간의 많은 차이들을 가장 잘 드러내 주기 때문이다.[1)]

이 구절은 인식을 어떻게 보는가에 대한 플라톤의 생각과는 다른 아리스토텔레스의 특색 있는 생각을 보여준다. 인간의 감각 생활에 대한 이러한 철학적 찬사는 플라톤에게 있어서는 불가능한 것이었다. 그는 결코 지식에 대한 욕망을 우리가 감각에서 맛보는 즐거움에 비교할 수 없었다. 플라톤에게 있어서는 감각 생활과 예지 생활이 넓고 건널 수 없는 심연에 의하여 갈라져 있다. 인식과 진리는 초월적인 질서, 즉 순수하고 영원한 관념들의 영역에 속한다. 아리스토텔레스도 과학적 인식이 지각만을 통해서는 가능하지 않다는 데 대해서는 확신을 가지고 있었다. 그러나 그가 이상적 세계와 경험적 세계 사이의 이러한 플라톤적 단절을 부인할 때 그는 생물학자로서 말하고 있다. 그는 이상적 세계, 즉 인식의 세계를 생명으로서 설명하려고 한다. 아리스토텔레스에 의하면, 이 두 영역에서 우리가 발견하는 것은 똑 같이

---

1) Aristotle, *Metaphysics*, Bk. A. 1980a 21. English trans. W. D. Ross, *The Works of Aristotle*(Oxford: Clarendon Press, 1924), 제8권.

끊임없는 연속이다. 인간의 지식에서와 마찬가지로 자연에서도 보다 낮은 형태에서 보다 높은 형태로 발전되어 나온다. 감각 지각, 기억, 경험, 상상 및 이성은 모두 하나의 공통되는 유대에 의하여 함께 연결되어 있다. 이것들은 그저 하나의 동일한 근본적 활동의 여러 다른 단계, 다른 표현에 지나지 않는 것이다. 이 근본적 활동은 인간에게 있어서 그 최고의 완전성에 도달하지만, 어떤 면에서 볼 때 동물과 그 밖의 온갖 형태의 유기적 생명이 공유하고 있는 것이다.

만약 우리가 이러한 생물학적 견해를 채택한다면, 우리는 인간 인식의 최초의 단계들이 무엇보다도 특히 외부 세계를 다루는 것이었다고 생각해야 할 것이다. 인간은 그 모든 직접적 요구와 실제적 관심에 있어서 그의 물질적 환경에 의존하고 있다. 인간은 그를 둘러싸고 있는 세계의 조건들에 끊임없이 자기 자신을 적응시키지 않고서는 살 수 없다. 인간의 지적, 문화적 생활을 향해서 내딛는 첫걸음은 직접적 환경에 대한 일종의 정신적 조정을 내포하는 행동이라고 할 수 있다. 그러나 인간 문화가 진보함에 따라 우리는 곧 인간 생활의 반대 경향을 만나게 된다. 인간 의식의 가장 이른 번득임에서부터 우리는 이 외향적 견해를 수반하고 또 이것을 보충하는 삶에 대한 내향적 견해를 본다. 인간 문화가 이 여러 시초로부터 발전해 온 자취를 깊이 더듬으면 더듬을수록 이 내향적 견해는 더욱 더 유력한 역할을 하게 된 것처럼 보인다. 인간의 자연적 호기심은 천천히 그 방향을 바꾸기 시작한다. 우리는 이 성장을 인간의 문화적 생활의 거의 모든 형식에서 탐구할 수 있다. 우리는 우주에 대한 최초의 신화적 설명들 속에 언제나 원시적인 **우주론**과 나란히 원시적인 **인간론**이 있었음을 발견한다. 세계의 기원에 관한 문제는 인간의 기원에 관한 문제와 함께 얽혀 있다. 종교는 이 최초의 신화적 설명들을 파괴하지 않는다. 오히려 이 설명들에 새로운 형태와 깊이를 줌으로써 신화적인 우주론과 인간론을 보존한다. 이 때 이후로 자기 인식은 한갓 이론적인 관심사로 생각되지 않는다. 그것은 단순히 호기심이나 사변의 문제가 아니라 인간의 근본적 의무이다. 이 도덕적 요청을 처음으로 가르쳐 준 것은 위대한 종교 사상가들이었다. 즉 모든 높은 형태의 종교 생활에 있어서 "너 자신을 알라"라는 격언은 하나의 지상 명령, 하나의 궁극적인 도덕적, 종교적 율법으로 생각되고 있다. 이 지상 명령에서 우리는 알려고 하는 최초의 자연적 본능의 갑작스런 반전(反轉)을 느낀다. 여기서 우리는 모든 가치의 전도(顚倒)를 본다. 세계 모든 종교의 역사 속에서—유대교, 불교, 유교 및 그리스도교 속에서—우리는 이러한 발전의 자취를 찾아볼 수 있다.

 이와 동일한 원리가 철학적 사유의 일반적 진화에도 들어맞는다. 그리스 철학은 그 가장 초기 단계들에 있어서 무엇보다도 물리적 우주에 관심을 가지고 있었던 것 같다. 우주론은 분명히 다른 모든 철학적 탐구의 분과에 있어서 우위를 차지하고 있다. 그러나 그리스 정신은 깊고 넓은 것이 그 특색이어서 거의 모든 사상가가 제각기 하나의 새로운 일반적 사상형을 보여주고 있다. 밀레토스 학파의 자연 철학을 넘어서 피타고라스 학파는 수리 철학을 발견하고 있으며, 한편 엘레아 학파의 사상가들은 처음으로 논리적 철학 사상을 인식하고 있다. 헤라클레이토스는 우주론적 사상과 인간론적 사상의 경계에 있는 사람이다. 비록 그는 아직 자연 철학자의 입장에서 말하고 있고 또 <옛 자연학자들>에 속하고 있으면서도, 인간의 비밀을 연구하지 않고는 자연의 비밀을 열어 헤칠 수 없다는 데 대한 확신을 가지고 있다. 만일 우리가 현실을 파악하고 그 의미를 이해하려 한다면, 우리는 모름지기 자기 성찰의 요구를 충족시키지 않으면 안 된다. 그러므로 헤라클레이토스는 그의 철학 전체를 "나는 나 자신을 탐구하였다"(ἐδιξησ άμην ἐμεωτόν)라는 말로 특징지을 수가 있었다.2) 그러나 이 새로운 사상 경향은 비록 어떤 의미에서는 초기 그리스 철학에 본래부터 있었기는 하지만 소크라테스 시대에 이르기까지는 아직 충분히 성숙하지 못하고 있었다. 그리하여 우리가 소크라테스의 사상과 소크라테스 이전 시대의 사상을 구분하는 경계표를 발견하는 것은 인간의 문제에서이다. 소크라테스는 결코 자기의 선인들의 학설을 공격하거나 비판하지 않았다. 그는 새로운 철학적 이설(理說)을 도입하지 않는다. 하지만 그에게 있어 이전의 모든 문제는 하나의 새로운 지적 중심과 관련을 맺게 됨으로써 하나의 새로운 빛 안에서 조명되고 있다. 그리스의 자연 철학과 형이상학의 문제들은 이 때 이후로 인간의 모든 이론적 흥미를 흡수해 버리는 것처럼 보이는 하나의 새로운 문제에 의하여 갑자기 그 빛을 잃게 된다. 소크라테스에게서는 자연에 관한 독립된 이론이나 논리학설을 볼 수 없다. 심지어 후대의 여러 윤리학 체계에서 전개된 바와 같은 의미에서의 조리 있고 체계가 세워진 윤리학설도 볼 수 없다. 오직 하나의 문제만 남는다. 그것은 인간이란 무엇인가의 문제이다. 소크라테스는 항상 하나의 객관적이고 절대적이며 보편적인 진리의 이상을 주장하고 옹호한다. 그러나 그가 알고 있는 유일한 우주 그리고 그의 모든 탐구가 지향하는 우주는, 다름 아닌 인간의 우주이다. 그의 철학은—만일 그가 하나의 철학을 가지고 있다면—정말 인간학적이다. 플라톤의 『대화편』 가운데 소크라테스가 그의 제자 파이드로스와 담론하는 광경이 그려져 있다. 그들은 산책을 하고 있었으며 얼마 후에 아테네 시의 성문 밖에 있는 한 장소에 이

---

2) Heraclitus, Fragment 101, in Diels, *Die Fragmente der Vorsokratiker*, ed. W. Krantz, 제5판(Berlin, 1934), Ⅰ, 173.

른다. 소크라테스는 그곳의 아름다움에 대하여 불현듯 찬탄해 마지않는다. 그는 자신이 높이 칭송하는 그 곳의 경치로 인하여 즐거워한다. 그러자 파이드로스가 이 즐거움을 중단시킨다. 파이드로스는 소크라테스가 마치 안내자에게 인도되는 나그네처럼 행동하는 것을 보고 놀라고 있는 것이다. "이 교외에 처음 오셨나요?"라고 그가 묻는다. 소크라테스는 자기의 대답에 상징적인 의미를 섞어서 말한다. "정말 그러하네, 나의 어진 벗이여. 그런데 그 이유를 듣고 나를 용서하여 주기를 바라네. 이유인즉 나는 지혜를 사랑하는 자이기 때문일세. 또 나의 스승이 되는 이는 나무나 마을이 아니라 도시에 사는 사람들일세."3)

그러나 플라톤이 쓴 소크라테스의 대화들을 연구할 때 우리는 그 어디에서도 이 새로운 문제에 대한 직접적인 해결을 찾아볼 수 없다. 소크라테스는 개개 인간의 성질들과 덕들을 자세히 그리고 꼼꼼히 분석하고 있다. 그는 이 성질들, 즉 선·정의·절제·용기 등의 본질을 깊이 연구하여 밝히고 그것들에 대한 정의를 내리려 한다. 그러나 그는 절대로 인간을 정의하려고 하지는 않는다. 어떻게 보면 결함으로 보이는 이 점을 설명할 수 있는가? 소크라테스는 일부러 빙빙 도는 해결책, 즉 그 문제의 깊은 곳과 참된 핵심에는 아예 파고 들어가지 못하고 문제의 표면을 스치는 데 그친 해결책을 채택하였던가? 그러나 여기서 우리는 다른 어떤 곳에서보다도 더욱 소크라테스의 반어법을 짐작해야 한다. 문제에 대해 뜻밖의 새로운 빛을 던지는 것, 그리하여 우리에게 소크라테스적 인간관에 대한 적극적인 통찰을 주는 것이 바로 이러한 소크라테스의 소극적인 답변이다. 우리는 물리적 사물의 성질을 찾아낼 때와 같은 방법으로 인간의 본성을 찾아낼 수는 없다. 물리적인 것들은 그 객관적 속성들로써 기술될 수 있으나, 인간은 오

---

3) Plato, *Phaedrus*, 230A(Jowett trans.).

직 그의 의식으로써만 기술되고 정의될 수 있다. 이 사실은 우리들이 흔히 쓰고 있는 연구 방법으로써는 해결될 수 없는 하나의 아주 새로운 문제를 제기한다. 소크라테스 이전의 철학에서 사용된 바와 같은 의미에 있어서의 경험적 관찰과 논리적 분석이 여기에서는 소용없고 또 부적당한 것이었다. 왜냐하면 사람들과의 직접적 교제에서만 우리는 인간의 성격을 들여다 볼 수 있기 때문이다. 인간을 이해하려면 인간과 실제로 대면하지 않으면 안 된다. 그러므로 소크라테스 철학의 독특한 성질은 어떤 새로운 내용에 있는 것이 아니라, 사고의 새로운 활동과 기능에 있다. 이제까지 지적 독백(intellectual monologue)으로 여겨져 온 철학은 대화로 변모하였다. 오직 대화적 혹은 변증법적 사고에 의해서만 우리는 인간의 본성에 관한 지식으로 나아갈 수 있다. 전에는 진리란 어느 한 사상가의 노력으로 파악되고 또 사람들에게 쉽사리 전달할 수 있는 일종의 기성물로 생각되었던 것으로 짐작된다. 그러나 소크라테스는 이러한 견해를 더 이상 옳다고 여길 수 없었다. 나면서부터 소경인 사람에게 보는 힘을 줄 수 없듯이 어떤 사람의 영혼 속에 진리를 주입할 수는 없다고 플라톤은 『국가』(Republic)에서 말하고 있다. 진리는 본래 변증법적 사고의 소산이다. 그러므로 그것은 서로 묻고 대답하는 주체들이 끊임없이 협동하지 않고서는 얻어질 수 없다. 따라서 그것은 경험적 대상과 같은 그 어떤 것이 아니다. 그것은 사회적 행동의 산물로 이해되지 않으면 안 된다. 여기에 이르러 우리는 <인간이란 무엇인가?>라는 물음에 대한 새로운 간접적인 답을 얻게 된다. 인간은 쉴 새 없이 자기 자신을 찾는 피조물, 즉 그 생존의 모든 순간에 자기의 생존 조건을 검토하고 깊이 연구하지 않으면 안 되는 피조물임이 밝혀진다. 인간 생활에 대한 이 깊이 있는 연구, 이 비판적 태도 속에 인간 생활의 진정한 가치가 깃들어 있다.

소크라테스는 『변명』에서 "반성 없는 삶은 살 가치가 없다"[4]라고 말하고 있다. 우리는 다음과 같이 소크라테스의 생각을 요약할 수 있을 것이다. 즉 인간은 합리적인 질문을 받았을 때 합리적인 대답을 할 줄 아는 존재로 정의된다. 인간의 지식과 도덕은 모두 이 범위 안에 포함된다. 인간이 <책임을 지는> 존재, 도덕적 주체가 되는 것은 이 근본적 능력, 자기 자신과 남에게 대답할 수 있는 능력으로 말미암은 것이다.

2

이 최초의 답은 어떤 의미에서 볼 때 항상 고전적인 답으로 남아 있었다. 소크라테스의 문제와 방법은 절대로 망각되거나 말살될 수 없다. 플라톤 사상을 매개로 하여 그것은 인간 문명의 장래의 발전 전체에 흔적을 남겼다.[5] 고대 철학 사상이 깊이 통일되어 있고 완전한 연

---

4) Plato, *Apology*, 37E(Jowett trans.).

5) 나는 여기서 인간학적 철학의 사적(史的) 발전을 개관하고자 하지는 않는다. 다만 사상의 전체적인 줄거리를 명시하기 위하여 몇 가지 대표적인 단계들만을 선택할 것이다. 인간에 관한 철학의 역사는 여전히 꼭 있었으면 하고 절실하게 요구되는 것으로 남아 있다. 형이상학, 자연 철학, 윤리 사상 및 과학 사상의 역사가 아주 자세하게 연구되어 온 것에 비하여 이 분야에서 우리는 아직 출발점에 있다고 하겠다. 지나간 세기동안 이 문제의 중요성은 더욱 더 절실하게 느껴져 왔다. 빌헬름 딜타이는 이 문제의 해결에 온갖 노력을 기울였다. 그러나 딜타이의 저작이 아무리 풍부하고 또 시사할 만한 점이 많이 있다고 하더라도 여전히 완전하지는 못한 것이었다. 딜타이의 제자들 가운데 한 사람인 베른하르트 그뢰투이젠은 인간학적 철학의 전체적인 발전을 아주 잘 서술하였다. 그러나 불행하게도 이 서술 역시 최종적이고도 결정적 단계인 우리들의 현대의 단계는 다루지 못하고 말았다. B. Groethuysen, "Philosophische Anthropologie", in *Handbuch der Philosophie* (Munich and Berlin, 1931), III, pp. 1-207 참조. 또한 Groethuysen의 논문 "Towards an Anthropological Philosophy", in *Philosophy and History, Essays presented to Ernst Cassirer*(Oxford: Clarendon Press, 1936), pp. 77-89를

속을 가지고 있다는 점에 대하여 확신을 가지는 데는 아마 이러한 그리스 철학의 처음 단계와 그리스적 로마 문화의 최후의 그리고 가장 고상한 소산 가운데 하나인, 황제 마르쿠스 아우렐리우스가 쓴 『자성록』과 비교하는 것보다 더 확실한 혹은 더 쉬운 방법은 없을 것이다. 언뜻 보기에 그러한 비교는 못마땅한 것으로 생각될지도 모른다. 왜냐하면 마르쿠스 아우렐리우스는 독창적인 사상가도 아니요 또한 엄밀하게 논리적인 방법을 따르지도 않았기 때문이다. 그 자신은 자기가 철학에 뜻을 두게 되었을 때 철학에 관한 저술가나 삼단 논법을 푸는 자가 되지 않는 데 대하여 신들에게 감사하고 있다.6)

그러나 소크라테스와 마르쿠스 아우렐리우스는 인간의 참된 성질이나 본질을 찾으려면 무엇보다도 먼저 인간 존재로부터 모든 외적 및 우연적 특성을 제거하지 않으면 안 된다는 확신을 공통으로 가지고 있다.

한 인간으로서의 자신에게 속하지 않는 것들은 그 어느 것이나 그것을 인간의 것이라 하지 말라. 그런 것들은 인간에게 속하는 것으로 볼 수 없는 것이다. 인간성은 그것들을 보증하지 않는다. 그것들은 인간성의 완성물이 아니다. 따라서 인간이 사는 목적이나 이 목적을 달성하는 데 기여하는 것, 즉 선은 그런 것들 속에 있을 수 없다. 더군다나 만일 그런 것들 가운데 어떤 것이 어떤 인간에게 속한다면, 그것들을 경멸하고 그것들로부터 얼굴을 돌리는 것은 좋지 못한 일이다. …그러니 고요한 마음을 가지고 그런 것들 또 그와 비슷한 것들로부터 자기 자신을 끊어 자

---

참조.

6) Marcus Aurelius Antoninus, *Ad se ipsum*(εἰς ἑαυτόν). Bk. 1, par. 8. 다음 구절들에서 내가 인용한 것은 대부분 C. R. Haines, *The Communings with Himself of Marcus Aurelius Antoninus*(Cambridge, Mass.: Harvard Univ. Press, 1916), Loeb Classical Library에서 온 것들이다.

유롭게 하면 할수록 더욱더 선하게 된다.7)

외부로부터 인간에게 일어나는 모든 것은 아무 소용없고 공허한 것이다. 인간의 본질은 바깥 환경에 의거하지 않고, 자기가 자기 자신에게 주는 가치에만 의존한다. 부와 지위와 사회적 명망, 심지어 건강이나 지적 천품(天稟), 이 모든 것들은 대수롭지 않은 것들이다. 오직 하나 중요한 것은 영혼의 경향, 즉 영혼의 내적 태도이며, 이 내적 원리는 혼란케 될 수 없다. "한 인간 자신을 전보다 더욱 나쁘게 하지 않는 것은 그의 생활도 또한 더욱 나쁘게 할 수 없으며, 또 그것은 외부로부터 혹은 내부로부터 손상시킬 수 없다"라고 마르쿠스 아우렐리우스는 말한다.8)

그러므로 자기 추구의 요구는 소크라테스의 생각에서와 마찬가지로 스토아 철학에서도 인간의 특권이요 그 근본적 의무로 되어 있다.9) 그러나 이 의무는 이제 좀 더 넓은 의미에서 이해되고 있다. 즉 그것은 도덕적 배경뿐만 아니라 우주적, 형이상학적 배경을 가지게 된다. "이 문제를 다음과 같이 제기하고 스스로 철저히 연구하여 밝히는 데 있어 절대로 실패하지 말라. 나는 지배적 이성이라 일컬어지는 나의 부분과 어떤 관계를 가지고 있는가?"10) 자기 자신의 자아, 자기의 **다이몬**(daimon)과 조화 있게 사는 사람은 또한 우주와 더불어 조화 있게 산다. 이는 우주의 질서와 인격의 질서가 다름 아닌 하나의 공통되는 근본 원리의 다른 표현 내지 나타남이기 때문이다. 이 상관 관계에

---

7) 같은 책, Bk. 5, par. 15.
8) 같은 책, Bk. 4, par. 8.
9) 같은 책, Bk. 3, par. 6.
10) 같은 책, Bk. 5, par. 11.

있어서 우주가 아니라 자아가 지도적 위치에 있다는 생각을 품음으로써 인간은 그의 타고난 비판력, 판단력 및 식별력을 보여주고 있다. 일단 자아가 그 내적 형식을 얻으면, 이 형식은 변하지도 않고 동요하지도 않으면서 남아 있게 된다. "일단 형성된 구체(球體)는 계속해서 둥글고 참되다."11) 이 말은 그리스 철학의 최후의 말을 처음으로 생각한 정신을 다시 한번 내포하고 설명하는 말이다. 이 정신은 판단의 정신이요, 존재와 비존재, 진리와 망상, 선과 악을 비판적으로 판별하는 정신이었다. 생명 자체는 변화하고 유동하고 있으나, 생명의 참된 가치는 그 어떠한 변화도 용납하지 않는 하나의 영원한 질서 속에서 찾아져야 할 성질의 것이다. 우리가 이 질서를 파악할 수 있는 것은 우리들의 감각의 세계에서가 아니라, 오직 우리의 판단력에 의해서이다.

판단은 인간에게 있어 중심적인 힘이요, 진리와 도덕이 한 가지로 거기서 나오는 근원이다. 왜냐하면 그것이야말로 인간이 그 속에서 자기 자신에게 전적으로 의지하는 유일한 것이기 때문이다. 그것은 자유롭고 자율적이며 자족하다.12) 마르쿠스 아우렐리우스는 다음과 같이 말한다.

스스로 마음을 산란케 하지 말라. 너무 초조해 하지 말고 너 자신의 주인이 되어 인생을 한 사람으로서, 한 인간 존재로서, 한 시민으로서, 죽을 수밖에 없는 운명을 가진 피조물로서 보아라. …세상 사물은 영혼을 건드리지 못하나니, 이는 그것들이 외부적인 것이어서 어디까지나 살아

---

11) 같은 책, Bk. 8, par. 41.
12) 같은 책, Bk. 5, par. 14 참조. Ὁ λόγος καὶ ἡ λογικὴ τέχνη δυνάμεις εαυτ
αις ἀρκούμεναι καὶ τοῖς καθ᾿ ἑαυτῦς ἔργοις.

움직일 수 없기 때문이다. 그러나 우리 마음의 혼란은 오직 우리가 우리들 자신 속에 형성하는 저 판단에서만 온다. 네가 지금 보는 이 모든 것은 쉽게 변하고 얼마 가지 않아서 있지 않게 될 것이다. 항상 마음 속에 간직할 것은 네가 이미 이러한 변화를 얼마나 많이 보아왔는가 하는 것이다. 우주는 변이(變異)요, 생명은 단정(斷定)이다.13)

스토아 학파의 이러한 인간관의 최대 장점은 이 인간관이 인간과 자연의 조화, 자연으로부터의 인간의 도덕적 독립의 감정 둘 다를 인간에게 준다는 사실에 있다. 스토아 철학자의 마음 속에서 이 두 가지 주장은 서로 충돌하지 않고 오히려 서로 밀접한 관계를 가지고 있다. 인간은 자기 자신이 우주와 더불어 완전한 균형 속에 있음을 발견하고 또 이 균형이 외부의 어떤 힘에 의해서도 혼란케 되어서는 안 된다는 것을 알고 있다. 이것이 바로 스토아 학파의 <안정부동>(安定不動, ἀταραξία)의 이원적 성격이다. 이러한 스토아 학파의 이론은 고대 문화를 형성케 하는 가장 강한 힘의 하나였다. 그러나 그것은 갑자기 하나의 새로운 그리고 여태껏 알려져 있지 않던 세력에 직면하게 되었다. 이 새로운 세력과의 충돌은 인간에 대한 고전적 이상을 그 근저에서부터 뒤흔들었다. 인간에 대한 스토아 학파 이론과 그리스도교 이론은 반드시 서로에게 적대적인 것은 아니다. 사상사에 있어서 이 둘은 서로 합동하여 작용하고 있으며, 우리는 가끔 한 사람의 사상가

---

13) Ὁ κόσμος ἀλλοίωσις ὁ βίος ὑπόληψις, Bk. 4, par. 3. 내가 참고한 영역본에는 모두 'opinion'(억견, 臆見)이라 하였는데, 내 생각에는 이 'opinion'이라는 말보다 affirmation(확언, 확정) 혹은 judgement(판단)라 하는 것이 마르쿠스 아우렐리우스의 사상을 더 적절하게 표현하는 듯싶다. opinion(플라톤의 δόξα)이라는 말은 마르쿠스 아우렐리우스가 뜻하지 않았던 변화와 불확정성의 요소를 포함하고 있다. ὑπόληψις와 같은 의미로 마르쿠스 아우렐리우스는 κρίσις, κρίμα, διάχρισις를 사용한다. Bk. 3, par. 2; Bk. 6, par. 52; Bk. 7, par. 28, 47 참조.

속에 이것들이 긴밀하게 연결되어 있음을 발견한다. 그럼에도 불구하고 그리스도교의 이상과 스토아 학파의 이상 사이의 대립에는 항상 타협할 수 없는 한 가지 문제가 남아 있다. 스토아 학파의 학설에서 인간의 근본적인 덕으로 생각되었던 인간의 절대적 독립이 그리스도교 이론에서는 인간의 근본적 부덕(不德)이요 과오가 되고 있다. 인간이 이 과오에 머무르는 한, 구원에 이르는 길은 전혀 없다. 서로 충돌하는 이 두 견해 사이의 투쟁은 여러 세기 동안 계속되었으며 근대가 시작할 무렵-르네상스 시대와 17세기-에도 그 투쟁은 여전히 한창이었다.14)

여기서 우리는 인간학적 철학의 가장 특색 있는 면의 하나를 파악할 수 있다. 이 철학은 철학적 탐구의 다른 분과들처럼 일반적 사상이 천천히 그리고 계속하여 발전한 것이 아니다. 논리학・형이상학 및 자연 철학의 역사에서도 우리는 가장 날카로운 대립을 발견한다. 이 역사는 헤겔의 말로 테제마다 그 안티테제가 뒤따르는 변증법적 과정이라고 할 수 있다. 그렇지만 이 변증법적 과정의 여러 다른 단계를 연결시키는 내적 일관성, 분명한 논리적 순서가 있다. 한편 인간학적 철학은 아주 다른 성격을 보여주고 있다. 그 참된 의미와 중요성을 파악하려면 서사시적 서술법이 아니라 극적 서술법을 택하지 않으면 안 된다. 왜냐하면 우리는 이 때 여러 개념이나 학설의 평화스러운 발전에 직면하지 않고, 서로 충돌하고 있는 정신적 세력들 간의 알력에 직면하기 때문이다. 인간학적 철학의 역사는 가장 깊은 인간의 정열들과 정동(情動)들로 가득 차 있다. 그것은 어떤 단일한 이론적 문제를 -그 범위에 있어 아무리 일반적인 것이라 하더라도-다루는 것이 아니다. 거기서는 인간 전체의 운명이 문제가 되고 있으며, 하나의 궁극

---

14) 자세한 설명은 E. Cassirer, *Descartes*(Stockholm, 1939), pp. 215 이하를 참조.

적인 결정을 집요하게 요구하고 있다.

　문제의 이러한 성격은 아우구스티누스의 저술에서 가장 명쾌한 표현을 보게 되었다. 아우구스티누스는 두 시대의 경계선에 서 있는 사람이다. 그리스도교 기원 4세기에 살았던 그는 그리스 철학의 전통 속에서 자랐으며, 그의 철학 전체에 그 자취를 남긴 것은 특히 신플라톤주의의 체계이다. 그러나 한편 그는 중세 사상의 개척자로서 중세 철학과 그리스도교 교리학의 창시자이다. 그의 『고백론』(Confessions)에서 우리는 그가 그리스 철학에서 그리스도교의 계시에 다다른 모든 단계를 더듬어 볼 수 있다. 아우구스티누스에 의하면 그리스도가 태어나기 전의 모든 철학은 하나의 과오를 저지를 수밖에 없었고 또 모두 하나의 동일한 이단에 물들어 있었다. 이성의 힘은 인간 최고의 힘으로서 찬탄되었다. 그러나 인간이 특별한 신적 계시로 계몽되었을 때까지 전혀 알지 못하였던 것은 이성 자체가 이 세상에서 가장 의심스럽고 모호한 것들 가운데 하나라는 것이다. 이성은 우리에게 환한 데로 나아가는 길, 즉 진리와 지혜의 길을 보여주지 않는다. 이는 그것이 그 자체로는 의미가 애매하고 그 기원이 신비―오직 그리스도교의 계시에 의해서만 풀릴 수 있는 신비―에 싸여 있기 때문이다. 이성은 아우구스티누스에게 있어서 하나의 단순하고 독특한 성질을 가지고 있는 것이 아니라, 오히려 이중의 그리고 분열된 성질을 가지고 있다. 인간은 하나님의 형상으로 창조되었으며 그 처음 상태에 있어서, 즉 하나님의 손에서 갓 나왔을 때 그는 하나님의 원형과 똑같았다. 그러나 아담의 타락으로 말미암아 이 모든 것을 잃어 버렸다. 이때 이후로 이성이 처음에 가지고 있었던 모든 힘은 희미하게 되었다. 그리고 이성은 절대로 단독으로는 자체의 능력을 가지고서 본래로 돌아갈 수가 없다. 그것은 자기 자신을 재건할 수 없으며, 그 자신의 노력에 의하여 이전의 순수한 본질에로 돌아갈 수 없다. 만일 그러한 개혁이 가능하다면 그것은 오직 초자연적인 도움에 의해서, 신적 은혜의 힘에 의해서이다. 이런 것이 아우구스티누스에 의해서 이해된 그리고 중세 사상의 모든 위대한 체계 속에 유지된 하나의 새로운 인간학이다. 아리스토텔레스의 제자로 그리스 철학의 근원으로 돌아간 토마스 아퀴나스도 감히 이 근본 교리에서 벗어나려고 하지 않는다. 그는 인간 이성에 대하여 아우구스티누스가 인정한 것보다 훨씬 높은 능력을 인정하고 있으나, 한편 이성이 하나님의 은혜에 의하여 인도되고 빛을 받게 되지 않는 한 이 능력들을 올바로 사용할 수 없다는 데 대하여 확신을 가지고 있다. 여기서 우리는 그리스 철학이 받들던 모든 가치가 완전히 전도됨을 본다. 한 때 인간 최고의 특권으로 보였던 것이 이제는 인간에 대한 위험이요 유혹이다. 그의 자랑인 것처럼 보였던 것이 이제는 그의 가장 깊은 부끄러움이 된다. 인간은 자기의 내적 원리, 자기 자신 속에 있는 〈다이몬〉에게 복종하고 이를 존경해야 한다는 스토아 학파의 교훈은 이제 위험천만한 우상 숭배로 생각되기에 이른 것이다.

 여기서는 더 나아가 이 새로운 인간학의 성격을 상론하여 그 근본 동기들을 분석하고 발전해 온 길을 더듬어 볼 수는 없다. 그러나 그것이 의도하는 바를 이해하기 위하여 우리는 한 가지 다른 그리고 보다 손쉬운 길을 택할 수 있다. 근대 초에 이러한 인간학에 새로운 활력과 새로운 광채를 준 사상가가 나타났다. 빠스깔의 저술에서 그것은 그 최후의 그리고 아마도 가장 인상적인 표현을 얻게 되었다. 빠스깔은 이 일을 위하여 그 이전의 어느 저자도 할 수 없었던 일을 할 수 있는 사람이었다. 그는 가장 애매한 문제를 밝히는 것과 복잡하고 흐트러진 사상 체계들을 집약하고 한 점에 집중시키는 데 있어 다른 어떤 사람과도 비교될 수 없을 만한 재능을 가지고 있었다. 그 사상의 날카로움과 그 문체의 명석함이 뚫고 들어갈 수 없는 것은 한 가지도 없어 보인다. 그에게는 근대 문학과 근대 철학의 모든 장점이 결합되어 있다. 그러나 그는 이 모든 장점을 근대 정신 즉 데까르뜨의 정신과 그 철학에 대한 무기로 사용한다. 언뜻 보기에 빠스깔은 데까르뜨 철학과 근대 과학의 모든 가정을 받아들이고 있는 듯하다. 자연 속에는 과학적 이성의 노력을 저지시킬 수 있는 것이란 하나도 없는데, 이는 기하학을 저지시키는 것이 하나도 없기 때문이다. 가장 위대하고 심오한 기하학자들 가운데 한 사람이 중세의 철학적 인간학의 뒤늦은 옹호자가 된 것은 사상사에 있어서 하나의 진기한 사건이다. 16살에 빠스깔은 원추 곡선에 관한 논문을 썼는데, 이것은 기하학적 사상에 있어 하나의 새롭고 풍부한 열매를 맺는 분야를 개척한 것이다. 그러나 그는 위대한 기하학자에 그치지 않았으며 또한 철학자였다. 철학자로서 그는 기하학의 여러 문제에만 몰두하지 않고 그 진정한 용도, 범위 및 한계를 이해할 것을 원하였다. 그리하여 그는 <기하학적 정신>과 <예민한 혹은 섬세한 정신> 사이의 저 근본적 구별을 짓는 데 이르렀다. 기하학적 정신은 완전한 분석이 가능한 모든 주제, 즉 그 최초의 여러 요소로 나뉠 수 있는 모든 문제에 있어서는 다른 어떤 것보다도 나은 것이다.15) 그것은 몇몇 공리를 가지고 시작하여 이 공리들로부터 여러 가지 추리를 해나간다. 그리고 이 추리들의 진리는 보편적인 논리적 규칙에 의하여 증명될 수 있다. 이 정신의 장점은 그 원리들의 명료함과 연역적 추리들의 필연성에 있다. 그러나 모든 대

---

15) l'esprit géométrique와 l'esprit de finesse를 구분하기 위해서는 빠스깔의 논문 "De l'esprit géométrique"와 그의 저작 *Pensées*, ed. C. Louandre(Paris, 1858), 9장, p. 231을 비교. 본문에서 인용한 것은 O. W. Wight(New York, 1861)의 영역본.

상이 이렇게 다루어질 수 있는 것은 아니다. 그 섬세함과 무한한 다양성 때문에 논리적으로 분석하려는 모든 시도를 허용치 않는 사물들이 있다. 그리고 만일 이 세상에 우리가 이러한 둘째 방법으로써 취급해야 할 것이 한 가지라도 있다면, 그것은 바로 인간의 정신이다. 인간을 특징짓는 것은 그 본성의 풍부함과 섬세함이요, 또한 그 본성의 다양성과 변통성(變通性)이다. 그러므로 수학은 결코 인간에 대한 참된 이설(理說), 즉 철학적 인간학의 도구가 될 수 없다. 인간에 관해서 말하되 마치 그가 하나의 기하학적 주제인 것처럼 말하는 것은 어리석은 일이다. 기하학의 체계를 가지고 논의하는 도덕 철학 —<기하학적으로 논증된 윤리학 같은 것>— 은 빠스깔의 생각에는 아주 불합리한 것이요 철학적 공상이다. 전통적 논리학과 형이상학은 인간의 수수께끼를 푸는 데 있어 더 나은 처지에 놓여 있지도 않다. 이것들의 첫째가는 최고의 법칙은 모순율이다. 이성적 사고, 논리적이고 형이상학적인 사고는 오직 모순이 없는 그리고 한결같은 성질과 진리를 가지고 있는 대상들만을 이해할 수 있다. 그런데 우리가 인간에게서 전혀 발견할 수 없는 것이 바로 이 불변하는 동질성이다. 인위적인 인간을 만들어 내는 것은 철학자에게 허락되어 있지 않다. 그는 있는 그대로의 진정한 인간을 그려내야만 한다. 소위 인간에 대한 모든 정의는 그것들이 인간에 대한 우리의 경험을 기초로 하고 또 이 경험에 의하여 확립되지 않는 한, 한낱 공허한 사변(思辨)에 지나지 않는다. 인간의 생활과 그 행동을 이해하는 것 이외에 달리 인간을 아는 방도는 없다. 그러나 우리가 거기서 발견하는 것은 단일하고 단순한 공식 안에 포괄하려는 모든 시도를 거부한다는 것이다. 모순이야말로 인간 실존의 진정한 요소이다. 인간에게는 <본성>이라고 할 수 있는 것이 없다. 즉 인간은 단순한 혹은 자기 동일적인 존재를 가지고 있지 않다. 그는 존재와 비존재의 이상한 혼합물이다. 그의 위치는 정반대되는 이 두 극의 사이에 있다.

그러므로 인간성의 비밀로 나아가는 길은 오직 하나밖에 없다. 그것은 종교이다. 종교는 우리에게 이중의 인간—즉 타락 이전의 인간과 타락 이후의 인간—이 있음을 보여준다. 인간은 가장 높은 목표를 향해서 나아갈 운명을 짊어진 자였으나 그 지위를 빼앗겼다. 타락으로 말미암아 그는 그의 힘을 잃어 버렸으며, 그의 이성과 의지는 그릇된 길로 빠져 들어갔다. 그러므로 "너 자신을 알라"라는 고전적 격언은 그 철학적 의미, 소크라테스, 에픽테토스, 혹은 마르쿠스 아우렐리우스의 의미에서 이해될 때, 무익한 것일 뿐 아니라 오해를 일으키는 그릇된 것이다. 인간은 자기 자신을 신뢰하며 자기 자신에게 귀를 기울일 수 없다. 보다 높고 보다 참된 음성을 듣기 위하여 인간은 자기 자신을 잠잠케 하지 않으면 안 된다. "오오 인간이여, 그대의 참된 형편을 그대의 자연적 이성에 의하여 찾는 자여! 이 때 과연 그대는 무엇이 되겠는가? 그런즉 오만한 인간아, 네가 너 자신에 대하여 얼마나 모순이 많은 자인가를 알지니라. 무력한 이성아, 스스로 낮추어라. 우둔한 본성아, 잠잠하라. 인간이 무한히 능가함을 배워 알며, 네가 알지 못하는 네 참된 형편을 네 스승에게서 들으라. 하나님께 귀를 기울여라."16)

이런 말들이 의도하는 바는 인간에 관한 문제의 이론적 해결이 아니다. 종교는 그러한 해결을 제공할 수 없다. 종교는 항상 그 적대자들에게서 어둡고 알 수 없다는 비난을 받아왔다. 그러나 이 비난은 우리가 그 참된 목적을 생각하자마자 최고의 칭송이 된다. 종교는 분명하고 이성적인 것일 수 없다. 그것이 말하고 있는 것은 하나의 흐릿하고

---

16) Pascal, *Pensées*, 10장, 1절.

침울한 이야기, 즉 인간의 죄와 타락에 관한 이야기이다. 그것은 그 어떤 합리적 설명도 할 수 없는 한 가지 사실을 드러낸다. 우리는 인간의 죄를 설명할 수 없다. 이는 죄가 도대체 자연적 원인에 의하여 만들어졌거나 어쩔 수 없이 생기게 된 것이 아니기 때문이다. 또한 우리는 인간의 구원을 설명할 수도 없는데, 이것은 이 구원이 신의 은총의 오묘한 행위에 의거하기 때문이다. 은총은 대가 없이 거저 주어지는 것이요 또 자유로이 거부되는 것인 바, 인간의 행위나 인간의 공로로서 이 은총을 받을 만한 가치가 있는 것은 하나도 없다. 그러므로 종교는 절대로 인간의 신비를 밝힐 것을 요구하지 않는다. 도리어 이 신비를 확인하고 심화한다. 종교가 논의하는 하나님은 <데우스 압스콘디투스>(Deus absconditus), 즉 숨은 하나님이다. 그리하여 그의 형상대로 지어진 인간도 다만 신비스러운 것일 따름이다. 인간 역시 어디까지나 <호모 압스콘디투스>(homo absconditus), 즉 숨은 인간이다. 종교는 결코 하나님과 인간과 그리고 또 이 양자의 상호 관계에 관한 <이론>이 아니다. 우리가 종교로부터 받는 유일의 답은 스스로 숨으시는 것이 하나님의 뜻이라는 것이다. "이렇듯 하나님께서 숨어 계신다면, 하나님께서 숨어 계시다고 말하지 않는 종교는 모두 참되지 않다. 또한 그 이유를 설명하지 않는 종교는 모두 유익한 것이 못된다. 우리들의 종교는 이 모든 것을 하고 있다. <진실로 당신은 숨어 계시는 하나님이시다.>(Vere tu es Deus absconditus.)[17] …자연은 그러한 것이므로 그것은 도처에서, 즉 사람 안에서나 사람 밖에서 잃어진 하나님을 드러내고 있다."[18] 그러므로 종교는, 말하자면 부조리의 논리이다. 왜냐하면 이래야만 그것이 인간의 부조리, 내적 모순, 수

---

17) 같은 책, 12장, 5절.
18) 같은 책, 13장, 3절.

수께끼 같은 존재를 파악할 수 있기 때문이다. "확실히 이 교설보다 더 당돌하게 우리를 놀라게 하는 것은 없다. 그렇지만 모든 일 가운데 가장 불가해한 이 신비가 없다면, 우리는 우리 자신에 대하여 불가해한 것이다. 우리들의 형편이 맺혀 있는 매듭은 이 심연 속에서 얽히고 꼬여 있다. 그러므로 이 신비가 없으면 인간은 이 신비가 인간에게 파악될 수 없는 것보다도 더욱 더 파악될 수 없다."19)

3

빠스깔의 예에서 우리가 배우는 것은 근대 초기에는 낡은 문제가 아직도 그 충만한 힘을 가지고 있는 것으로 느껴지고 있었다는 점이다. 데까르뜨의 『방법서설』(*Discours de la méthode*)이 나온 후에도 근대 정신은 여전히 동일한 난점들과 씨름하고 있었다. 그것은 서로 양립할 수 없는 두 가지 해결책으로 나뉘어 있었다. 그러나 그와 동시에 하나의 느린 지적 발전이 시작되어 그로 말미암아 인간이란 무엇이냐는 문제로 변형되고, 또 말하자면 보다 높은 수준으로 끌어 올려지고 있다. 여기서 중요한 것은 새로운 사실들의 발견이라기보다 오히려 새로운 사고 도구의 발견이다. 이제 처음으로 현대적 의미에 있어서의 과학적 정신이 새로이 등장한다. 이 때에 이르러 추구되는 것은 경험적 관찰과 일반적인 논리적 원리에 근거를 둔 일반적 인간 이론이다. 이 새롭고 과학적인 정신의 최초의 요청은, 지금까지 인간 세계를 그 나머지 자연으로부터 가르고 있었던 모든 인위적 장벽을 제거하는 것이었다. 인간적 사물의 질서를 이해하려면 우주 질서의 연구로부터

---

19) 같은 책, 10장, 1절.

시작하지 않으면 안 된다. 그리고 이 우주 질서는 이제 하나의 완전히 새로운 빛 가운데 나타난다. 새로운 우주관, 즉 코페르니쿠스의 저작에서 제창된 태양 중심설은 새로운 **인간학**을 위한 유일하게 건전하고 과학적인 기초이다.

고전적 형이상학이나 중세의 종교 및 신학은 그 어느 것이나 이 과업을 맡을 수 없다. 여러 이설이 한데 뭉쳐 있는 이 두 가지는 그 방법과 목표들에 있어서 아무리 달랐다 하더라도 하나의 공통적인 원리를 기초로 삼고 있다. 그것들은 모두 우주를, 그 속에서 인간이 가장 높은 자리를 차지하는 계층적 질서로 본다. 스토아 학파 철학과 그리스도교 신학에 있어서 인간은 우주의 목적으로 기술되고 있다. 이 이설들은 모두 세계와 인간의 운명을 지배하는 전체적 섭리가 있다는 것을 확신하고 있다. 이 생각은 스토아 학파 사상과 그리스도교 사상의 근본 전제들 가운데 하나이다.[20] 이 모든 것은 새로운 우주관에 의하여 갑자기 의문시된다. 인간이 우주의 중심이라고 하는 데 대한 인간의 주장은 그 근거를 잃었다. 인간은 그 속에서 그의 존재가 외롭고 사라져 없어지는 듯한 무한한 공간 속에 놓여 있다. 그는 말없는 우주, 즉 그의 종교적 감정과 그의 가장 깊은 도덕적 요구들에 대해서 잠잠한 세계에 둘러싸여 있다.

이 새로운 세계관에 대한 최초의 반응이 그저 소극적인 것—즉 회의와 외경의 반응—일 수밖에 없었음은 이해할 수 있는 일이요 또 정말 필연적인 일이었다. 가장 위대한 사상가들도 이 감정에서 벗어날 수는 없었다. "이 무한한 공간의 영원한 침묵은 나를 두렵게 한다"라고 빠스깔은 말하고 있다.[21] 코페르니쿠스의 학설은 16세기에 발전한 철

---

20) 스토아 학파의 섭리($πρόνοια$)의 개념에 관해서는 예를 들어 Marcus Aurelius, 앞의 책, Bk. 2, par. 3을 참조.

학적 불가지론과 회의론의 가장 강한 도구 가운데 하나가 되었다. 몽떼뉴는 인간 이성을 비판함에 있어 그리스 회의론의 여러 체계의 유명한 전통적 논의를 모두 사용하고 있다. 그러나 그는 그의 수중에 가장 강력하고 또 더할 수 없이 중요한 것이 되는 하나의 새로운 무기를 첨가한다.

물리적 우주에 대한 편견 없는 견해는 다른 어떤 것보다도 더욱 우리로 하여금 굴욕감을 느끼게 하며 또 인간 이성의 긍지를 깨뜨린다. 그는 그의 『레이몽 스봉의 변명』(*Apologie de Raimond Sebond*) 가운데 있는 한 유명한 구절에서 다음과 같이 말하고 있다.

인간으로 하여금 나에게 그 이성의 힘으로, 어떠한 기초 위에서 인간이 다른 피조물들에 대해서 그가 스스로 가졌다고 생각하는 저 위대한 장점들을 이룩하였는가를 이해하게 하라. 누가 인간으로 하여금 하늘의 궁륭(穹窿)의 놀라운 운행이, 그 머리 위에 높이 높이 돌고 있는 저 발광체들의 영원한 빛이 그리고 저 가없는 대양의 놀랍고 두려운 움직임이 인간을 위하여, 그의 편익을 위하여 만들어지고 또 오랜 세월을 두고 계속하여 존립해 간다고 믿게 하였는가? 이 가련하고 야속한 피조물, 자기 자신의 주인도 제대로 되지 못하고 도리어 온갖 사물이 주는 상처를 입기 쉬운 이 인간이 세계, 즉 그 전체를 지배하기는커녕 그 가장 작은 부분도 알 수 없는 자가 세계의 주인이요 왕이라 자칭하는 이보다도 더 어리석은 일이 다시 또 있을 수 있겠는가?[22]

인간은 항상 자기가 살고 있는 조그마한 둘레를 세계의 중심으로 보

---

21) Pascal, 앞의 책, 25장, 18절.

22) M. Montaigne, *Essais*, II, 12장. English trans. W. Hazlitt, *The Works of Michael de Montaigne*, 제2판(London, 1845), p. 205.

며, 자기만의 사사로운 생활을 우주의 표준으로 삼으려는 경향이 있다. 그러나 인간은 이러한 맹랑한 주장, 이와 같은 편협한 사고 방식 및 판단을 포기하지 않으면 안 된다.

우리 마을의 포도나무가 서리를 맞아서 마르면 교구 사제는 대뜸 하나님의 진노가 인간의 모든 족속에게 나타났다고 결론을 내린다. …우리들 시대의 이 내란들을 보고서, 온 세계의 기틀이 뒤집히고 있으며 심판의 날이 임박했다고 부르짖지 않는 자 그 누구냐? …그러나 마치 한 폭의 그림에서와 같이 우리들의 어머니인 자연의 위대한 모습을 환상 속에서 그리되 그 충만한 장엄과 영광 속에 그릴 사람, 즉 자연의 모습 속에 그렇게 일반적이고 그렇게 항존적인 다양성을 읽을 사람, 자기 자신뿐만 아니라 자기 나라 전체도 우주 전체에 비하면 붓으로 가장 작게 점을 찍은 것보다 더 큰 것이 없다고 보는 사람, 이런 사람만이 사물의 가치를 그 참된 정도와 크기에 따라 평가할 수 있다.[23]

몽떼뉴의 말은 인간에 관한 근대 이론의 그 이후의 모든 발전에 대한 열쇠를 우리에게 준다.

근대 철학과 근대 과학은 이 말들 속에 간직된 도전을 받아들이지 않을 수 없었다. 근대의 철학과 과학은 새로운 우주관이 인간 이성의 힘을 약화시키거나 방해하기는커녕 이 힘을 확립하고 확인한다는 것을 증명하지 않으면 안 된다. 이와 같은 일이 16세기와 17세기 형이상학적 체계들의 합동 노력의 과제였다.

이 체계들은 제각기 다른 길을 가고 있으나 모두 하나의 똑같은 목적을 향하고 있었다. 그것들은 이를테면 새로운 우주관이 명백히 지

---

[23] 같은 책, I, 25장, pp. 65 이하.

니고 있는 저주를 축복으로 전환시키려고 분투하고 있다. 죠르다노 브루노는 이 길에 발을 내디딘 최초의 사상가였는데, 이 길은 어떤 의미에서 근대의 모든 형이상학의 길이 되었다. 브루노 철학의 특색이 되는 것은, <무한>이라는 말의 의미가 바뀌고 있는 점이다. 그리스 고전 사상에 있어서 무한은 하나의 부정적 개념이다. 무한한 것은 끝이 없는 것이거나 불확정한 것이다. 그것은 한계를 가지고 있지 않으며 또 형태도 가지고 있지 않다. 그러므로 그것은 형태의 왕국에 살며 형태 이외의 다른 어떤 것도 이해할 수 없는 인간 이성으로서는 거기로 가까이 나아갈 길이 없다. 이러한 의미에 있어서 유한과 무한, 즉 **페라스**와 **아페이론**은 플라톤에 의하여 『필레보스』(*Philebus*)에서 필연적으로 서로 대립하는 두 근본 원리라고 단정되고 있다. 브루노의 이설에서 무한은 다시는 단순히 부정이나 한정을 의미하지 않는다. 도리어 그것은 현실의 헤아릴 수 없고 그침 없는 풍요함과 인간 예지의 한없는 힘을 의미한다. 브루노가 코페르니쿠스의 이설을 이해하고 해석하는 것은 이러한 의미에서이다. 브루노에 의하면, 이 이설은 인간의 자기 해방으로 나아가는 최초의 그리고 결정적인 한 걸음이었다. 인간은 다시는 세계 안에서 유한한 물리적 우주의 좁은 벽 틈에 갇힌 죄수로서 살지 않는다. 인간은 공중을 횡단할 수 있으며 또 그릇된 형이상학과 우주론이 세워온 천체들 간의 공상적 경계를 모두 깨뜨려 버릴 수 있다.24) 무한한 우주는 인간 이성에 대하여 제한을 설명하지 않는다. 도리어 그것은 인간 이성에 대한 커다란 자극이다. 인간의 예지는 그 여러 힘을 무한한 우주에 의하여 헤아림으로써 그 자신의 무한을 알게 된다.

---

24) 더 자세한 것은 E. Cassirer, *Individuum und Kosmos in der Philosophie der Renaissance*(Leipzig, 1927), pp. 197 이하를 참조.

이 모든 것은 브루노의 저술 속에서 과학적인 말로서가 아니라 시적인 말로 표현되어 있다. 근대 과학의 새로운 세계, 자연에 대한 수학적 이론은 아직 브루노에게 알려져 있지 않았다. 그러므로 그는 자신의 길을 추구하여 그 논리적 결론에 다다를 수가 없었다. 코페르니쿠스설의 발견으로 생긴 지적 위기를 극복하는 데는 17세기의 모든 형이상학자와 과학자들의 합동 노력이 필요하였다. 모든 위대한 사상가 -갈릴레오, 데까르뜨, 라이프니츠, 스피노자-는 이 문제를 해결하는 데 있어 각기 특별한 몫을 차지하고 있다. 갈릴레오는 수학의 분야에서 인간은 있을 수 있는 모든 지식의 절정-신의 예지의 그것보다 못하지 않는 지식-에 도달한다고 주장한다. 물론 신의 예지는 우리들보다 무한히 더 많은 수학적 진리를 알며 또 생각해 내지만, 객관적 확실성에 있어서는 인간 정신이 알게 된 몇몇 진리는 하나님에 의한 경우에 못지않게 완전히 인간에게 알려져 있다.25) 데까르뜨는 인간을 인간 자신의 의식의 한계 속이 밀폐하는 듯이 보이는 그의 보편적 회의를 가지고 출발한다. 이 마술적인 둘레에서 빠져 나오는 길-현실에의 길-은 없어 보인다. 그러나 여기서도 무한한 것에 관한 생각이 보편적 회의를 허물어뜨리게 하는 유일한 수단이 되고 있다. 오직 이 개념을 가지고서만 우리는 하나님의 실재성을 증명할 수 있고 또 간접적으로 물질 세계의 실재성을 증명할 수 있다. 라이프니츠는 이 형이상학적 증명을 하나의 새로운 과학적 증명과 결합시킨다. 그는 수학적 사고에 대한 새로운 도구-즉 미적분학-을 발견한다. 이 계산법의 규칙들에 의하여 물리적 우주는 알 수 있는 것이 되며, 자연의 법칙들은 이성의 일반적인 법칙들의 특별한 경우 이외의 다른 아무

---

25) G. Galirei, *Dialogo dei due massimi sistemi del mondo*, Ⅰ(Edizione nazionale), Ⅶ, 129.

것도 아니라는 것이 알려진다. 세계와 인간 정신에 관한 이 수학적 이론에 있어서 최후의 결정적인 단계를 이룩하는 데 돌입하고 있는 사람은 스피노자이다.

　스피노자는 하나의 새로운 윤리학, 정열과 감정에 관한 하나의 이론, 도덕 세계에 관한 하나의 수학적 이론을 건설하고 있다. 그는 이 이론에 의해서만 우리가 우리의 목적을 달성할 수 있다고 확신하고 있다. 즉 그는 한갓 인간 중심적인 체계의 여러 가지 오류와 편견에서 벗어난 <인간에 관한 철학>, 인간학적 철학의 목표를 달성할 수 있다고 확신하였다. 그것은 여러 가지 모양으로 17세기의 모든 위대한 형이상학 체계에 삼투(滲透)되어 있는 논제이며 일반적 주제이다. 그것은 인간 문제에 대한 합리주의적 해결이다. 수학적 이성은 인간과 우주의 연결자인 바, 그것은 우리로 하여금 인간과 우주 사이를 마음대로 넘나들게 한다. 수학적 이성이야말로 우주의 질서와 도덕적 질서를 진정으로 이해하게 하는 열쇠이다.

4

　1754년 더니 디드로는 『자연의 해석에 관한 수상』이라는 경구집을 출판하였다. 이 에세이에서 그는 과학의 세계에서 그 전에 수학이 차지하고 있던 우위는 이제 더 이상 확고부동한 것은 못 된다고 말하였다. 그는 수학은 더 이상 진보할 수 없을 만큼 높은 완성의 단계에 도달했으며 따라서 정체 상태에 있게 되리라고 단언하였다.

　우리는 바야흐로 과학에 있어서의 대혁명기에 이르렀다. 정신들이 도덕과 문학과 박물학과 실험 물리학에 대해서 가지는 경향에 비추어 볼 때, 나는 100년도 안 가서 유럽에서는 대기하학자를 세 사람도 세지 못하게 되리라는 것을 감히 단언할 수 있다. 과학은 베르누이, 오일러, 모페르뚜이 및 달랑베르 같은 사람들이 이룩하고 다다른 점에서 갑자기 정지할 것이다. 이들은 이를테면, 헤라클레스의 기둥 즉 지브롤터 해협을 끼고 있는 두 개의 거대한 바위 같은 세계가 다다르는 종국점을 세운 것이 되어, 사람들은 그 이상 조금도 더 전진하지 못할 것이다.[26]

디드로는 위대한 계몽 철학의 대표자들 가운데 한 사람이다.
그는 『앙시클로페디』](*Encyclopédia* 백과전서)의 편집자로서 그 당시의 모든 위대한 지적 운동의 가장 중심적인 위치에 서 있는 사람이다. 아무도 과학 사상의 일반적 발전에 대해서 그보다 더 명확한 전망을 가지지 못했으며, 또 18세기의 모든 경향을 그보다 더 날카롭게 느끼고 있던 사람도 없었다. 디드로에게서 더욱 더 특색 있고 주목할 만한 것은 계몽주의의 모든 이상을 대표하는 그가 이 이상들의 절대적 권리를 의심하기 시작하고 있다는 점이다. 그는 하나의 새로운 형태의 과학—일반적 원리들의 가정보다 오히려 사실들의 관찰에 기초를 두는, 보다 더 구체적인 성격을 가진 과학—이 발생할 것을 기대하고 있다. 디드로에 의하면 우리는 우리의 논리적, 합리적 방법을 너무 과대평가해 왔다. 우리는 이미 알고 있는 사실들을 비교하고 조직하고 체계화하는 방법은 알고 있으나, 새로운 사실들을 발견할 수 있는 방법은 얻지 못하고 있다.

우리는 자기의 재산을 셀 줄 모르는 사람은 재산을 전혀 가지고 있지 않은 사람보다 더 나을 것이 없다는 그릇된 생각을 품고 있다. 그

---

26) D. Diderot, *Pensées sur l' interprétation de la nature*, 4절; 17, 21절은 참조.

러나 우리가 이 편견을 극복하게 될 시기는 멀지 않으며, 이와 같이 될 때 우리는 자연 과학의 역사에 있어서 하나의 새로운 그리고 최고의 지점에 도달하게 될 것이다.

 디드로의 예언은 과연 들어맞았는가? 19세기에 있어서의 여러 가지 과학적 사상의 발전은 과연 그의 견해를 확인하는 것이었는가? 한 가지 점에서 그의 착오는 명백하다. 수학 사상이 막다른 골목에 다다르리라는 그의 기대와 18세기 대수학자들이 헤라클레스의 기둥, 즉 최극한에 다다랐다는 그의 생각은 결코 옳지 못하다는 것은 확실하다. 저 18세기의 빛나는 천재들의 무리에 우리는 이제 가우스와 리만과 바이어슈트라스와 포엥카레의 이름을 더하지 않으면 안 된다. 18세기 과학에 있어서 우리는 도처에 수학의 여러 새로운 착상과 개념의 승리의 전진을 본다. 그럼에도 불구하고 디드로의 예언은 하나의 진리를 포함하고 있다. 왜냐하면 19세기 지적 구조의 혁신은 수학 사상이 과학의 계층 조직에서 차지하는 위치에 관한 것이기 때문이다. 하나의 새로운 세력이 나타나기 시작한다. 생물학적 사상이 수학 사상보다 우위를 차지한다. 19세기 상반기에는 아직 헤르바르트와 같은 몇몇 형이상학자, 혹은 페히너 같은 몇몇 심리학자들이 수학적 심리학을 확립하려는 희망을 품고 있다. 그러나 이러한 시도들은 다윈의 저술 『종의 기원』(*On the Origin of Species*)이 출판된 후 급속히 사라지고 있다. 이 때 이후로 인간학적 철학의 참된 성격은 아주 고정된 것처럼 보인다. 소득 없는 노력이 무수히 있은 후 인간에 관한 철학은 드디어 공고한 기반 위에 섰다. 우리는 이제 다시는 공연한 사변에 파묻힐 필요가 없는데, 이는 우리가 자연의 일반적 정의나 인간의 본질을 탐구하고 있지 않기 때문이다. 우리의 문제는 진화의 일반 이론이 우리로 하여금 풍족하게 구사할 수 있게 한 경험적 증거를 그저 수집하는 것이다.

 이와 같은 것이 19세기 과학자들과 철학자들이 공유했던 확신이었다. 그러나 일반 사상사와 또 철학 사상의 발전에 있어서 더욱 중요해진 것은 진화의 경험적인 사실들이 아니라, 이 사실들의 이론적 **해석**이었다. 이 해석은 분명히 경험적 증거 자체에 의하여 결정된 것이 아니라, 오히려 일정한 형이상학적 성격을 지닌 몇몇 근본 원리에 의하여 결정된 것이다. 비록 인지된 적은 거의 없었으나, 진화론적 사고의 이 형이상학적 경향은 하나의 잠재적 동력이었다. 일반적인 철학적 의미에 있어서의 진화론은 결코 이에 이르러 비로소 성취된 것이 아니었다. 그것은 이미 아리스토텔레스의 심리학과 그의 유기적 생명에 대한 일반적 견해에서 그 고전적 표현을 가졌었다. 진화에 대한 아리스토텔레스의 생각과 근대의 그것 사이의 특징적이고 근본적인 차이는 아리스토텔레스가 형상적(形相的) 해석을 내린 데 대하여 근대인들은 질료적(質料的) 해석을 시도했다는 사실에 있었다. 아리스토텔레스는 자연의 전체 계획, 생명의 여러 기원을 이해하려면 저급의 형태들이 고급의 형태들의 빛 속에서 이해되지 않으면 안 된다는 것을 확신하고 있었다. 그의 형이상학에 있어서, 즉 영혼을 <잠재적으로 생명을 가지고 있는 하나의 자연적 물체의 최초의 현실화>라는 그의 정의에 있어서, 유기적 생명은 인간의 생명이라는 말을 통해서 생각되고 또 이해되고 있다. 인간 생명의 목적론적 성격이 자연 현상의 전 영역에 투사되고 있다. 현재의 학설에서 이 순서는 전도되고 있다. 아리스토텔레스의 목적인(目的因)은 한갓 <무지의 피난처>로 특징지어지고 있다. 다윈의 저작의 주된 목표들 가운데 하나는 근대인의 사상을 이 목적인의 환상에서 벗어나게 하는 것이었다. 우리는 오직 질료인(質料因)에 의해서만 유기적 자연의 구조를 이해하려 해야 한다.

그렇지 않으면 우리는 이 구조를 전혀 이해할 수 없다. 그러나 질료인은 아리스토텔레스의 용어로는 <우연한> 원인이다.

아리스토텔레스는 이러한 우연적 원인에 의하여 생명 현상을 이해하는 것이 불가능하다는 것을 강력하게 주장하였다. 근대의 학설은 이 도전에 응한다. 근대 사상가들은 전대의 헤아릴 수 없는 만큼 많은 헛된 시도가 있은 후, 자기들이 드디어 유기적 생명을 한갓 우연의 소산으로서 설명하는 일에 완전히 성공하였다고 생각하였다. 모든 유기체의 생명에서 일어나는 우연한 변화들은 우리를 원생 동물에 있어서의 생명의 가장 단순한 형태로부터 가장 높고 복잡한 형태에로 이끌어가는 점진적인 변형을 설명하는 데 충분하다.

우리는 이와 같은 견해의 가장 놀라운 표현의 하나를 자기의 철학적 사상에 관해서 평소 매우 말을 삼가고 있는 다윈 자신에게서 발견한다.

다윈은 그의 저서 『사육 재배되고 있는 동물과 식물의 변이』의 끝부분에서 다음과 같이 말하고 있다.

비단 가지각색의 가축뿐만 아니라 동일한 큰 강(綱) – 예컨대 포유류, 조류, 파충류 및 어류 – 안에 들어가는 가장 판이한 속(屬)들과 목(目)들도 모두 공통되는 한 조상의 후손이며, 또 우리는 이 여러 형태 사이의 굉장히 많은 차이가 모두 본래는 단순한 가변성에서 생겼다는 것을 인정하지 않으면 안 된다. 문제를 이와 같은 견지에서 고찰하는 것은 사람들로 하여금 깜짝 놀라 어리둥절하게 하는 데 충분하다. 그러나 수에 있어서 거의 무한한 존재들이 거의 무한한 시간이 경과하는 동안 가끔 그 전체 조직을 어느 정도 고쳐 만들 수 있었다는 것과, 고도로 복잡한 생명의 조건을 어느 정도 고쳐 만들 수 있었다는 것과, 고도로 복잡한 생명의 조건들 아래서 어떤 점에서든 유익한 것은 아무리 미미한 것이라도 모두 보존되고, 한편 어떤 점에서든 해로운 것은 혹독하게 파괴되어 왔다는 것을 숙고할 때, 우리의 놀라움은 줄어든다. 그리고 유익한 변이의 오래 계속된 누적은 우리가 우리 주위에서 보는 바와 같은 형형색색으로 변화성이 풍부하고 또 가지가지 목적에 아름답게 적응하도록 된 여러 구조에 이르게 했을 것임에 틀림없다. 그러므로 나는 도태에 관하여, 그것이 인간에 의하여 가축의 편성에 적용되든, 혹은 자연에 의하여 여러 가지 종(種)의 생산에 적용되든, 하여튼 이 도태가 무상의 힘이라고 말하여 왔다. …만일 어떤 건축가가 깎고 다듬은 돌을 쓰지 않고 낭떠러지 밑에 있는 돌조각들 가운데서 아치를 위해서는 쐐기 모양의 돌을, 웃인방을 위해서는 길쭉한 돌을, 지붕을 위해서는 넓적한 돌을 골라내어 고상하고 살기 좋은 건물을 지었다고 하면, 우리는 그의 재주를 찬탄하며 그를 무상의 힘을 가진 사람이라 생각할 것이다. 그런데 건축가에게 없어서는 안 될 것으로 생각된 돌조각들이 그 건축가가 세운 건물에 대해서 가지는 관계는, 유기적 존재들의 유동적 변이가 마침내 이 존재들의 변용한 후예들이 획득한 가지각색으로 다르고 훌륭한 구조에 대해서 가지는 관계와 같다.27)

그러나 진정한 인간학적 철학이 발전할 수 있게 되는 데에는 다른 하나의 그리고 아마 가장 중요한 단계를 거치지 않으면 안 되었다. 진화론은 유기적 생명의 여러 다른 형태들 간의 임의적인 한계를 없애 버렸다. 따로 뚝 떨어져 있는 종이란 없으며, 다만 하나의 계속적이고 중단된 데 없는 생명의 흐름이 있을 뿐이다. 그러나 우리는 인간의 생명과 **문화**에 동일한 원리를 적용할 수 있는가? 문화의 세계도 유기적

---

27) C. Darwin, *The Variation of Animals and Plants under Domestication*(New York: D. Appleton & Co., 1987), II, 28장, pp. 425 이하.

세계처럼 우연한 변화들로 성립되어 있는 것인가? 그것은 일정한 그리고 부인할 수 없는 목적론적 구조를 가지고 있지 않은가? 여기에 있어 그 출발점이 일반적 진화론이었던 모든 철학자에게 하나의 새로운 문제가 제기되었다. 이들은 문화의 세계, 인간 문명의 세계가 소위 정신적 현상에 대해서와 마찬가지로 물리적 현상에 대해서도 동일한 몇 가지 일반 원인으로 환원될 수 있다는 것을 증명하지 않으면 안 되었다. 이와 같은 것이 이뽈리트 뗀느에 의하여 그의 『예술 철학』 (*Philosophy of Art*)과 『영국 문화사』에서 시작된 새로운 유형의 문화 철학이었다. 뗀느는 다음과 같이 말하였다.

다른 데서와 마찬가지로 여기서도 우리는 다만 하나의 기계적인 문제를 가지고 있을 따름이다. 즉 전체적 결과는 이것을 생기게 하는 원인들의 크기와 방향에 완전히 의존해 있는 하나의 결과이다. …비록 표시 방법이 도덕 과학과 물리 과학에 있어서 동일하지는 않으나, 이 두 과학은 그 내용이 동일하여, 힘과 크기와 방향으로 성립되어 있으므로 우리는 이 두 과학에서 그 최후 결과가 동일한 방법을 따라 나온다고 말할 수 있다.[28]

우리의 물리적 생활과 우리의 문화 생활을 한 가지로 포위하고 있는 것은 필연성이라고 하는 동일한 수레바퀴이다. 인간은 감정, 성향, 관념, 사상, 그리고 예술 작품의 창작에 있어서 절대로 이 마술적인 굴레를 부수고 거기서 벗어날 수 없다. 마치 누에가 누에고치를 낳고 또는 벌이 벌집을 짓듯이, 우리는 인간을 그와 동일한 방식으로 철학과

---

[28] H. A. Taine, *Histoire de la littérature anglaise*, Intro. English trans. H. van Laun(New York: Holt & Co., 1872), Ⅰ, pp. 12 이하.

시를 만들어 내는 우수한 종의 동물로 보아도 좋다. 뗀느는 그의 대저 『현대 프랑스의 기원들』(*Les origines de la France contemporaine*)의 서문에서, 자신은 프랑스 혁명의 결과로서의 프랑스의 변모를 <한 곤충의 변태>를 다루듯 연구하려 한다고 말하고 있다.

그러나 여기 또 하나의 다른 문제가 생긴다. 우리는 인간의 본성에서 찾아볼 수 있는 여러 충동을 단순히 경험적인 방식으로 헤아림으로써 만족할 수 있는가? 참으로 과학적인 통찰에 있어서는 이 충동들이 분류되고 조직화되지 않으면 안 될 것이다. 확실히 이 충동들이 모두 동일한 수준에 있는 것은 아니다. 우리는 이것들이 하나의 일정한 구조를 갖고 있는 것으로 상정하지 않으면 안 되는 바, 우리의 심리학과 문화 이론의 최초의 그리고 가장 중요한 과제들 가운데 하나는 이 구조를 찾아내는 것이다. 인간 생활의 복잡한 수레바퀴 속에서 우리는 우리의 사상과 의지의 전체 기구를 움직이게 하는 감추어진 추진력을 발견하지 않으면 안 된다. 이 모든 이론의 주된 목표는 인간성의 통일성과 동일성을 증명하는 것이었다. 그러나 이 이론들이 꾸미는 설명들을 검토해 보면, 인간성의 통일은 매우 의심스러워 보인다. 철학자마다 자기가 주요 원인과 주요 능력 – 뗀느가 **주된 관념**이라고 부르는 – 을 발견하였다고 믿고 있다. 그러나 이 주요 능력의 성격에 관해서는 이 모든 설명이 서로 크게 다르고 또 모순 되고 있다. 모든 사상가는 각기 자기가 보는 인간성의 그림을 우리에게 보여준다. 이 모든 철학자들은 철저한 경험론자들로서 우리에게 이 사실들을 보여주려 하며 또 사실들 이외에는 다른 어떤 것도 보여주려 하지 않는다. 그러나 경험적 증거에 대한 그들의 해석은 그 첫 출발부터 하나의 자의적인 가정을 내포하고 있으며, 이 자의성은 이론이 진전되고 또 더 정교하고 까다로운 면모를 가지게 될 수록 더욱 더 명백해진다. 니체는 권력에의 의지를 내세우고, 프로이트는 성적 본능을 두드러지게 눈에 띄게 하며, 마르크스는 경제적 본능을 왕좌에 앉히고 있다. 모든 이론은 제각기 마치 프로크루스테스의 침대* 같은 것이 되어, 경험적 사실들이 미리 마련된 틀에 알맞도록 늘어나 있다.

 이러한 발전으로 인해서 인간에 관한 현대 이론은 그 지적 중심을 상실했다. 그 대신에 우리는 사상의 완전한 무정부 상태를 얻었다. 하기야 예전에도 이 문제에 관한 의견과 이론이 서로 크게 어긋나지 않았던 것은 아니다. 그러나 그때에는 적어도 모든 개인적 차이가 검토될 일반적 방향, 기준이 되는 것이 남아 있었다. 형이상학, 신학, 수학 그리고 생물학은 번갈아 가면서 인간 문제에 관한 사상에 있어 주도적 역할을 하였으며 또 연구 방향을 결정하였다. 이 문제의 진정한 위기는 모든 개인의 노력을 이끌어 갈 수 있는 그러한 중심 세력이 존재하기를 그쳤을 때 나타났다. 이 문제가 더 없이 중요하다는 것은 여전히 지식과 탐구의 모든 분야에서 느껴지고 있었다. 그러나 우리가 나아가 명료한 답을 얻을 수 있는 확고한 권위는 이제 존재하지 않는다. 신학자, 과학자, 정치학자, 사회학자, 생물학자, 심리학자, 경제학자는 모두 그들 자신의 견지로부터 이 문제에 접근하였다. 이 모든 특수한 면과 시야를 결합하거나 통일하는 것은 불가능하였다. 그리고 특별한 분야들의 내부에서도 일반적으로 인정되는 과학적 원리는 없었다. 개인적 요인이 더욱 더 흔하게 되었으며, 개개 학자의 기질이 결정적 역할을 하는 경향이 있게 되었다. 즉 저자마다 결국에 가서는 인간 생활에 대한 자기 자신의 생각과 평가에 의하여 모든 것을 헤아리게 되는 것처럼 보인다.

 이러한 사상들의 반목 대립이 비단 이론적 문제에 그치지 않고 우리의 윤리 생활과 문화 생활의 전 영역에 대한 절박한 위험이 됨은 의심할 여지가 없는 일이다. 최근의 철학 사상에서는 막스 셸러가 최초로 이 위험을 깨닫고 경고한 사람들 가운데 한 사람이었다. 셸러는 말한다.

 인간은 인지 발달의 그 어느 다른 시기에서도 우리들 자신의 시대만큼 자기 자신을 문제시한 적은 없었다. 우리는 과학적 인간학, 철학적 인간학 및 신학적 인간학을 가지고 있으나, 이것들은 상호 간에 아무 것도 알지 못하고 있다. 그러므로 우리는 이제 인간에 관한 그 어떤 명료하고 조리 있는 관념도 가지고 있지 않다. 인간 연구에 종사하는 특수 과학이 자꾸 늘어감으로써 우리의 인간관은 밝혀지는 것보다 오히려 더욱 혼란스럽고 모호하게 되었다.29)

이렇듯 현대 철학은 이상야릇한 상황 속에 있다. 예전의 그 어느 시대도 인간성에 관한 우리 지식의 자료적인 면에서 이토록 좋은 처지에 있지 못했다. 심리학, 민족학, 인류학 및 역사학은 놀랄 만큼 풍부한 그리고 끊임없이 증가하는 사실들을 쌓아 놓았다. 관찰과 실험을 위한 우리들의 기술적 기구는 크게 개량되었고, 우리의 분석들은 더욱 더 날카롭고 확실하게 되었다. 그럼에도 불구하고 우리는 아직도 이 재료를 구사하고 조직하는 방법을 발견하지 못하고 있는 것으로 보인다. 우리들 자신의 풍족함에 비길 때 과거는 빈약하게 보일지도 모른다. 그러나 우리의 사실들에 있어서의 풍부함이 반드시 사상의 풍부함은 아니다. 우리가 우리를 이 미궁에서 빠져 나오게 하는 아리아드네의 실**을 찾는 일에 성공하지 못하는 한, 우리는 인간 문화의

---

29) M. Scheler, *Die Stellung des Menschen im Kosmos*(Darmstadt: Reichl, 1928), pp. 13 이하.

일반 성격에 대한 참된 통찰을 가질 수 없다. 또 개념상의 통일이 없어 보이는 자료들, 즉 서로 아무 연락도 없이 흩어져 있는 자료들 한 가운데서 길을 잃은 자가 될 것이다.

 * 프로크루스테스는 아티카의 전설에 나오는 노상강도. 그는 지나가는 사람들을 털고는 잡아다가 쇠침대에 눕히고, 그 키가 침대보다 크면 다리를 자르고 침대보다 작으면 잡아 늘였다고 한다-옮긴이 주.
 ** 아리아드네는 그리스 신화에 나오는 미노스의 딸. 괴물 미노타우로스를 퇴치하러 크레타 섬에 온 테세우스에게 실타래를 주어 미궁에서 빠져 나오게 했다-옮긴이 주.

# 제2장 인간성에의 실마리 : 상징

생물학자 요하네스 윅스퀼은 생물학의 여러 원리에 비판적 수정을 가하는 책을 한 권 저술하였다. 윅스퀼에 의하면, 생물학은 보통 쓰이는 경험적 방법—즉 관찰과 실험의 방법—에 의하여 발전시키지 않으면 안 되는 하나의 자연 과학이다. 한편 생물학적 사상은 물리학이나 화학의 사상과 동일한 유형에 속하지 않는다. 윅스퀼은 활력론(vitalism)의 단호한 대변자로서 생명의 자율성 원리를 옹호한다. 생명은 하나의 궁극적이고 자기 의존적인 현실이다. 그것은 물리학이나 화학을 가지고 기술되거나 설명될 수 없다. 이 견지에서 윅스퀼은 생물학 연구의 하나의 새로운 일반적 도식을 전개한다. 철학자로서 그는 관념론자 혹은 현상론자이다. 그러나 그의 현상론은 형이상학적 혹은 인식론적 고찰을 기초로 하고 있는 것이 아니라, 오히려 경험적 원리들 위에 서 있다. 그가 지적하고 있는 바와 같이, 모든 생물에게 동일한 하나의 절대적인 실재가 있다고 가정하는 것은 매우 유치한 독단일 것이다. 실재는 유일무이하고 동질적인 것이 아니다. 그것은 무한히 많은 차별상을 띠고 있으며, 서로 다른 생물들의 수만큼 많은 서로 다른 구조와 양식을 가지고 있다. 이를테면 각각의 생물은 하나의 단자적(單子的) 존재이다. 그것은 그 자신의 세계를 가지고 있다. 왜냐하면 그 자신의 경험을 가지고 있기 때문이다. 우리가 어떤 생물학적 종의 생명에서 보는 현상을 다른 어떤 종에 옮겨 생각할 수 없다. 서로 다른 두 생물의 경험—따라서 실재—은 서로 같은 표준으로 잴 수 없다. 파리의 세계에서 우리는 오직 〈파리의 사물들〉만을 보며, 성게의 세계에서는 <성게의 사물들>만을 본다고 웍스퀼은 말한다.

이 일반적 전제로부터 웍스퀼은 매우 교묘하고 독창적인 생물학적 세계의 도식을 전개한다. 모든 심리학적 해석을 피하려고 하기 때문에 그는 전적으로 객관적인 혹은 행동주의적인 방법을 따른다. 그는 동물의 생명에 대한 유일한 열쇠가 비교 해부학의 사실들 속에서 우리에게 주어진다고 주장한다. 만일 우리가 어떤 동물의 종에 대한 해부학적 구조를 알면, 그 때 우리는 그 특별한 경험 양식을 재구성하는 데 필요한 모든 자료를 가지게 되는 것이다. 그 동물의 신체 구조, 그 감각기관의 수, 성질 및 분포를 주의 깊게 연구하면, 그 유기체의 내부와 외부 세계의 완전한 형상이 우리에게 주어진다. 웍스퀼은 그 조사 연구를 가장 하등한 유기체로부터 시작하여 점차적으로 모든 형태의 유기적 생명에까지 확장하였다. 생명은 어디에서나 완전하다. 그것은 가장 큰 집단에서와 마찬가지로 가장 작은 집단에서도 그렇다. 모든 유기체는 가장 하등한 것이라 하더라도 그저 막연한 의미에서 환경에 순응하도록 되어 있을 뿐만 아니라, 또한 완전히 환경에 적합하도록 되어 있다. 해부학적 구조에 따라 그것은 일정한 **메르크네츠**(Merknetz)와 **비르크네츠**(Wirknetz), 즉 수용 계통과 운동 계통을 소유하게 된다. 이 두 계통의 협동과 평형이 없으면 유기체는 살아남을 수 없을 것이다. 그것에 의하여 생물학적 종이 바깥의 자극을 받아들이는 수용 계통과 그것에 의하여 바깥의 자극에 반응하는 운동 계통은 어떤 경우에나 밀접하게 얽혀 있다. 이 두 가지는 웍스퀼이 동물의 **기능 고리**(Funktionskreis)라고 기술한 하나의 동일한 연쇄의 연결물들이다.[1]

---

1) J. von Uexküll, *Theoretische Biologie*, 제2판(Berlin, 1938); *Umwelt und*

나는 여기서 웍스퀼의 생물학적 원리들을 논할 수 없다. 나는 하나의 일반적 문제를 제기하기 위하여 다만 그의 여러 개념과 술어를 언급했을 따름이다. 웍스퀼이 제안한 도식을 **인간 세계**의 기술과 그 특성의 묘사에 이용하는 것이 가능한가? 명백히 인간 세계도 다른 모든 유기체를 지배하는 생물학적 법칙에 대해서 예외를 형성하지 않는다. 그렇지만 인간 세계에서 우리는 인간 생활의 특수한 표적으로 나타나는 하나의 새로운 특징을 본다. 인간의 기능 고리는 다만 양적으로 확대되어 있는 것이 아니다. 그것은 또한 질적 변화를 거친 것이다. 말하자면 인간은 자기 자신을 환경에 적응시키는 하나의 새로운 방법을 발견하였다. 모든 동물의 종에서 볼 수 있는 수용 계통과 운동 계통 사이에서 우리는 인간에게 있어 **상징 계통**이라 할 수 있는 제 3의 연결물을 본다. 이 새로운 획득물은 인간 생활 전체를 변형시킨다. 다른 동물들에 비하여 인간은 다만 보다 넓은 현실 속에서 살고 있는데 그치는 것이 아니다. 이를테면 인간은 현실의 하나의 새로운 **차원** 속에서 살고 있다. 생물의 반동과 인간의 반응 사이에는 의심할 여지없는 차이가 있다. 첫째 경우에는 외부로부터의 자극에 대해서 직접적이고 즉각적인 응답이 주어진다. 둘째 경우에는 응답이 지체된다. 이 때의 응답은 느리고 복잡한 사고 과정에 의하여 중단되고 늦어진다. 언뜻 보기에 이와 같은 지체는 신통치 못한 소득으로 보일지 모른다. 많은 철학자들이 이 가장된 진보에 대하여 인간에게 경고하였다. 루소는 "명상하는 인간은 타락한 동물이다"라고 말한다. 유기적 생명의 한계를 넘어서는 것은 인간성을 개량하는 것이 아니라 도리어 악화시킨다.

　하지만 자연 질서의 이러한 전도를 고칠 수 있는 약은 없다. 인간은 자기 스스로가 이루어 놓은 것에서 빠져 나올 수 없다. 인간은 그 자

---

*Innerwelt der Tiere*(1909), 제2판(Berlin, 1921) 참조.

신의 생활 조건들을 채택할 수밖에 다른 방법이 없다. 인간은 이제 다시는 한갓 물리적인 우주에 살지 않고, 상징적인 우주에 산다. 언어, 신화, 예술 및 종교는 이 우주를 이루고 있는 것들이다. 이것들은 상징의 그물을 짜고 있는 가지각색의 실이요, 인간 경험의 엉클어진 거미줄이다. 사고와 경험에 있어서 인간의 진보는 모두 이 그물을 개량하고 또 강화한다. 인간은 이제 다시는 현실에 직접적으로 부딪칠 수 없으며, 또 마치 얼굴을 맞대는 것처럼 그것을 볼 수 없다. 물리적 현실은 인간의 상징적 활동이 전진하는 데 따라 뒤로 물러가는 것처럼 보인다. 인간은 사물들 자체를 다루는 대신, 어떤 의미에서는 쉴 새 없이 자기 자신과 이야기하고 있다. 인간은 언어 형식, 예술적 심상, 신화적 상징 혹은 종교적 의식에 깊게 둘러싸여 있으므로 이러한 인위적 매개물의 개입에 의하지 않고서는 아무 것도 볼 수 없고 또 알 수 없다. 인간의 이러한 형편은 이론 영역과 실천 영역도 마찬가지이다. 실천 영역에서만 하더라도 인간은 딱딱한 사실들의 세계에 살지 않으며, 혹은 그의 직접적 욕구와 욕망을 따라 살지 않는다. 오히려 상상적 정동(情動)의 한가운데에서, 희망과 공포 속에서, 환상과 환멸 속에서, 또 공상과 꿈 속에서 산다. "인간으로 하여금 당황하고 놀라게 하는 것은 사물들이 아니라, 사물들에 관한 그의 억견(臆見)과 공상이다"라고 에픽테토스는 말하였다.

　우리가 지금 막 도달한 견지에서 우리는 인간에 대한 고전적 정의를 수정하고 확대할 수 있다. 현대 비합리주의의 온갖 노력에도 불구하고 <이성적 동물>이라는 인간의 정의는 그 힘을 잃지 않았다. 합리성은 실로 모든 인간 활동의 고유한 모습이다. 신화만 하더라도 그것은 단순히 미신이나 심한 망상의 막된 집적이 아니다. 신화는 그저 혼돈하기만 한 것이 아닌데, 이는 그것이 체계 혹은 개념의 형식을 가지고 있기 때문이다.2) 그러나 한편 신화의 구조를 합리적인 것으로 특징짓는 것은 불가능한 일일 것이다. 언어는 가끔 이성이나 이성의 원천과 동일시되어 왔다. 그러나 이러한 정의가 전 분야에 걸쳐 고루 들어맞지 않음을 아는 것은 어려운 일이 아니다. 그것은 <부분을 전체로 보는 것>인 바, 즉 전체 대신에 부분을 우리에게 제공하는 것이다. 왜냐하면 개념적 언어와 더불어 정동적 언어가 있으며 논리적 혹은 과학적 언어와 더불어 시적 상상의 언어가 있기 때문이다. 본래 언어란 사고나 사상을 표현하는 것이 아니라, 감정과 감동을 표현하는 것이다. 그리고 칸트에 의하여 생각되고 체계가 세워진 <순수 이성의 한계 안의> 종교도 하나의 추상에 지나지 않는다. 그것은 진정한 구체적 종교란 어떤 것인가에 대하여 다만 그 이상적 형태와 그림자만을 알려준다. 인간을 <이성적 동물>이라고 정의한 위대한 사상가들은 경험론자들이 아니었으며, 또한 그들은 결코 인간의 본성을 경험적으로 설명하려고 하지 않았다. 그와 같은 정의에 의하여 그들은 오히려 하나의 근본적인 도덕적 명령을 표현하고 있다. 이성이란 말은 인간의 문화 생활의 여러 형태를 그 모든 풍부함과 다양성에 있어서 전체적으로 이해하는 데는 매우 부적당한 말이다. 그러나 이 모든 형태는 상징적 형태이다. 그러므로 인간을 <이성적 동물>로 정의하는 대신, <상징적 동물>로 정의하지 않으면 안 된다. 이와 같이 함으로써 우리는 인간의 특정한 차이점을 지적할 수 있으며 또 인간에게 열려진 새로운 길, 즉 문명의 길을 이해할 수 있다.

---

2) E. Cassirer, *Die Begriffsform im mythischen Denken*(Leipzig, 1921) 참조.

## 제3장 동물의 반동에서 인간의 반응에로

인간을 **상징의 동물**(animal symbolicum)로 정의함으로써 우리는 우리의 문제를 더욱 깊이 연구해 나아가는 출발점에 도달하였다. 그러나 이제 이 정의를 더욱 명확하게 하기 위하여 먼저 이 정의를 좀 더 발전시키는 것이 필요하다. 상징적 사고와 상징적 행동이 인간 생활의 가장 특색 있는 면들 가운데 하나라는 것, 그리고 인간 문화의 진보 전체가 이 조건들에 기초를 두고 있다는 것은 부인할 수 없는 일이다. 그러나 우리는 이것들이 다른 모든 유기적 존재에게는 주어지지 않고 오직 인간에게만 특별히 주어진 것이라 할 수 있는가? 상징성은 더욱 더 깊은 근원에까지 거슬러 올라가 찾아볼 수 있고, 또 더욱 더 넓은 범위에 걸쳐 적용될 수 있는 하나의 원리가 아닌가? 만일 우리가 이 물음에 대하여 부정적으로 대답한다면, 우리는 모름지기 여러 해 동안 인간 문화의 철학에서 관심의 초점이 되어 온 많은 근본 문제에 관한 우리의 무지를 고백하지 않으면 안 될 것이다. 언어와 예술과 종교의 **기원**의 문제는 해답을 줄 수 없는 것이 되고, 우리는 인간 문화를 그저 하나의 주어진 사실, 어떤 의미에서는 언제까지나 고립되고 따라서 이해할 수 없는 사실로서 대하게 된다.

과학자들이 언제나 이와 같은 해결책을 받아들이기를 거부해 왔다는 것은 까닭 없는 일이 아니다. 그들은 상징성의 사실을 다른 잘 알려져 있는 그리고 더욱 기초적인 사실들과 연결시키려고 무척 애써왔다. 문제는 매우 중요한 것으로 느껴지고 있었으나, 불행하게도 전적으로 편견 없는 마음을 가지고서 그 해결이 시도되어진 일은 극히 드

물었다. 처음부터 그것은 그것과는 아주 다른 영역에 속하는 다른 문제들에 의하여 모호하게 되고 또 혼동되어 왔다. 이 문제의 토론은 현상 자체를 공정하게 기술하고 분석하는 대신 하나의 형이상학적 논란으로 변해갔다. 그것은 서로 다른 여러 형이상학적 체계 사이의, 즉 관념론과 유물론, 유심론과 자연주의 사이의 논쟁의 원인이 되었다. 이 모든 체계에 있어서 상징성의 문제는 과학적 형이상학의 미래의 형성이 거기 달려 있는 결정적 문제가 되었다.

우리는 스스로 보다 온당하고 구체적인 과제를 택하였으므로 여기서 문제의 이 측면을 다루려 하지 않는다. 우리는 인간의 심볼적 태도를 동물의 왕국을 통해서 볼 수 있는 심볼적 행동의 다른 여러 형태와 대조·구별하기 위하여 이 인간의 심볼적 태도를 보다 정확하게 기술하려고 한다. 동물들이 자극에 대하여 언제나 직접적으로 반동을 나타내는 것은 아니며, 그들 역시 간접적인 반동을 할 수 있다는 것은 명백히 의심할 여지가 없는 일이다. 파블로프의 유명한 여러 실험은 소위 대리적 자극에 관한 경험적 증거를 우리에게 풍부히 제공하고 있다. 유인원의 경우에는, 울프에 의한 매우 재미있는 실험적 연구가 <신호 상>(token rewards), 즉 가짜 상의 유효함을 밝힌 바 있다. 동물들은 음식에 대해서 반응한 것과 똑같이, 상으로 주는 음식을 대신하는 신호에 대해서 반응하는 것을 배웠다.[1] 울프에 의하여 여러 방법으로 오래 훈련시킨 실험의 결과, 여러 상징적 과정이 유인원의 행동에서도 일어난다는 것이 증명되었다. 로버트 여키스는 이와 같은 실험들을 그의 최근의 저서에서 기술하고 있는데, 그는 이 실험들로부터 하나의 중요한 결론을 끌어내고 있다.

---

1) J. B. Wolfe, "Effectiveness of Token-rewards for Chimpanzees", in *Comparative Psychology Monographs*, 12, no. 5.

이것들(상징적 과정들)이 비교적 희귀하고 관찰하기 어렵다는 점은 자못 명백하다. 혹 그러한 것들이 과연 있는가 없는가에 대해서는 계속하여 의심을 품을 수도 있으나, 나는 그것들을 인간의 여러 가지 상징적 과정의 선행자로 볼 수 있는 것이 아닌가 생각한다. 그리하여 이 문제는 바야흐로 가장 신나는 발전 단계에 있는 바, 여러 중대한 발견이 가까워 온 듯싶다.[2]

이 문제의 앞으로의 발전에 관해서 미리 무엇이라고 예언하는 것은 그 어떤 것이나 시기상조일 것이다. 이 분야는 앞으로 더욱 깊이 연구되어야 한다. 한편 경험적 사실들의 해석은 언제나 경험적 자료가 그 열매를 맺기 전에 밝혀지지 않으면 안 되는 몇몇 근본 개념에 의존하고 있다. 현대 심리학과 정신 생물학은 이 사실을 고려한다. 오늘날 이 문제를 해결하는 데 있어서 주도적 역할을 하고 있는 것으로 보이는 사람들은 철학자들이 아니라 오히려 경험적 관찰자들과 연구자들이라는 것을 나는 대단히 의미 있는 일이라고 생각한다. 이 경험적 관찰자와 연구자들은 결국 이 문제가 단순히 경험적인 문제에 그치는 것이 아닐 뿐만 아니라 대부분은 논리적인 문제라고 말하고 있다. 죠르쥬 레베스는 최근 일련의 논문을 발표했는데, 이 논문 속에서 그는 열렬히 토론되어 온 소위 **동물 언어**의 문제가 한갓 동물 심리학의 사실들의 기초 위에서만 해결될 수 없다는 명제를 가지고서 출발하고 있다. 서로 다른 심리학상의 주장들과 이론을 편견 없이 비판적인 정신을 가지고서 검토하는 사람은 누구나, 결국 이 문제가 단순히 동물

---

[2] R. M. Yerkes, *Chimpanzees. A Laboratory Colony*(New Haven: Yale Univ. Press, 1943), p. 189.

의 의사 전달의 여러 형태와 연습과 훈련에 의하여 얻어진 동물의 몇 가지 성취를 언급하는 것으로는 결코 해결될 수 없다는 결론에 다다르게 될 것이다. 이와 같은 여러 성취는 모두 가장 모순이 많은 해석이 가해질 수 있다. 그러므로 무엇보다도 필요한 것은 하나의 올바른 논리적 출발점, 우리로 하여금 경험적 사실의 자연스럽고 건전한 해석으로 나아가게 할 수 있는 출발점을 발견하는 것이다. 이 출발점이 되는 것은 **말의 정의**(die Begriffsbestimmung der Sprache, 말의 개념 규정)이다.3) 그러나 말에 대한 기존의 정의를 내놓는 대신에 새로운 시론(試論)의 길을 더듬어 보는 것이 아마 더 좋을 것이다. 말은 단순하고 또 그 형태가 한결같은 현상이 아니다. 그것은 생물학적으로 또 계통적으로 동일한 수준에 있지 않은 서로 다른 요소들로 성립되어 있다. 우리는 그 구성 요소들의 질서와 상호 관계들을 찾으려 하지 않으면 안 된다. 이를테면 말의 다양한 지층들을 구별하지 않으면 안 된다. 최초의 그리고 가장 근본적인 층은 분명히 정동의 언어이다. 모든 인간의 발성 대부분은 아직 이 층에 속한다. 그러나 우리에게 이와는 아주 다른 하나의 유형을 보여주는 말의 형태가 있다. 여기에서는 낱말이 결코 단순한 감정 표출이 아니다. 그것은 감정의 무의식적 표현이 아니라, 일정한 수사법적, 논리적 구조를 가진 문장의 일부이다.4) 고도로 발달한 이론적 언어에서도 최초의 정동적 언어 요소와의 연결이 완전히 끊어져 있지 않다는 것은 확실한 사실이다. 아마 순전히 형식적인 수학의 문장을 제외한다면, 어떠한 감동이나 정동에도

---

3) G. Révész, "Die menschlichen Kommunikationsformen und die sogenannte Tiersprache", in *Proceedings of the Netherlands Akademie van Wetenschappen*, XLIII(1940), no. 9, 10; XLIV(1941), no. 1.

4) 한갓 정동적인 발성과 '생각을 전해 주는 정상적인 유형의 언어' 사이를 구분하기 위해서는 E. Sapir, *Language*(New York: Harcourt, Brace, 1921)의 서문 참조.

전혀 물들지 않은 문장이란 거의 찾아볼 수 없을 것이다.5) 정동적 언어와 비슷하고 또 그것에 비등할 만한 것은 동물 세계에서 무척 많이 찾아볼 수 있다. 침팬지에 관하여 볼프강 쾰러는 이 침팬지들이 몸짓을 통해 상당한 정도의 표현을 하고 있다고 말하고 있다. 이와 같은 식으로 노여움, 공포, 절망, 슬픔, 항변, 욕망, 심술, 쾌감이 쉽사리 표현되고 있다. 그럼에도 불구하고 모든 인간 언어의 특색이 되고 또 인간 언어에 없어서는 안 될 한 가지 요소가 빠져 있는데, 그것은 객관적인 지시 대상이나 의미를 가진 기호를 찾아볼 수 없다는 점이다. 쾰러는 말한다.

그들의 **음성** 전체가 완전히 <주관적>인 것으로서 정동만을 표현할 수 있고 절대로 객체를 지적하거나 기술할 수 없다는 것은 확실히 증명되었다고 보아도 좋을 것이다. 그러나 그들은 인간 언어에도 있는 음성의 요소를 매우 많이 가지고 있으므로 의미 있는 말을 또렷하게 말하지 못하는 것이 **이차적**(혀와 입술) 제한 때문이라고 할 수는 없다. 그들이 짓는 얼굴 표정이나 몸짓 역시 그들이 소리로 나타내는 표현과 마찬가지로 절대로 객체(사물)를 지적하거나 혹은 <기술>할 수는 없다.6)

여기서 우리는 우리의 문제 전체에 있어서 결정적으로 중요한 점에 도달한다. **명제적 언어**와 **정동적 언어** 사이의 차이는 인간 세계와 동물 세계의 진정한 경계표이다. 동물 언어에 관한 모든 학설과 관찰이 만일 이 근본적 차이를 인식하는 데 실패한다면, 그 목표로부터 여전

---

5) 더 자세한 것은 C. Bally, *Le Langage et la vie*(Paris, 1936)를 참조.

6) W. Koehler, "Zur Psychologie des Schimpansen", in *Psychologische Forschung*, I (1921), p. 27 참조. English ed. *The Mentality of Apes*(New York: Harcourt, Brace, 1925), 부록, p. 317.

히 떨어져 있는 것이다.7) 이 문제에 관한 모든 문헌 속에는 그 어떤 동물도 주관적 언어에서 객관적 언어로, 정동적 언어에서 명제적 언어로 넘어가는 결정적 단계를 거쳐 갔다는 사실을 결론적으로 증명하는 것은 단 하나도 없는 것으로 보인다. 쾰러는 말은 분명히 유인원의 힘에 미치지 못하는 것이라고 강조하여 주장한다. 그는 이 소중한 기술적 원조가 결핍된 것과 사고의 매우 중요한 구성 요소인 이른바 심상(心像)이 제한되어 있다는 점이 동물로 하여금 문화 발달의 가장 작은 시작에도 이르지 못하게 하는 원인이라고 주장한다.8) 레베스도 이와 똑같은 결론에 도달하였다. 그는 말이란 하나의 인간학적 개념이며 따라서 동물 심리학 연구에서 완전히 제외되어야 한다고 단언한다. 만일 우리가 말에 대한 명석하고 정확한 정의에서 출발한다면, 우리가 동물에게서도 발견되는 다른 형태의 발성이 모두 자동적으로 제거된다.9) 특별한 관심을 가지고 이 문제를 연구한 여키스는 보다 긍정적인 어조로 말하고 있다. 그는 언어와 상징성에 관해서도 인간과 유인원 사이에는 밀접한 친족 관계가 있다고 확신한다. 그는 다음과 같이 쓴 바 있다. "이것은 상징적 과정의 진화에 있어서 여기에 초기의 계통 발생적 단계가 있을지도 모른다는 것을 시사한다. 상징적 과정 이외의 가지각색의 신호 과정 유형이 침팬지에게 자주 일어나고

---

7) 일찍이 명제적 언어와 정동적 언어를 준별하여 보려는 일이 언어 정신병리학 분야에서 시도되었다. 영국의 신경병 학자인 잭슨은 몇 가지 흥미 있는 병리 획직 현상을 설녕하기 위하여 '명제적 언어'라는 용어를 처음으로 도입하였다. 그는 실어증을 앓고 있는 많은 환자들이 전혀 말을 할 수 없게 된 것이 아니라, 그들이 쓰는 낱말을 객관적인 명제적 의미에서 사용할 수 없게 된 것임을 발견하였다. 이러한 발견은 언어 정신병리학이 크게 발전하는 데 있어서 중요한 역할을 하였다. 상세한 것은 E. Cassirer, *Philsophie der Symbolischen Formen*, Ⅲ, 6장, pp. 237-323을 참조.

8) Koehler, *The Mentality of Apes*, p. 277.

9) Révész, 앞의 책, KLⅢ, Pt. 2(1940), 33.

또 유효하게 그 기능을 발휘하고 있는 것에 대한 증거는 상당히 많이 있다."[10] 그렇지만 이 모든 것은 어디까지나 명확히 선언어적(先言語的)인 것이다. 여키스의 판단에서도 이 모든 기능적 표현은 인간의 인식 과정과 비교해 볼 때 그 발달이 극히 불완전하고 단순하며 그 유용성이 한정되어 있다.[11] 발생의 문제가 여기에서 분석적, 현상론적 문제와 혼동되어서는 안 된다. 사람의 말을 논리적으로 분석하면, 동물 세계에서는 언제나 그것에 비길 만한 것이 도무지 없는 가장 중요한 요소라는 것을 보게 된다. 진화에 관한 일반 이론도 그 어떤 의미에서나 이 사실을 인정하는 데 방해가 되지 않는다. 유기적 자연 현상의 분야에서도 우리는 진화가 전에 있어 본 일이 없는 어떤 새로운 창조를 배제하는 것이 아님을 알게 되었다. 돌연변이와 뜻밖의 진화는 용인되지 않으면 안 된다. 현대 생물학은 이제 더 이상 진화에 관하여 초기의 다윈설을 가지고서 말하지 않으며 또한 진화의 원인들에 관해서도 그와 똑같은 방식으로 설명하지 않는다. 우리는 유인원이 몇 가지 상징적 과정의 발달에 있어서 중대한 전진을 했다는 것을 기꺼이 인정할 수 있다. 그러나 우리는 다시 유인원이 인간 세계의 문턱에는 도달하지 못하였다고 주장하지 않을 수 없다. 말하자면 그들은 막다른 골목에 들어간 것이다.

　이 문제를 분명히 표현하기 위하여 우리는 **신호**(signs)와 **상징**(symbols)을 주의하여 구별하지 않으면 안 된다. 우리가 동물의 행동 속에서 제법 복잡한 신호 체계를 볼 수 있다고 하는 것은 하나의 확증된 사실인 듯하다. 혹 어떤 동물, 특히 길들여진 동물은 신호에 대

---

10) Yerkes and Nissen, "Pre-linguistic Sign Behavior in Chimpanzee", in *Science*, 89, p. 587.

11) Yerkes, 앞의 책, p. 189.

해서 극히 민감하다고 말할 수도 있다.12) 개는 그 주인의 행동에 나타나는 가장 작은 변화에 대해서도 반응을 하며, 심지어는 사람의 얼굴에 나타나는 여러 가지 표정이나 목소리의 억양을 분간하기도 한다.13) 그러나 이러한 현상들로부터 인간의 말을 이해하기까지는 까마득한 일이다. 파블로프의 유명한 실험은 동물들이 다만 직접적 자극뿐만 아니라 온갖 간접적 혹은 대리적 자극에 대해서도 반응하도록 어렵지 않게 훈련될 수 있음을 증명하고 있을 따름이다. 가령 종소리는 <저녁 식사를 위한 신호>가 될 수 있으며 또 동물은 이 신호가 없

---

12) 이러한 민감성은, 예컨대 수십 년 전에 정신 생물학자들 간에 센세이션을 일으킨 유명한 '영리한 한스'의 사건에서 증명되었다. 영리한 한스는 놀라운 지능을 가진 것처럼 보이는 말이었다. 그 말은 문제에 대한 답의 수만큼 발을 구르면서, 제법 까다로운 산수 문제를 풀고 세제곱근을 구하는 등의 행위까지도 할 수 있었다. 심리학자들과 그 밖의 과학자들의 특별 위원회가 이 사건을 조사하기 위하여 소집되었다. 그 결과 이 동물이 그 주인의 몇 가지 무의식적인 움직임에 반응한다는 것이 곧 밝혀졌다. 주인이 없을 때 혹은 주인이 문제를 이해하지 못할 때에는 그 말은 그 문제에 대한 대답을 할 수 없었다.

13) 이 점을 설명하기 위하여 또 하나의 매우 놀랄 만한 예를 들어보자. 동물의 행동을 연구하는 몇 가지 새롭고 흥미로운 방법을 생각해 낸 정신 생리학자 풍스트 박사가 언젠가 나에게 말하기를 어떤 소령에게서 이상한 문제에 관한 편지 한 통을 받았다고 했다. 이 소령에게는 개가 한 마리 있었는데, 소령이 산보할 때마다 줄곧 따라다녔다고 한다. 주인이 산보 나갈 준비를 마쳤을 때면 언제나 이 동물은 아주 기쁘고 흥분해 있다는 표시를 해보였다. 그런데 하루는 소령이 약간의 실험을 해보고 싶은 마음이 생겼다. 산보 나가는 체하면서 모자를 쓰고 지팡이를 짚고, 또 그 밖에 늘 하는 모든 준비를 하였다. 그러나 물론 산보 나갈 의도는 조금도 없이 이와 같은 준비를 하였다. 그런데 개가 조금도 속지 않는 것을 보고 그는 깜짝 놀랐다. 개는 방 한 모퉁이에 조용하게 있더라는 것이다. 얼마 동안 관찰한 결과 풍스트 박사는 이 문제를 풀 수 있었다. 소령의 방 안에는 책상이 하나 있었는데, 이 책상에는 몇 가지 소중하고 중대한 서류가 들어 있는 서랍이 달려 있었다. 소령은 집을 나서기 전에 서랍이 잘 잠겼는지를 확인하기 위하여 그것을 덜컥거리며 흔들어 보는 습관이 있었다. 그가 외출하지 않았던 그 날은 이와 같이 흔들어 보는 일을 하지 않았던 것이다. 그러나 개에게는 이것이 하나의 신호, 즉 산보—상황에 필요한 하나의 요소가 되었던 것이다. 이 신호가 없으면 개는 반응하지 않았다.

을 때 그 음식을 건드리지 않도록 훈련될 수 있다. 그러나 이것으로부터 우리가 알 수 있는 것은 다만 이 경우에 실험자가 동물의 음식—상황을 변경하는 데 성공했다는 것뿐이다. 그는 이 상황에 하나의 새로운 요소를 일부러 도입함으로써 이 상황을 복잡하게 만들었다. 일반적으로 조건 반사라는 현상은 그 모두가 인간의 상징적 사고의 본질적 성격에서 거리가 멀뿐더러 반대되기까지 한 것이다. 상징은—이 말의 고유한 의미에 있어서—단순히 신호로 환원될 수 없는 것이다. 신호와 상징은 서로 다른 두 개의 논의의 세계에 속하는 것으로, 신호는 물리적 존재 세계의 일부요, 상징은 인간의 의미 세계의 일부이다. 신호는 <조작자>(operators)이고, 상징은 <지시자>(designators)이다.14) 신호는 신호로 이해되고 사용될 때에도 역시 일종의 물질적 혹은 실체적 존재이며, 상징은 다만 기능적인 가치를 가지고 있을 따름이다.

이와 같은 차이를 염두에 둘 때, 우리는 가장 논쟁이 활발했던 문제들 가운데 하나를 해결하는 길을 발견할 수 있다. **동물의 지성**에 관한 문제는 항상 인간학적 철학의 가장 큰 수수께끼들 가운데 하나였다. 이 문제를 해결하기 위하여 사고와 관찰에 있어서 막대한 노력이 기울여졌다. 그러나 <지성>이라는 말 자체의 애매성과 막연성이 언제나 명료한 해결에 방해가 되었었다. 문제가 내포하는 의도를 이해하지 못하고서 어떻게 그 문제가 풀리기를 희망할 수 있겠는가? 형이상학자들과 과학자들, 박물학자들과 신학자들은 제각기 이 지성이란 말을 여러 가지 서로 다르고 모순 된 의미로 사용해 왔다. 어떤 심리학자들과 정신 생물학자들은 동물의 지성에 관해서 이야기하는 것은

---

14) 조작자와 지시자를 구별하는 것에 대하여는 C. Morris, "The Foundation of the Theory of Signs", in *Encyclopedia of the Unified Sciences*(1938)를 참조.

옳지 못한 일이라고 단호하게 거부하였다. 동물의 모든 행동에서 그들은 오직 어떤 자동 작용만을 보았다. 이러한 주장은 그 배후에 데까르뜨의 권위를 가지고 있었지만, 또한 현대 심리학에서도 재확인 되어온 것이다. 손다이크는 동물의 지능에 관한 그의 저서에서 다음과 같이 말하고 있다. "동물은 어떤 것이 다른 것과 비슷하다고 생각하지 않으며, 또한 가끔 사람들이 말하는 바와 같이 어떤 것과 다른 것을 혼동하지도 않는다. 동물은 그것에 **관하여** 생각하는 일은 전혀 없고 다만 **그것**을 생각할 따름이다. …동물들이 개별적이고 절대적으로 일정하고 또 자각된 감각 인상에 반응한다는 생각 그리고 처음의 감각 인상과 조금 다른 어떤 감각 인상에 대한 유사한 반응이 유사성에 의한 연상을 증거 하는 것이라는 생각은 하나의 신화이다."15) 후의 좀 더 정확한 관찰은 이와 다른 결론으로 나아갔다. 고등 동물들의 경우에는 이 동물들이 제법 어려운 문제를 풀 수 있었으며, 또 이 해결들이 단순히 기계적 방법으로, 즉 시행착오에 의하여 이루어지지 않았다는 것이 분명해졌다. 쾰러가 지적한 바와 같이, 단순한 우연적 해결과 진정한 해결 사이에는 가장 두드러진 차이가 존재하고 있어서 이것과 저것이 쉽사리 분간될 수 있다. 고등 동물의 반응 가운데 적어도 몇 가지는 그저 우연의 소산이 아니라 통찰력에 의해 인도되고 있음은 의심할 여지가 없어 보인다.16) 만일 지성이라는 것이 직접적인 환경에 대한 적응이나 환경에 순응하면서 그것을 변용시키는 것을 의미하는 것이라면, 확실히 동물들은 비교적 고도로 발달한 지성을 가지고 있다고 보아야 할 것이다. 또 동물의 모든 행동이 직접적 자극의

---

15) E. L. Thorndike, *Animal Intelligence*(New York: Macmillan, 1911), pp. 119 이하.
16) Koehler, 앞의 책, 7장, "Chance and Imitation"을 참조.

현존에 의하여 지배되는 것이 아니라는 데 대해서는 양보하지 않으면 안 될 것이다. 동물은 그 반동에 있어서 온갖 우회가 가능하다. 동물은 장치를 사용하는 일뿐만 아니라, 나아가 자기의 여러 목적을 위하여 도구를 발명하는 일까지 배울 수 있다. 그리하여 어떤 정신 생물학자들은 동물에 있어서의 창조적 혹은 구성적 상상력에 관하여 말하기를 주저하지 않는다.17) 그러나 이 지성이나 이 상상력은 그 어느 것이나 특별히 인간에게만 있는 유형을 가지고 있지는 않다. 한마디로 동물은 실제적인 상상력과 지성을 가지고 있는 반면, 오직 인간만이 하나의 새로운 형태, 즉 **상징적인 상상력**과 **지성**을 발전시켰다고 말할 수 있다.

더욱 개인적 정신의 지적 발달에 있어서 한 가지 형태로부터 다른 형태로의—한갓 실제적인 태도에서 상징적 태도로의—전이는 명백하다. 그러나 여기서 이 전진은 느리고 연속적인 과정의 최종 결과이다. 심리학적 관찰에서 흔히 쓰는 방법으로는 이 복잡한 과정의 개별적 단계들을 분간하는 것이 쉬운 일이 아니다. 그러나 이 전이의 일반적 성격과 극도의 중요성을 충분히 통찰케 하는 다른 하나의 길이 있다. 말하자면 여기서 자연은 문제되고 있는 점에 대해서 뜻하지 않은 빛을 던질 수 있는 실험을 실행하였다. 우리는 소경이며 귀머거리이자 또 벙어리인 아이로서 특별한 방법에 의하여 말할 줄 알게 된 로라 브리지만과 헬렌 켈러의 고전적 사건을 가지고 있다. 이 두 사건이 모두 유명하고 또 심리학책에서 자주 문제되었음에도 불구하고18) 내가

---

17) R. M. and A. W. Yerkes, *The Great Apes*(New Haven: Yale Univ. Press, 1929), pp. 368 이하, 520 이하.

18) 로라 브리지만에 대해서는 다음을 참조. M. H. and F. H. Hall, *Laura Bridgman*(Boston, 1903); M. S. Lamson, *Life and Education of Laura Dewey Bridgman*(Boston, 1881); W. Jerusalem, *Laura Bridgman, Erziehung einer Taubstumm-Blinden*(Berlin, 1905).

독자들에게 다시 이것들을 상기시키려는 것은 이것들이 여기서 우리가 다루고 있는 일반적 문제를 가장 잘 드러내는 그 무엇을 내포하고 있기 때문이다.

헬렌 켈러의 선생인 설리반 부인은 이 아이가 정말 인간 언어의 의미와 기능을 이해하기 시작한 정확한 날짜를 기록한 바 있다. 여기 이 부인 자신의 말을 인용해 보자.

오늘 아침 당신에게 편지를 적어 보내지 않을 수 없게 된 것은 매우 중요한 일이 일어났기 때문입니다. 헬렌은 자신의 교육에 있어 제2의 큰 전진의 발걸음을 내딛었습니다. 그녀는 **물건마다 이름이 있으며, 수화 문자는 그녀가 알고자 하는 모든 것에 대한 열쇠임을** 깨달았습니다. … 오늘 아침 그 아이가 세수하면서 '물'에 대해서 그 이름을 알고자 하였습니다. 그 아이가 무엇이든지 어떤 물건의 이름을 알고 싶어 할 때에는 그 물건을 손가락으로 가리키고 내 손을 툭툭 치는 것이었습니다. 나는 'w-a-t-e-r'라고 쓰고는 아침식사 후까지 이것에 관하여 아무 생각도 하지 않았습니다. …(얼마 후) 우리는 펌프집에 갔는데, 나는 헬렌에게 내가 펌프질을 하는 동안 물그릇을 물통 주둥이 밑에 대고 있게 하였습니다. 찬 물이 쏟아져 나와 물그릇을 채웠을 때 나는 헬렌의 빈 손에다 'w-a-t-e-r'라고 썼습니다. 손등에 흐르는 찬 물과 밀접한 관계를 가지고 그 아이의 머리 속에 들어간 이 낱말은 그 아이를 몹시 놀라게 하는 것 같았습니다. 그 아이는 물그릇을 떨어뜨리고 얼빠진 사람 모양으로 서 있었습니다. 새로운 빛이 그 아이의 얼굴에 나타났습니다. 그 아이는 여러 번 'water'를 썼습니다. 그리고는 물을 땅에 쏟으며 그 이름을 묻고 펌프와 창살 담을 손으로 가리키고 갑자기 돌아서더니 내 이름을 묻더군요. 그래 나는 '선생'이란 낱말을 써 주었습니다. 집으로 돌아가는 동안 그 아이는 내내 몹시 흥분해 있었으며 손에 닿는 모든 물건의 이름을 배워 불과 몇 시간 동안에 새 낱말을 서른 개나 그 어휘에 첨가했습니다. 이튿날 아침 그 아이는 얼굴빛이 환한 선녀처럼 일어났습니다. 그리고는 이 물건에서 저 물건으로 쏙쏙 지나가면서 그 모든 것의 이름을 물으며 또 아주 기뻐하며 나에게 입을 맞추었습니다. … 이제 모든 물건은 이름을 갖지 않으면 안 되는 것이었습니다. 우리가 어디를 가든지 그 아이는 집에서 배운 일이 없는 물건들의 이름을 열심히 물었습니다. 그 아이는 친구들에게 쓴 것을 몹시 보여주고 싶어 하며 또 만나는 모든 사람에게 글자를 가르쳐 주고 싶어 합니다. 낱말을 알게 되는 대로 전에 사용하던 신호와 몸짓을 버리고 또 새로운 낱말을 배울 때마다 더할 수 없이 생기 있는 기쁨이 그녀에게 생깁니다. 우리가 주의하고 있는 것은 그 아이의 얼굴이 날마다 더욱 풍부한 표정을 가지게 되는 일입니다.19)

신호와 몸짓을 사용하는 데서 낱말, 즉 상징을 사용하는 데 이르게 하는 결정적 단계를 이보다 더 또렷하게 그려낼 수 있었던 일은 거의 없었다. 이 순간에 이 아이의 진정한 발견은 무엇이었던가? 헬렌 켈러는 이 이전에도 어떤 물건이나 사건을 수화 문자의 어떤 기호에 결합시키는 것을 배워 알고 있었다.

이 사물들과 어떤 촉각의 인상들 사이에는 일정한 연결이 있었던 것이다. 그러나 이러한 일련의 연결은 비록 되풀이되고 확장된다 하더라도 여전히 인간의 말이 어떠한 것이며 또 무엇을 의미하는가를 이해하게 하는 것이 되지 못한다. 이러한 것을 이해하기 위하여 이 아이는 하나의 새로운 그리고 더욱더 중요한 발견을 하지 않으면 안 되었

---

19) H. Keller, *The Story of My Life*(New York: Doubleday, Page & Co., 1902, 1903). 헬렌 켈러의 생애와 보충적인 설명을 위해서는 pp. 315 이하를 참조.

다. 이 아이는 **모든 것에는 이름이 있다**는 것—상징적 기능이 특수한 경우에만 국한되어 있지 않고 인간 사고의 전 분야를 감싸는 **보편적 적용성의 원리**라는 것—을 이해하지 않으면 안 되었다. 헬렌 켈러의 경우에 있어 이 발견은 돌연한 충격으로서 이루어졌다. 이 아이는 이 때 몇몇 감각기관을 사용하는 데 있어 결함을 가진 것을 제외하고는 매우 양호한 건강 상태에 있었고 고도로 발달된 정신을 가진 7세의 소녀였다. 그녀의 교육을 등한히 함으로써 그 계발이 대단히 늦어지고 있었다. 이 때 갑자기 결정적으로 중요한 발달이 생겼다. 그것은 마치 지적 혁명인 것처럼 작용한다. 이 아이는 새로운 빛 속에서 세계를 보기 시작한다. 낱말들을 사용하되 단순히 기계적 기호나 신호로서가 아니라 하나의 전혀 새로운 사고의 기구로서 사용할 줄 알게 되었다. 새로운 수평선이 열려 이 때 이후로 이 아이는 비길 데 없이 넓고 자유로운 지역에서 마음대로 노닐 수 있게 되었다.

좀 덜 극적인 일이지만, 이와 똑같은 경우를 로라 브리지만에게서도 볼 수 있다. 정신 능력에 있어서나 지적 발달에 있어서나 로라 브리지만은 헬렌 켈러보다 크게 못한 아이였다. 그 생활과 교육에는 헬렌 켈러에게서 보는 바와 같은 극적 요소들이 없다.

그러나 이 두 경우에는 다 같이 동일한 전형적 요소가 있다. 로라 브리지만은 손가락 문자를 쓸 줄 알게 된 후, 역시 헬렌 켈러와 마찬가지로 갑자기 인간 언어의 상징성을 이해하기 시작하는 순간에 도달하였다. 이 점에 있어 우리는 이 두 경우 간의 놀라운 유사성을 본다. 로라 브리지만의 최초의 여러 선생들 가운데 한 사람인 드루 양은 다음과 같이 적고 있다. "나는 그 아이가 손가락 문자를 쓰는 법을 알게 된 후 처음 가졌던 식사 시간을 절대로 잊지 않을 것입니다. 그 아이의 손이 가 닿은 모든 물건은 이름을 가져야 했습니다. 그리고 그 아이가 나로 하여금 새 낱말들의 철자를 쓰게 하는 데 눈코 뜰 새 없게 하고 있는 동안 다른 아이들의 시중을 들게 하기 위하여 도와줄 사람을 부르지 않을 수 없었습니다."[20]

 상징성의 원리는 그 보편성, 타당성 및 일반적 적용성과 더불어 특별히 인간적인 세계, 인간 문화의 세계에 접근할 수 있게 하는 마술어, "열려라 참깨!"이다. 인간이 일단 이 마술의 열쇠를 가지게 되면 앞으로의 진보는 더욱 확실하다. 이와 같은 진보는 분명히 감각적 소재의 그 어떤 결핍에 의해서도 방해되거나 불가능해지지는 않는다. 고도의 정신 발달과 지적 교양에 도달한 헬렌 켈러의 경우는 인간 존재가 그 인간 세계의 구성에 있어 그의 감각적 소재의 질에 의존하고 있지 않다는 것을 우리에게 명백하게 그리고 반론의 여지없이 보여준다. 만일 감각론의 여러 이론이 옳다면, 그리고 모든 관념이 처음의 감각 인상의 흐릿한 모사 이외의 다른 아무 것도 아니라면, 눈멀고 귀먹고 또 벙어리인 아이의 조건은 그야말로 절망적인 것일 것이다. 왜냐하면 이 때 이 아이는 인간 지식의 여러 원천 자체를 빼앗기고 있는, 말하자면 현실로부터 추방된 자이기 때문이다. 그러나 헬렌 켈러의 자서전을 연구하면 이것이 옳지 못하다는 것을 금방 깨닫게 되며, 또 동시에 왜 그것이 옳지 못한가를 이해하게 된다.

 인간 문화는 그 특유한 성격과 그 지적, 도덕적 가치들을 그것이 구성되고 있는 재료에 의존하지 않고, 그 형식, 그 건축적 구조로 인하여 가지게 된다. 그리고 이 형식은 그 어떤 감각적 재료로도 표현될 수 있다. 음성 언어는 촉각 언어보다 훨씬 큰 기술상의 장점을 가지고 있다. 그러나 촉각 언어의 여러 기술상의 결함도 그 근본적 유용성을 완전히 없애 버리는 것은 아니다. 음성 신호 대신에 촉각 신호를 이용

---

20) Lamson, 앞의 책, pp. 7 이하를 참조.

한다고 해서 상징적 사고와 상징적 표현의 자유스러운 발달이 방해를 받는 것은 아니다. 어린 아이가 인간 언어의 의미를 파악하는 데 성공하였다면, 어떤 특수한 재료를 가지고 이 의미가 파악될 수 있는가는 중요한 문제가 아니다. 헬렌 켈러의 경우가 증명하는 바와 같이, 인간은 가장 빈약하고 보잘것없는 재료를 가지고서도 그의 상징적 세계를 만들어 낼 수 있다. 더할 수 없이 중요한 것은 하나하나의 벽돌과 돌이 아니라, 이것들이 가지는 건축 형식으로서의 일반 **기능**이다. 말의 영역에 있어서 재료가 되는 신호들에 생명을 주고 <그것들로 하여금 말하게 하는> 것은 그것들의 일반적인 상징적 기능이다. 생명을 주는 이 원리가 없으면 인간 세계는 언제까지나 귀머거리와 벙어리의 상태로 있었을 것이다. 이 원리가 있으면 귀머거리와 벙어리와 소경인 아이의 세계도 가장 고도로 발달한 동물 세계와 비교가 안 될 정도로 더 넓고, 더 풍부해질 수 있다.

보편적 적용성은 모든 것이 이름을 가지고 있다는 사실로 인하여 인간의 상징성의 가장 큰 특성들 가운데 하나이다. 그러나 이것만이 유일한 것은 아니다. 이 특성에 수반되며, 이것을 보충하고 또 이것에 없어서는 안 될 상관되는 또 다른 하나의 상징의 특색이 있다. 상징은 보편적이기만 한 것이 아니라 또한 극히 가변적이다. 동일한 의미가 여러 가지 언어들로 표현될 수 있고, 또 단일한 언어의 한계 안에서만도 어떤 한 가지 사상이나 관념이 아주 다른 여러 용어들로 표현될 수 있다. 기호나 신호는 그것이 일정하게 그리고 독특하게 지시하는 사물에 관계되어 있다. 구체적이고 개별적인 기호는 그 어떤 것이나 어떤 하나의 개별적인 사물을 지시한다. 파블로프의 실험에서 개들은 특별한 신호를 주기만 하면 음식이 있는 데로 가도록 쉽게 훈련될 수 있었으며, 또 실험자가 마음대로 택할 수 있는 어떤 특수한 음향을 들을 때까지는 먹으려 들지 않았다. 이것은 가끔 인간의 상징성에 반대되는 것이다. 진정한 인간의 상징은 제일성(齊一性)이 아니라 변통성(變通性)을 그 특징으로 한다. 그것은 고정되어 있거나 불변적인 것이 아니라 자유로이 변하는 것이다. 이 변통성을 충분히 **의식하게 된 것**이 인간의 지적, 문화적 발달에 있어서 무척 뒤늦은 성취인 듯하다는 것은 옳은 말이다. 원시인의 지적 능력이 이러한 의식에 도달하게 된 적은 거의 없었다. 그 때에는 상징이 아직 다른 물리적 속성과 같이 사물의 한 속성으로 생각되었다. 신화적 사고에 있어서 어떤 신의 이름은 그 신의 본성에 절대적으로 필요한 부분이다. 만일 그 신을 부를 때 옳은 이름으로 부르지 않으면 주문이나 기도는 효과가 없는 것이 되고 만다. 여러 가지 상징적 행동에서도 이와 같은 것을 볼 수 있다. 종교 의식이나 희생을 바치는 제사가 그 효험을 가지려면 언제나 옛날 그대로의 변화하지 않은 방식과 순서로 집행되지 않으면 안 된다.21) 어린 아이들은 가끔 어떤 사물의 각각의 이름이 <고유한 이름>이 아니라는 것, 즉 동일한 하나의 물건이 여러 가지 다른 언어에 있어서 아주 다른 여러 가지 이름을 가질 수 있다는 것을 처음으로 알게 될 때 크게 놀란다. 아이들은 어떤 물건을 그것이 불리는 대로의 것으로 <존재한다고> 생각하려는 경향이 있다. 그러나 이것은 다만 최초의 단계일 따름이다. 정상적인 아이는 누구나 동일한 소원이나 사상을 표현하는 데 여러 상징을 사용할 수 있다는 것을 얼마 안 가서 배우게 된다. 동물 세계에는 확실히 이와 같은 변화성과 변통성에 해당하는 것이 없다.22) 로라 브리지만은 말할 수 있게 되기 오래 전

---

21) 더 자세한 것은 E Cassirer, *Sprache und Mythos*(Leipzig, 1925)를 참조.

22) 이 문제에 관해서는 W. M. Urban, *Language and Reality*, 1부 3장, pp. 95 이하를 참조.

에 매우 진기한 표현법, 말하자면 그 자신의 언어를 발전시키고 있었다. 이 언어는 분절된 소리들로 구성되어 있지 않고, <정동적 소음>이라고 일컫는 여러 가지의 소음들만으로 성립되어 있는 것이었다. 그녀는 어떤 사람들이 자기 앞에 나타났을 때, 이러한 소리를 내는 버릇이 있었다. 그리하여 이 소리들은 완전히 개별화되어 이 아이의 주위에 있는 사람은 누구나 어떤 특별한 소음으로 인사를 받았었다. 리버 박사는 다음과 같이 말하고 있다. "그 아이가 불시에 어떤 아는 사람을 만나게 되었을 때에는 언제나, 그 아이가 말하기를 시작하기 전에 그 사람에 대한 낱말을 자꾸만 되풀이 하여 소리 낸다는 것을 발견하였습니다. 그것은 반가워하는 발성이었습니다."23) 그러나 손가락 문자에 의하여 이 아이가 인간 언어의 의미를 파악하게 되었을 때 사정은 달라졌다. 이제 소리는 정말 하나의 이름이 되었으며 또 그 이름은 어떤 한 개인에게만 한정되어 있는 것이 아니라 주위 환경에 따라서 변할 수도 있는 것이었다. 예를 들면 이러한 일이 있었다. 하루는 로라 브리지만이 전에 자기의 선생이었던 드루 양에게서 편지를 한 통 받았는데, 드루 양은 그 동안 결혼을 하여 모튼 부인이 되어 있었다. 이 편지에서 브리지만은 선생의 초대를 받았다. 이것은 이 아이에게 큰 기쁨을 주었으나, 드루 양이 자기 남편의 이름 대신에 자기의 옛 이름으로 편지에 사인하였기 때문에 드루 양이 잘못한 것을 발견하였다. 이 아이는 심지어 드루 양에 대한 소음은 필연코 모튼 부인에 대한 그것과 같은 것일 수 없을 것이므로 이제는 자기의 선생에 대해서 또 하나의 새로운 소음을 생각해 내야 한다고까지 말하였다.24) 전

---

23) F. Leiber, "A Paper on the Vocal Sounds of Laura Bridgman", in *Smithsonian Contributions to Knowledge*, II, Art. 2, p. 27을 참조.

24) Lamson, 앞의 책, p. 84를 참조.

의 <소음>들이 여기서 의미상 중요하고 매우 재미있는 변화를 했음이 명백하다. 그것들은 이제 어떤 특수한 구체적 상황에서 분리될 수 없는 특별한 발성들이 아니다. 그것들은 추상적인 이름이 된 것이다. 왜냐하면 이 아이가 만들어 낸 새 이름은 어떤 새로운 개인을 지시하는 것이 아니라, 새로운 관계를 가지게 된 동일한 개인을 지시하는 것이기 때문이다.

우리의 전반적 문제의 또 다른 하나의 중요한 면이 여기에 드러난다. 그 문제란 **관계적 사고가 상징적 사고에 의존하고 있다는 것**이다. 상징들의 복잡한 체계가 없으면, 관계적 사고는 충분히 발전되기는커녕 도대체 생길 수조차 없다. 관계들을 그저 **의식하는 것**이 지적 활동, 즉 논리적 혹은 추상적 사고 활동을 전제한다고 말함은 정당하지 못한 일일 것이다. 이러한 의식은 지각의 기본적 행위들에서도 필요하다. 감각주의의 여러 학설은 지각을 단순한 감각 소여(sense data)의 모자이크(주워 모은 것)로 보는 것이 통례가 되어 있었다. 이와 같은 신념을 가진 사상가들은 언제나 감각 자체가 결코 고립되어 있는 인상들의 단순한 집합체나 묶음이 아니라는 사실을 보지 못하였다. 현대의 형태 심리학은 이 견해를 수정했다. 이 심리학은 가장 단순한 지각 과정도 여러 근본적인 구조적 요소, 즉 어떤 유형 혹은 형태를 내포하고 있다는 것을 밝혀냈다. 이 원리는 인간 세계와 동물 세계에 다 같이 적용될 수 있다. 동물 생활의 비교적 낮은 단계에서도 이와 같은 여러 구조적 요소—특히 공간적 및 시각상의 구조—가 있다는 것이 실험적으로 증명되었다.[25] 그러므로 관계들에 대한 단순한 의식은 인

---

25) W. Koehler, "Optische Untersuchungen am Schimpansen und am Haushuhn; Nachweis einfacher Strukturfunktionen beim Schimpansen und beim Haushuhn", in *Abhandlungen der Berliner Akademie der Wissenschaften*(1915, 1918)을 참조.

간 의식에만 특유한 것으로 볼 수 없다. 하지만 우리는 동물 세계에서 그것에 비길 것이 없는 특별한 유형의 관계적 사고를 인간 속에서 본다. 인간에게는 관계들을 고립시키는—즉 이 관계들은 그 추상적 의미에서 고찰하는—능력이 발달하였다. 이 의미를 파악하기 위하여 인간은 이제 구체적인 감각 소여, 즉 시각, 청각, 촉각, 근육 운동의 자료에 의존하지 않는다. 인간은 이 관계를 플라톤이 말한 것처럼 <그것들 자체에 있어서> 고찰한다. 기하학은 인간의 지적 생활에 있어서 이러한 전환점의 고전적인 예이다. 초급 기하학에 있어서도 우리는 구체적인 개개의 도형을 이해할 필요가 없다. 이 때 우리는 물리적인 사물이나 지각의 대상을 문제 삼지 않는다. 이는 우리가 그것을 표현하는 데 적절한 상징 체계를 가지고 있는 보편적인 공간적 관계를 연구하기 때문이다. 인간 언어의 예비적 단계가 없었던들 이러한 큰 일이 성취될 수 없었을 것이다. 동물들에 있어서의 추상 혹은 개괄의 과정들에 관하여 행해진 모든 검사에서 이 점이 분명하게 되었다. 쾰러는 하나의 특수한 대상 대신에 둘 혹은 그 이상의 대상 사이의 **관계**에 반응하는 침팬지들의 능력을 보여주는 데 성공하였다. 음식이 들어 있는 두 개의 상자가 앞에 놓여 있을 때 침팬지는 언제나 큰 것을, 비록 이전의 실험에서는 두 개 가운데 작은 것이어서 취하지 않았던 것이라도 일반적 훈련을 미리 해두면 언제나 그 가운데에서 큰 것을 선택하곤 하였다. 이와 비슷한 능력으로서 어떤 특수한 상자보다 오히려 더 가까운 대상, 더 밝은 것, 더 푸른 것에 반응하는 것이 있다는 것도 증명되었다. 쾰러의 결과들은 그 이후의 여러 실험으로 확인되고 또 확대되었다. 고등 동물은 이른바 <지각적 인자의 분리>라는 것을 할 수 있음이 밝혀질 수 있었다. 고등 동물들은 실험적 상황의 특수한 지각상의 질을 가려내고 거기에 따라 반응하는 잠재 능력을 가지고 있다. 이러한 의미에 있어서 동물들은 빛깔을 크기와 모양으로부터, 혹은 모양을 크기와 빛깔로부터 추상할 줄 안다. 나디 코츠 부인이 행한 몇몇 실험에서 어떤 침팬지는 시각상의 성질들이 여러 가지로 매우 다른 한 집단의 대상들 가운데서 어떤 한 가지 성질을 공통으로 가지고 있는 것들을 골라낼 수 있었다. 가령 그 침팬지는 한 가지 주어진 빛깔의 모든 대상을 뽑아내어 그것을 수취함 속에 넣을 수가 있었다. 이러한 여러 예는 고등 동물들이 흄의 인식론에서 이른 바 <이성의 판별>(distinction of reason)이라고 명명된 과정을 가질 수 있다는 것을 증명하는 듯이 보인다.26) 그러나 이 연구들에 종사한 모든 실험자들은 또한 이 과정들의 희귀성, 미숙성 및 불완전함을 강조하였다. 동물들은 어떤 특수한 성질을 가려내고 또 이것에 도달하는 것을 배워 안 후에도 즉시 온갖 기묘한 과오를 저지르기 쉽다.27) 간혹 동물 세계에 **이성의 판별**의 몇 가지 흔적이 있다 치더라도 그것들은 말하자면 봉오리 때 딴 것과 같은 상태에 있다. 그것들은 더 발전할 수 없다. 이는 그것들이 정말 귀중하고 또 정말로 없어서는 안 되는 인간 언어의 도움, 즉 상징 체계의 도움을 소유하고 있지 않기 때문이다.

  이 문제를 분명하게 통찰한 최초의 사상가는 헤르더였다. 그는 인간성의 철학자로서 문제를 완전히 <인간적>으로 제기하고자 하였다. 언어의 기원을 초자연적 혹은 신적인 것으로 보는 형이상학적 혹은 신학적 주장을 거부하고서, 헤르더는 문제 자체의 비판적 수정부터 시작하고 있다. 말은 우리가 그 자연적 혹은 초자연적 원인을 추궁할

---

26) 흄의 '이성의 구분'에 관한 이론은 그의 *Treatise of Human Nature*, Pt. 1, sec. 7(London: Green and Grose, 1874), Ⅰ, pp. 332 이하에 설명되어 있다.

27) Yerkes, 앞의 책, pp. 103 이하에 예시되어 있다.

수 있는 어떤 사물, 어떤 물리적인 것이 아니다. 그것은 인간 정신의 한 과정, 한 일반적 기능이다.

  심리학적으로 우리는 이 과정을 18세기 모든 심리학파에 의하여 사용된 술어를 가지고서 기술할 수 없다. 헤르더에 의하면, 말은 이성의 인위적 창조가 아니며, 또한 연상의 특별한 기계적 작용으로 설명될 성질의 것도 아니다.

  언어의 성질을 설명하려는 그 자신의 시도에 있어서 헤르더는 그가 <**반성**>이라고 부르는 것에 가장 중점을 두고 있다. 반성 혹은 반성적 사고는 부동하고 있는 감각적 현상의 흐름의 차별 없는 전체 집단 가운데서 몇 가지 고정된 요소를 가려내되, 이 요소들을 분리시키고 또 이것들에게 주의를 집중하도록 하기 위하여 가려내는 인간의 능력이다.

  인간은 그 영혼의 힘이 아주 자유스럽게 활동하여 이것이 말하자면, 그의 모든 감각기관을 통해서 소용돌이치는 감각의 바다 전체로부터 **하나**의 물결을 분리시킬 수 있고, 또 이것이 이 물결을 멈추게 하여 이 물결에 주의를 하며 또 이 주의를 의식할 수 있을 때, 반성력이 있다는 것을 밝혀 보여준다. 또 그는 그의 감각기관들에 들어오는 여러 형상의 동요하는 꿈결 전체 가운데서 한 순간 정신을 차리고 깨어날 수가 있어 **한** 형상에 자연적으로 머물며, 이것을 똑똑히 그리고 더 조용하게 관찰 하며 **이것**만이 대상이고 이것 이외에는 어떤 것도 대상이 아니라는 것을 그에게 드러내는 특징들을 추상할 수 있을 때, 반성력이 있음을 보여준다. 그리하여 인간은 다만 그가 여러 가지 질을 전부 생생하게 혹은 분명하게 지각할 수 있을 때만이 아니라 또한 이 모든 질 가운데 하나 혹은 몇 개를 뚜렷한 질로서 **인지할** 수 있을 때에도 그가 반성력을 가지고 있음을 보여주고 있다. …그런데 이 인지는 어떤 수단에 의하여 생긴 것인가? 그것은 인간이 추상하지 않으면 안 되었던 그리고 또 의식의 한 요소로서 그 자체를 분명히 드러내었던 한 특징을 통해서였다. 여기에 이르러 우리는 "알았다!"라고 소리 지를 수 있다. 의식의 이 최초의 성격은 영혼의 언어였다. 이것을 가지고서 인간 언어는 창조되었다.[28]

이것은 인간의 말에 대한 논리적 분석이라기보다 오히려 시적 초상화처럼 보인다. 언어의 기원에 관한 헤르더의 학설은 어디까지나 완전히 사변적인 것이었다. 그것은 일반적 인식론에서 나온 것도 아니요, 또한 경험적인 사실들의 관찰에서 출발한 것도 아니다. 그것은 인간성에 대한 그의 이상과 인간 문화의 성격 및 발전에 대한 그의 심원한 직관에 기초를 둔 것이었다. 그럼에도 불구하고 그것은 가장 가치 있는 논리적, 심리적 요소를 내포하고 있다. 지금까지 정밀하게 조사 연구되고 기술되어 온 동물들에 있어서의 개괄 혹은 추상의 여러 과정에는[29] 그 어느 것에나 헤르더가 강조한 특성은 분명히 없다. 그러나 후에 이르러 헤르더의 견해는 전혀 다른 분야로부터 뜻밖의 명료화와 확증을 얻게 되었다. **언어 정신 병리학**의 분야에서의 최근 연구는 뇌의 상해로 말미암아 생긴 언어의 상실이나 심각한 훼손은 결코 하나의 고립된 현상이 아니라는 결론에 도달하였다. 이러한 결함은 인간 행동의 성격 전체를 변화시킨다. 실어증 혹은 이것과 비슷한 질환을 앓고 있는 환자는 비단 말을 쓰는 것을 잊어 버렸을 뿐만 아니라, 거기에 상응하는 여러 개성의 변화도 겪었던 것이다. 이러한 변

---

[28] J. G. Herder, Über den Ursprung der Sprache(1772), in *"Werke"*, ed. B. Suphan, 제 5 권, pp. 34 이하.

[29] 예를 들어 침팬지에 있어서의 '일반화된 반응'에 관해서는 Yerkes, 앞의 책, pp. 130 이하를 참조.

화들은 그들의 외면상의 행동에서는 볼 수 없는데, 이것은 그들이 외면상으로는 완전히 정상적인 태도로 행동하는 경향이 있기 때문이다. 그들은 일상 생활의 여러 가지 일을 수행할 수 있으며, 또 그들 가운데 어떤 이는 심지어 이와 같은 종류의 모든 실험에서도 그것을 상당한 숙련의 단계까지 발전시킬 수도 있다. 그러나 문제의 해결이 어떤 특정한 이론적 혹은 반성적 활동을 요하게 되자마자 완전히 당황하게 된다. 이제 그들은 더 이상 일반적 개념이나 범주를 가지고 생각할 수 없다. 보편 개념에 대한 파악력을 잃어버린 그들은 직접적 사실, 구체적 상황에 집착한다. 이러한 환자들은 오직 추상적인 것의 이해를 통해서만 행해질 수 있는 그 어떠한 일도 수행할 수 없다.30) 이 모든 것은 매우 중대한 의의를 가지고 있다. 이는 이것이 우리에게 헤르더가 반성적이라고 불렀던 사고 유형이 어느 정도까지 상징적 사고에 의존하고 있는가를 보여주기 때문이다. 상징성이 없었다면 인간 생활은 마치 저 유명한 플라톤의 비유 가운데 있는 동굴 속의 죄수들의 그것과 다를 바가 없었을 것이다. 인간 생활은 그의 여러 생물학적 요구와 실제적 관심의 한계 속에 국한되었을 것이며, 또 종교, 예술, 철학, 과학에 의하여 다른 측면들로부터 그에게 열려져 있는 <이상적 세계>로의 길을 찾지 못했을 것이다.

---

30) 이러한 모든 현상에 관한 상세하고 또 매우 흥미 있는 설명이 골트슈타인과 겔프가 출판한 여러 가지 간행물 중에 들어 있다. 골트슈타인은 하버드 대학에서 제임스 윌리엄의 작품인 *Human Nature in the Light of Psychology*, 1937-1938(Cambridge, Mass.: Harvard Univ. Press, 1940)에 나타난 그의 이론적인 견해의 전반적인 개관을 발표하였다. 나는 이 문제를 *Philosophie der symbolischen Formen*에서 일반적인 철학의 견지에서 다루었다.

# 제4장 인간의 공간 및 시간의 세계

공간과 시간은 모든 현실이 관계를 가지고 있는 틀이다. 우리는 공간과 시간의 조건 하에서가 아니라면 그 어떤 현실적인 사물의 개념도 가질 수 없다. 헤라클레이토스에 의하면, 세계 안의 사물로서 그 여러 한계를 넘을 수 있는 것은 하나도 없다고 말하고 있는데, 여기에서 이 한계들은 다름 아닌 공간적 및 시간적 한계이다. 신화적 사고에 있어서 공간과 시간은 절대로 순수한 혹은 공허한 형식으로 생각되고 있지 않다. 그것들은 온갖 사물을 다스리며, 우리들 인간의 생명뿐만 아니라 신들의 생명까지도 지배하고 결정하는 위대하고 신비한 힘으로 생각되었다.

공간과 시간이 인간 경험에서 갖는 특별한 성격을 기술하고 분석하는 것은 인간학적 철학의 가장 흥미 있고 중요한 과제들 가운데 하나이다. 공간과 시간이 모든 유기적 존재에 대해서 하나의 동일한 것으로 보인다는 것은 유치하고 근거 없는 추측일 것이다. 우리는 명백히 하등 동물들도 인간과 같은 종류의 공간 지각을 가지고 있다고 말할 수 없다. 심지어 인간 세계와 고등 유인원의 세계 사이에도 이 점에 있어서는 명백하고 무시할 수 없는 차이가 있다. 하지만 우리가 흔히 사용하고 있는 심리학적 방법만을 적용하여 이 차이를 설명하는 것은 쉬운 일이 아니다. 우리는 간접적인 길을 택하지 않으면 안 된다. 즉 우리는 우리들 인간 세계에서의 공간과 시간의 참된 성격을 발견하기 위하여 인간 **문화**의 여러 형태를 분석하지 않으면 안 된다.

이러한 분석에 의해 최초로 분명해지는 것은 근본적으로 서로 다른 여러 **유형**의 공간적 및 시간적 경험이 있다는 것이다. 이 경험의 모든 형태가 다 동일한 수준에 있는 것은 아니다. 거기에는 어떤 순서 속에 배열된 높고 낮은 층이 있다. 가장 낮은 층이 **유기적인 공간과 시간**이라고 할 수 있을 것이다. 생물마다 어떤 환경 속에서 살고 있으며 또 살아가기 위해서는 끊임없이 자기 자신을 새로운 환경의 여러 조건에 적응시키지 않으면 안 된다. 하등 생물에게 있어서도 적응에는 제법 복잡한 반응 작용의 체계, 물리적 자극과 이 자극에 대한 적절한 반응 사이의 분간이 필요하다. 이 모든 것은 개체의 경험에 의하여 학습되지 않는다. 갓 태어난 동물들은 공간적인 거리와 방향에 대해서 매우 능숙하고 정확한 감각을 가지고 있는 것 같다. 껍질을 방금 깨뜨리고 나온 병아리는 그 방위를 알아 자기가 지나가는 길에 깔려 있는 낟알을 쪼아 먹는다. 이 공간적 방위 결정의 과정이 의거하고 있는 여러 특별한 조건은 생물학자들과 심리학자들에 의하여 세밀히 연구되었다. 비록 우리가 벌, 개미, 철새의 방위 측정 능력에 관한 모든 복잡한 문제에 답할 수는 없으나, 적어도 하나의 소극적인 답을 제시할 수는 있다. 우리는 동물들이 이와 같은 여러 가지 복잡한 반응을 하고 있을 때는 그것들이 어떤 **관념화** 과정에 의하여 인도되고 있는 듯하다. 이 동물들은 공간에 관한 심상이나 관념, 즉 공간적 관계들의 전망을 가지고 있지 않다.

고등 동물에 가까이 이르면 우리는 **지각적 공간**이라 이름 붙일 수 있는 하나의 새로운 형태의 공간을 발견한다. 이 공간은 단순한 감각의 소여 사실이 아니다. 그것은 매우 복잡한 성질을 가진 것으로서, 서로 같지 않은 온갖 종류의 감각 경험—시각, 촉각, 청각, 근육 감각—의 요소들을 포함하고 있다. 이 모든 요소들이 지각적 공간을 구성하는 데 있어서 협동하고 있는 양식은 감각 지각에 관한 현대 심리학의 가장 어려운 문제들 가운데 하나이다. 위대한 과학자 헤르만 폰 헬름홀츠는 여기서 우리가 부딪친 문제를 해결하기 위해서는 아주 새로운 지식의 한 분과를 새로 시작하는 것, 즉 생리 광학이라는 과학을 창조하는 것이 필요하다는 것을 깨달았다. 그럼에도 불구하고 현재로서는 분명하고 확실하게 결정할 수 없는 많은 문제가 아직 남아 있다. 근대 심리학사에 있어서 <선천설(先天說)과 경험론의 어두운 싸움터에서>의 싸움은 끝이 없어 보였다.[1]

우리는 여기서 이 측면의 문제에 관심을 두지 않는다. 오랫동안 다른 문제를 무색케 하고 가려 온 **발생적** 문제, 즉 공간 지각의 기원에 관한 문제는 유일한 문제가 아니며 또한 가장 중요한 문제도 아니다. 일반 인식론과 인간학적 철학의 견지에서 볼 때, 다른 하나의 문제가 이제 우리의 관심을 끌며 또 초점이 되지 않으면 안 된다. 지각적 공간의 기원과 발전을 천착하느니보다 오히려 우리는 **상징적 공간**을 분석하지 않으면 안 된다. 이 논제에 가까이 나아감에 있어 우리는 인간 세계와 동물 세계의 경계선상에 선다. 유기적 공간, 즉 **행동의 공간**에 관해서 인간은 여러 측면에서 동물보다 못하다. 어린아이는 동물이 나면서부터 가지고 있는 많은 기술을 배우지 않으면 안 된다. 그러나 이 결함에 대해서 인간은, 오직 인간만이 발전시키며 또 유기적 자연 속의 어떤 것에도 비길 것이 없는 다른 하나의 재능으로 보충되고 있다. 직접적으로가 아니라 한 가지 매우 복잡하고 어려운 사고 과정에 의하여 인간은 **추상적 공간**의 관념에 도달하는데, 인간에게 하나의 새로운 지식의 분야뿐만 아니라 그 문화 생활의 전혀 새로운 방향으

---

1) W. Stern, *Psychology of Early Childhood*, trans. A. Barwell, 제2판 (New York: Holt & Co., 1930), pp. 114 이하에서 말하는 견해를 참조.

로의 길을 닦아주는 것은 바로 이 관념이다.

 가장 큰 난점들은 철학자들 자신이 추상적 혹은 상징적 공간의 진정한 성질을 설명하고 기술하는 데 있어 처음부터 당면해 온 바였다. 추상적 공간과 같은 것이 존재한다는 사실은 그리스 사상의 최초의 그리고 가장 중요한 발견들 가운데 하나였다. 유물론자와 관념론자는 다 같이 이 발견의 중대한 의의를 강조하였다. 그러나 이 사상가들은 모두 그것의 논리적 성격을 해명하는 데 있어 곤란에 빠졌었다. 그들은 여러 가지 역설적인 주장에서 피난처를 구하는 것이 일쑤였다. 데모크리토스는 공간은 <비존재>>($μὴ\ ὄv$)이지만 이 비존재는 그러면서도 참된 실재를 가지고 있다고 선언했다. 플라톤은 『티마이오스』(*Timaeus*)에서 공간 개념을 도저히 적절한 말로 표현할 수 없는 하나의 <혼합 개념>으로서 언급하고 있다. 그리고 근대의 과학과 철학에서도 지난날의 이 여러 난점은 아직 해결되지 않고 있다. 뉴턴은 우리에게 추상적 공간—참된 수학적 공간—과 감각 경험의 공간을 혼동하지 않도록 경고하고 있다. 그는 보통 사람들은 공간, 시간 및 운동을 생각할 때 이 개념들이 감각될 수 있는 사물에 대해서 갖는 여러 관계 이외의 다른 어떤 원리에도 의하지 않는다고 말한다. 그러나 만일 우리가 그 어떤 진정한 과학적 또는 철학적 진리에 도달할 것을 바란다면, 우리는 이 원리를 버리지 않으면 안 된다. 철학에서 우리는 우리의 감각 소여로부터 추상하지 않으면 안 된다.[2] 뉴턴의 이러한 견해는 감각주의의 모든 체계에 대해서 방해물이 되었다. 버클리는 그의 모든 비판적 공격을 이 점에 집중하였다. 그는 뉴턴의 <참된 수학적 공간>이 사실은 하나의 공상적 공간, 인간 정신의 한 허구에 불과한 것이라고 주장하였다. 그리고 만일 우리가 버클리의 인식론의 일

---

2) I. Newton, *Principia*, Bk. 1, 정의 8, 난외주를 참조.

반적인 여러 원리를 인정한다면, 이 견해를 도저히 배척할 수 없다. 우리는 추상적 공간이 그 어떤 물리적 혹은 심리적 현실 속에서도 그 대응물이나 근거를 가지고 있지 않음을 인정하지 않으면 안 된다. 기하학자의 점과 선은 물리적 사물도 아니요, 심리적 사물도 아니다. 그것들은 추상적 관계들에 대한 상징 이외의 아무 것도 아니다. 만일 우리가 이 관계들에 대하여 <진리>를 운운한다면, 그 때 이 진리란 말의 의미는 재정의를 요하게 될 것이다. 왜냐하면 추상적 공간의 경우 우리는 사물들의 진리가 아니라, 명제들과 판단들의 진리에 관심이 있기 때문이다.

그러나 이와 같은 진전이 있게 되고 체계적으로 기초를 가질 수 있게 되기 전에 철학과 과학은 먼 길을 더듬어 와야 했고, 또 수많은 중간 단계를 거쳐 와야만 했다. 이 문제의 역사는 비록 그 발전해 온 개개의 단계를 더듬는 것이 매우 매력 있는 과제이기는 하나, 아직 아무도 쓴 사람이 없다. 이러한 여러 단계는 인간의 문화 생활의 참 성격과 일반적 경향을 잘 알게 해준다. 나는 여기서 몇 개의 대표적 단계를 추려보는 것으로써 만족하지 않을 수 없다. 원시인의 생활에서 그리고 원시 사회의 조건들 아래에서는 추상적 공간의 관념에 대한 그 어떤 흔적도 거의 찾아볼 수 없다. 원시인의 공간은 행동의 공간이요, 이 때 이 행동은 여러 가지 직접적인 실제상의 요구와 관심에 집중되고 있다. 설사 우리가 공간에 관한 원시인의 <개념 작용>을 운운할 수 있다 하더라도, 이 개념 작용은 순전히 이론적인 성격을 띤 것이 아니다. 그것에는 아직 여러 구체적인 개인적 혹은 사회적 감정, 즉 여러 정동적 요소가 따르고 있다. 하인츠 베르너는 다음과 같이 말하고 있다.

원시인이 공간 속에서 여러 기술적 활동을 수행하는 한, 거리를 측정하고, 조각배의 키를 조종하며, 과녁에 창을 던지고, 이 밖에 이와 비슷한 일을 하는 한에 있어서, 행동의 터로서의 그의 공간, 실용적 공간으로서의 그의 공간은 그 구조에 있어서 우리들 자신의 공간과 다를 바 없다. 그러나 원시인이 이 공간을 표상이나 반성적 사고의 주제로 삼을 때에는 지성화한 그 어떤 공간과도 근본적으로 다른 독특한 원시적 관념이 생긴다. 공간의 관념은 원시인에게 있어 체계화되었을 때에도 주체와 더불어 혼합적으로 한 데 묶여 있다. 그것은 진보된 문화를 가진 인간의 추상적인 공간보다 훨씬 감정적인 그리고 구체적인 개념이다. … 그것은 성격상 그다지 객관적인 것, 측정할 수 있는 것, 또 추상적인 것이 못 된다. 그것은 자기중심적인 혹은 의인관적(擬人觀的)인 여러 특징을 보여주고 있으며, 또 상모적(相貌的)—역동적(physiognomic-dynamic)인 바, 구체적이고 실체적인 것에 뿌리박고 있다.3)

원시인의 정신력과 문화의 견지에서, 우리를 행동의 공간에서 이론적 혹은 과학적 공간 개념—즉 기하학의 공간—으로 이끌어갈 수 있는 결정적 단계를 마련하는 것은 정말 거의 불가능한 일이다. 이 후자, 즉 기하하적 공간에 있어서는 우리의 직접적 감각 경험의 모든 구체적 차이가 사라지고 있다.

우리는 더 이상 시각적, 촉각적, 청각적 혹은 후각적 공간을 가지고 있지 않다.

기하학적 공간은 우리 감각들의 고르지 못한 성질에 의하여 우리에게 강요된 모든 다양성과 이질성으로부터 추상된다. 여기서 우리는 동질적이고 보편적인 공간을 갖는다. 그리고 인간이 하나의 독특한

---

3) H. Werner, *Comparative Psychology of Mental Development* (New York: Harper & Bros., 1940), p. 167.

조직적인 **우주** 질서의 개념에 도달하는 것은 오직 이 새롭고 특색 있는 형태의 공간을 매개로 해서였다. 이와 같은 질서의 관념, 즉 우주의 통일성과 합법칙성의 관념은 이 제일적인 공간의 관념이 없었던들 절대로 생기지 못했을 것이다. 그러나 이와 같이 되는 데는 매우 오랜 시간이 걸렸다. 원시인의 사고는 공간의 체계에 관해서 생각할 수 없었을 뿐더러 또한 공간의 도식 역시 생각조차 할 수 없었다. 그 구체적 공간은 하나의 **도식적인** 모양을 가질 수 없다. 민족학은 원시 종족들이 일상 비상하게 날카로운 공간 지각을 타고 났음을 우리에게 보여준다. 이 종족들의 원주민은 자신의 환경의 가장 세밀한 것들을 샅샅이 보는 눈을 가지고 있다. 그는 자기 주위의 일반 사물의 위치에 일어나는 모든 변화에 대해서 극히 예민하다. 매우 어려운 형편 속에서도 그는 자신의 길을 찾을 수 있다. 배를 젓거나 혹은 돛을 달고 물길을 갈 때 그는 자기가 오르내리는 강의 모든 굽이를 아주 정확하게 돌아간다. 그러나 좀 더 면밀히 검토해 보면, 우리는 그가 이와 같은 능력에도 불구하고 놀랍게도 공간 이해에 한 가지 이상한 결점이 있어 보인다는 것을 발견하게 된다. 만일 누가 그에게 그가 다니는 수로에 관한 일반적 기술이나 묘사를 해보라고 하면, 그는 이것을 할 수 없다. 만일 누가 그에게 그 강과 그 강의 여러 굽이의 지도를 그려 주기를 원한다면, 그는 이 사람의 질문을 이해할 수조차 없을 것이다. 여기서 우리는 공간과 공간적 관계들을 구체적으로 이해하는 것과 추상적으로 이해하는 것 사이의 차이를 매우 뚜렷하게 파악한다. 이 원주민은 수로를 완전히 알고 있으나 그 앎은 우리가 추상적 의미, 즉 이론적 의미에서 인식이라고 부르는 것과는 매우 거리가 먼 것이다. 이 앎은 다만 제시(presentation)만을 의미한다. 지식은 표상을 포함하며 또 전제한다. 대상에 대한 표상은 그저 그 대상을 조작하는 것과는 아주 다른 활동이다. 후자는 좌우로 또 순서 있게 서로 조정된 일련의 일정한 활동, 신체적 운동 이외에는 다른 어떤 것도 필요로 하지 않는다. 거기서 중요한 것은 어떤 행동을 언제나 한결같이 되풀이함으로써 획득한 습관이다. 그러나 공간과 공간적 관계들에 대한 표상은 이보다 훨씬 더한 것을 가지고 있다. 어떤 사물을 개념으로써 파악하려면, 그 사물을 올바르게 또 여러 가지 실제적인 용도를 위하여 조정하는 것만으로는 충분하지 않다.

우리는 그 대상의 일반 개념을 가지며, 그것이 다른 대상들에 대해서 가지는 관계들을 찾기 위하여 그것을 다른 여러 각도에서 보지 않으면 안 된다. 우리는 그것의 자리를 부여하며 전반적 체계 안에서 그것의 위치를 결정짓지 않으면 안 된다.

인간 문화의 역사에 있어서 우주 질서의 개념에로 이끈 이 위대한 일반화는 바빌로니아의 천문학에서 처음으로 이루어진 것 같다. 이 천문학에서 우리는 인간의 구체적인 실제 생활의 테두리를 초월하는 사고, 포괄적인 시야 속에 전 우주를 포용하려는 사고의 최초의 명확한 증거를 본다.

바빌로니아의 문화가 모든 문화 생활의 요람으로 생각되어온 것은 이러한 이유 때문이다. 많은 학자들은 인류의 모든 신화적, 종교적 및 과학적 착상이 이 근원에서 나왔다고 주장하였다. 나는 여기서 이 범바빌로니아적 학설들을 논하지는 않을 것이다.[4] 그것은 내가 다른 하나의 문제를 제기하고자 하기 때문이다.

---

[4] 이러한 학설들을 위해서는 휴고 빙클러의 저작들, 특히 *Himmelsbild und Weltenbild der Babylonier als Grundlage der Weltanschauung und Mythologie aller Völker*(Leipzig, 1901)와 *Die babylonische Geisteskultur in ihren Beziehungen zur Kulturentwicklung der Menschheit*(Leipzig, 1901)을 참조.

바빌로니아 사람들이 천체의 현상을 관측한 최초의 사람들이었을 뿐만 아니라, 또한 과학적인 천문학과 우주학을 위한 여러 기초를 세운 최초의 사람이었다는 사실에 대한 이유를 내세우는 것이 가능한 일인가? 천공의 현상들의 중요성이 완전히 간과된 일은 한번도 없었다. 인간은 자기의 생활 전체가 어떤 일반적인 우주의 조건에 매여 있다는 사실을 쉽게 깨닫게 되었음에 틀림없다. 해가 뜨고 지는 것, 달, 별들, 계절의 순환, 이 모든 자연 현상은 원시인의 신화에서 중요한 역할을 하고 있는 것으로서 잘 알려져 있는 사실들이다. 그러나 이것들을 하나의 사상 체계로 만드는 데는 특별한 상황 아래에서만 채워질 수 있는 또 하나의 다른 조건이 필요하였다. 유리한 이 사정들은 바빌로니아 문화가 시작할 때 한창 성하였다. 노이게바우어는 고대 수학사에 관한 매우 재미있는 연구서를 저술하였는데, 이 책에서 그는 이 문제에 관한 그 이전의 견해들 가운데 많은 것을 정정하고 있다. 전통적인 견해는 그리스 시대 이전에 과학적 수학이 있었다는 데 대한 확실한 증거는 하나도 없다는 것이었다. 일반적으로 가정되었던 것은 바빌로니아 사람들과 이집트 사람들이 위대한 실제적, 기술적 진보를 성취하기는 했으나 아직 이론적 수학의 최초의 요소들을 발견하지는 못했다는 것이었다. 그에 의하면, 이용할 수 있는 모든 자료들을 비판적으로 분석하면 이와 다른 해석을 하게 된다는 것이다. 바빌로니아의 천문학에서 이루어진 진보가 하나의 고립된 현상이 아니었다는 것은 명백하다. 그것은 하나의 보다 근본적인 사실—즉 하나의 새로운 지적 수단의 발견과 사용—에 의존하고 있었다. 바빌로니아 사람들은 **상징적 대수**(기호를 사용하는 대수)를 발견하고 있었다. 이 이후에 수학 사상이 여러 가지로 발달한 것에 비하면, 이 대수는 물론 아직 매우 단순하고 초보적인 것이다. 그렇지만 그것은 하나의 새로운 그리고 매우 창의적인 착상을 포함하고 있었다. 노이게바우어는 이 착상의 유래를 바빌로니아 문화의 그야말로 여러 시발점으로까지 거슬러 올라가서 찾아내고 있다. 그는 바빌로니아 대수학의 특색 있는 형태를 이해하려면, 바빌로니아 문명의 역사적 배경을 고려하지 않으면 안 된다고 말한다. 이 문명은 특별한 조건 하에서 생겨났다. 그것은 서로 다른 두 민족—수메리아족과 아카디아족—사이의 합류와 충돌의 소산이었다. 이 두 민족은 그 기원을 달리하며 서로 아무 관계가 없는 언어를 말한다. 아카디아족의 언어는 셈어계의 유형에 속하고, 수메리아족의 언어는 셈어계도 아니요 인도-유럽어족도 아닌 또 하나의 다른 그룹에 속한다. 이 두 민족이 서로 만나 하나의 공통의 정치, 사회 및 문화 생활을 함께 하게 되었을 때, 그들은 여러 가지 새로운 문제를 해결하지 않으면 안 되게 되었는데, 이것을 위해서는 새로운 여러 가지 지적인 힘을 발전시키는 것이 필요하다는 것을 그들은 알게 되었다. 수메리아족의 본래의 언어는 이해될 수 없는 것이었으며, 그들이 쓴 책들은 대단한 고생과 끊임없는 정신적 노력 없이는 아카디아 사람들이 해독할 수 없는 것이었다. 바빌로니아 사람들이 처음으로 하나의 추상적 심볼리즘의 의미와 그 여러 용도를 이해할 줄 알게 된 것은 이 노력에 의해서였다. 노이게바우어는 말한다.

대수의 모든 조작은 우리가 수학적 조작에 대해서나 또는 이 조작들이 적용되는 양에 대해서나 한결같이 어떤 고정된 심볼들을 소유하고 있다는 것을 전제한다. 이와 같은 개념적 심볼리즘이 없었던들 수적으로 일정하지 않고 지정되어 있지 않은 양들을 결합하는 일은 가능하지 못했을 것이며, 또 이것들로부터 새로운 결합들을 도출할 수도 없었을 것이다. 그러나 이와 같은 심볼리즘이 아카디아 사람들의 저작에 즉각적이고 또 필연적으로 나타났다 … 그러므로 그 초기부터 바빌로니아 사람들은 대수학 발달의 가장 중요한 기초 공사—즉 적절하고 완전한 심볼리즘—를 이용할 수가 있었다.5)

하지만 바빌로니아의 천문학에서 우리는, 나중에 가서 결국 공간을 지적으로 정복하고 우주 질서, 즉 우주의 조직을 발견하는 것으로 이끌어 간 저 위대한 과정의 최초의 여러 국면을 볼 뿐이다. 수학 사상 자체는 문제를 직접적으로 해결하게 할 수 없었는데, 이는 인간 문명의 여명기에 있어 수학 사상이 결코 그 참된 논리적 양상을 띠고 나타나지 않고 있기 때문이다. 말하자면 이것은 신비 사상의 분위기에 싸여 있다. 과학적 수학의 최초의 발견자들은 이 장막을 걷어낼 수가 없었다. 피타고라스 학파는 수를 마술적이고 신비스러운 힘이라고 말하였으며, 심지어 공간에 관한 그들의 이론에서도 신비적 언어를 사용하고 있다. 겉으로 보면 이질적인 요소들의 이러한 상호 침투는 모든 원시적 천지개벽설에서 특히 뚜렷하게 된다. 바빌로니아의 천문학은 전체로 보아 아직 우주에 대한 신화적 해석이다. 그것은 이제 더 이상 구체적이고 신체적이고 원시적인 공간의 테두리 속에 제한되어 있지 않았다. 이를테면 공간은 땅으로부터 하늘로 환치(換置)되었다. 그러나 천체 현상의 질서로 눈을 돌리면서도 인류는 지상의 여러 요구와 관심을 잊어버릴 수 없었다. 인간이 처음으로 그 눈을 하늘로 돌렸을 때 그것은 한갓 지적 호기심을 만족시키기 위한 것은 아니었다. 인간이 진정으로 하늘에서 찾은 것은 그 자신의 반영과 그의 인간 우주의 질서였다. 인간은 이 세계가 볼 수 있거나 혹은 볼 수 없는 헤아

---

5) O. Neugebauer, "Vorgriechische Mathematik", in *Vorlesungen über die Geschichte der antiken Mathematischen Wissenschaften* (Berlin: J. Springer, 1934). 제1권, pp.68 이하.

릴 수 없이 많은 유대에 의하여 우주의 질서 전체에 매여 있다고 느꼈으며, 또 이 신비스러운 연결에 파고들어가 그것을 이해하려고 했다. 그러므로 천체의 현상들은 추상적 성찰과 순수 과학의 초탈한 정신을 가지고 연구될 수가 없었다. 그것들은 세계의 주인이요 지배자이며 또 인간 생활의 통치자로 여겨졌다. 인간의 정치적·사회적 및 도덕적 생활을 조직하려면, 하늘로 눈을 돌려야만 했다. 인간 현상치고 그것 자체로 설명될 수 있는 것은 없는 것으로 보이며, 그것은 그것이 의존하고 있고 또 그것에 상응하는 하늘의 현상에 관련시킴으로써 설명되지 않으면 안 되었다. 이런 것들을 생각하면 최초의 여러 천문학설의 공간이 하나의 단순한 이론적인 공간이 될 수 없었다는 것, 그리고 왜 그랬던가가 분명하게 된다. 그것은 추상적 기하학의 의미에서의 점이나 선 혹은 면에 있어서 성립해 있지 않다. 그것은 마술적인, 신적인 그리고 악마적인 세력들로 가득 차 있다. 천문학의 첫째가는 그리고 가장 긴요한 목표는 이 세력들의 위험스러운 영향들을 예견하고 피하기 위하여 이것들의 본성과 활약상을 통찰하는 것이었다. 천문학은 이 신화적이고 마술적인 양상—**점성학**의 양상—을 제외하고는 생길 수 없었다. 천문학은 이 성격을 수천 년 동안 보존하였는데, 어떤 의미에서 그것은 우리들 자신의 시대의 처음 여러 세기, 즉 르네상스 문화에서도 성행하고 있었다. 우리들 자신의 과학적 천문학의 진정한 창시자인 케플러도 그의 온 생애를 통하여 이 문제와 싸우지 않으면 안 되었다. 그러나 마침내 이 최후의 일보를 내딛게 되고야 말았다. 천문학이 점성학에 대체되고 기하학적 공간이 신비적 및 마술적 공간의 자리에 대신 들어선다. 새로운 참된 심볼리즘, 현대 과학의 심볼리즘으로의 길을 처음으로 닦은 것은 하나의 옳지 못한 그리고 착오가 많은 형태의 상징적 사고였다.

근대 철학의 최초의 그리고 또 가장 힘든 과제들 가운데 하나는 이 심볼리즘을 이해하되, 그 참된 의미와 중대성을 충분히 이해하는 것이었다. 데까르뜨 사상의 발전 과정을 연구할 때 우리는 데까르뜨가 **나는 생각한다. 그러므로 나는 있다**에서 출발하지 않았음을 발견한다. 그는 <보편학>(mathesis universalis)에 대한 그의 개념과 이상에서 출발하였다. 그의 이상은 하나의 위대한 수학적 발견―해석 기하학―에 기초하고 있었다. 이 해석 기하학에서 상징적 사고는 가장 중요한 여러 가지 체계적 결과를 가지게 될 또 하나의 전진의 걸음을 내딛었던 것이었다. 공간과 공간적 관계들에 대한 우리의 모든 지식은 하나의 새로운 언어, 즉 수의 언어로 옮겨질 수 있고, 또 이 옮김과 변형에 의하여 기하학적 사상의 참된 논리적 성격이 보다 명료하게 그리고 또 보다 적절하게 이해될 수 있다는 것이 분명하게 되었다.

공간의 문제에서 **시간의 문제**로 넘어갈 때 우리는 동일한 특징적 진보를 발견한다. 이 두 개념의 발달에는 여러 가지 정밀한 유사점만 있는 것이 아니라, 또한 특색 있는 여러 차이가 있음은 사실이다. 칸트는 공간은 우리들의 <외적 경험>의 형식이요, 시간은 우리들의 <내적 경험>의 형식이라고 단언한다. 자신의 내적 경험을 해석하는 데 있어 인간은 새로운 문제들에 부딪쳤다. 여기에서 인간은 물리적 세계에 관한 지식을 조직하고 체계화하려는 그의 처음의 시도에서와 같은 방법을 사용할 수 없었다. 그러나 이 두 가지 문제에는 공통되는 하나의 배경이 있다. 시간도 처음에는 인간 생활의 특유한 하나의 형식으로서가 아니라 유기적 생명의 일반적 조건으로 생각되었다. 유기적 생명은 오직 그것이 시간 속에서 진전하는 한에 있어서만 존재한다. 그것은 하나의 물건이 아니라 하나의 과정이요, 절대로 정지함이 없는 연속적 사건의 흐름이다. 이 흐름 속에서는 어떤 것도 똑같은 옛 모습으로 다시 일어나는 법이 없다. 헤라클레이토스의 "두 번 다시 똑같은 강물에 발을 담글 수 없다"라는 말은 모든 유기적 생명에 타당하다. 유기적 생명의 문제를 다룰 때 우리는 무엇보다 먼저 화이트헤드가 <단순한 위치 선정>의 편견이라고 한 것에서 우리 자신을 해방시키지 않으면 안 된다. 유기체는 절대로 단일한 순간에 정착해 있지 않다. 생활에 있어서 시간의 세 양식—과거, 현재, 미래—은 개별적 요소로 분열될 수 없는 하나의 전체를 형성한다. "현재는 과거를 걸머지고 미래를 머금고 있다"라고 라이프니츠는 말하였다. 유기체의 순간적 상태는 그 역사를 고려하지 않고서는, 또 이 상태가 그저 하나의 통과점이 되어 그곳에 흘러가는 미래의 상태에 대해 언급함이 없이 기술될 수 없다.

19세기의 가장 뛰어난 생리학자들 가운데 한 사람인 헤링은 **기억**이 모든 유기적 물질의 하나의 일반적 기능으로 여겨져야 할 성질의 것이라는 이론을 옹호하였다.6) 기억은 우리들의 의식 생활의 한 현상일 뿐만 아니라, 생명 있는 자연의 전 영역에 널려 있다. 이 이론은 제몬에 의하여 옳은 것으로 인정되고 또 더욱 발전되었는데, 제몬은 이 기초 위에서 심리학의 한 새로운 일반적 도식을 전개하였다. 제몬은 과학적 심리학으로 나아가는 유일한 길은 <**므네메적 생물학**>을 통해서 가는 길밖에 없다고 말한다. 제몬에 위해 <므네메>(mneme)는 유기체에 일어나는 모든 사건이 변하기 쉬운 가운데 그것들을 보존하는 원리라고 정의되었다. 기억과 유전은 동일한 유기적 기능의 두 측면이다. 유기체에 가해진 자극마다 그 유기체 속에 <엥그람>(engram, 인상), 즉 일정한 생리적 자국을 남기며, 또 유기체의 앞으로의 모든

---

6) E. Hering, *Über das Gedächtnis als eine allgemeine Funktion der organischen Materie*(1870)를 참조.

반작용은 이 엥그람들의 연쇄, 즉 연결된 <엥그람 콤플렉스>에 의거한다.7) 그러나 비록 우리가 헤링과 제몬의 일반 이론을 인정한다 하더라도 아직 우리는 우리 인간 세계에 있어서의 기억의 역할과 중요성을 설명하기에는 너무 먼 곳에 있다. 므네메 혹은 기억에 대한 인간학적 개념은 이와 아주 다른 것이다. 기억을 유기적 물질의 일반적 기능으로 본다면, 그것은 다만 생물이 예전 경험의 어떤 흔적을 보존하며 또 이 흔적들이 후일의 여러 반작용들에 어떤 일정한 영향을 준다는 의미에서이다. 그러나 인간적 의미에서의 기억을 가지기 위해서는 <예전에 있었던 어떤 자극 작용의 잠재적 잔존물>이 남아 있다는 것만 가지고서는 충분하지 못하다.8) 이 잔존물들의 한갓 현존, 그 총체는 기억의 현상을 설명할 수 없다. 기억은 인지와 동일성 확인의 과정, 즉 일종의 매우 복잡한 관념 구성의 과정을 내포한다. 예전의 인상들이 되풀이되기만 하면 되는 것은 아니다. 또한 그 인상들이 시간에 있어서 서로 다른 여러 점에 정돈되고 자리 잡고 또 관련되지 않으면 안 된다. 이와 같은 위치 선정은 시간을 하나의 일반적 도식, 즉 개개의 사건을 모두 포함하는 하나의 **계열적 순서**로 생각하지 않고서는 불가능한 일이다. 시간의 의식은 반드시 공간이라고 하는 다른 도식에 상응하는 이와 같은 계열적 순서의 개념을 내포하고 있다.

전에 일어난 사건을 단순히 재생시키는 것으로서의 기억은 고등 동물들의 생활에서도 일어난다. 그것이 어느 정도까지 우리가 인간에게서 보는 것과 같은 여러 관념 구성의 과정에 비길 만한 관념 구성 과정에 의거하고 있는가는 어렵고 또 매우 논쟁이 분분한 문제이다. 여

---

7) 자세한 것은 R. Semon, *Mneme*(1909)와 *Die Mnemischen Empfindungen*(1909)을 참조. 이 두 가지 책의 영역 초록이 벨라 다피에 의하여 편집되어 *Mnemic Psychology*(New York, 1923)라는 제목으로 출판되었다.

8) "Der latente Rest einer früheren Reizwirkung"(Semon).

제4장 인간의 공간 및 시간의 세계 97

키스는 그의 최근의 저서에서 한 장(章)을 특별히 이 문제의 천착과 해명에 전적으로 할당하고 있다. 그는 침팬지에 관해서 말하면서 다음과 같이 묻는다.

이 동물들은 마치 이전의 경험들을 기억하고 상기하며, 인지하는 듯이 행동하는가, 그렇지 않으면 눈 앞에 있지 않은 것은 그 마음 속에서도 전혀 가지고 있지 않는 것인가? 저들은 예상하고, 기대하고, 상상할 수 있으며, 또 이와 같은 의식의 기초 위에서 장차 일어날 사건들에 대해서 준비할 수 있는가? … 저들은 신호로서의 구실을 하는 연상에 의지함으로써만이 아니라 또한 우리들의 언어적 심볼들과 비슷한 상징적 과정의 도움을 받아서 문제들을 해결하며 또 일반적으로 환경의 상황에 적응할 수 있는가?9)

여키스는 이 모든 물음에 대해서 그렇다고 대답하려고 한다. 그러나 설사 우리가 그의 모든 증거를 인정한다 하더라도 결정적인 문제는 그대로 남아 있다. 왜냐하면 여기서 중요한 것은 인간과 동물에 있어서의 관념 구성 과정들의 **사실**이라기보다 오히려 이 과정들의 **형태**이기 때문이다. 인간에게 있어서 우리는 회상을 어떤 사건에 단순히 돌아가는 것, 그리고 예전 인상들의 희미한 심상이나 모사(模寫)라고 할 수 없다. 그것은 단순히 하나의 반복이 아니라 오히려 과거의 갱생으로서 창조적이고 건설적인 과정을 내포하고 있다. 우리들의 과거 경험의 고립된 소여 사실을 뽑아내는 것으로 충분치 못한 바, 우리는 그야말로 이 소여 사실들을 **재수습**하지 않으면 안 된다. 즉 이 소여 사

---

9) M. Yerkes, *Chimpanzees, A Laboratory Colony*(New Heaven: Yale Univ. Press, 1943), p.145.

실들을 조직하고 종합하며 또 사고의 한 초점에 모으지 않으면 안 된다. 우리에게 인간 특유의 기억 형태를 주며 또 이것을 동물 생활 혹은 유기체 생활의 다른 모든 현상으로부터 가려내는 것은 바로 이러한 종류의 회상이다.

확실히 우리들의 일상 경험에서 우리는 앞에서 말한 바와 분명히 같지 않은 회상이나 기억의 형태들을 많이 본다. 많은 기억의 경우, 아마 대부분의 경우는 감각주의 학파들이 흔히 쓰는 해결책에 의하여 적절히 설명될 수 있을 것이다. 즉 〈관념 연합〉의 단순한 기계적 작용으로 설명될 수 있다. 많은 심리학자들은 어떤 사람의 기억력을 실험하는 데는 그 사람이 무의미한 낱말이나 음절을 얼마나 많이 머리속에 간직할 수 있으며, 또 어느 정도의 시간이 경과한 후에 그것들을 외울 수 있는가를 보는 것보다 더 좋은 방법이 없다는 데 대해서 확신을 가지고 있었다. 이러한 가정 위에서 행해진 실험만이 인간의 기억을 정확하게 측정할 수 있는 것처럼 보였다. 심리학에 대한 베르그송의 공헌들 가운데 하나는 그가 이 모든 기계적인 기억 이론에 대해서 여러 가지로 공격한 점이다. 『물질과 기억』(*Matiére et mémoire*)에서 베르그송은 기억은 더욱 깊고 복잡한 하나의 현상이라고 주장한다. 그것은 〈내화〉(內化)와 집약을 의미한다. 그것은 우리 과거 생활의 모든 요소들의 상호 침투를 의미한다. 베르그송의 저작에 있어서 이 이론은 하나의 새로운 형이상학적 출발점이 되었는데, 이 점이 바로 그의 생철학의 주춧돌이었다.

우리는 여기서 이 문제의 형이상학적 측면에 관심을 가지고 있지 않다. 우리의 목표는 인간 문화의 현상학이다. 그러므로 우리는 논점을 인간의 문화 생활에서 얻은 구체적인 예로써 예시하고 해명하려고 노력해야 한다. 고전적인 예의 하나는 괴테의 생애와 작품이다. 상징적 기억은 인간이 그것에 의하여 오직 그의 과거의 경험을 되풀이할 뿐만 아니라, 또한 이 경험을 재구성하는 과정이다. 상상은 참된 회상에 없어서는 안 될 요소가 된다. 이것이 바로 왜 괴테가 그의 자서전에 『시와 진실』(*Dichtung und Wahrheit*)이라는 제목을 붙였던가에 대한 이유였다. 그는 자신의 생애를 이야기하는 데 있어서 그 어떠한 공상적 혹은 허구적 요소를 삽입하는 것도 마땅치 않게 여겼다. 그는 자신의 생애에 관한 진실을 발견하고 그것을 기술할 것을 원했으나, 이 진실은 오직 그의 생애의 고립되고 흩어진 사실들에다가 시적인, 다시 말하면 상징적인 형태를 줌으로써만 발견될 수 있었다. 다른 시인들도 그들의 작품을 이와 비슷한 태도로 보았다. 입센은 "시인이 된다는 것은 자기 자신에 대해서 재판관으로서 임하는 것"이라고 선언하였다.[10] 시는 한 인간이 자기 자신과 자신의 생활에 대해서 판정을 내릴 수 있는 형식들 가운데 하나이다. 그것은 자기 인식이요 자기 비판이다. 이러한 비판은 도덕적 의미에서 이해될 성질의 것이 아니다. 그것은 칭찬이나 비난, 정당화나 죄인시하는 것을 뜻하는 것이 아니라 그 시인이 자신의 개인 생활을 더욱 깊이 이해하는 것, 재해석하는 것을 뜻한다. 이 과정은 시에만 국한되어 있지 않다. 그것은 예술적 표현의 다른 모든 방법에서도 가능하다. 렘브란트가 그의 생애의 여러 시기에 그린 자화상들을 볼 때 우리는 그 여러 모습 속에 렘브란트의 생활과 그 개성과 예술가로서의 그의 발전에 대한 모든 내력을 읽을 수 있다.

  하지만 시는 상징적 기억의 유일한 형식이 아니며 또 아마 가장 특징적인 형식도 아닐 것이다. 자서전이란 어떤 것이며 또 무슨 의미가

---

10) "At *leve* er – krig med trolde i hjertets og hjernens hvaelv.
    Att *digte* – det er at holde dommedag over sig selv."
    H. Ibsen, *Digte*, 제 5 판(Copenhagen, 1886), p.203.

있는가를 보여준 최초의 위대한 예는 아우구스티누스의 『고백록』 (Confessions)이었다. 이 『고백록』에서 우리는 하나의 아주 다른 유형의 자기 검토를 본다. 아우구스티누스는 자기 자신의 생활의 사건들을 이야기하지 않는데, 이 사건들은 그에게 있어 기억되거나 기록될 가치가 거의 없는 것이었다. 아우구스티누스가 이야기한 드라마는 인류의 종교적인 드라마이다. 그 자신의 개종은 보편적인 종교적 과정 —즉 인간의 타락과 구속—의 반복이요 반영일 따름이다. 아우구스티누스의 책에는 줄마다 그저 역사적인 의미만이 있는 것이 아니라, 또한 감추어진 상징적 의미가 있다. 아우구스티누스는 그리스도교 신앙의 상징적 언어가 아니고서는 그 자신의 생활을 이해하거나 그 생활에 관해서 이야기할 수 없었다. 이 방법에 의하여 그는 위대한 종교사상가인 동시에 새로운 심리학, 즉 내성과 자기 검토의 새로운 방법의 창시자가 되었다.

지금까지 우리는 시간의 한 면만을, 즉 과거에 대한 현재의 관계만을 생각했다. 그러나 인간 생활의 구조에 있어서 보다 더 중요하고 또 보다 더 특색이 되는 듯한 또 다른 한 면이 있다. 이것은 시간의 제3의 차원이라 할 수 있는 것인데, 곧 미래의 차원이다. 우리의 시간 의식에 있어서 미래는 없을 수 없는 하나의 요소이다. 생애의 가장 이른 단계에서도 이 요소는 지배적 역할을 행하기 시작한다. 윌리엄 슈테른은 다음과 같이 말하고 있다. "관념적 생활의 초기 발달 전체의 특색은 이 관념들이 과거의 어떤 것을 향하는 기억들로서보다는 오히려 비록 눈 앞에 있는 미래이기는 하나, 하여튼 미래를 지향하는 기대로서 나타난다는 점이다. 우리는 여기서 비로소 발전의 일반 법칙을 본다. 과거의 관련이 의식에 의하여 파악되는 대로 또한 이에 뒤늦지 않게 미래와의 관련이 파악된다."[11] 나이가 들면 우리 생활에서 이 경향이 더욱 명백해진다. 우리는 여러 회상이나 혹은 여러 가지 현재의 경험 속에서도 살지만, 그보다 더욱 여러 회의와 공포, 장래에 관한 여러 불안과 희망 속에서 살고 있다. 이것은 다른 모든 피조물에게는 인연이 먼 불확정성의 요소를 인간 생활에 집어넣는 것이기 때문에 얼핏 보면 인간의 시원찮은 자질로 여겨질지 모른다. 만일 인간이 환상적인 관념, 미래라는 이 신기루에서 벗어난다면, 훨씬 더 현명하고 또 더욱 행복하게 될 것 같다. 철학자들, 시인들, 또 위대한 종교적 교사들은 어느 시대에서나 이러한 끊임없는 자기 기만의 원천에 대해서 인간에게 경고하여 왔다. 종교는 인간에게 장차 올 날에 대해서 두려워하지 말 것을 가르치며, 또 인간의 예지는 오늘을 즐기고 미래에 대하여 걱정하지 말라고 권한다. <내일 무엇이 일어날까에 대해 묻지 말라>라고 호라티우스는 말한다. 그러나 인간은 결코 이 충고를 따를 수 없었다. 미래의 일을 생각하며 미래에 사는 것은 인간성의 어쩔 수 없는 부분이다.

어떤 의미에서 이 경향은 모든 유기적 생명의 여러 한계를 넘지 않는 것으로 보인다. 모든 유기적 과정들의 특징은 우리가 그것들을 미래에 관련시키지 않고서는 기술할 수 없다는 데에 있다. 동물의 여러 본능의 대부분은 이와 같은 방식으로 해석되지 않으면 안 된다. 본능적 행동들은 직접적 요구들에 의하여 촉구되지 않는바 그것들은 장차 올 세대의 생활에 속하기 때문에 그 행동을 하는 동물은 보지 못할 것이다. 파브르의 『곤충기』(Souvenirs entomologiques) 같은 책을 공부하다 보면, 거의 모든 페이지에서 동물의 본능들 가운데 이 특징의 두드러진 예들을 볼 수 있다.

이 모든 것은 하등 동물이 미래에 대한 그 어떤 <관념>, 그 어떤 개

---

11) Stern, 앞의 책, pp.112 이하.

념 혹은 의식을 가지고 있다는 것을 주장하거나 증명하는 것이 되지 못한다. 우리가 고등 동물의 생활로 나아가자마자 사정은 의심스러워진다. 상당한 권위가 있는 많은 관찰자들이 고등 동물의 예견력에 관해서 말한 바 있으며, 또 이러한 가정 없이는 이 고등 동물들의 행동을 도저히 적절하게 기술할 수 없어 보였다. 울프의 실험에서는 한 동물이 진짜 상(賞) 대신에 가짜 상을 취했는데, 이것은 미래의 사실들에 대한 의식적 예상을 포함하고 있는 것 같다. 이 때 이 동물은 이 가짜 상 혹은 이 신호가 나중에 음식과 교환되리라고 <기대하고> 있는 것이다. 볼프강 쾰러는 다음과 같이 말하고 있다.

  미래의 우연적인 일을 조금이라도 계산에 넣고 있다는 것이 인지될 만한 관찰의 예는 적다. 그리고 미래의 어떤 사건에 대한 가장 명료한 고려가 일어나는 것은 바로 예상된 사건이 **그 동물 자체**가 계획한 행동일 때라는 것, 이것은 나에게는 이론적으로 중요한 것으로 생각된다. 이러한 경우 동물은(모호하지 않은 의미에서) 예비적인 일에 무척 많은 시간을 들인다고 하는 사태가 정말 일어날 수 있다. … 이러한 예비적인 일이 분명히 최후 목표를 내다보면서 착수되어 오래 계속되나, 그 자체로는 이 목표에 뚜렷하게 접근하지 못할 때, 그 때 우리는 적어도 미래에 대한 어떤 의식의 징후들을 보는 것이다.[12]

이러한 증거의 기초 위에서 볼 때 미래의 사건에 대한 예상과 심지어는 미래의 행동의 계획이 전혀 동물 생활에 미치지 못하는 것이 아님은 당연한 것으로 생각된다. 그러나 인간에게 있어서 미래의 의식

---

[12] W. Koehler, *The Mentality of Apes*(New York: Harcourt, Brace, 1925), p.282.

은 우리가 앞서 과거의 관념에 관해서 말한 바와 동일한 독특한 의미의 변화를 겪는다. 미래는 다만 하나의 심상에 그치는 것이 아니고, 하나의 <이상>이 된다. 이와 같은 변형의 의미는 인간의 문화 생활의 모든 국면에서 드러난다. 인간이 전적으로 그의 실제적 활동에 파묻혀 있는 동안은 이러한 차이를 분명히 볼 수 없다. 그것은 한갓 정도의 차이이지 종류의 차이는 아닌 것처럼 보인다. 확실히 인간이 직시하는 미래는 보다 넓은 영역에 걸치며, 또 그 계획은 더욱더 의식적이고 조심성 있는 것이다. 그러나 이 모든 것은 아직 사려의 영역에 속하는 것이지, 지혜의 영역에 속하는 것이 아니다. <사려>(prudentia)란 말은 어원적으로 <선견>(providentia)과 관련 있는 말이다. 이것은 미래의 사건들을 예견하고 또 미래의 필요들에 대해서 준비하는 능력이다. 그러나 미래에 대한 **이론적** 관념—즉 인간의 모든 고등한 문화 생활의 전체 조건이 되는 관념—은 이와 아주 다른 종류의 것이다. 그것은 한갓 기대에 그치는 것이 아니라, 인간 생활에 있어서 하나의 명령이 된다. 그리고 이 명령은 인간의 직접적인 실제 요구들을 훨씬 넘어서는 것이며, 그 최고의 형태에 있어서는 인간의 경험적 생활은 여러 한계를 넘는 곳에 도달한다. 이것이 다름 아닌 **상징적 미래**인 바, 인간의 상징적 과거에 대응하며 또 완전히 유사한 것이다. 우리는 이것을 <예언적> 미래라고 부를 수 있는데, 이는 그것이 다른 어떤 곳에서 보다도 위대한 종교적 예언자들의 생활에서 더욱 잘 표현되어 있기 때문이다. 이 종교적 교사들은 결코 단순히 미래의 사건들을 미리 말하거나 또는 미래의 악에 대해서 경고하는 것으로 만족하지 않았다. 또한 저들은 점쟁이처럼 말하지 않았으며, 또 전조나 징조 같은 것의 증거를 받아들이지도 않았다. 저들의 목표는 사실상 점쟁이들의 목표와는 정반대되는 것이었다. 저들이 말한 미래는 하나의 경험적 사실이 아니라, 하나의 윤리적, 종교적 과제였다. 그리하여 예견은 예언으로 변하였다. 예언이란 단순히 미리 말하는 것만을 의미하지는 않는다. 그것은 약속을 의미한다. 이것이야말로 이스라엘의 예언자들—이사야, 예레미야 및 에스겔—에게서 처음으로 명백해지는 새로운 모습이다. 저들의 이상적 미래는 경험적 세계의 부정, 즉 <모든 날의 종말>을 의미한다. 그러나 그와 동시에 <새 하늘과 새 땅>에 대한 소망과 확신을 내포하고 있다. 여기서도 역시 인간의 상징력은 그의 모든 유한한 한계를 넘어서려 하고 있다. 그러나 이 부정은 하나의 새롭고 위대한 헌신의 행위를 내포하는 것으로서, 이로 인하여 인간의 윤리 생활과 종교 생활에는 결정적 국면이 전개된다.

# 제5장 사실과 이상

 칸트는 『판단력 비판』에서 인간 지성의 근본 구조를 밝히고, 또 이 구조를 가능한 다른 모든 인식 양식과 구별해 낼 수 있는 일반적 기준을 발견할 수 있는가라는 물음을 제기하고 있다. 예리한 분석을 한 후, 그는 이와 같은 기준이 인간 지식의 성격에서 찾아질 수 있는 것으로 이 인간 지식의 성격은 오성이 사물의 현실성과 가능성 사이에 날카로운 구별을 짓지 않을 수 없는 그러한 것이라는 결론에 도달한다. 존재의 전체 연쇄 속에서 인간의 위치를 결정짓는 것은 바로 이러한 인간 지식의 성격이다. <현실>과 <가능> 사이의 차이는 인간 이하의 존재에도 없고 인간 이상의 존재에도 없다.

 인간 이하의 존재들은 그들의 감각 지각들의 세계 속에 갇혀 있다. 그들은 현실의 물리적 자극에 대한 감수성을 가지고 있어서 이 자극들에 반응한다. 그러나 그들은 <가능한> 사물에 대한 그 어떤 관념도 형성할 수 없다. 한편 초인간적 지성, 즉 신적 심성은 현실과 가능 사이의 구별을 알지 못한다. 하나님은 <순수 현실>(actus purus)이다. 그가 그 마음에 품는 모든 것은 현실적인 것이다. 하나님의 지성은 <원형 지성>(intellectus archetypus) 혹은 <근원적 직관>(intuitus originarius)이다. 그는 어떤 사물을 생각할 때 이 생각한다는 활동 자체에 의하여 그 사물을 창조하고 산출한다. 가능의 문제가 생기는 것은 오직 인간에게만, 인간의 <파생적 지성>(intellectus ectypus)에만 있는 일이다.

 현실과 가능 사이의 차이는 형이상학적인 것이 아니라 인식론적인 것이다. 그것은 사물들 자체의 그 어떤 성격도 표시하지 않는다. 그것은 다만 사물에 대한 우리들의 인식에만 적용된다.

칸트는 신적 지성, 즉 <근원적 직관>이 정말 존재한다는 것을 적극적으로 또 독단적으로 주장하려 하지는 않았다. 그는 다만 인간 지성의 성질과 한계를 밝히기 위하여 <직관적 오성>과 같은 개념을 사용했을 따름이다. 인간 지성은 <사변적 오성>으로서 이질적인 두 요소에 의지한다.

우리는 표상 없이 생각할 수 없으며, 또 개념 없이 직관할 수 없다. "직관 없는 개념은 공허하고, 개념 없는 직관은 맹목적이다." 칸트에 의하면, 우리의 가능과 현실 사이의 구별의 근저에 있는 것은 바로 이 인식의 근본 조건에 있어서의 이원론이다.[1]

우리가 지금 생각하고 있는 문제의 견지에서 볼 때, 칸트의 이 말―칸트의 비판적 저작들 가운데서 가장 중요하고 가장 어려운 구절―은 우리에게 특별히 흥미 있는 말이다. 그것은 그 어떤 인간학적 철학에 대해서도 하나의 결정적 문제를 가리킨다. 인간 지성은 <표상을 필요로 하는> 지성이라고 말하는 대신,[2] 우리는 오히려 그것이 상징을 필요로 한다고 말하고 싶다. 인간 지식은 그 본성에 있어서 상징적 지식이다. 이 특성이야말로 인간 인식의 힘과 그 한계를 특징짓는다. 그리고 상징적 사고에 있어서는 현실적인 것과 가능적인 것, 실제로 있는 사물과 이상적인 사물 사이에 날카로운 구별을 짓는 것이 불가피한 일이다. 상징은 물리적 세계의 일부로서의 현실적 실존을 갖고 있지 않다. 그것은 <의미>를 가지고 있다. 원시인의 사고에 있어서는 아직 존재와 의미의 두 영역 사이를 구별 짓는 것이 매우 어렵다. 거기에서

---

1) I. Kant, *Critique of Judgement*, secs. 76, 77 참조.

2) "…ein der Bilder bedürftiger Verstand."(Kant).

는 이 두 영역이 끊임없이 혼동되고 있으며, 상징은 마치 마력 혹은 물리적인 힘이 부여되어 있는 것처럼 생각되고 있다. 그러나 인간 문화가 좀 더 진보하면 사물과 상징 사이의 차이가 분명히 느껴지게 되는데, 이것은 현실과 가능 사이의 구별이 더욱 더 뚜렷하게 된다는 것을 의미한다.

이러한 상호 의존의 관계를 간접적으로 증명하는 길이 하나 있다. 상징적 사고의 기능이 방해되었거나 혹은 불명료하게 된 특별한 조건 하에서는 현실과 가능 사이의 차이 역시 불확실하게 됨을 알 수 있다. 이 차이는 다시는 분명히 지각될 수 없다. 언어 병리학은 이 문제에 흥미 있는 빛을 던졌다. 실어증의 여러 경우에 있어서 환자들은 비단 특별한 부류의 낱말을 쓸 수 없게 되었을 뿐만 아니라, 그와 동시에 그들의 일반적인 지적 태도에서 이상한 결함을 나타낸다는 점이 자주 발견되었다. 사실상 이 환자들 가운데 많은 사람들은 정상적인 사람들의 행동에서 크게 벗어나는 일을 하지 않았다. 그러나 보다 추상적인 사고 양식을 요하는 문제에 부딪쳤을 때, 그리고 여러 가지 현실성보다 오히려 여러 가지 가능성만을 생각해야만 하게 되었을 때, 그들은 곧 큰 곤란을 경험하였다.

그들은 〈비현실적인〉 사물을 생각하거나 혹은 이러한 사물에 관해서 이야기할 수 없었다. 예컨대 반신불수인 환자, 오른손이 마비되어 있는 환자는 "나는 내 오른손으로 글을 쓸 수 있다"라는 낱말들을 소리 내어 말할 수가 없었다. 그는 심지어 의사가 그를 위하여 이 낱말들을 발음해 주었을 때 그것을 그대로 외우는 것조차 거부하였다. 그러나 그는 "나는 내 왼손으로 쓸 수 있다"라고는 선뜻 말할 수 있었는데, 이는 이렇게 말하는 것이 그에게 있어서는 하나의 사실을 표명하는 것이요, 가설적 혹은 비현실적인 경우의 표명이 아니었기 때문이다.3) 쿠르트 골트슈타인은 다음과 같이 말하고 있다.

  이러한 여러 예와 또 이와 비슷한 여러 예는 환자가 한갓 어떠한 <가능한> 상황도 도저히 다룰 수 없다는 것을 보여준다. 그리하여 우리는 이 환자들의 결함을 <가능한> 상황에 접근하는 능력의 결핍으로 규정할 수도 있다… 우리가 다룬 환자들은 외부의 자극들에 의하여 직접 결정되어 있지 않은 일은 그 어떤 일이나 그것을 시작할 때 더할 수 없는 곤란을 겪는다… 그들은 어떤 화제에서 다른 화제로 자발적으로 전환하는 데 있어서, 즉 자발적 변경을 함에 있어서 큰 어려움을 갖는다. 따라서 그들은 이와 같은 변경이 필요한 일들을 수행하는 데 실패한다… 변경하는 일은 그 순간에 거기에 대하여 내가 반응하고 있는 대상과 거기에 대하여 내가 바야흐로 반응하려 하고 있는 대상을 내가 동시에 마음에 간직한다는 것을 전제한다. 하나는 전경(前景)에 있고 다른 하나는 배경에 있다.

---

3) 어린이들도 가끔 여러 가지 가설적인 경우를 상상하는 데 큰 어려움을 겪는 것 같다. 이것은 특별한 사정으로 어린이의 발달이 지체되었을 때 아주 분명해진다. 예를 들어 위에서 말한 병리학적인 경우와 아주 비슷한 경우를 로라 브리지만의 생애와 교육에서 찾아볼 수 있다. 브리지만을 가르친 교사 중 한 사람이 다음과 같이 표현했다. "애초에 그 아이에게 말의 특징, 우화 혹은 그 어떤 종류의 상상적인 경우들을 이해시키는 것이 무척이나 어려웠다는 점이 두드러진 특징이었습니다. 그리고 이러한 어려움은 아직도 완전히 극복되었다고는 할 수 없습니다. 어떤 산술 문제를 그 여자 아이에게 주면 우선은 예상했던 일이 실제로 일어나는구나 하는 첫인상을 받게 됩니다. 예를 들면 며칠 전 아침나절에 그 아이의 교사가 산술책 한 권을 들고 문제를 읽어 주니까 그 아이는 이렇게 물었습니다. '그 책을 쓴 사람이 어떻게 내가 여기 있는 줄 알았지요?' 그런데 그 아이에게 준 산술 문제는 '만약 4달러를 가지고 사이다 한 병을 살 수 있다면, 1달러를 가지고는 얼마만큼을 살 수 있을까?'라는 것이었습니다. 이 문제에 대하여 그 아이는 먼저 '나는 사이다 때문에 돈을 많이 쓸 수 없어요. 왜냐하면 사이다는 너무 시단 말이에요'라고 대답하더랍니다." M. Howe and F. Howe Hall, *Laura Bridgman*(Boston, 1903), p.112를 참조.

그러나 본질적인 주요점은 배경에 있는 대상이 장차 있을 반응을 위한 가능한 대상으로서 거기에 있다는 점이다. 오직 이러한 때에만 나는 이것에서 저것으로 대상을 바꿀 수 있다. 이것은 상상되어 있기만 한 사물, 가능한 사물, 구체적 상황 속에 주어져 있지 않은 사물로 나아가는 능력을 전제한다… 정신적으로 병든 사람은 이와 같은 일을 할 수 없는데, 이것은 그가 추상적인 것을 파악하는 데 있어서 무능하기 때문이다.

우리의 환자들은 그들의 직접적인 구체적 경험의 일부가 되지 않는 것은 그 어떤 것도 모방하거나 모사할 수 없다. 그들이 그들에게 무의미한 문장—즉 그들이 파악할 수 있는 현실이 대응하지 않는 내용들—을 외우는 데 있어서 큰 곤란을 느낀다고 하는 것은 이 무능을 매우 재미있게 드러내 보여준다. 이와 같은 것들을 말하는 데는 분명히 하나의 매우 어려운 태도의 가정을 필요로 한다. 이를테면 두 가지 분위기, 즉 현실적인 사물이 생기는 구체적인 분위기와 비구체적이고 한갓 〈가능한〉 분위기에 한결같이 사는 능력이 필요하다… 이것은 환자가 할 수 없는 일이다. 그들은 오직 구체적인 분위기 속에서만 살고 또 활동할 수 있다.[4]

여기서 우리는 하나의 보편적 문제, 인간 문화의 성격 전체와 발달에 대해서 더할 나위 없이 중요한 문제에 손을 대고 있는 것이다. 경험론자들과 실증주의자들은 항상 인간 인식의 최고 임무는 우리에게 사실들을 주는 것이오 사실 이외에는 어떤 것도 주지 않는 것이라고 주장하여 왔다.

사실에 기초를 두지 않는 이론은 그야말로 공중누각일 것이다. 그러나 이것은 진정한 과학적 방법의 문제에 대한 해답이 되지 못한다. 해답이기는커녕 오히려 문제 자체인 것이다. 도대체 〈과학적 사실〉의

---

[4] K. Goldstein, *Human Nature in the Light of Psychopathology*, 1937~1938(Cambridge, Mass,; Harvard Univ. Press, 1940), pp.49 이하와 210.

의미는 무엇인가? 명백히 이러한 사실로서 그 어떤 우연한 관찰이나 감각 소여의 한갓 누적에서 주어지는 것은 하나도 없다. 과학의 사실들은 항상 이론적 요소를 내포하는데, 이 이론적인 것은 다름 아닌 상징적인 것이다. 과학사의 흐름 전체를 변화시킨 과학적 사실들의 대부분은 아니라 하더라도, 많은 부분은 그것들이 관찰될 수 있는 사실이기 전에 먼저 가설적인 사실이었다. 갈릴레오가 새로운 역학의 과학을 창시했을 때 그는 완전히 고립해 있는 물체, 어떠한 외부의 힘의 영향도 받지 않고 움직이는 물체의 개념을 가지고 시작하지 않으면 안 되었다. 그와 같은 물체는 그때까지 한 번도 관찰된 적이 없고 또 관찰될 수도 없는 것이었다. 그것은 현실적인 물체가 아니라 하나의 가능한 물체였으며, 또 어떤 의미에서는 가능하지 않은 것이었으니, 이는 갈릴레오가 그의 결론의 기초로 삼은 조건 즉 외부의 모든 힘의 결여라는 것이 자연에 있어서는 한 번도 있어 본 적이 없기 때문이다.5) 관성의 원리를 발견하는 데로 이끌어간 모든 착상은 결코 자명하거나 자연스러운 것이 아니라는 것, 중세 사람들에게는 물론이지만 그리스 사람들에게도 이 착상들은 분명히 그릇된 것, 심지어는 부조리한 것으로 보였을 것이라는 것이 지금까지 강조되어 온 일인데, 이것은 자못 정당한 일이다.6) 그럼에도 불구하고 비현실적인 이 착상들의 도움 없이는 갈릴레오도 그의 운동 이론을 내놓을 수 없었으며, 또한 <매우 낡은 주제를 다루는 새로운 과학>을 발전시킬 수도 없었을 것이다. 그리고 거의 모든 다른 위대한 과학 이론에서도 사정은 마찬

---

5) 이 문제를 좀 더 자세히 다루기 위해서는 E. Cassirer, *Substanzbegriff und Funktionsbegriff*. English trans. W. C. and M. C. Swabey, *Substance and Function*(Chicago and London, 1923) 참조.

6) A. Koyré; "Galileo and the Scientific Revolution of Seventeenth Century", in *Philosophical Review*, 52(1943), pp.392 이하.

가지이다. 처음 세상에 나왔을 때 그 과학 이론은 어느 것이나 공표하고 옹호하기에는 비상한 지적 용기를 필요로 한 대역설들이었다.

이 점을 증명하는 데는 아마 **수학사**를 생각하는 것보다 더 좋은 길은 없을 것이다. 수학의 가장 근본적인 개념들 가운데 하나는 수이다. 피타고라스 학파 시대 이래로 수는 수학 사상의 중심 논제로 인정되어 왔다. 수에 대한 포괄적이고 적절한 이론은 이 분야 연구자들의 가장 크고 또 가장 긴급한 과제가 되었다. 이 방면의 모든 단계에서 수학자들과 철학자들은 똑같은 곤란에 부딪쳤다. 그들은 끊임없이 그들의 분야를 확대하고 <새로운> 수들을 도입하지 않으면 안 되었다. 이 모든 새로운 수들은 매우 역설적인 성격을 띠고 있었다. 이 수들이 처음으로 나타났을 때 수학자들과 논리학자들에게는 대단히 깊은 의혹이 생겼다. 이러한 수들은 부조리하거나 혹은 불가능한 것으로 생각되었다.

우리는 이 발전을 부수(負數)와 무리수(無理數)와 허수(虛數)의 역사에서 더듬어 볼 수 있다. 무리수의 <무리>(irrational, ἄρρητον)라는 말은, 거기에 대해서 생각하고 말하는 일이 있을 수 없는 어떤 것을 의미하는 말이다. 부수는 16세기에 미카엘 슈티펠의 『완전한 산술』 (*Arithmetica integra*)에 처음으로 나타나는데, 이 책에서는 부수들을 <가공의 수>라고 부르고 있다. 오랫동안 대수학자들도 허수의 관념을 풀 수 없는 신비로 보았다. 이 수들에 대해서 만족할 만한 설명과 타당한 학설을 최초로 제창한 사람은 가우스였다. 최초의 여러 비유클리드적 체계—로바체프스키, 볼리아이 및 리만의 그것들—가 나타나기 시작했을 때 위의 경우가 똑같은 여러 의심과 주저가 기하학의 분야에서 다시 생겨났다. 합리주의의 모든 위대한 체계에 있어서 수학은 인간 이성의 자랑으로 생각되어온 바, 수학은 곧 <명석하고 판

명한> 관념들의 영역이었다. 그러나 이러한 명성은 갑자기 동요되는 것 같았다. 수학의 기본 개념들은 명석하고 판명하기는커녕 여러 함정과 모호성으로 가득 차 있었다. 이 여러 모호성은 수학적 개념들의 일반 성격이 분명히 인식되기 전에는—즉 수학은 사물들의 이론이 아니라 상징들의 이론이라고 하는 것이 인정되기 전에는—제거될 수 없었다.

우리가 수학 사상의 역사에서 얻는 교훈은, 얼핏 보아 다른 영역에 속하는 것처럼 생각되는 다른 고찰들에 의하여 보충되고 또 확증될 수 있다. 수학만이, 거기서 상징적 사고의 일반 기능이 연구될 수 있는 유일한 주제가 아니다. 이러한 사고의 진정한 성실과 충분한 힘은 우리가 우리의 **윤리적 관념들과 이상들**의 발달에 눈을 돌릴 때 더욱더 명백하게 된다. 인간 오성에는 사물의 현실성과 가능성을 분간하는 것이 필요하기도 하고 또 불가피한 일이라는 칸트의 고찰은 이론 이성의 일반적 특징뿐만 아니라 실천 이성에 관한 진리도 표현하고 있다.

모든 위대한 윤리적 철학자들은 한갓 현실에 대해서 생각하지 않는데, 바로 이것이 그들 전부의 특색이 되는 것이다. 그들의 관념들은 현실 세계의 여러 한계를 넓히고 심지어 초월하지 않고서는 한 발자국도 전진할 수 없다.

인류의 윤리적 교사인 그들은 위대한 지력과 도덕력을 소유하면서 또한 심원한 상상력을 타고 났었다. 그들의 상상적 통찰력은 그들의 모든 주장에 스며들어 거기에 또 생기를 주고 있다.

플라톤과 그 후계자들의 여러 저작은 항상 그것들이 전혀 비현실적인 세계에 관하여 논하고 있다는 비난을 받아왔다. 그러나 위대한 윤리적 사상가들은 이러한 비난을 두려워하지 않았다. 그들은 이 비난을 달게 받아들이고 나아가 그것을 공공연히 멸시하였다. 『순수 이성 비판』에서 칸트는 다음과 같이 말하고 있다.

플라톤의 국가는 순전히 상상적인 완성의 두드러진 예로 생각되어 왔다. 그것은 웃음거리, 즉 할 일 없는 사상가의 두뇌 속에만 존재할 수 있는 어떤 것 같은 것이 되었다… 하지만 우리는 그것이 비실제적이라고 하는 천박하고 위험천만한 구실 아래 그것을 쓸데없는 것으로서 버리느니보다 오히려 그의 사상을 추궁하고 그것을 보다 명료한 빛 속에 위치하게 하는 것이 나을 것이다… 왜냐하면 무턱대고 경험에 어긋난다고 하면서 반대되는 경험을 끌어대는 저속한 태도만큼이나 해롭고 철학자답지 못한 일은 없겠기 때문이다. 만일 제도들이 적당한 시기에 이념들을 따라 실현된다면, 그리고 그 이념들 대신에 조잡한 개념들을 경험으로부터 얻어 그 때문에 이 개념들이 모든 선한 의도를 헛되게 하지 않는다면, 경험에 어긋난다는 것은 전혀 있을 수 없을 것이다.

플라톤의 『국가』(Republic)를 본떠서 만들어진 현대의 모든 윤리학설과 정치 이론은 동일한 사상 경향에서 착상되어 왔다. 토마스 모어가 그의 『유토피아』(Utopia)를 저술했을 때 그는 이러한 견해를 바로 그 저서의 표제에서 표현하였다.

유토피아란 현실 세계 혹은 현실적인 정치 질서 또는 사회 질서의 초상화가 아니다.

그것은 시간의 어떤 순간에도 존재하지 않으며, 또 공간 가운데 그 어떤 점에도 존재하지 않는다. 그것은 하나의 <아무 데도 없는 곳>(nowhere)이다. 그러나 바로 이러한 아무 데도 없는 곳에 대한 상념이 시련을 감당해 내고 현대 세계의 발전에 있어서 그 강력함을 증명하였던 것이다.

윤리적 사고가 결코 <주어진 것>을 받아들이도록 굴복할 수 없는 것은 바로 그러한 사고의 참 본성과 성격으로 말미암은 일이다.

윤리적 세계는 절대로 주어진 것이 아니다. 그것은 영원히 형성되고 있는 중이다.

괴테는 "이상 세계에 산다는 것은 불가능한 것을 마치 가능한 것인 양 다루는 것"이라고 말하였다.7) 위대한 정치 개혁자들과 사회 개혁자들은 정말 쉴 새 없이 불가능한 것을 가능한 것처럼 다루지 않으면 안 된다.

루소는 그의 최초의 여러 정치학적 저술에서 철저한 자연주의자의 입장에서 말하고 있는 듯하다. 그는 인간의 자연적 권리를 회복하고 인간을 다시금 그 본래의 상태, 즉 자연으로 돌아가게 할 것을 절실히 원하고 있다.

자연적 인간이 인습적이고 사회적인 인간을 대체하지 않으면 안 된다. 그러나 이 이후의 루소의 사상의 발전을 추궁하면 이 <자연적 인간>이라는 것도 물리적 개념과는 거리가 먼 것이며, 사실상 하나의 상징적 개념이라고 하는 것이 분명하게 된다. 루소 자신도 이 사실을 용인하지 않을 수 없었다. 『인간 불평등의 기원과 그 여러 근거에 관한 논의』(*Discours sur l'origine et les fondements de l'inégalité parmi les hommes*)의 서론에서 그는 말한다.

사실들을 제쳐 놓음으로써 시작하기로 하자. 이는 사실들이 문제에 아무런 영향도 미치지 않기 때문이다. 이러한 경우에 우리가 종사하게 될

---

7) "In der Idee leben heisst das Unmögliche so behandeln als wennes möglich wäre." Goethe, *Sprüche in Prosa*, in "Werke"(Weimar ed.), 제42권, 2부, p.142.

지 모르는 탐구들은 역사적 진리로 생각될 것이 아니라, 한갓 가설적인 그리고 조건부의 추리로 생각되어야 할 성질의 것이다. 이와 같은 추리는 사물들의 참된 기원을 드러내는 것보다 사물들의 본성을 밝히는 데 더욱 적합하다. 그것은 마치 우리들의 박물학자들이 매일 세계의 성립에 관해서 꾸미고 있는 체계와도 같다.

이러한 말을 함으로써 루소는 갈릴레오가 자연 현상을 연구하는 데 사용한 가설적 방법을 정신 과학의 분야로 도입하기로 시도하고 있는 것이다. 그리고 그는 오직 이러한 <가설적이고 조건부의 추리>에 의해서만 우리가 인간의 본성을 참으로 이해할 수 있게 된다는 것을 확신하고 있다. 자연 상태에 대한 루소의 기술은 과거를 역사적으로 서술하려는 것이 아니었다. 그것은 인류를 위해 새로운 장래를 그려내고 그러한 장래가 정말 실현되도록 계획한 하나의 상징적 건축이었다.

문명의 역사에 있어서 유토피아는 항상 이 과제를 수행하여 왔다. 계몽주의 철학에 있어서 그것은 그것만으로 문학의 한 장르가 되어 있으며, 또 기존의 정치적, 사회적 질서에 대한 모든 공격에 있어서 가장 강력한 무기의 하나였었다. 이 목적을 위하여 그것은 몽떼스끼외에 의하여, 볼떼르에 의하여, 그리고 또 스위프트에 의하여 사용되었다. 19세기에는 사무엘 버틀러가 이들과 비슷하게 이것을 사용하였다.

유토피아의 위대한 사명은 현재의 현실적인 사태에 수동적으로 묵묵히 따르는 것을 반대한 것과 같은, 가능적인 것이 있을 여지를 장만하는 것이다.

인간의 자연적 타성을 극복하고 그에게 새로운 능력, 그의 인간 우주를 끊임없이 재형성하는 능력을 부여하는 것은 바로 이러한 상징적 사고이다.

제 2 부

# 인간과 문화

제6장 인간 문화에 의한 인간의 정의 • 118
제7장 신화와 종교 • 132
제8장 언 어 • 194
제9장 예 술 • 240
제10장 역 사 • 296
제11장 과 학 • 357
제12장 요약과 결론 • 380

# 제6장 인간 문화에 의한 인간의 정의

플라톤이 "너 자신을 알라"라는 격언을 전혀 새로운 의미로 해석했을 때 그것은 그리스 문화와 그리스 사상의 전환점을 이루는 일이었다. 이 해석은 소크라테스 이전의 사상에서 흔히 볼 수 없었을 뿐만 아니라 소크라테스가 쓴 방법의 한계를 훨씬 넘고 있었던 하나의 문제를 새로 일으켰다. 델포이 신의 명령에 복종하기 위하여, 자기 반성과 자기 인식이라는 종교적 의무를 다하기 위하여, 소크라테스는 개인으로서의 인간에 접근했다. 플라톤은 소크라테스의 탐구 방법의 한계들을 깨달았다. 그는 밝혀 말하기를, 문제를 해결하려면 우리는 이 문제를 보다 큰 계획을 가지고 다루지 않으면 안 된다고 하였다. 우리가 우리의 개인적 경험에서 부딪치는 현상들은 가지각색이요, 또 아주 복잡하고 서로 모순 되기 때문에 이것들을 도저히 풀어헤칠 수 없다. 인간은 그 개인 생활에 의하여 연구될 것이 아니라, 그 정치 생활과 사회 생활에 의하여 연구되어야 한다. 플라톤에 의하면, 인간의 본성은 마치 어려운 원문(原文)과 같은 것으로, 이 원문의 의미는 철학에 의해서 해독되지 않으면 안 된다. 그러나 우리들의 개인적 경험에서는 이 원문이 아주 작은 문자로 씌어 있어서 잘 읽을 수 없게 되어 있다. 철학의 최초의 작업은 이 문자들을 확대하는 것이어야 한다. 철학은 국가에 관한 이론을 충분히 전개하지 않는 한, 인간에 관한 만족할 만한 이론을 우리에게 줄 수 없다. 인간의 본성은 국가의 본성 속에 대문자로 씌어 있다. 여기에 원문의 감추어진 의미가 갑자기 드러나고, 희미하고 혼동된 것처럼 보였던 것이 명백해지고 알아볼 수 있게 된다.

 그러나 정치 생활만이 인간의 공공적 생존의 유일한 형태인 것은 아니다. 인류 역사에 있어서 현재와 같은 형태의 국가는 문명화 과정의 최근의 산물이다. 이와 같은 형태의 사회 조직을 발견하기 오래 전에 인간은 그 여러 가지 감정, 욕망 및 사상을 조직화하는 다른 여러 시도를 했었다. 이러한 여러 조직화와 체계화는 언어·신화·종교 및 예술 속에 간직되어 있다. 인간에 관한 이론을 세우고자 할 때 우리는 이러한 보다 넓은 기초를 받아들이지 않으면 안 된다. 국가는 그것이 아무리 중요한 것이라 하더라도 그것만이 전부는 아니다. 그것은 인간의 다른 모든 활동을 표현하거나 혹은 흡수할 수는 없다. 확실히 이 활동들은 그 역사적 진전에 있어서 국가의 발달과 밀접하게 연결되고 있으며, 여러 가지 점에서 정치 생활의 형식들에 의거하고 있다. 그러나 분리된 역사적 명맥을 가지고 있지 않으면서도 그것들은 그것들 스스로의 목적과 가치를 가지고 있다.

 근대 철학에 있어서 꽁뜨는 최초로 이 문제에 나아가 그것을 명백하게 또 체계적으로 표현한 사람들 가운데 하나이다. 이 점에 있어 우리가 꽁뜨의 실증주의를 플라톤의 인간 이론의 현대판으로 보아야 한다는 것은 자못 역설 비슷한 일이다. 물론 꽁뜨는 결코 플라톤주의자가 아니었다. 그는 플라톤의 이데아설의 기초를 이루고 있는 논리적 및 형이상학적 가정들을 받아들일 수 없었다. 또 한편으로 그는 프랑스 관념론자들의 여러 견해에 강력히 반대하고 있었다. 인간의 지식에 상하를 정하는 그의 체계에 있어서는 두 개의 새로운 과학 즉 사회 윤리학이라는 과학과 사회 역학이라는 과학이 최고의 지위를 차지한다. 이러한 사회학적 견지에서 꽁뜨는 그 당대의 심리주의를 공격한다. 그의 철학의 근본 격언들 가운데 하나는 인간을 연구하는 우리의 방법이 주관적인 것일 수는 있으나 개인적인 것일 수는 없다는 것이다. 이는 우리가 알고자 하는 주체가 개인의 의식이 아니라 보편적 주체이기 때문이다. 우리가 이 주체를 <인류>라는 말로써 지칭한다면, 우리는 인류가 인간에 의하여 설명될 것이 아니라 도리어 인간이 인류에 의하여 설명되어야 한다고 단언하지 않으면 안 된다. 문제는 모름지기 재구성되고 재검토되지 않으면 안 되고, 보다 넓고 보다 건전한 기반 위에 세워지지 않으면 안 된다. 이와 같은 기초를 우리는 사회학적 및 역사적 사고에서 발견하였다. "너 자신을 알려면 역사를 알라"고 꽁뜨는 말하고 있다. 이 때 이후로 역사적 심리학은 이전의 온갖 형태의 개인적 심리학을 보충하고 또 대체한다. 꽁뜨가 쓴 어떤 편지에 다음과 같은 말이 씌어 있다. "정신을 본질적으로 또 **아 프리오리**(a priori)하게 살펴 본 소위 관찰들은 순전히 망상들이다. **논리학, 형이상학, 이데올로기**라고 하는 것들은 모두가 모순 덩어리가 아니면 부질없는 환상이요 공상이다."1)

꽁뜨의 『실증 철학 강의』에서 우리는 방법론적 이상에 있어서 19세기의 변화를 하나하나 더듬어 볼 수 있다. 꽁뜨는 그저 과학자로서 출발하였으며 그의 관심은 분명히 수학, 물리학 및 화학의 문제들에 전적으로 집중되어 있었다. 인간 지식에 대한 그의 상하 구별의 조직에 있어서 그 규모는 천문학에서 수학, 물리학, 화학을 거쳐 생물학으로 나아간다. 그리고는 이 순서를 갑자기 뒤집은 것처럼 보이는 것이 생

---

1) A. Comte, *Lettres à Valat*, p.89 ; L. Lévy-Bruhl, *La philosophie d'Auguste Comte*에서 재인용. 더 자세한 것은 Lévy-Bruhl, 같은 책, English trans. *The Philosophy of Comte*(New York and London, 1903), pp.247 이하를 참조.

긴다. 우리가 인간 세계에 접근함에 따라 수학의 원칙들 혹은 자연 과학의 원칙들이 부당한 것이 되지는 않지만 아주 충분한 것도 못 되고 만다.

사회적 현상들은 물리적 현상들과 똑같은 규칙들에 지배되기는 하지만, 그러면서도 그것들은 하나의 다른 그리고 더욱 더 복잡한 성격을 가지고 있다. 그것들은 한갓 물리학, 화학 및 생물학을 가지고서 기술될 성질의 것이 아니다. 꽁뜨는 말한다.

우리는 모든 사회 현상 속에 개인의 생리적 법칙들이 작용하고 있음을 본다. 뿐만 아니라 그 모든 사회 현상의 결과들을 변모시키는 어떤 것, 또 개인들이 서로 주고받는 영향에 속하는 어떤 것이 작용함을 본다. 이와 같은 것은 인류의 경우에 있어서 여러 세대가 그들의 후대에 미치는 영향으로 인하여 유달리 복잡하게 되어 있다. 그리하여 우리들의 사회 과학은 개체의 생명과 관계가 있는 것에서 나와야 한다는 것이 명백하다. 한편 몇몇 탁월한 생리학자가 그리 한 것처럼 사회 물리학이 다만 생리학의 부가물에 지나지 않는다고 생각해야 할 까닭은 전혀 없다. 이 두 가지 것의 현상들은 비록 동질적인 것이기는 하나 동일한 것은 아니다. 그리고 크게 중요한 일은 이 두 과학을 분리시키는 것이다. 사회적 조건이 생리학적 법칙의 작용을 변경시키므로 사회 물리학은 독자적인 일련의 관찰을 갖지 않으면 안 된다.[2]

그러나 꽁뜨의 제자들과 후계자들은 이 구별을 인정하려 하지 않았다. 그들은 생리학과 사회학의 차이를 부인하였는데, 이것은 그러한 차이를 인정한 형이상학적 이원론으로 뒷걸음질치지 않을까 하는 것

---

[2] A. Comte, *Cours de philosophie positive*. English trans. H. Martineau, *Positive Philosophy*(New York, 1855), 서론, 2장, pp. 45 이하.

을 염려하였기 때문이다. 그들의 야심은 사회적 및 문화적 세계에 관한 순전히 자연주의적인 이론을 수립하는 것이었다. 이 목적을 위하여 그들이 발견한 것은 인간 세계를 동물 세계로부터 분리시키는 듯이 보이는 모든 장벽을 부정하고 파괴하는 것이 필요하다는 것이었다. 진화론은 명백히 이 모든 차이를 말살하여 버렸다. 다윈 이전에도 박물학의 진보는 그러한 차별을 두려는 모든 시도를 좌절시켰었다. 경험적 관찰의 초기 단계들에서는 아직도 과학자들이 결국에 가서는 인간에게만 있는 해부학적 성격을 발견하리라는 희망을 품고 있을 수가 있었다. 18세기에 이르도록 인간의 해부학적 구조와 다른 동물들의 그것 사이에는 뚜렷한 차이가 있으며 어떤 점에서는 선명한 대조가 있다는 것이 아직도 일반적으로 인정된 학설이었다. 비교 해부학의 분야에서 괴테의 여러 가지 큰 공적 가운데 하나는 그가 이 학설과 맹렬히 싸운 일이다. 비단 인간의 해부학적 및 생리학적 구조에서 뿐만 아니라 또한 정신적 구조에서의 한결같은 동질성은 앞으로 증명되어야 할 과제로 남아 있었다. 이 목적을 위하여 낡은 사고 방식에 대한 모든 공격은 한 가지 점에 집중되지 않으면 안 되었다. 증명되어야 할 것은 우리가 인간의 지성이라고 부르고 있는 것이 결코 자존적이고 특유한 능력이 아니라는 것이었다. 자연주의적 학설들의 제창자들은 과거에 감각주의의 여러 학파가 세운 심리학의 원리들을 이것의 증거로 끌어올 수 있었다. 뗀느는 인간의 지성에 관한 저작에서[3] 그의 인간 일반 문화론에 대한 심리학적 기초를 상세히 설명하였다. 뗀느에 의하면, 우리가 <지적 행동>이라고 부르는 것은 인간 본성의 특별한 원리나 특권이 아니다. 그것은 다만 우리가 동물의 모든 반작용에서 보는 바와 다름없는 관념 연합의 메커니즘과 자동 작용이 더욱

---

3) H. A. Taine, *De l'intelligence*(Paris, 1870), 전2권.

정밀하고 또 복잡하게 일어나는 것일 따름이다. 만일 우리가 이러한 설명을 받아들일 수 있다면, 지성과 본능 사이의 차이는 무시해도 괜찮은 것이 되는 바, 그것은 다만 정도의 차이이지 질의 차이가 아니다. 지성이란 도대체가 쓸데없는 그리고 과학적으로 무의미한 술어가 되고 만다.

이러한 유형의 이론들이 가지고 있는 가장 놀랍고 역설적인 특성은 그것들이 약속하고 있는 것과 그것들이 실제로 우리에게 주고 있는 것 사이의 현저한 대조이다. 이 이론들을 세운 사상가들은 그들의 방법론적 원리들에 관하여 매우 엄격하였다. 그들은 우리들의 공통 경험의 관점에서 인간의 본성을 논하는 것에 만족하지 않았는데, 이것은 그들이 보다 높은 이상, 즉 절대적인 과학적 정확성의 이상을 추구하고 있었기 때문이다. 그러나 그들의 결과들을 이 표준과 비교해 볼 때 우리는 크게 실망하지 않을 수 없다. <본능>이란 매우 막연한 술어이다. 그것은 간혹 기술적 가치를 가질 수는 있으나 분명히 설명적 가치는 갖고 있지 않다. 유기적 혹은 인간적 현상들 가운데 몇 가지 부류를 몇몇 근본적 본능에 환원시킴으로써 우리는 하나의 새로운 원인을 캐내게 된 것이 아니라, 다만 하나의 새 이름을 도입했을 따름이다. 문제를 제기한 것이지, 문제에 답을 내린 것이 아니다. <본능>이란 말은 우리에게 기껏해야 <같은 것으로 같은 것을> 말하는 것이며, 또 대부분의 경우에 있어서 그것은 하나의 <애매한 것을 더욱 애매한 것으로> 만드는 것이다. 심지어 동물의 행동을 기술하는 데 있어서도 대부분의 현대 생물학자와 정신 생물학자들은 이 말을 쓰는 데 있어 매우 조심하게 되었다. 그들은 풀어헤칠 수 없을 만큼 그것과 단단히 얽혀 있는 듯이 보이는 여러 가지 오류에 대해서 조심하도록 우리에게 경고하고 있다. 그들은 <본능이라고 하는 착오로 가득 찬 개

념과, 지성이라고 하는 지나치게 단순한 개념>을 피하거나 포기하려고 한다.

　로버트 여키스는 그의 최근의 여러 발표 가운데 하나에서 <본능>과 <지성>이란 술어는 시대에 뒤떨어진 것이 되었고 이 두 술어가 나타내려는 개념은 유감스럽게도 재정의할 필요가 있다고 선언하고 있다.4) 그러나 인간학적 철학의 분야에서는 아직 분명히 그와 같은 재정의를 내리지 않고 있다. 여기서는 이 술어들이 비판적 분석을 받지 않고 아주 순진하게 받아들여지고 있는 것이 매우 흔한 일이다. 이와 같이 사용될 때에 본능의 개념은 일찍이 윌리엄 제임스에 의하여 심리학자의 오류로 묘사된 바 있는 저 전형적인 방법론적 과오의 한 예가 된다.

　동물 혹은 인간의 행동을 기술하는 데 유용한 것이 될 수 있는 <본능>이란 말은 이 때 일종의 자연력으로서 실체화되고 있다. 이상스럽게도 이러한 실수는, 다른 모든 점에서는 스콜라 철학의 관념 실재론이나 <능력 심리학>으로 되돌아가지 않을 것에 대하여 확신을 가지고 있던 사상가들이 가끔 범하는 것이었다. 이런 식의 사고에 대한 매우 명료하고 인상적인 비판이 존 듀이의 『인간의 본성과 행위』에 있다. 듀이는 다음과 같이 말하고 있다.

　원초적 활동들을 일정한 수의 확연히 구별된 본능의 부류로 한정하려고 하는 것은 비과학적인 일이다. 그리고 이러한 시도의 실제적 결과는 유해하다. 분류하는 일은 자연스러울뿐더러 또한 정말 유용한 일이다. 무한히 많은 개개의 변화하는 사건들이 정신과 마주치게 되었을 때, 그

---

4) R. M. Yerkes, *Chimpanzees, A Laboratory Colony*(New Heaven: Yale Univ. Press, 1943), p.110.

정신에 의하여 정의되고 그 목록이 작성되고 일람표가 꾸며지고 공통되는 항목에 환원되고 또 여러 묶음으로 결속되는 법이다… 그러나 우리가 우리의 일람표들과 묶음들이 사물들의 본성에 있어서의 고정된 선별과 선정을 나타낸다고 가정할 때 우리는 우리와 사물들의 거래를 돕는다기보다 오히려 방해하고 있다. 우리는 자연이 즉각 벌을 준다는 억측을 일삼고 있다. 우리는 자연과 생명의 미묘한 것과 신기한 것을 유효하게 다룰 자격이 없게 된다… 여러 구별들과 분류들의 임무를 잊어버리고 이 여러 구별들과 분류들을 사물들 자체로 보는 경향은 과학적 전문화에 흔히 있는 오류이다… 한 때 물리적 과학에서 성행했던 이러한 태도는 지금 인간성에 관한 이론 수립을 지배하고 있다. 인간은 그 수를 셀 수 있고 목록을 만들 수 있고 또 하나하나 그 전부를 모조리 기술할 수 있는 일정한 수의 기본적 본능으로 해소되었다. 이론가들은 오직 혹은 주로 그것들의 수와 순서에 관하여 서로 생각이 다르다. 어떤 이는 본능은 하나인 바 곧 자기애라고 하며, 어떤 이는 이기심과 이타심의 둘이라 하며, 어떤 이는 탐욕과 공포와 명예심의 셋이라고 한다. 한편 오늘날에는 더욱 경험론적 경향을 띤 사람들이 50에서 60에 이르는 본능을 헤아리고 있다. 그러나 사실에 있어서는 서로 다른 여러 자극 조건에 대하여 시간이 허용하는 만큼 많은 특수한 반작용이 있으며, 또 우리들의 일람표는 다만 어떤 목적을 위한 분류일 따름이다.[5]

<인간이란 무엇이냐?>라는 문제에 답하는 데 있어서 지금까지 사용되어 온 서로 다른 방법들을 이와 같이 간단히 개관한 후 바야흐로 우리는 우리의 중심 논제에 이른다. 이 방법들은 충분하고 또 남김 없는 것인가? 혹은 인간학적 철학에 대한 또 다른 해결책이 있는가? 심

---

5) J. Dewey, *Human Nature and Conduct*(New York : Holt & Co., 1922), 2부 5절, p.131.

리학적 내성법, 생물학적 관찰과 실험 및 역사적 탐구의 방법 이외에 또 다른 어떤 방도가 다만 한 가지라도 있는가? 나는 나의『상징 형식의 철학』6)에서 이와 같이 대체될 만한 해결책을 발견하려고 노력하였다. 이 저작에서 쓴 방법은 결코 근본적인 혁신은 아니다. 그것은 예전의 견해들을 폐기하기 위해서가 아니라 그것들을 보충하여 완전하게 하도록 계획된 것이다. 상징 형식의 철학은 만일 인간의 본성 혹은 <본질>에 관한 그 어떤 정의가 있다면 이 정의는 오직 기능적인 것으로 이해될 수 있고 실체적인 것으로서 이해될 수는 없다는 가정에서 출발한다. 우리는 인간을 그의 형이상학적 본질을 구성하는 그 어떤 내재적 원리에 의해서도 정의할 수 없고, 또 경험적 관찰로서 찾아낼 수 있는 그 어떤 선천적 능력이나 본능에 의해서도 정의할 수 없다. 인간의 두드러진 특색, 그의 독특한 성질은 그의 형이상학적 혹은 자연적 성질이 아니라, 그가 행하는 바 그의 일이다. <인간성>의 범위를 정의하고 한정하는 것은 이 일이며, 인간 활동들의 체계이다. 언어・신화・종교・예술・과학・역사는 이 범위의 성분들이요 그 다양한 부분들이다. 그러므로 <인간에 관한 철학>은 이 인간 활동들의 하나하나의 근본 구조를 우리로 하여금 들여다보게 하는, 그리고 그와 동시에 우리로 하여금 이 활동들을 하나의 유기적 전체로서 이해하게 할 수 있는 철학이어야 한다. 언어・예술・신화・종교는 고립되어 있거나 제멋대로 만들어진 것이 아니다. 이것들은 하나의 공통된 유대에 의하여 결합되어 있다. 그러나 이 유대는 스콜라 철학 사상에서 생각되고 기술된 바와 같은 <실체적 결합>이 아니라 오히려 <기능적 결합>이다. 언어・신화・예술・종교의 근본 기능이야말로 우리

---

6) E. Cassirer, *Philosophie der symbolischen Formen*, 제1권, *Die Sprache*(1923); 제2권, *Das mythische Denken*(1925);제3권, *Phaenomenologie der Erkenntnis*(1929).

가 이것들의 헤아릴 수 없이 많은 형태와 표현의 배후 깊숙이 찾아 들어가야 할 바로 그것이요, 또 최후의 분석에서 우리가 하나의 공통 기원에까지 거슬러 올라가려고 시도하지 않으면 안 될 바로 그것이다.

이 과업의 수행에 있어서 우리가 가능한 그 어떤 정보의 출처도 소홀히 할 수 없다는 것은 명백한 일이다. 우리는 우리 손에 들어올 수 있는 모든 경험적 증거를 검토해야 하며, 또 내성법과 생물학적 관찰과 역사적 탐구의 모든 방법을 활용해야 한다. 이 낡은 방법들은 아주 제거될 것이 아니라 하나의 새로운 지적 중심에 관련지어져야 하며, 따라서 새로운 각도에서 보여야만 한다. 언어·신화·종교·예술 및 과학의 구조를 설명하는 데 있어 우리는 끊임없이 심리학의 술어를 쓸 필요를 느낀다. 우리는 종교적 <감정>, 예술적 혹은 신화적 <상상>, 논리적 혹은 합리적 <사고>를 운운한다. 그리고 우리는 건전한 과학적 심리학의 방법 없이 이 여러 세계에 뚫고 들어갈 수 없다. 아동 심리학은 인간 언어의 전체적 발달을 연구하는 데 있어서 우리에게 여러 가지 소중한 단서를 준다. 더욱 더 소중하게 생각되는 것은 우리가 일반 사회학에서 얻는 도움이다. 우리는 원시 사회의 형태들을 고려하지 않고서는 원시 시대의 신화적 사고의 형태를 이해할 수 없다. 그리고 더욱 시급한 것은 역사적 방법들을 사용하는 일이다. 언어와 신화와 종교가 <어떠한 것이냐>에 관한 문제는 이것들의 역사적 발전에 대한 투철한 연구 없이는 해결될 수 없다.

그러나 비록 이 모든 심리학적, 사회학적 및 역사적 문제를 해결할 수 있다 하더라도 여전히 우리는 어디까지나 고유한 의미에서의 <인간> 세계의 내부에 있는 것이며, 그 문턱을 넘어선 것이 못 된다. 인간의 모든 업적은 특수한 역사적 및 사회학적 조건들 아래서 일어난다. 그러나 우리는 이 업적들의 근저에 있는 구조상의 일반 원리들을 파악할 수 없는 한, 이 특별한 조건들을 절대로 이해할 수 없을 것이다. 언어·예술 및 신화를 연구하는 데 있어 의미의 문제는 역사적 발전의 문제보다 우월한 것이다. 그리고 여기서도 역시 우리는 경험 과학의 방법론적 개념과 이상이 천천히 또 계속적으로 변했음을 확실히 알아볼 수 있다. 예를 들면 언어학에 있어서, 언어의 역사를 연구하면 언어학 연구의 전 분야를 다루는 것이라는 생각이 오랫동안 인정되어 온 하나의 정설이었다. 이러한 정설은 19세기를 통하여 언어학의 발전 자체에 그 흔적을 남겨 놓았다. 그러나 오늘날 이러한 일면적 견해는 결정적으로 극복된 것 같다.

독립된 기술적 분석 방법의 필요성은 일반적으로 인정되고 있다.7) 인간 문화의 어떤 특별한 분야의 깊이를 측정하는 데 있어, 먼저 기술적 분석을 하지 않는다면 이러한 측정을 기대할 수 없다. 문화에 대한 이 구조적 견해는 한갓 역사적인 견해에 앞서지 않으면 안 된다. 만일 역사가 서로 연결되어 있지 않은 사실들을 분류하고 질서 있게 하고 또 조직하는 방편이 되는 하나의 일반적인 구조적 도식을 가지고 있지 않다면, 역사 그 자체는 이와 같은 사실들의 한없는 무더기 속에서 그 갈 길을 찾지 못할 것이다. 예술사의 분야에서 이와 같은 도식은, 예컨대 하인리히 뵐플린에 의하여 세워졌다. 뵐플린이 주장하는 바와 같이, 예술사가는 만일 그가 예술적 서술의 몇 가지 근본적 **범주들**을 가지고 있지 않다면 서로 다른 여러 시대 혹은 서로 다른 개개 예술가들의 예술의 특징을 그려낼 수는 없을 것이다. 그는 예술적 표현의 서로 다른 양식들과 가능한 형식들을 연구하고 분석함으로써 이 범주들을 발견한다. 이 가능한 형식들은 무제한한 것이 아니다. 사실상 이

---

7) 이 문제에 관한 좀 더 자세한 논의는 이 책의 8장, pp.188-191을 참조.

것들은 소수로 환원될 수 있다. 뵐플린이 고전형과 바로크식에 관해서 그의 유명한 서술을 한 것은 바로 이러한 견지에서였다. 이 때 <고전형>과 <바로크식>이라는 술어는 일정한 역사적 시기에 대한 이름으로 사용되지 않았다. 이것들은 어떤 특수한 시대에 한정되지 않은 몇 개의 일반적인 구조상의 양태를 지적하려는 것이었다. 그의 『예술사의 원리』에서 뵐플린은 다음과 같이 말하고 있다.

우리가 분석하려 한 것은 16세기와 17세기의 예술이 아니라, 다만 이 두 경우에 예술이 그 속에 머물렀던 도식과 시각적 및 창조적인 가능성들이다. 이것을 밝히기 위하여 우리는 자연히 예술의 개개 작품에 대해 언급하면서 논의를 전개할 수 있을 뿐이었으나, 라파엘로와 티치아노, 렘브란트와 벨라스케스에 관해서 말한 것은 다만 일반적인 흐름을 해명하려 한 것이다… 모든 것을 전이로 또 역사를 하나의 끝없는 흐름으로 보는 사람에게 대답하기란 어려운 일이다. 우리들에게 있어 지적 자기 보존을 위하여 필요한 것은 끝없이 많은 사건들을 소수의 결과에 관련시켜 분류하는 일이다.[8]

언어학자와 예술사가가 그들의 <지적 자기 보존>을 위하여 근본적인 구조적 범주를 가지지 않으면 안 된다고 한다면 이와 같은 범주는 인간 문명의 철학적 기술에 더욱 더 필요한 것이 아닐 수 없다. 철학은 인간 문화의 개별적 형식들을 분석함으로써 만족할 수 없다. 철학은 모든 개별적 형식을 포함하는 하나의 보편적이고 종합적인 견해를 추구한다. 그러나 이러한 모든 것을 포함하는 견해란 불가능한 일이

---

[8] H. Wölfflin, *Kunstgeschichtliche Grundbegriffe*. English trans. M. D. Hottinger(London : G. Bell & Sons, 1932), pp.226 이하.

며, 한갓 망상이 아니겠는가? 인간의 경험에 있어서 우리는 다양한 활동이 조화 속에 존재하면서 문화 세계를 이루고 있는 것을 도무지 볼 수 없다. 도리어 우리는 서로 반목·충돌하는 여러 힘이 쉴 새 없이 싸우는 것을 본다. 과학 사상은 신화적 사고와 더불어 모순 되고 이것을 억압한다. 종교는 그 이론적 및 윤리적 발전이 최고의 단계에 도달했을 때 신화나 예술의 엉뚱한 환상들에 대해서 그 자체의 이상의 순수성을 수호하지 않을 수 없게 된다. 그리하여 인간 문화의 통일과 조화란 현실적 사건들의 진행에 의하여 끊임없이 좌절되고 있는 하나의 <경건한 희구>에 지나지 않는 듯이 보인다.

그러나 여기서 우리는 내용적 관점과 형식적 관점 사이에 확연한 구별을 짓지 않으면 안 된다. 의심할 것 없이 인간 문화는 서로 다른 여러 선을 따라 전진하며 또 서로 다른 목적들을 추구하는 갖가지 활동으로 나뉠 수 있다. 만일 우리가 이 활동들의 결과들—신화의 창작들, 종교 의식이나 신조, 예술 작품, 과학적 학설—을 고찰하는 것으로써 스스로 만족한다면, 이 결과들을 하나의 공통 분모로 환원한다는 것은 불가능해 보인다. 그러나 철학적 종합이 의도하는 바는 이와 다른 것이다. 철학적 종합에서 우리가 추구하는 것은 결과들의 통일이 아니라 행동의 통일이요, 소산들의 통일이 아니라 **창조적 과정**의 통일이다. <인간성>이란 말에 무슨 의미가 있다면, 그것은 그 갖가지 형식들 가운데 존재하는 차이들과 대립들에도 불구하고 이 형식들이 모두 하나의 공통되는 목적을 향하여 움직이고 있다는 점이다. 결국에 가서 이 모든 것이 합일되고 조화를 이루는 하나의 두드러진 모습, 하나의 보편적 성격이 반드시 발견되고야 만다. 만일 우리가 이 성격을 결정지을 수가 있다면, 여러 갈래로 흩어지는 광선이 한 곳에 모이고 또 사고의 한 초점에 집중될 수 있을 것이다. 이미 지적한 바와 같이,

인간 문화의 사실들을 이처럼 조직하는 일은 이미 여러 특수 과학—언어학, 신화와 종교의 비교 연구, 예술사—에서 시작되고 있다. 이 과학들은 모두 몇 가지 원리, 일정한 <범주들>, 즉 그것에 의하여 종교와 예술과 언어의 현상들을 하나의 체계적 질서 속에 정돈할 수 있는 원리와 범주를 찾고 있는 중이다. 만일 이 일을 위하여 먼저 과학들 자체에 의한 선행적 종합이 이루어지지 않는다면, 철학은 그 출발점을 전혀 갖지 못할 것이다. 한편 철학은 여기에 머물러 있을 수 없다. 철학은 더욱 더 집약과 집중을 성취하지 않으면 안 된다. 한없이 많고 또 가지각색으로 다른 신화적 심상·종교적 교리·언어 형태·예술 작품 속에서, 철학적 사고는 이 모든 창작물이 그것에 의하여 한데 결합되어 있는 하나의 일반적 기능의 통일을 밝힌다. 신화·종교·예술·언어, 심지어 과학까지도 이제 하나의 공통되는 뿌리에서 뻗어 나온 여러 지엽(枝葉)으로 생각되게 되는 바, 철학의 임무는 이 뿌리를 뚜렷이 볼 수 있고 이해할 수 있도록 하는 것이다.

# 제7장 신화와 종교

인간 문화의 모든 현상 가운데서 신화와 종교는, 그저 논리만으로 분석하기에는 가장 힘든 것들이다. 신화는 언뜻 보기에 한갓 하나의 혼돈—조리에 맞지 않는 관념들의 꼴을 이루지 못한 무더기인 것 같다. 이 관념들의 <근거>를 추궁하는 것은 헛된 일이요 또 아무 소득도 없는 일 같아 보인다. 만일 신화의 특징이 되는 어떤 무엇이 한 가지라도 있다면, 그것은 신화가 <도무지 영문 모를 것>이라는 것이다. 종교적 사상에 관해서 말하면, 그것은 반드시 합리적 혹은 철학적 사상에 반대되는 것은 아니다. 이 두 사고 양식 사이의 진정한 관계를 확정하는 것이 중세 철학의 주요한 과제들 가운데 하나였다. 전성기 스콜라 철학의 체계들 속에서 이 문제는 해결된 것처럼 보였다. 토마스 아퀴나스는 종교적 진리란 초자연적이고 초이성적인 것이지만 <비이성적인> 것은 아니라고 단언하였다. 이성만 가지고서는 믿음의 여러 신비를 파헤칠 수 없다. 하지만 이 여러 신비는 이성에 모순 되는 것이 아니라, 이성을 보충하고 또 완전하게 하는 것이다.

그럼에도 불구하고 반대되는 두 힘을 절충시키려는 이 모든 시도에 이의를 표명한 심오한 종교 사상가들은 언제나 있었다. 그들은 보다 더 극단적이고 비타협적인 주장을 내세웠다. 터툴리아누스의 "불합리하기 때문에 믿는다"(Credo quia absurdum)라는 말은 그 힘을 잃지 않았다. 빠스깔은 애매성과 불가해성이야말로 종교의 진정한 요소라고 선언하였다. 참된 하나님, 그리스도교의 하나님은 어디까지나 <숨은 하나님>(Deus absconditus)이다.1) 키에르케고르는 종교 생활을 위대한 <역설>이라고 묘사한다. 그에게 있어 이 역설을 축소하려는 시도는 종교 생활의 부정과 파괴를 의미한다. 그리고 종교는 이론적 의미에서 뿐만 아니라 윤리적 의미에서도 어디까지나 하나의 수수께끼이다. 그것은 이론적 이율배반과 윤리적 모순을 가득 지니고 있다. 그것은 우리에게 자연과의, 사람들과의, 초자연적인 여러 세력과 신들 자신과의 친밀한 교제를 약속한다. 하지만 그 결과는 이와 아주 반대되는 것이다. 그것이 구체적으로 나타남에 있어 그것은 사람들 사이의 가장 심각한 여러 가지 불화와 또 광신적 투쟁의 근원이 된다. 종교는 절대적 진리를 가지고 있다는 것을 자부하지만 그 역사는 과오와 이단의 역사이다. 그것은 우리에게 ― 우리의 인간적 경험의 한계를 훨씬 넘어서는 ― 초월적 세계에 대한 약속과 전망을 주지만, 언제나 인간적 너무나 인간적이다.

그러나 우리가 우리의 관점을 바꿀 것을 결단하자마자 문제는 하나의 새로운 시야 속에 나타난다. 인간 문화의 철학은 형이상학적 체계나 신학적 체계와 똑같은 문제를 제기하지 않는다. 여기서 우리는 신화적 상상과 종교적 사상의 내용을 탐구하고 있는 것이 아니라, 그 형식을 탐구하고 있는 것이다. 신화적 사고의 주제, 주장 및 동기는 헤아릴 수 없을 만큼 많다. 만일 우리가 이러한 측면에서 신화적 세계에 접근한다면, 그것은 밀턴이 말한 대로 언제나

어둡고 한정 없는 대양,
가없고 차원 없고 또

---

1) 이 책의 1장, pp. 34-35 참조.

길이와 넓이와 높이와 그리고 또
시간과 장소마저 모호한 대양이다.

　자연 현상과 인간 생활의 현상으로서 신화적 해석을 가할 수 없고 또 그와 같은 해석을 요하지 않는 것이란 하나도 없다. 신화적 관념들을 통일하고 이것들을 어떤 하나의 제일적(齊一的)인 유형에 환원시키려는 비교 신화학의 여러 학파의 시도는 모두 수포로 돌아갈 수밖에 없었다. 하지만 신화적 창작의 이 다양성과 불일치에도 불구하고 신화를 만들어내는 기능은 실제에 있어 그 동질성을 잃지 않고 있다. 인류학자들과 민족학자들은 똑같은 기본 사상들이 전 세계에, 그리고 아주 다른 사회적 및 문화적 조건 아래 퍼져 있는 것을 발견하고 가끔 대단히 놀라워하고 있다. 종교의 역사에서도 이와 똑같은 형편을 볼 수 있다. 여러 가지 신앙 조항, 교리상의 신조, 신학 체계들은 끝없는 분쟁을 일삼고 있다. 서로 다른 여러 종교의 윤리적 이상들마저 서로 크게 방향이 다르고 도저히 조정될 수 없다. 하지만 이 모든 것은 종교적 감정의 특유한 형식과 종교 사상의 내적 통일을 어찌할 수 없다.[2] 종교적 상징은 쉴 새 없이 변하지만 그 밑에 흐르는 원리, 상징적 활동 자체는 언제나 동일한 바, "의식은 가지가지로 다르나 종교는 하나이다".

　그러나 신화에 관한 **이론**은 처음부터 여러 난점을 가지고 있다. 신화는 그 진정한 의미와 본질에 있어서 비이론적이다. 그것은 우리 사고의 근본적 범주들을 거부하고 이것들에 도전한다. 그 논리 — 도대체 논리라는 것이 있다면 — 는 경험적 혹은 과학적 진리에 대한 우리

---

2) A. A. Bowman, *Studies in the Philosophy of Religion*(London, 1938), 전 2권에 이러한 내적 통일에 관하여 잘 설명되어 있다.

의 모든 개념과 똑같은 기준에서 논할 수 없다. 그러나 철학은 이와 같은 분기(分岐)를 절대로 용납할 수 없다. 신화를 만들어내는 기능의 창작물들이 반드시 하나의 이해할 만한 철학적 <의미>를 가지고 있다는 것은 확신되었다. 만일 신화가 온갖 심상과 상징 밑에 이 의미를 감추고 있다면, 이것을 드러내고 밝혀내는 것이 철학의 과제가 될 것이다. 스토아 학파 시대 이후로 철학은 비유적 해석의 특별한 그리고 매우 정교한 기술을 발전시켜 왔다. 여러 세기 동안 이 기술은 신화 세계에 접근할 수 있는 유일한 방법으로 여겨졌다. 그것은 중세의 전 기간에 걸쳐 성행하였고, 또 근세 초에도 여전히 세력을 떨치고 있었다. 베이컨은 <고대인의 지혜>에 대한 특별한 논문을 하나 썼는데, 그 속에서 그는 고대 신화의 해석에 있어서의 대단한 재능을 발휘하였다.

 이 논문을 연구하면, 우리는 대부분의 현대 독자들에게는 극단적으로 유치하게 보이는 비유적 해석들을 보고 미소를 짓지 않을 수 없다. 그럼에도 불구하고 우리들 자신의 보다 더 세련된 견강부회(牽强附會)의 방법들도 대부분 이와 똑같은 비난을 받기 쉽다. 신화적 현상에 대한 이 방법들의 <설명>은 결국에 가서 이러한 현상들을 완전히 부정하는 것이 된다. 신화의 세계는 하나의 인위적 세계요, 다른 어떤 것을 위한 가장인 것처럼 보인다. 그것은 신앙이라기보다는 한갓 거짓 신앙이다. 이러한 현대의 여러 방법이 초기의 여러 형태의 비유적 해석과 다른 점은 현대의 방법들이 이제 다시 신화를 어떤 특별한 목적을 위하여 만들어진 한갓 조작으로 보지 않는다는 점이다. 비록 신화가 허구적인 것이기는 하지만, 그것은 무의식적인 허구이지 의식적 허구는 아니다. 원시인의 정신은 그 자신의 창작물들의 의미를 깨닫지 못하고 있었다. 원시인의 정신은 그 자신의 창작물들의 의미를 깨닫지 못하고 있었다. 그러나 이 의미를 밝히는 것—즉 이 헤아릴 수 없을 만큼 많은 가면 뒤에 있는 참된 면모를 찾아내는 것은 바로 우리들의 할 일이며, 우리들의 과학적 분석이 할 일이다. 이 분석은 두 가지 방향으로 전진할 수 있다. 그것은 객관적 방법 혹은 주관적 방법을 적용할 수 있다. 객관적 방법에 있어서는 신화적 사고의 **대상들**을 분류하려 할 것이고, 주관적 방법에 있어서는 그 **동기들**을 분류하려 할 것이다. 이 단순화의 과정에서 보다 발전한 이론이 더욱 더 완전한 이론일 성싶다. 만일 종국에 가서 그 이론이 다른 모든 대상이나 동기를 전부 내포하는 유일한 하나의 대상 혹은 하나의 단순한 동기를 발견하는 데 성공한다면 그 이론은 그 목표에 도달하고 그 과제를 완수한 것이 될 것이다. 현대 민족학과 심리학은 이 두 방법을 모두 시도하였다. 민족학과 고고학의 많은 학파들은 무엇보다 우리가 찾아야 할 것이 신화적 세계의 객관적 중심이라는 전제에서 출발하였다. 말리노프스키는 다음과 같이 말한다.

 이 학파의 저술가들에게는 모든 신화가 각기 그 핵심 혹은 궁극의 실재로서 어떤 자연 현상을 가지고 있다. 이 자연 현상은 때로 이것을 거의 덮어버리고 말소해 버릴 정도로 교묘하게 이야기 속에 얽혀 있다. 이 학자들 간에는 어떤 유형의 자연 현상이 대부분의 신화적 창작의 근저에 있는가에 관하여 합의된 바가 그리 많지 못하다. 극단적으로 달을 중요시하는 신화학자들로서, 지나치게 자기들의 관념에 완전히 도취하여 지구의 야행 위성(夜行衛星) 이외의 다른 어떤 현상도 미개인의 광상적인 해석이 적합한 것이 될 수 있다는 점을 인정하려 하지 않는 사람들이 있다… 다른 사람들은 태양을, 그것의 주위에 원시인이 그 여러 상징적인 이야기를 엮은 유일한 주제로 본다. 그리고 바람, 천후 및 하늘의 빛깔을 신화의 본질로 보는 기상학적 해석자들의 학파가 있다… 서로 견해를 달리하는 이 신화학자들 가운데 어떤 이들은 천체 혹은 원리를 내세우면서 맹렬히 싸운다. 또 다른 어떤 이들은 보다 도량이 넓은 성미를 가지고 있어서, 원시 시대의 사람들은 모든 천체를 한데 묶어 가지고 그들의 신화적 양조물을 지어낸 것이라는 데 동의하려 한다.3)

한편 프로이트의 정신 분석학적 신화 이론에서는 모든 신화적 창작이 하나의 동일한 심리학적 주제—성욕—의 여러 변화상이며 가장이라고 선언되었다. 우리는 여기서 이 모든 이론의 세부에 들어갈 필요가 없다. 아무리 그 내용이 서로 다르다고 할지라도 이 모든 이론은 우리에게 동일한 방법론적 태도를 보여주고 있다. 그것들은 우리로 하여금 지적 환원의 과정에 의하여 신화적 세계를 이해하게 할 것을 희망한다. 그러나 그것들 가운데 어느 하나도 그 이론을 하나의 동질적인 전체가 되도록 하기 위하여 끊임없이 사실들을 누르고 확장해서 무리한 해석을 하지 않고서는 그 목표를 달성할 수 없다.

신화는 이론적 요소와 예술적 창작의 요소를 결합하고 있다. 첫째로 우리를 놀라게 하는 것은 그것이 시와 흡사하다는 점이다. 우리는 다음과 같이 말하는 것을 들어왔다. "고대 신화는, 거기에서 진화론자들의 이른바 분화와 특수화라는 과정에 의하여 현대시가 서서히 성장해 온 <무더기>이다. 신화 제작자의 정신은 원형이며, 시인의 정신은… 여전히 본질적으로 신화 창작적이다."4) 그러나 이러한 발생적 연결에

---

3) B. K. Malinowski, *Myth in Primitive Psychology*(New York : Norton, 1926), pp.12 이하.

4) F. C. Prescott, *Poetry and Myth*(New York : Macmillan, 1972), p.10.

도 불구하고 우리는 신화와 예술 사이의 특수한 차이를 인지하지 않을 수 없다. 이것에 대한 실마리는 칸트가 말한 미학적 구상인 "그 대상의 존재 혹은 비존재에 대해서 전혀 무관심하다"에서 찾을 수 있다. 그러나 바로 이와 같은 무관심이야말로 신화적 상상에서는 전혀 용납될 수 없는 일이다. 신화적 상상 속에는 언제나 **믿음**의 활동이 내포되어 있다. 그 대상의 실재성에 대한 믿음이 없으면 신화는 그 기반을 잃고 말 것이다. 이 내재적이고 필연적인 조건에 의하여 우리는 반대의 극으로 달리게 되는 것 같다. 이 점에 있어서 신화적 사고와 과학적 사고를 비교하는 것이 가능하기도 하고 더욱이 불가피한 일인 듯이 보인다. 물론 이것들은 똑같은 방법을 사용하지 않는다. 그러나 이것들은 하나의 동일한 것, 즉 실재를 탐구하는 것으로 보인다. 현대 인류학에 있어서 이 관련성은 제임스 프레이저 경에 의하여 강조되었다. 프레이저는 마술과 우리들의 과학적 사고방식들을 구분하는 분명한 경계선은 없다는 주장을 내세운다. 마술 역시 아무리 그 수법에 있어서 가공적이고 환상적인 것이라 하더라도 그 목표에 있어서는 과학적이다. 비록 실제적으로 말한다면 마술은 포착하기 어려운 과학, 즉 사이비 과학이지만 이론적으로 말하면 그것도 과학이다. 왜냐하면 마술은 자연 속에서는 그 어떤 영적 혹은 인격적인 힘의 개입 없이 한 사건에 뒤이어 다른 한 사건이 반드시 그리고 또 변함없이 따라 일어난다는 가정 위에서 논의를 하고 행동을 하기 때문이다. 여기에서의 확인은 "자연의 진로는 인격적 존재들의 열정이나 자의(恣意)에 의하여 결정되는 것이 아니라, 기계적으로 움직이는 변함없는 법칙들의 작용에 의하여 결정된다"는 것이다. 그러므로 마술은 자연의 질서와 제일성에 대해 맹목적이긴 하지만 현실적이고 확고한 신념이다.5) 그

---

5) J. G. Frazer, *The Magic Act and the Evolution of Kings*, 제 1 판, *The*

러나 이 주장은 비판의 시련을 감당할 수 없었다. 현대 인류학은 프레이저의 견해를 완전히 포기한 것처럼 보인다.6) 지금 일반적으로 인정되고 있는 견해는 신화와 마술을 전형적으로 원인론적인 혹은 설명적인 것으로 보는 것은 신화와 마술에 대한 부당한 생각이라는 것이다. 우리는 신화를 몇몇 고정된 정적인 요소로 환원시킬 수도 없다. 우리는 모름지기 그것을 그 내적 생명에서, 그 가동성과 융통성에서, 그 동적 원리에서 파악하지 않으면 안 된다.

만일 우리가 다른 각도에서 이 문제에 접근하면 이 원리를 좀 더 쉽게 기술할 수 있다. 말하자면 신화는 이중의 얼굴을 가지고 있다. 그것은 한편으로는 우리에게 개념적 구조를 보여주고 다른 한편으로는 지각적 구조를 보여준다. 그것은 조직되어 있지 않고 혼동되어 있는 관념들의 단순한 무더기가 아니다. 그것은 일정한 지각 양식에 의거하고 있다. 만일 신화가 세계를 하나의 다른 방식으로 **지각**하지 않는다면, 그것은 그 특별한 양식으로 세계를 판단하거나 해석할 수 없다. 신화적 사고의 성격을 이해하기 위하여 우리는 지각의 이 심층으로 돌아가지 않으면 안 된다. 경험적 사고에서 우리의 관심을 끄는 것은 우리의 감각 경험의 한결같은 모습들이다. 이 경험적 사고에서 우리는 언제나 실체적인 것과 우연적인 것, 필연적인 것과 우발적인 것, 불변하는 것과 변천하는 것을 구별한다. 이 구별에 의하여 우리는 고정되고 한정된 성질을 갖춘 물리적 대상의 세계에 대한 개념을 가지게 된다. 그러나 이 보는 것은 신화적 지각과 사고의 근본 구조에 반대되는 분석적 과정을 내포하고 있다. 신화적 세계는 이를테면 사물

---

*Golden Bough*, 제 1 권, 제 2 판(New York : Macmillan, 1900), pp.61 이하, 220 이하를 참조.

6) 프레이저의 주장을 비판적으로 R. R. Marett, *The Threshold of Religion*, 제 2 판(London : Methuen, 1914), pp.47 이하, 177 이하를 참조.

들과 성질들, 실체들과 속성들로 되어 있는 우리들의 이론적 세계보다 훨씬 유동적이고 변동성 있는 단계에 있다. 이 차이를 파악하고 기술하기 위하여, 우리는 신화가 주로 지각하는 것은 객관적 성격들이 아니라, 상모적(相貌的)인 성격들이라고 말할 수 있다. 자연은 그 경험적 혹은 과학적 의미에서 <일반 법칙에 의하여 결정되는 한에서의 사물의 존재>7)라 정의될 수 있다. 이와 같은 <자연>은 신화에 없다. 신화의 세계는 극적 세계인 바, 행동과 힘의 세계이고, 서로 충돌하는 세력들의 세계이다. 자연의 모든 현상 속에서 신화는 이 세력들의 충돌을 본다. 신화적 지각은 언제나 이 여러 정동적 성질을 간직하고 있다. 거기서 보이는 것이나 느껴지는 것은 무엇이든지 어떤 특별한 분위기에 둘러싸여 있는데, 이 분위기는 즐거움 혹은 슬픔, 괴로움, 흥분, 환희 혹은 우수의 분위기이다. 이러한 분위기 속에서는 <사물들>에 관해서 말할 때 그 사물들을 생명 없는 물건으로서 혹은 냉담한 물건으로서 말할 수가 없다. 모든 대상은 다정하거나 악의에 차 있으며, 우애적이거나 적의를 가졌으며, 친밀하거나 무서워서 기분이 나쁘며, 또는 마음을 끌고 황홀하게 하는 것이 아니면 징그럽고 위협적이다. 우리는 인간 경험의 이 기본 형태를 쉽사리 재구성할 수 있는데, 이는 문명화한 인간 생활에 있어서도 이것이 그 본래의 힘을 결코 잃지 않고 있기 때문이다. 우리가 격렬한 정동의 긴장 속에 있다면 우리는 아직 모든 사물을 이와 같이 극적으로 볼 것이다. 모든 사물은 그 평소의 면모를 벗어버리고 갑자기 그들의 상모(相貌)를 바꾼다. 그것들은 우리들의 여러 가지 열정, 사랑이나 미움, 공포나 희망의 특정한 색채로 물든다. 우리들 경험의 이러한 본래의 방향과, 과학에 의해 도입된 진리의 이상 사이의 대조보다 더 큰 대조는 거의 있을 수 없

---

7) I. Kant, Prolegomena to Every Future Metaphysics, sec. 14 참조.

다. 과학적 사고의 모든 노력은 이 최초의 견해의 모든 흔적을 말소하는 목표를 지향하고 있다. 과학의 새로운 빛 속에서 신화적 지각은 사라져 버리지 않으면 안 된다. 그러나 이것은 우리의 상모적 경험의 소여 사실이 전적으로 파괴되고 소멸되었음을 의미하는 것은 아니다. 이 소여 사실들은 모든 객관적 혹은 우주론적 가치를 잃었으나 그 인간학적 가치는 존속한다. 우리들의 인간 세계에서 우리는 이것들을 부정할 수도 없고 또 제거할 수도 없다. 이것들은 그 있을 곳과 그 의의를 보존하고 있다. 사회 생활에서, 사람들과 우리의 일상 교제에서, 우리는 이 소여들을 제거할 수 없다. 심지어 발생적 순서에 있어서도 상모적 성질들의 구별은 지각적 성질들 간의 구별보다 앞서는 것 같다. 아이들은 그 성장의 최초의 단계에서 이 상모적 성질들에 대하여 민감한 것처럼 보인다.8) 과학은 그 과업을 완수하기 위하여 이 성질들로부터 추상해야만 하지만, 이것들을 완전히 억압할 수는 없다. 이것들은 뿌리와 가지가 온통 근절되어 있지 않고 다만 그것들 자신의 분야에 제한되어 있을 따름이다. 과학의 일반적 방법의 지표가 되는 것은 주관적 성질들의 이러한 제한이다. 과학은 이것들의 객관성에 대해서 한계를 두지만, 이것들의 실재성을 완전히 파괴할 수는 없다. 이는 우리들의 인간 경험의 모든 면이 현실적인 것임을 요구하고 있기 때문이다. 우리의 과학적 개념들에 있어서 우리는 두 빛깔, 가령 적색과 청색 사이의 차이를 수적 차이로 환원한다. 그러나 만일 우리가 수는 빛깔보다 더 실재적이라고 말한다면, 이것은 아주 옳지 못한 것이다. 이러한 말이 진정으로 의미하는 바는 수가 보다 더 일반적이라는 것이다. 수학적 표현은 우리에게 하나의 새로운 그리고 더 포괄

---

8) 이 문제에 대해서 E, Cassirer, *Philosophie der symbolischen Formen*, 제 3권, 1부, 2, 3장을 참조.

적인 견해, 하나의 보다 자유롭고 큰 지식의 지평선을 열어준다. 그러나 마치 피타고라스 학파가 그렇게 한 것처럼, 수를 실체화하는 것, 궁극적 실재, 사물의 참 본질이요 실체로 보는 것은 하나의 형이상학적 오류이다. 만일 우리가 이 방법론적 및 인식론적 원리 위에서 논한다면, 우리의 감각 경험의 최하층—우리의 <느낌의 질들>의 층—도 새로운 빛 속에 나타난다. 우리의 감각 지각의 세계, 이른바 <2차적 성질>의 세계는 중간적 위치에 있다. 그것은 우리의 상모적 경험의 최초의 조잡한 단계를 버리고 또 극복하였으나, 우리의 과학적 개념—물리적 세계에 대한 우리의 개념들—에서 도달된 일반화된 형태에는 이르지 못하고 있다. 그러나 이 세 단계는 모두 그 일정한 기능적 가치를 가지고 있다. 이것들 가운데 어느 하나도 한갓 망상이 아니다. 각기 그 정도에 따라 현실로 나아가는 우리의 도정상(道程上)의 단계인 것이다.

 이 문제를 가장 명료하게 언급한 것은 내 생각에 존 듀이였다고 기억된다. 그는 신화적 지각에서 완전히 그 전적인 힘을 입증하고 그리고 또 여기서 현실의 기본 요소로 간주되는 여러 감정의 질에 대한 상당한 권리를 처음으로 인정하고 강조한 사람들 가운데 한 사람이었다. 그로 하여금 이러한 결론에 이르게 한 것은 바로 진정한 경험론의 임무에 대한 그의 생각이었다. 듀이는 말한다.

  경험적으로 볼 때, 사물들은 혹은 매섭고, 혹은 비극적이고, 혹은 아름답고, 혹은 우스꽝스럽고, 혹은 안정되어 있고, 혹은 혼란되어 있고, 혹은 안쓰러워 보이고, 혹은 지루하고, 혹은 메마르고, 혹은 거칠고, 혹은 위안을 주며, 혹은 광휘에 차 있으며, 혹은 두렵다. 직접적으로 그렇고 또 그 자체의 권리를 가지고 또 자신을 위하여 그러하다. … 이 특성들은 본질적으로 빛깔, 소리, 촉감과 미각과 후각의 성질들과 아주 똑같은 수준에 있다. 이 후자를 궁극적이고 견고한 소여 사실로 보는 기준은, 그 **어느 것이나** 공평하게 적용된다면, 전자에 관해서도 꼭 같은 결론을 유도해 낼 것이다. 도대체 질은 그 어느 것이나 종국적인 것이다. 그것은 처음인 동시에 나중이요, 나타난 대로 있는 것이다. 간혹 그것은 다른 사물들에 관련지어질 수 있고 또 어떤 결과 혹은 징조로 취급될 수 있다. 그러나 이와 같이 하는 것은 지나친 확장과 이용을 내포한다. 이것은 우리로 하여금 질의 직접적 성질을 넘어서게 한다. … 감각적이고 의미 있는, 직접적인 질들을 포기하여 과학의 대상으로 또 분류와 이해의 고유한 형태로 보는 것은, 현실 속에서 그것들을 그냥 내버려주는 것이었다. 이 때에는 그것들이 **소유되어** 있는 것이기 때문에 이것들을 **알** 필요가 없다. 그러나 인식의 대상은 무엇보다도 현실이라는 전통적 견해는 과학의 대상이 무엇보다도 형이상학적으로 현실적인 것이라는 결론에 이르렀다. 그리하여 직접적인 질들은, 과학의 대상에서 삐져나와 <현실적인> 대상에서 멀리 떨어진 곳에 매달려 있게 되었다. 그것들의 **현존**은 부인할 수 없는 것이었으므로 그것들은 물리학의 대상에 대립하는 심령적인 존재의 영역으로 한데 집합되는 것이 되었다. 이러한 전제가 주어지면 정신과 물질, 심령적인 것과 신체적인 것의 관계에 관한 모든 문제가 필연적으로 따라 일어난다. 형이상학적 전제를 바꾸어 보라. 다시 말하면, 직접적인 질들을 전체적인 상황의 질들로서의 그 정당한 위치에 회복시켜라. 그리하면 여기에서의 문제들은 인식론적 문제이기를 그친다. 그것들은 하나 하나 이름을 붙일 수 있는 과학적 문제가 된다. 즉 어떻게 이러이러한 여러 질을 가지고 있는 이러이러한 사건이 실제로 일어나는가에 관한 문제가 된다.9)

---

9) J. Dewey, *Experience and Nature*(Chicago : Open Court Publishing Co., 1925), pp. 96, 264 이하.

그러므로 만일 우리가 신화적 지각과 신화적 상상의 세계를 설명하고자 한다면 우리는 인식과 진리에 대한 우리들의 이론적 이상들의 견지에서 이 두 가지 것을 비판하는 것으로 시작해서는 안 된다. 우리는 신화적 경험의 질들을 그 <직접적 성질>에서 보지 않으면 안 된다. 왜냐하면 여기서 우리에게 필요한 것은 한갓 사상이나 신념의 설명이 아니라 신화적 생활의 해석이기 때문이다. 신화는 독단적 신조의 체계가 아니다. 그것은 오로지 환상이나 표상에서보다 오히려 행동에서 성립한다. 이러한 견해가 더욱 더 유력하게 된 것은 근대 인류학과 근대 종교사의 명확한 진보의 표시이다. 역사적 의미에서나 심리학적 의미에서 의식(儀式)이 교리에 앞선다는 것은 오늘날 일반적으로 인정된 것이라고 할 수 있다. 비록 우리가 궁극적인 개념적 요소들로 신화를 분석하는 데 성공한다 할지라도 그와 같은 분석적 과정에 의해서는 결코 그 활기 있는 원리를 파악할 수 없는데, 이 원리는 동적 원리이지 정적 원리가 아니다. 신화는 오직 행동에 의해서만 기술될 수 있다. 원시인은 그 감정과 정동을 한갓 추상적인 상징들로 표현하지 않고 구체적이고 직접적인 방식으로 표현한다. 그리고 신화와 원시 종교의 구조를 알기 위하여 우리는 이 표현의 전체를 연구하지 않으면 안 된다.

 이 구조에 관한 가장 명료하고 조리 있는 이론 가운데 하나는 프랑스 사회학파, 즉 뒤르껭과 그 제자들 및 그 후계자들의 저술에서 전개되었다. 뒤르껭은 우리가 신화의 원천들을 물리적 세계에서, 자연 현상의 직관에서 찾는 한 신화를 적절하게 설명할 수 없다는 원리에서 출발한다. 자연이 아니라 사회가 신화의 참된 모형이다. 그 모든 근본 동기는 인간의 사회 생활의 투영이다. 이 투영들에 의하여 자연은 사회적 세계의 영상이 되며, 또 그 여러 근본적 자태, 그 조직과 구성,

그 구분과 세부적 구분을 전부 반영한다.10) 뒤르껭의 설명은 레비-브륄의 저작에서부터 완전한 발전을 이루었다. 그러나 여기서 우리는 하나의 보다 일반적인 특징을 발견한다. 신화 사상은 <**선논리적 사고**>로 기술되어 있다. 설혹 신화적 사고가 여러 원인을 요구한다 할지라도 이 원인들은 논리적인 것도 아니요 경험적인 것도 아니며, <신비적 원인들>이다. "우리들의 일상 활동은 자연 법칙들의 불변성에 대한 냉철하고 완전한 신뢰를 내포하고 있다. 원시인의 태도는 이와 아주 다르다. 그에게 있어, 그 한가운데 그가 살고 있는 자연은 전혀 다른 모습을 가지고 나타난다. 그 속에 있는 모든 물건과 피조물은 신비스런 협동과 배제의 조직망 속에 갇혀 있다." 레비-브륄에 의하면, 원시 종교의 이 신비스런 성격은 그 표상들이 <집단적 표상>이라고 하는 사실 자체에서 생긴다. 이 표상들에 우리는 아주 다른 목적들을 위해서 의도된 우리들 자신의 논리학의 규칙들을 적용할 수 없다. 우리가 이 분야에 나아가면, 심지어 모순율과 합리적 사고의 다른 모든 법칙은 무효가 되고 만다.11) 내 생각에 프랑스 사회학파는 그 명제의 처음 부분에 대한 충분하고 결론적인 증거를 보여주었으나 그 둘째 부분에 대해서는 그러하지 못했다. 신화의 근본적인 사회적 성격은 쟁론할 여지가 없다. 그러나 그것은 원시인의 정신력은 반드시 모두 선논리적이 아니면 신비적인 것이라는 우리의 인간학적 및 민족학적 증거에 모순 되는 듯하다. 우리는 우리들 자신의 문화 생활의 잘

---

10) E. Durkheim, *Les Formes élémentaires de la vie religieuse*(Paris, 1912) ; English trans. *Elementary Forms of the Religious Life*(New York, 1915).

11) Lévy-Bruhl, *Les fonctions mentales dans les sociétes inférieures*(Paris, 1910) ; English trans. *How Natives Think*(London and New York, 1926) ; *La mentalité primitive*(Paris, 1922) ; English trans. *Primitive Mentality*(New York, 1923) ; *L'Ame primitive*(Paris, 1928) ; English trans. *The "Soul" of the Primitive*(New York, 1928).

알려져 있는 모습들을 보여주는, 원시 생활과 원시 문화의 많은 영역을 본다. 우리가 우리들 자신의 논리와 원시 정신의 논리 사이에 절대적 이질성을 가정하는 한, 이 두 가지 논리를 서로 종류가 다르고 서로 극단적으로 반대되는 것으로 생각하는 한, 우리는 도저히 이 사실을 설명할 수 없다. 원시인의 생활에서도 우리는 언제나 신성한 영역 밖에 비종교적 혹은 세속적 영역을 발견한다. 습관적 혹은 법적 규칙들로 되어 있는 세속적 전통이 있어, 사회 생활이 영위되는 양식들을 결정하고 있다. 말리노프스키는 말한다.

  우리가 여기서 발견하는 규칙들은 마술과 초자연적 제재(制裁)들로부터 완전히 독립되어 있으며, 또 그 어떤 의례적 혹은 의식적 요소도 결코 수반하고 있지 않다. 발전의 초기 단계에 있어서 인간은 하나의 혼란을 이룬 세계에 살았다. 즉 현실적인 것과 비현실적인 것이 잡동사니를 이루고 신비주의와 이성이 마치 질서가 문란하게 된 지방의 진짜 화폐와 위조된 화폐를 맞바꿀 수 있는 것처럼 그러한 세계에 살았다고 추정해도 그르지 않을 것이다. 우리에게 있어 마술과 종교 의식에 관하여 가장 요긴한 점은, 그것이 오직 지식이 실패한 곳에만 침투한다는 것이다. 초자연적으로 설정된 예식은 생활 속에서 성장해 나오는 것이지만, 그것은 결코 인간의 여러 가지 실제적 노력을 무의미한 것으로 보지 않는다. 인간은 그 마술 혹은 종교 의식에서 여러 기적을 행할 것을 시도하는데 이것은 인간이 그 정신 능력의 한계를 몰라서가 아니라, 도리어 이 한계를 충분히 깨닫고 있기 때문이다. 한 걸음 더 나아가 말하건대, 이것의 인식은 만일 우리가 종교란 그 스스로의 주제, 그 자신의 정당한 발전 분야를 가지고 있다는 진리를 한 번 영원히 확립하고자 원한다면 없을 수 없는 것으로 나에게는 생각된다.[12]

그리고 이 뒤의 경우의 분야, 즉 신화와 종교의 정당한 분야에서도 자연과 인간 생활에 대한 생각은 결코 합리적 의미를 전혀 가지고 있지 않은 것이 아니다. 우리들 자신의 견지에서 우리가 비합리적, 선논리적, 신비적이라 부를 수 있는 것은 신화적 혹은 종교적 해석이 거기서 출발하는 전제들이지, 해석의 양식이 아니다. 만일 우리가 이 전제들을 받아들인다면, 또 만일 우리가 이것들을 올바로 이해한다면—즉 이것들을 원시인이 본 것과 똑같은 견지에서 본다면—이것들로부터 유도되는 추론들은 비논리적인 것 혹은 반논리적인 것으로 보이기를 그친다. 확실히 신화를 지적인 것으로 보려는 모든 시도—즉 신화를 이론적 혹은 도덕적 진리의 비유적 표현으로 설명하려는 모든 시도—는 완전히 실패하였다.13) 이 시도들은 신화적 경험의 근본 사실을 무시하였다. 신화의 진정한 하층 구조는 사고로 되어 있지 않고 감정으로 되어 있다. 신화와 원시 종교는 결코 전혀 조리가 서지 않는 것이 아니며, 또 아무 의미나 이유가 없는 것도 아니다. 그러나 그 조리는 논리적 규칙보다도 오히려 감정의 통일에 더 의거하고 있다. 이 통일은 원시적 사고의 가장 강렬하고 가장 심원한 여러 충동 가운데 하나이다. 만일 과학적 사고가 현실을 기술하고 설명하려 한다면, 그것은 그 일반적 방법, 즉 분류와 체계화의 방법을 사용하게 마련이다. 생명은 서로 확연히 구별되어 있는 개개의 방법을 사용하게 마련이다. 식물계와 동물계, 인류 사이의 경계선—종(種)과 과(科)와 속(屬) 간의 차이—은 근본적인 것이요, 또 지울 수 없는 것이다. 그러나 원시인의 정신은 이 모든 것을 무시하고 또 거부한다. 그 생명관은 종합적인 것

---

12) B. K. Malinowski, *The foundations of Faith and Morals*(London : Oxford Univ. Press, 1936 ; published for the Univ. of Durham), p.34.

13) 현대의 문헌에서도 아직 이러한 주지주의적 경향의 자취가 많이 발견된다. 예를 들어 F. Langer, *Intellectual mytholoogie*(Leipzig, 1916)을 참조.

이지 분석적인 것이 아니다. 생명은 여러 부분 및 이 부문을 다시 구분하는 세부(細部)로 나뉘어 있지 않다. 그것은 어떤 명확하고 확연한 구별도 용납하지 않는 하나의 끊긴 데 없는 연속적 전체로서 느껴지고 있다. 서로 다른 영역 사이에 있는 경계들은 넘을 수 없는 장벽이 아니다. 이 경계들은 유동하고 있고 또 변전(變轉)하고 있다. 생명의 갖가지 영역들 간에는 종적(種的)인 차이가 없다. 일정하고 불변하며 또 정적인 형태를 가지고 있는 것이란 하나도 없다. 갑자기 이루어지는 탈바꿈에 의하여 만물은 그 어떤 것으로도 변한다. 만일 신화 세계에 그 어떤 독특하고 두드러진 특성, 신화 세계를 다스리는 그 어떤 법칙이 있다면, 그것은 바로 이 탈바꿈의 법칙이다. 그렇긴 해도 우리는 사물들의 경험적 차이들을 파악하는 데 있어서의 원시인의 무능을 가지고서 신화 세계의 불안정성을 도저히 설명할 수 없다. 이 점에 있어서 미개인은 개화한 인간보다 우수하다는 것을 아주 번번이 보여준다. 원시인은 우리들이 포착할 수 없는 많은 특수한 면을 알아본다. 인간 문화의 가장 낮은 단계에서, 즉 구석기 시대의 예술에서 우리가 보는 동물의 그림들은 그 자연주의적 성격으로 인해 가끔 찬탄을 받는다. 이 그림들은 동물의 온갖 형태에 대한 놀라운 지식을 보여준다. 원시인의 생존 전체는 관찰과 분간에 대한 그들의 자질에 크게 의존하고 있다. 혹 그가 사냥꾼이라면 그는 동물 생활의 가장 구석진 세부도 숙지하고 있음에 틀림없고, 또 다양한 동물의 발자국도 분간할 수 있음에 틀림없다. 이 모든 것은 원시인의 정신이 그 참된 성질과 본질에 있어 분화되지 않거나 혹은 혼동되어 있으며 선논리적 혹은 신비적 정신이라고 하는 전제와 전혀 일치하지 않는다. 원시적 심성의 특색을 이루는 것은 그 논리가 아니라 그 일반적 생활 감정이다. 원시인은, 지적 호기심을 만족시키기 위하여 사물들을 분류하려는 박물학자의 눈을 가지고 자연을 보지 않는다. 자연에 나아감에 있어 그는 한갓 실용적인 혹은 기술적인 관심을 가지고 나아가지 않는다. 자연은 그에게 있어 인식의 대상만도 아니요, 또 그의 직접적인 실제적 요구들의 터전도 아니다. 우리는 우리의 생활을 실천적 활동과 이론적 활동의 두 영역으로 나누는 버릇이 있다. 이와 같이 나눔에 있어서 우리는 이 두 영역 밑에 보다 낮은 하나의 층이 있다는 것을 잊기 쉽다. 원시인은 이러한 건망증에 잘 걸리지 않는다. 그의 모든 사고와 감정은 아직 이보다 낮은 본원적인 층에 웅크리고 있다. 그의 자연관은 단순히 이론적이기만 한 것도 아니요, 또 단순히 실천적인 것만도 아니다. 그것은 **공감적**(sympathetic)이다. 만일 우리가 이 점을 못 본다면, 우리는 신화 세계로 나아가는 길을 찾을 수 없다. 신화의 가장 근본적인 특성은 사고의 특별한 방향이나 인간적 상상의 특별한 방향이 아니다. 신화는 정동의 소산이요, 그 정동적 배경은 그 모든 창작물을 그 자신의 특수한 빛깔로 물들인다. 원시인에게 결코 사물들의 경험적 차이를 파악하는 능력이 없는 것은 아니다. 그러나 자연과 생명에 대한 그의 이해에 있어 이 모든 차이는 보다 강한 하나의 감정으로 말미암아 망각되는데, 이러한 보다 강한 감정은 수없이 많고 가지가지로 다른 생명의 하나하나의 형태들을 연결시키는 근본적이고 씻어낼 수 없는 **생명의 연대성**에 대한 깊은 확신이다. 그는 자기 자신이 자연 안에서 독특하고 특권을 가진 지위를 가졌다고 보지 않는다. 온갖 형태의 생명이 같은 혈연이라고 하는 것은 신화적 사고의 일반적 전제인 듯싶다. 토템 신앙의 신조들은 원시 문화의 가장 특색 있는 면들 가운데 하나이다. 가장 원시적인 종족들—가령 스펜서와 질렌14)에 의

---

14) B. Spencer and F. J. Gillen, *The Native Tribes of Central Australia*, *The Northern Tribes of Central Australia*.

하여 주의 깊게 연구되고 기술된 오스트레일리아의 토착 종족들—의 종교 생활과 사회 생활 전체는 토템 신앙적 이해들에 의하여 지배되고 있다. 그리고 심지어 훨씬 진보된 단계에 있어서도, 즉 고도로 개화된 국민의 종교에서도 우리는 매우 복잡하고 정교한 동물 숭배 체계를 본다. 토템 숭배에 있어서 인간은 단순히 자기 자신을 어떤 동물의 종(種)의 후예로 보기만 하는 것이 아니다. 처음 발생할 때에만 있었던 것이 아니라 현재에도 실제로 작용하고 있는 연줄이 인간의 신체적 및 사회적 생존 전체를 그 토템 조직의 조상들에게 연결시키고 있다. 허다한 경우에 있어서 이 연결은 동일성으로서 느껴지고 또 표현되고 있다. 민족학자 칼 슈타이넨은 전하기를, 인디언 종족 가운데 몇몇 씨족의 토인들은 자기네들이 유래해 나온 동물들과 그들이 하나라고 단언했으며, 또 그들 자신은 '물에 사는 동물 혹은 빨간 앵무새**이다**'라고 분명히 선언했다고 말하고 있다.15) 프레이저는 오스트레일리아에 있는 디에리 종족의 사회에서는 특수한 종류의 종자를 토템으로 삼고 있는데, 그 종족의 수령은 그 신하들에 의해 '종자를 낳는 식물 자체**이다**'라고 일컬어졌다고 말한다.16)

 우리는 이 여러 예에서 어떻게 생명의 통일에 대한 확고한 신념이 저 모든 차이, 즉 우리들 자신의 견지에서 볼 때 명백하고 또 도저히 지울 수 없는 차이를 가리고 있는가를 발견한다. 우리는 이 여러 차이가 완전히 간과되었다고 단정할 필요는 전혀 없다. 그것들은 경험적 의미에서 부정된 것이 아니고, 종교적 의미에서 대수롭지 않은 것으로 단정되고 있는 것이다. 신화적 및 종교적 감정에 있어서 자연은 하

---

15) K. v. Steinen, *Unter den Naturvölkern Zentral-Brasiliens*(Berlin, 1897), p.307.

16) J. G. Frazer, *Lectures on the Early History of Kingship*(London : Macmillan, 1905), p.109.

나의 거대한 사회, 즉 **생명의 사회**가 된다. 이 사회에서는 인간에게 특별히 뛰어난 지위가 주어져 있지 않다. 인간은 이 사회의 일부이지만, 결코 다른 어떤 구성원보다 더 높은 자리에 있지 않다. 생명은 그 가장 비천한 형태와 또 그 가장 높은 형태에서 똑같은 종교적 존엄성을 가지고 있다. 인간과 동물, 또 동물과 식물은 모두 동일한 수준에 있다. 토템 숭배의 여러 사회에서 우리는 토템인 동물들과 더불어 토템인 식물들을 발견한다. 그리고 공간에서 시간으로 옮겨가 보더라도 똑같은 원리—생명의 연대성과 끊긴 데가 없는 통일의 원리—를 본다. 이 원리는 동시성의 질서에서 뿐만 아니라 또한 계기(繼起)의 질서에서도 그대로 통한다. 인간 세대들은 하나의 특유하고 단절 없는 연쇄의 사슬을 형성한다. 예전의 여러 삶의 단계는 환생에 의하여 보존된다. 조부모의 영혼이 다시 젊어져서 새로 태어난 아이 속에 나타난다. 현재, 과거 및 미래는 명확한 경계가 없이 서로 섞이며, 인간의 세대들 간의 한계는 불확실하게 된다.

부수어 버릴 수 없는 생명의 통일에 대한 감정은 아주 강렬하고 또 흔들림 없는 것이어서 죽음의 사실을 부정하고 무시하고 있을 정도이다. 원시인의 사고에 있어서 죽음은 절대로 일반 법칙들에 복종하는 하나의 자연 현상으로 여겨지는 일이 없다. 그것은 필연적인 것이 아니라 우연적으로 생기는 일이다. 그것은 언제나 개별적 및 우연적 원인들에 의거하고 있다. 그것은 요술이나 마법 혹은 어떤 다른 사람의 악의 있는 영향의 결과이다. 스펜서와 질렌은 오스트레일리아의 원주민 종족들을 기술함에 있어, 자연사와 같은 것은 토착민들이 꿈에도 생각하지 않는 것임을 지적하고 있다.

죽은 사람은 반드시 어떤 다른 사람, 남자나 혹은 여자에게 죽임을 당하는 것이었으며, 또 이 남자나 여자는 얼마 안 가서 공격을 받게 된다.17) 죽음은 필연적으로 있는 것이 아니었으니, 그것은 어떤 특별한 사건에 의하여 인간의 실패 혹은 어떤 사고에 의하여 있게 되는 것이었다. 허다한 신화적 이야기가 죽음의 기원에 관한 것이다.

인간은 그 본성과 본질에 있어 죽을 수밖에 없는 운명을 짊어지고 있다는 생각은 신화 사상과 원시 종교 사상에는 전혀 생소한 것인 듯하다. 이 점에 있어서 영생에 대한 신화의 신념과 후대의 온갖 형태의 순전히 철학적인 신념 사이에는 현저한 차이가 있다.

플라톤의 『파이돈』(*Phaedon*)을 읽으면 우리는 인간 영혼의 불멸에 대해 명료하고 반박할 수 없는 증거를 내세우려는 철학 사상의 온갖 노력을 느낀다.

신화 사상에서는 사정이 아주 다르다. 거기에서는 증거의 초점이 반대쪽에 놓여 있다. 증거를 내세울 무엇이 있다면 그것은 불사(不死)의 사실이 아니라 죽음의 사실이다. 그리고 신화와 원시 종교는 이 증거들을 용납하지 않는다. 이것들은 죽음의 가능성 자체를 강력히 부인한다. 어떤 의미에서 신화적 사고 전체는 죽음의 현상에 대한 끊임없는 그리고 완강한 부정이라고 해석될 수 있다. 생명의 단절 없는 통일과 연속성에 대한 이 확신의 힘으로 신화는 이러한 현상을 일소하지 않으면 안 된다.

원시 종교는 아마도 인간 문화에서 우리가 보는 바 삶에 대한 가장 강하고 가장 격렬한 긍정일 것이다. 가장 오래된 피라미드의 원문을 설명하면서 브레스테드는 그 원문 전체를 통하여 주요하고 압도적인 특색을 이루고 있는 것은 죽음에 대한 줄기차고 또 심지어는 격정적인 항변이라고 말하고 있다. "그것들은 그곳으로부터 아무 것도 되돌아오는 일이 없는 거대한 암흑과 침묵에 대한 인류 최초의 숭고한 항

---

17) Spencer and Gillen, 앞의 책, p.48.

거의 기록이라고 말할 수 있다. 소극적으로 혹은 원수에 대해서 적용되는 때를 제외하고는 〈죽음〉이란 말이 피라미드의 원문에는 절대로 나오지 않는다. 거듭 우리는 죽은 자가 살아 있다는 꺾을 수 없는 확신의 소리를 듣는다."[18]

원시인은 그 개인적 및 사회적 감정에 있어서 이러한 확신으로 차 있다. 인간의 생명은 공간이나 시간에서 일정한 한계를 가지고 있지 않다. 그것은 자연의 전 영역과 인간 역사의 전체에 미친다. 허버트 스펜서는 조상 숭배를 종교의 최초의 원천이요 기원으로 보아야 한다는 설을 내세웠다. 하여튼 그것은 가장 일반적인 종교적 동기들 가운데 하나이다.

온 세계의 인종 가운데 어떤 형식으로든 죽은 자에 대한 제식을 치르지 않는 인종은 거의 없는 것 같다. 어버이가 죽은 후에 그 어버이에게 그가 들어간 새로운 나라에서 지내는 데 필요한 음식과 그 밖의 필수품을 제공하는 것은 살아남은 자의 최고의 종교적 의무들 가운데 하나이다.[19] 허다한 경우에 있어 조상 숭배는 종교 생활과 사회 생활 전체를 특징짓고 결정하는 보편적 특성으로 보인다. 중국에서는 국가 종교에 의하여 허용되고 규정되는 이 조상 숭배가 사람들이 가질 수 있는 유일한 종교로 생각되고 있다. 데 그로트는 중국 종교에 대한 그의 기술에서 다음과 같이 말하고 있다.

이것은 죽은 자와 가족의 유대가 결코 끊어지지 않았다는 것, 또 죽은

---

18) J. H. Breasted, *Development of Religion and Thought in Ancient Egypt*(New York : Charles Scribner's Sons, 1912), p.91.

19) 이 점을 설명하는 풍부한 민속학적 자료는 J. Hastings, *Encyclopedia of Religion and Ethics*, 제1권, pp.425 이하에 있는 조상 숭배에 관한 부분에서 찾아볼 수 있다.

자가 계속하여 그들의 권위와 보호를 행사하며 가한다는 것을 의미한다. 그들 즉 죽은 자들은 중국 인민의 자연적 수호신이요, 또 가신(家神)으로서 요괴에 대하여 그들을 보호하며 또 그리하여 경사를 가져다준다. … 인간에게 자기 가족의 작고한 구성원의 보호를 줌으로써 또한 부와 번영을 허락하는 것이 조상 숭배이다. 그러므로 인간의 소유물은 실제에 있어 죽은 자의 소유물이다. 정말 이 소유물들은 계속하여 죽은 자와 더불어 머물러 있으며, 부권(父權)관 가장권(家長權)에 관한 법률들은 부모가 그 자식이 소유하는 모든 것의 소유주라 하고 있다. … 그렇다면 우리는 부모와 조상에 대한 숭배를 중국 사람들의 종교 생활과 사회 생활의 참된 핵심이라고 보지 않을 수 없다.20)

중국은 전형적인 조상 숭배의 나라로서 우리는 중국에서 조상 숭배의 모든 근본적 면모와 또 그 모든 특별한 의의를 연구할 수 있다. 그럼에도 불구하고 조상에 대한 제사의 근저에 흐르는 일반적인 종교적 동기들은 특수한 문화적 조건이나 혹은 사회적 조건에 달려 있지 않다. 우리는 이 동기들을 아주 다른 여러 문화적 환경에서 발견한다. 고전적 상고 시대를 돌이켜 볼 때 우리는 로마의 종교에서도 똑같은 동기들을 본다. 거기서도 역시 이 동기들은 로마인의 생활의 성격 전체를 특징짓고 있었다. 퓌스텔 드 꿀랑쥬는 그의 유명한 저서 『고대 도시』에서 로마의 종교를 묘사하였는데, 그 가운데서 그는 로마인의 사회 생활과 정치 생활 전체가 저들의 선조의 명령에 대한 숭배의 흔적을 지니고 있음을 밝히려 애쓰고 있다. 조상에 대한 제사는 언제나 로마 종교의 기본적이고 널리 퍼져 있는 특징들 가운데 하나였다.21)

---

20) J. J. M. de Groot, *The Religion of the Chinese*(New York : Macmillan, 1910), pp.67,82. 좀 더 상세한 것은 J. J. M. de Groot, *The Religious System of the Chinese*(Leyden, 1892 이후), 제 4~6 권을 참조하라.

한편 알라스카에서 파타고니아에 이르는 허다한 종족의 거의 전부가 공유하고 있는 아메리카 인디언족 종교의 가장 두드러진 특성들 가운데 하나는 그들이 사후의 생명을 믿는 것인데, 이 믿음은 인류와 죽은 자의 영혼들 사이의 교통에 대한 믿음, 즉 위의 믿음에 못지않게 일반적인 믿음에 그 기초를 두고 있다.[22] 이 모든 것은 우리가 여기서 원시 종교의 정말 보편적이고 다른 어떤 것에 환원시킬 수 없는 본질적인 특성에 이르렀음을 분명히 또 틀림없이 보여준다. 그리고 우리가 모든 종교는 공포에서 생기는 것이라는 전제에서 출발하는 한, 이 요소를 그 참된 의미에서 이해한다는 것은 불가능한 일이다. 토템 숭배 현상과 조상 숭배 현상을 연결시키는 공동 기연(共同機緣)을 이해하려면, 우리는 다른 하나의 그리고 보다 깊은 근원을 찾아야 한다. 거룩한 자, 신성한 자, 신적인 존재가 언제나 공포의 요소를 가지고 있음은 사실이다. 그것은 〈황홀한 신비〉인 동시에 〈두려운 신비〉[23]이다. 그러나 만일 우리가 우리의 일반적 논구 방법을 따른다면—즉 원시인의 심성을 그의 표상들이나 신조들만 아니라 또한 그의 행동에 의하여 판단한다면—우리는 이 행동들이 하나의 다른 그리고 보다 강한 동기를 내포하고 있음을 발견할 것이다. 모든 측면으로부터 그리고 순간마다 원시인의 생명은 예지할 수 없는 여러 가지 위험에 위협을 받고 있다. 그러므로 "최초의 공포가 이 세상에 신들을 만들었느니라"라는 옛 격언은 내적인 심리적 핍진성(逼眞性)을 가지고 있다. 그러나 문명의 가장 조기의 그리고 가상 낮은 단계에서도 인간은 죽음

---

21) F. de Coulanges, *La cité antique* ; Wissowa, *Religion der Römer*(1902), pp.187 이하.

22) Hastings, "Ancestor-Worship" 앞의 책, p.433 참조.

23) R. Otto, *Das Heilige*(Göttingen, 1912).

의 공포에 저항하고 또 그 공포를 제거할 수 있는 새로운 힘을 발견하였던 것으로 보인다. 그들이 죽음의 사실에 맞선 것은 생명의 연대성, 끊긴 데 없고 파괴할 수 없는 생명의 통일에 대한 그들의 확신이었다. 심지어 토템 숭배도 살아 있는 모든 존재의 공동체—인간의 끊임없는 노력에 의하여, 마법의 의식과 종교적 규례의 엄격한 시행에 의하여 보존되고 강화되어야 할—에 대한 이러한 깊은 확신을 표현하고 있다.

로버트슨-스미스가 셈족의 종교에 관한 저서에서 이 점을 강조하고 있는 것은 부득불 그 책의 큰 장점의 하나라 하겠다. 이리하여 그는 토템 숭배 현상과 얼핏 보아 아주 다른 유형의 것으로 생각되는 종교 생활의 다른 현상들을 연결시킬 수 있었다. 이러한 각도에서 볼 때 가장 조잡하고 가장 엉뚱한 미신도 하나의 다른 빛 속에 나타난다. 로버트슨-스미스는 말한다.

미개인들의 토템 숭배로부터 발전되어 온 고대의 모든 이교(異敎)에서 가장 현저하고 항존적인 특성 가운데 몇 가지는, 동일한 종교적 및 사회적 공동체의 인간적 성원들과 초인간적 성원들을 결합시키는 육체적 혈연에서 그 충분한 설명을 발견한다. … 인간을 그들의 신에게 결합시키는 끊을 수 없는 연줄은 초기 사회에서 사람과 사람 사이를 연결하는 고리가 되며 또 도덕적인 의무의 신성한 원리가 되는 혈족 관계의 연줄과 똑같다. 그리하여 우리는 종교가 그 가장 미개한 형태였을 때에도 하나의 도덕적인 힘이었음을 본다. … 가장 이른 시대부터 종교는 마법이나 요술과 달리 혈연의 관계가 있고 친근한 존재들에 호소하고 있는 바, 이들은 혹 일시적으로는 자기의 백성에 대하여 노여움을 품을지 모르나, 그들의 경배자들의 적이나 혹은 공동체의 배교자(背敎者)들을 대할 때를 제외하고는 언제나 너그럽다. … 이러한 의미에서의 종교는 공포의 소산이 아니요, 또 미개인이 보이지 않는 원수를 무서워하는 것과 종교와의 차이는, 최후의 발전 단계에서와 마찬가지로 최초의 발전 단계에서도 절대적이고 근본적이다.24)

우리가 세계 도처에서 보는 장례식은 동일한 경향을 보여주고 있다. 죽음에 대한 공포심은 분명히 가장 일반적이고 가장 깊이 뿌리박힌 인간 본능의 하나이다. 시체에 대한 인간의 최초의 반응은 그것을 그 운명에 맡기고 무서워하면서 그것으로부터 달아나는 것이었음에 틀림없다. 그러나 이와 같은 반응은 극히 적은 예외적인 경우에서만 볼 수 있다. 그것은 곧 반대되는 태도에 의하여, 즉 죽은 사람의 영혼을 붙들거나 또는 다시 부르려는 바람에 의해 대체되고 있다. 우리들의 민속학적 자료는 이 두 충동 사이의 투쟁을 보여준다. 그러나 대개 우위에 있어 보이는 것은 후자이다. 확실히 우리는 죽은 사람의 영혼이 그 집에 돌아오는 것을 막으려는 허다한 시도를 발견한다. 망령이 그 길을 잃도록 관이 무덤으로 운반될 때 관 뒤에 재를 뿌린다. 죽은 사람의 눈을 감게 하는 관습은, 송장의 눈을 가려서 그 송장으로 하여금 무덤으로 운반되고 있는 길을 보지 못하게 하려는 시도로 설명되어 왔다.25) 그러나 대부분의 경우에는 이와 반대되는 경향이 우세를 보이고 있다. 살아남은 자들은 힘을 다하여 영혼을 자기들의 근처에 붙들어 두려고 애쓰고 있다. 매우 빈번히 송장이 아예 집 안에 매장되어 그 곳에 그 영원한 처소를 정하고 있다. 돌아간 사람의 영혼은 집을

---

24) W. Robertson-Smith, *Lectures on the Religion of the Semites*(Edinburgh : A & C. Black, 1889), 제2강의, pp.53 이하. 제10강의, pp.334 이하.

25) 민속학적 자료를 위하여서는 Sir. E. B. Tylor, *Primitive Culture*(New York : Henry Holt & Co., 1874), 14장.

보살피고 지키는 신이 되며, 가족의 생활과 번영은 이 신들의 도움과 가호에 달려 있다. 어버이는 죽음에 임하여 떠나지 말아 주십사 하는 간원을 듣는다. 타일러가 인용한 노래에 "우리 항상 당신을 사랑하며 흠모하였고, 오랫동안 한 지붕 밑에 살았나이다. 이제 이 집을 떠나지 마소서! 당신 집에 오소서! 당신을 위하여 집은 깨끗하게 치워졌고, 당신을 그토록 사랑한 우리들이 여기 있나이다. 당신을 위하여 쌀도 있고 물도 있는 집에 오소서, 집에 오소서, 우리에게 다시 오소서"26) 라는 구절이 있다.

이 점에 있어 신화 사상과 종교 사상 간에는 근본적 차이가 없다. 이 두 사상은 모두 인간 생활의 동일한 근본적 현상에서 연원한다. 인간 문화의 발전에 있어서 우리는 바로 거기서 신화가 끝나고 종교가 시작하는 그 어떤 점을 고정시킬 수 없다. 종교는 그 역사의 전개 과정 전체에 있어서 신화적 요소와 단단히 연결되어 있고 또 그것으로 가득 차 있다. 한편 신화는 그 가장 어설프고 가장 발달하지 못한 형태에서도, 어떤 의미에서는 보다 높은 그리고 보다 후기의 여러 종교적 이상을 예기하는 몇몇 동기를 내포하고 있다. 신화는 그 시초부터 잠재적 종교이다. 한 단계에서 다른 단계로 이끌어 주는 것은 사상의 돌연한 위기가 아니며 또 감정의 혁명도 아니다. 『도덕과 종교의 두 원천』에서 앙리 베르그송은 자신이 **정적 종교**로 묘사하고 있는 것과 **동적 종교**로 묘사하고 있는 것 사이에는 조정될 수 없는 대립이 있다는 것을 우리에게 확신시키려 하고 있다. 전자는 사회적 억압의 소산이요, 후자는 자유에 기초하고 있다. 동적 종교에서 우리는 억압에 굴복하지 않고 우리의 마음을 끄는 매력에 굴복한다. 그리고 이 매력에 의하여 우리는 정적이고 인습적이고 전통적인 도덕의 예전의 모든 사회

---

26) 같은 책, 제3판, II, pp.32 이하.

적 유대를 끊는다.

우리는 가족과 국가의 단계를 거쳐 점차로 가장 높은 형태의 종교, 즉 인류의 종교에 이르는 것이 아니다.

베르그송은 말한다.

우리는 단숨에 그것을 훨씬 넘어선 곳에 이르며, 또 그것을 우리의 목표로 삼음이 없이 그것을 뛰어 넘음으로써 그것에 도달한다. … 우리가 종교를 논하건 철학을 논하건, 또 문제 삼는 바가 사랑이건 존경이건, 사회적 억압을 넘어 하나의 다른 도덕 또 하나의 다른 종류의 의무가 따라 일어난다. … 자연적 의무가 억압 혹은 압력인데 반하여, 완성되고 완전한 도덕은 호소의 힘을 가지고 있다. … 우리가 전자의 상태에서 후자의 상태로 넘어갈 수 있는 것은 자기 확대의 과정에 의해서가 아니다. … 우리가 실재에 다다르기 위하여 여러 가지 현상을 일소할 때… 그때 두 극단에서 우리는 압박과 열망을 보는 바, 전자는 비개인적으로 될 수록, 즉 우리가 습관이라고 혹은 심지어 본능이라고 부르는 자연적인 힘에 가까워질수록 더욱 완전하게 되고, 후자는 어떤 일정한 사람들에 의하여 우리 속에서 더욱 분명히 진작되고 또 더욱 그것이 명백히 자연에 대해서 승리를 거둠에 따라, 더욱 강력하게 된다.[27]

그의 철학이 가끔 생물학적 철학으로, 생과 자연의 철학으로서 일컬어져 온 베르그송이 그 마지막 지직에서 이 분야를 훨씬 넘는 도덕적 및 종교적 이상으로 나아간 듯이 보이는 것은 자못 놀라운 일이다.

---

27) H. Bergson, *Les deux sources de la morale et de la religion*. English trans. R. A. Audra and C. Brereton, *The Two Sources of Morality and Religion*(New York : Holt & Co., 1935), pp.ⅱ, 25, 26, 30, 42.

인간이 사회적 연대성을 인간의 형제애에 연장시킬 때 인간은 자연보다 앞질러 행한다. 그러나 그럼에도 불구하고 인간은 자연을 속이고 있다. 왜냐하면 인간 정신의 맨 처음의 구조 속에 그 형태가 미리 설계되어 있는 사회들은 … 그 집단이 긴밀하게 통일되어 있을 것을 요구하였지만, 집단과 집단 사이에는 잠재적 적의가 있을 것을 요구하였기 때문이다. … 자연의 손에서 막 나온 인간은 지적인 동시에 또한 사회적인 존재였던 바, 그 사회성은 조그마한 공동체에서 활동하기에 알맞도록 되어 있었고, 그 지성은 개인 생활과 집단 생활을 전진케 하도록 되어 있었다. 그러나 지성은 그 자신의 노력에 의하여 팽창하는 가운데 뜻밖의 발전을 이루게 되었다. 지성은 인간이 그들의 본성의 여러 가지 제한 때문에 짊어지고 있었던 여러 속박으로부터 인간을 해방시켜 주었다. 이와 같은 조건 하에서 인간들 가운데 특별한 자질이 있는 몇몇 사람들이 닫혀 있던 것을 다시 열고, 또 자연이 인류를 위하여 능히 할 수 없었던 것을 적어도 그들 자신을 위하여 한다고 하는 것이 불가능하지 않았다.28)

베르그송의 윤리학은 그의 형이상학의 결과이며 그 당연한 귀결이다. 그가 설정하고 있는 과제는 인간의 윤리적 생활을 그의 형이상학 체계를 가지고 해석하는 것이다. 그의 자연 철학에서 유기적 세계는 대립하고 있는 두 세력 간의 투쟁의 결과로 기술되었다. 한편에는 물질의 기계적 작용이 있고 다른 한편에는 **생명의 비약**의 창조적이고 건설적인 힘이 있다. 생명의 추는 항상 한편 극에서 다른 편 극으로 왔다 갔다 한다. 물질의 관성은 생명의 충동의 세력에 저항한다. 베르그송에 의하면, 인간의 윤리 생활은 능동적 원리와 수동적 원리 간의

---

28) 같은 책, pp.48 이하.

형이상학적 투쟁과 똑같은 투쟁을 반영하고 있다. 사회 생활은 우리가 생물의 생활에서 보는 보편적 과정을 되풀이하고 또 그것을 그대로 반영하고 있다. 그것은 반대되는 두 세력으로 나뉘어 있다. 하나는 현재의 사태를 유지하고 영속시키려는 경향을 가지고 있고, 다른 하나는 예전에 한번도 있어 본 일이 없는 인간 생활의 새로운 형태를 위하여 분투하고 있다. 첫째 경향은 정적 종교의 특징이요, 둘째 경향은 동적 종교의 특징이다. 이 두 가지 것은 절대로 동일한 공통분모로 환원시킬 수 없다. 인류는 오직 돌연한 비약에 의하여 이 점에서 저 점으로, 즉 수동성에서 능동성으로, 사회적 압박에서 개인적이고 자립적인 윤리 생활에로 나아갈 수 있다.

나는 베르그송이 <압박>과 <호소>로 기술한 두 형태 사이에 근본적 차이가 있다는 것을 부인하지 않는다. 그의 저서는 이 두 형태 모두에 대해서 매우 명료하고 인상 깊은 분석을 가하고 있다. 하지만 형이상학 체계란 현상들을 그저 분석적으로 서술함으로써 만족할 수 있는 것이 아니다. 그것은 이 현상들을 더듬어 그 궁극적 원인으로 돌아가려고 해야만 한다. 그러므로 베르그송은 도덕 생활과 종교 생활의 두 유형을 두 개의 다른 힘에 연원하는 것으로 보지 않을 수 없었다. 이 두 힘의 하나는 원시인의 사회 생활을 다스리는 것이요, 다른 하나는 자유로운 개인 생활의 새로운 이상을 창조하기 위하여 사회의 쇠사슬을 끊어버리는 것이다. 만일 우리가 이 설을 받아들인다면, 한 형태에서 다른 형태로 나아가게 하는 연속적 가정은 존재하지 않는 것이 된다. 정적 종교에서 동적 종교로의 추이를 결정짓는 것은 사상의 돌연한 위기요, 감정의 혁명이다.

그러나 종교사를 면밀히 연구해 보면 이러한 생각을 옳다고 보기는 거의 어렵다. 역사적 견지에서 볼 때 종교와 도덕의 두 원천 사이에 확연한 구별이 있다고 주장하는 일은 매우 어려운 일이다. 확실히 베르그송은 한갓 형이상학적인 이유를 토대로 그 윤리설과 종교 이론을 세우려 하지 않았다. 그는 언제나 여러 사회학자와 인류학자의 저작들 속에 있는 경험적 증거를 언급하고 있다. 인류학 연구자들 사이에서 매우 오랫동안 유행되던 견해가 있었는데, 그것은 원시적 사회 생활의 조건 하에서는 어떤 활동도 개인의 측면에서 이야기할 수 없다는 것이다. 일반적으로 원시 사회에서는 개인이 아무 맥도 못 썼다고 생각되었다. 인간의 여러 감정, 사고, 행동은 그 자신에게서 솟아나올 수 없고 다만 외부의 힘에 의하여 그에게 주어진 것이다. 원시 생활은 그저 딱딱하고 한결같고 냉혹한 기계적 작용으로 특징지어지고 있다. 전통과 관습은 한갓 심적 타성에 의하여 혹은 전반적인 집단 본능에 의하여 노예적으로 또 무의식적으로 지켜져 왔다. 종족의 모든 성원이 그 종족의 율법에 이와 같이 자동적으로 순종한다는 사실은 오래 전부터 원시적 질서와 규칙 준수의 까닭을 찾는 연구의 근저에 놓인 근본 공리로 여겨지고 있다. 최근의 인류학 연구는 원시적 사회 생활의 완전한 기계적 작용과 자동 현상이라는 이 도그마를 동요시키는 데 많은 공헌을 하였다. 말리노프스키에 의하건대, 이 도그마는 토착민의 생활의 실상을 하나의 그릇된 시야 속에 두게 하였다. 그가 지적하는 바와 같이, 미개인은 의심할 것 없이 그의 종족의 관습과 전통 전체에 대해서 최대의 존경심을 가지고 있으나, 관습이나 전통의 힘이 미개인의 생활에 있어서 유일한 힘인 것은 아니다. 인간 문화의 아주 낮은 수준에서도 하나의 다른 힘의 명확한 자취들이 있다.[29] 한갓 압박의 생활, 모든 개인적 활동이 완전히 억제되고 제거되고 있었던

---

29) B. K. Malinowski, *Crime and Custom in Savage Society*(London and New York, 1926)을 참조.

인간 생활이라는 것은 하나의 역사적 현실이라기보다 오히려 사회학적 혹은 형이상학적 구상으로 보인다.

그리스 문화사에서 우리는 낡은 신들, 즉 호메로스와 헤시오도스의 신들이 몰락하기 시작한 시기를 발견한다. 이 신들에 대한 통속적 관념들은 맹렬한 공격을 받는다. 이 때에 이르러 개인들에 의하여 형성된 하나의 새로운 종교적 이념이 일어난다. 위대한 시인들과 대사상가들—아이스퀼로스와 에우리피데스, 크세노파네스, 헤라클레이토스, 아낙사고라스—이 새로운 지적 규준과 도덕적 규준을 창조한다. 이 규준에서 헤아릴 때 호메로스류의 신들은 그들의 권위를 상실한다. 그들의 의인적 성격은 똑똑히 간파되고 혹독하게 비판된다. 그럼에도 불구하고 그리스 대중 종교의 이러한 의인관은 적극적 가치와 의의가 전혀 없었던 것은 아니다. 신들의 인간화는 종교 사상의 진화에 있어서 없어서는 안 될 하나의 단계였다. 그리스의 많은 지방 종교에서 우리는 아직도 동물 숭배와 심지어는 토템 숭배적 신조들의 명확한 흔적을 찾아볼 수 있다.30) 길버트 머레이는 다음과 같이 말하고 있다.

그리스 종교의 진보는 자연히 세 단계로 분류되는데 이 단계들은 어느 것이나 역사적으로 중요하다. 첫째로 제우스가 인간의 마음을 괴롭히게 되기 전의 원시적 〈에우에테이아〉(Euetheia, 우직), 즉 무지몽매의 시대가 있다. 이것은 우리의 인류학자들과 탐험가들이 세계 도처에서 그 유례를 발견한 바 있는 단계이다. … 어떤 점에서는 그리스에 특유하나, 다른 점에서는 그것이 그리스가 아닌 곳에 있는 유사한 단계의 아주 전형적인 것이므로 우리는 그것을 모든 종교의 정상적 시초로, 혹은 그것

---

30) 좀 더 자세한 설명은 J. E. Harrison, *Prolegomena to the Study of Greek Religion*(Cambridge, 1903), 1장을 참조.

으로써 종교가 만들어지고 있는 정상적인 원료나 다름없는 것으로 보려는 유혹을 받는다.31)

길버트 머레이의 저술에서 그 다음에 오는 것이 <올림포스의 정복>이라고 기술되고 있는 과정이다. 이 정복이 있은 후 인간은 자연과 또 자연에서의 자기 자신의 위치를 다른 의미로 생각하게 되었다. 생명의 연대성에 대한 일반적 감정은 하나의 새롭고 보다 강한 동기—인간의 개성에 대한 특별한 의식에 자리를 넘겨주었다. 이제 다시는 자연의 친척 관계 즉 인간을 식물이나 동물과 연결시키는 혈연 관계가 없게 되었다.

인간은 그의 인격신들 속에서 그 자신의 인격을 새로운 빛으로 보기 시작하였다. 이 진보는 최고신, 즉 올림포스의 제우스신의 발전에서 분명히 감지할 수 있다. 제우스도 자연의 신이요, 산꼭대기에서 경배받는 신으로서 구름과 비와 우뢰에 대한 지배력을 가지고 있다. 그러나 그는 차츰 새로운 모양을 가지게 된다. 아이스퀼로스에 있어서 그는 가장 높은 윤리적 이상, 정의의 수호자요 보호자가 되었다. 머레이는 말한다.

호메로스의 종교는 그리스의 자기 실현에 있어서의 한 단계이다. … 세계는 외부적 지배가 전혀 없는 것으로 생각되지도 않았고 또 그저 **마나인** 뱀들과 황소들과 벼락돌들과 괴물들의 침입만 당하는 것으로도 생각되지 않았으며, 오히려 정신과 형상에 있어서는 인간 같으나 오직 말할 나위 없이 더 높이 조직된 일단의 인격적이고 이지적인 통치자들, 현

---

31) G. Murray, *Five Stages of Greek Religion*, Columbia University Lectures(New York : Columbia Univ. Press, 1930), p.16.

명하고 관대한 아버지들에 의하여 다스려지는 것으로 생각되었다.32)

    종교 사상의 이러한 진보에서 우리는 하나의 새로운 힘과 인간 정신의 새로운 활동이 깨어나고 있는 것을 인지하게 된다. 철학자들과 인류학자들은 때때로 우리에게 종교의 참되고 궁극적인 원천은 의지하려는 인간의 감정이라고 말한다. 슐라이어마허에 의하면, 종교는 <하나님에게 절대적으로 의지하는 감정>에서 일어난 것이다. 『황금가지』에서 프레이저는 이 설을 채택하였다. 그는 말한다. "그리하여 종교는 인간보다 우월한 세력들에 대한 미세하고 부분적인 인정에서 시작하지만, 지식의 성장과 신에 대한 인간의 전적이고 절대적인 의지(意志)의 고백으로 깊어지는 경향이 있는 바, 그의 자유롭던 몸가짐을 보이지 않는 이의 신비한 권세 앞에 가장 겸허하게 엎드려 절하는 태도로 바뀐다."33) 그러나 종교에 대한 이러한 설명이 그 어떤 진리를 내포하고 있다 하더라도 그것은 오직 진리의 절반만을 우리에게 줄 수 있을 따름이다. 인간 문화의 그 어느 분야도 <가장 겸허하게 엎드려 절하는 태도>가 진정하고 결정적인 충동이라고는 생각될 수 없다. 전적으로 수동적인 태도로부터는 그 어떤 생산적인 힘도 나올 수 없다. 이 점에서 마법도 인간 의식의 발달에 있어서의 중요한 하나의 단계로 여겨져야 한다. 마법에 대한 신념은 바야흐로 깨어나고 있었던 인간의 자기 신뢰에 대한 최초의 그리고 가장 놀라운 표현의 하나이다. 여기에 이르러 인간은 결코 자기 자신이 자연적 혹은 초자연적 세력들에 의하여 좌우되는 것이라고 느끼지 않는다. 그는 자신의 역할을 감당하기 시작하고 자연의 무대에서 배우가 된다. 마법의 모든 행사는

---

32) 같은 책, p.82.
33) Frazer, *The Golden Bough*, 제1권, p.78.

자연의 결과들이 인간 행위에 크게 의거하고 있다는 확신에 그 기초를 두고 있다. 자연의 생명은 인간의 세력과 초인간적 세력의 올바른 배치와 협동에 의존하고 있다. 엄격하고 정성어린 의식은 이 협동을 조정한다. 특수한 분야마다 그 자체의 마법 상의 규칙들을 가지고 있다. 농업을 위한, 수렵을 위한, 또 어로를 위한 특별한 규칙이 있다. 토템 숭배의 여러 사회에서는 서로 다른 씨족들이 각기 그들의 특전이요 또 비밀이 되는 마법 상의 규칙을 가지고 있다. 이 규칙들은 어떤 특별한 일이 더욱 어렵고 또 위험스러울수록 더욱 필요하게 된다. 마법은 실제적 목적들을 위하여 즉 인간의 일상 생활의 요구를 채워주기 위하여 사용되고 있지는 않다. 그것은 보다 높은 목표들, 대담하고 위험스러운 사업들을 위한 것이다. 말리노프스키는 멜라네시아에 있는 트로브리안드 제도 원주민의 신화를 기술한 가운데서 특별하고 비상한 노력을 요하지 않는, 또 특별한 용기나 견인성(堅忍性)을 요하지 않는 모든 일에서는 마법이나 신화를 전혀 찾아볼 수 없다고 보고하고 있다. 그러나 고도로 발전된 마법과, 또 이것에 관련된 신화가 생기는 것은 언제나 그 추구하는 바가 위험스럽고 그 결말이 불확실할 때이다. 미술과 공예, 수렵, 채소를 거두는 일과 과실을 모아들이는 일과 같은 사소한 경제적 추구의 영역에 있어서 인간은 마법이 필요하지 않다.[34] 인간이 마법의 의식에서 도움을 얻고자 하는 것은 오직 강렬한 정동적 긴장이 있을 때뿐이다. 그러나 인간에게 그 자신의 여러 가지 힘—그의 의지력과 에너지—에 대한 새로운 감정을 주는 것은 바로 이 의식들을 행함으로써 이다. 마법에 의하여 인간이 획득하는 것은, 다른 평범한 환경에서는 사방으로 흩어져 있고 또 한결같지 않은 그의 모든 노력의 최고도의 집중이다. 이와 같은 최고도의 집중

---

34) Malinowski, *The Foundations of Faith and Morals*, p.22.

을 요구하는 것은 마법 자체의 기교이다. 마법적 기교마다 최고의 주의를 필요로 한다. 만일 그것이 올바른 순서를 가지고 또 동일한 변함없는 규칙들을 따라서 행해지지 않는다면 그 효과를 얻지 못한다. 이 점에서 마법은 원시인이 거쳐 가야 할 최초의 학교였다고 말할 수 있을 것이다. 비록 그것이 바라는 실제적 목적에 인도해줄 수 없고 또 인간의 여러 가지 희구를 채워줄 수 없을망정, 그것은 인간에게 자기 자신의 여러 힘에 대해서 확신을 가질 것을 가르친다. 즉 자기 자신을 자연의 여러 힘에 그저 복종시키기만 할 필요가 없고, 오히려 정신력에 의하여 이것들을 조정하고 지배할 수 있는 존재로 볼 것을 가르친다.

 마법과 종교의 관계는 가장 애매하고 논쟁이 많은 문제들 가운데 하나이다. 철학적 인간학자들은 거듭 이 문제를 밝히려고 시도하여 왔다. 그러나 그들의 이론은 서로 크게 다르고 또 가끔 서로 크게 모순되고 있다. 마법과 종교 사이에 선명한 구획선을 그을 수 있는 명확한 정의를 가졌으면 하는 것은 자연스러운 일이다. 이론적으로 말하면 우리는 이 두 가지 것이 동일한 것을 의미할 수 없다는 것을 확신하고 있으며, 또 우리는 이 두 가지 것을 하나의 공통되는 기원에서 나왔다고 보기를 싫어한다. 우리는 종교를 우리들의 가장 높은 도덕적 이상의 상징으로 생각하며, 신화는 미신을 함께 합친 것으로 생각한다. 종교적 신앙은 만일 우리가 마법과의 관련성을 조금이라도 인정한다면, 한갓 미신적 경신(輕信)이 되는 것처럼 보인다. 한편 우리의 인류학과 민족학의 자료는 이 두 분야를 가르는 것을 극히 어렵게 하고 있다. 이러한 방향에서 이루어진 여러 시도는 더욱 의아스러운 것이 되었다. 마법과 종교 사이에 완전한 연속성이 있다는 것은 현대 인류학의 여러 가정 가운데 하나인 듯하다.[35] 프레이저는 인류학적 견지에서 보더라도 마법과 종교는 하나의 공통되는 표제 밑에 포섭될 수 없다는 것을 최초로 증명하려고 했던 사람들 가운데 한 사람이다. 그에 의하면 이 둘은 심리적 기원에 있어서 아주 다르며 또 반대되는 목표를 지향한다. 마법의 실패와 붕괴가 종교에의 길을 열었다. 마법은 종교가 흥하기 위하여 망하지 않을 수 없었다. "인간은 아무 원인도 아닌 것을 원인으로 생각하고 있었다는 것과 또 이러한 공상적 원인들을 가지고서 행한 그의 모든 노력이 헛된 것이었음을 알았다. 그의 고통스러운 수고는 아무 소득 없이 헛되게 되었고 호기심에 찬 창의력은 아무 목적도 없이 낭비되었다. 그는 아무 것도 대지 않은 활시위를 당기고 있었다." 인간이 종교를 발견하고 또 그 참된 의미를 깨달은 것은 마법이 절망에 빠졌을 때였다. "만일 이 큰 세계가 인간이나 그 동료들의 도움을 받지 않고 운행하고 있다면, 그것은 인간을 닮고 있기는 하지만 인간보다 훨씬 강한 다른 존재들이 있어 이들이 스스로는 보이지 않으면서, 세계의 운행을 좌우하고 또 인간이 여태껏 그 자신의 마법에 달려 있는 것으로 믿고 있었던 온갖 사건의 연속을 생기게 하였기 때문에 그리 되었음에 틀림없다."[36]

그러나 이러한 구별은 체계적 견지에서 보나 민족학의 사실들의 견지에서 보나 상당히 인위적인 것으로 보인다. 우리는 어떤 한 때에 마법의 시대가 있은 후 그것에 이어 종교의 시대가 와서 그 이전 시대를 대체했다는 것에 대하여 경험적 증거를 전혀 가지고 있지 않다.[37] 그리고 이 두 시대 간의 구별이 기초하고 있는 심리학적 분석도 자못

---

[35] 예를 들어 F. F. Marett, *Faith, Hope, and Charity in Primitive Religion*, the Gifford Lectures(Macmillan, 1932), 제2강의, pp.21 이하를 참조.

[36] Frazer, *The Golden Bough*, 제1권, pp.76 이하.

[37] 프레이저의 이론에 대한 비판은 Marett, 앞의 책, pp.29 이하를 참조하라.

의심스러운 바 있다. 프레이저는 마법을 이론적 혹은 과학적 활동의 소산이며, 인간의 호기심의 결과라고 본다. 이 호기심은 사물의 원인들을 찾아내도록 인간을 자극하였으나 인간은 참된 원인들을 발견할 수 없었으므로 가상적 원인들을 가지고서 스스로 만족하지 않을 수 없었다.[38] 한편 종교에는 이론적 목표가 없다. 그것은 윤리적 이상들의 표현이다. 그러나 원시 종교의 사실들을 볼 때 이러한 견해들은 그 어느 것이나 지지할 수 없어 보인다. 처음부터 종교는 이론적 기능과 실천적 기능을 수행하지 않으면 안 되었다. 종교는 우주관과 인간학을 포함하며, 세계 기원의 문제와 인간 사회의 기원의 문제에 해답을 내린다. 그리고 이 기원으로부터 종교는 인간의 여러 의무와 책임을 이끌어 낸다. 이 두 측면은 선명하게 구별되어 있지 않다. 그것들은 우리가 앞서 생명의 연대성에 대한 감정이라고 기술하려고 노력해 왔던 저 근본적 감정 속에 함께 결합되고 융합되어 있다. 여기에, 즉 생명의 연대성에 대한 감정 속에 우리는 마법과 종교의 공통 원천을 본다. 마법은 일종의 과학, 즉 하나의 사이비 과학이 아니다. 또한 현대 정신 분석학에서 <사상 만능>[39]이라고 기술되어 온 원리에서 이끌어 내어질 수 있는 것도 아니다. 그저 자연을 알려는 희구(希求)도 또 그저 자연을 소유하고 정복하려는 희구도 마법의 사실들을 설명하는 것이 못 된다. 프레이저는 그가 <모방적 마법>과 <공감적 마법>[40]이라고 지적하는 마법의 두 형태 사이에 선명한 구별을 짓고 있다. 그러나 마법은 모두 그 기원과 의의에 있어서 <공감적>인 것이다. 왜냐하면 만일 인간이, 만물을 결합시키는 하나의 공동 유대가 있다는—

---

38) 같은 책, pp.75 이하.

39) S. Freud, *Totem and Tabu*(Vienna, 1920) 참조.

40) Frazer, *The Golden Bough*, 제1권, p.9 참조.

인간 자신과 자연 사이의 그리고 여러 가지 다른 종류의 자연적 사물 사이의 분리가 결국은 인위적인 것이오 실재적인 것이 아니라는—확신을 가지고 있지 않았던들 인간은 자연과 마법적 접촉을 할 것을 꿈에도 생각지 않았을 것이기 때문이다.

철학적 언어에서 이 확신은 스토아 학파의 격언, 전체의 공감($σύμπά\ θεια\ τῶν\ ὅλων$)으로 표현되어 왔다. 이것은 어떤 의미에서 모든 마법 의식의 밑바닥에 있는 근본적 신앙을 매우 간략하게 표현한다. 그리스 철학의 한 개념을 인류의 가장 미개한 신앙에 적용한다는 것은 위험천만한 일이오 또 엉뚱한 일로 보인다는 것은 옳은 말이다. 그러나 이 <전체의 공감>이라는 개념을 만들어 낸 스토아 철학자들은 결코 대중 종교의 여러 견해에서 완전히 탈피하고 있었던 것이 아니다. <공통 관념>—즉 전 세계에 걸쳐 어느 시대를 막론하고 찾아볼 수 있는 공통 관념들—이라는 그들의 원리를 가지고 그들은 신화 사상과 철학 사상을 조화시키려고 애썼다. 그들은 대중 종교도 약간의 진리의 요소를 내포하고 있다는 것을 인정하였다. 그들은 그들 자신이 여러 대중 신앙을 해석하고 정당화하는 데 있어 서슴치 않고 <전체의 공감>이라는 논변을 사용하였다. 실상 스토아 학파의, 만물에 스며들어가는 프네우마($πνεῦμα$)—전 우주에 퍼져 있으면서 만물에 긴장을 줌으로써 만물로 하여금 결합되어 있게 하는 숨결—라는 설은 아직 원시적 개념, 즉 폴리네시아 사람들의 마나, 이로쿼이 족의 오렌다, 수우족의 와칸, 알공키아족의 마니투와 더불어 매우 현저한 유사점을 가지고 있다.[41] 물론 철학적 해석을 신화적-마법적 해석과 똑같은 수준에 둔다는 것은 앞뒤를 가리지 못한 것이라 하겠다. 그럼에도 불구

---

[41] 이러한 개념들과 또 신화적 사고에 있어서 그 개념들이 지니는 의미에 대한 자세한 설명은 Cassirer, 앞의 책, 제2권, pp.98 이하 참조.

하고 우리는 이 두 가지 것을 더듬어 하나의 공통되는 뿌리, 종교적 감정의 매우 깊은 층에 이를 수 있다. 이 층에 파고 들어가려면 우리의 경험적 심리학의 원리, 특히 관념 연합의 원리에 기초를 둔 마법 이론을 세우려 해서는 안 된다.42) 우리는 마법 의식의 측면으로부터 이 문제에 접근하지 않으면 안 된다. 말리노프스키는 트로브리안드 제도 원주민들의 종족적 축제들을 매우 인상 깊게 묘사하였다. 이 축제에는 언제나 신화적인 이야기들과 마법 의식들이 수반된다. 성스러운 철, 추수의 환희로 찬 계절이 오면, 젊은 세대는 그들의 어른들에게서 그들 조상의 혼령이 하계(下界)로부터 막 돌아오려 하고 있다는 이야기를 듣는다. 혼령들은 몇 주일 동안 머물며, 혹은 나무 위에 걸터앉고 혹은 그들을 위하여 특별히 축조된 높은 단 위에 앉음으로써 마을에 다시 정주하여 마법의 춤을 지켜본다.43) 이와 같은 마법 의식은 <공감적 마법>의 참된 의미와 그 사회적 및 종교적 기능의 명료하고 구체적인 인상을 우리에게 준다. 이와 같은 축제를 축하하는 사람들, 마법의 춤을 추는 사람들은 서로 혼연일체가 되고 또 자연 속의 만물과 더불어 혼연일체가 된다. 그들은 고립되어 있지 않다. 그들의 기쁨은 자연 전체가 느끼는 것이요, 또 그들의 조상이 함께 나누는 것이다. 공간과 시간은 사라진다. 과거가 현재로 되고, 인류의 황금 시대가 되돌아온다.44)

---

42) 그와 같은 이론은 프레이저에 의하여 *Lectures on the Early History of Kingship*, pp.52 이하에서 발전되었다.

43) Malinowski, *The Foundations of Faith and Morals*, p.14 참조.

44) 마레트는 이렇게 말한다. 오스트레일리아의 중앙 사막에 사는 아룬타인들은 "그들의 극적인 양식에 의하여 일종의 무시간적인(시간에 제약을 받지 않는) 알체링거(Alcheringa)를 세웠는데, 여기에서 그들은 자신의 조상이자 그들의 이상적인 자신들이기도 한 초월적 존재들과의 영적 교섭을 통하여 그들 자신을 새롭게 한다. 여기에서 주의할 것은 알체링거의 초인들이 뚜렷한 개성

종교는 인류의 이 가장 깊은 본능들을 억제하고 근절시킬 수 있는 힘을 가지고 있지도 못했고 또 그렇게 하려고 할 수조차 없었다. 종교는 하나의 다른 과업―즉 이 본능들을 이용하고 또 이것들을 새로운 통로로 이끄는 과업―을 수행하지 않으면 안 되었다. <전체의 공감>에 대한 신앙은 종교 자체의 가장 견고한 기초들 가운데 하나이다. 그러나 종교적 공감은 신화적 공감 및 마법적 공감과 종류가 다르다. 그것은 하나의 새로운 감정, 즉 개성에 대한 감정이 활동할 수 있게 한다. 그런데 여기서 우리는 종교 사상의 근본적인 이율배반들 가운데 하나에 부딪치는 것으로 보인다. 개성은 종교에 의하여 요청되는 저 감정의 보편성의 부정 혹은 적어도 그 제한이다. 왜냐하면 <모든 한정은 부정>이기 때문이다. 개성은 유한한 생존을 의미한다. 그리고 우리가 이 유한한 생존의 경계들을 깨뜨리지 않는 한, 우리는 무한자를 파악할 수 없다. 종교 사상의 진보에 의해서 해결되지 않으면 안 되었던 것이 바로 이 난점이요 또 수수께끼였다. 우리는 이 진보를 세 방향에서 더듬을 수 있다. 즉 이 진보를 그 심리학적, 사회학적 및 윤리학적 측면에서 기술할 수 있다. 개인적 의식, 사회적 의식, 도덕적 의식의 발달은 동일한 점을 지향한다. 그것은 종국에 가서 하나의 새로운 통합에로 나아가는 점진적 분화를 보여주고 있다. 원시 종교의 개념들은 우리들 자신의 개념 및 이상들보다 훨씬 더 막연하고 불확정한 것이다. 폴리네시아 사람들의 마나는, 세계의 여러 다른 곳에서 우리가 보는 이에 대응하는 여러 개념처럼 이러한 막연하고 변전하는 성격을 보여주고 있다. 그것은 개성을 전혀 가지고 있지 않다. 주관적

---

을 거의 한 가지도 지니지 않는다는 점이다. 합창단은 단지 그 집단 정신에 조상의 마력, 곧 동류 의식을 넘쳐나도록 공급하여 주는 일만을 추구한다. 그들이 참여하는 마나는 종족적인 것이다." Marett, *Faith, Hope, and Charity on Primitive Religion*, p.36.

인 것이건 개성적인 것이건 하여튼 개성이란 것이 없다. 그것은 만물에 스며들어가는 하나의 공통적인 신비스러운 재료로 생각되고 있다. 마나의 개념을 처음으로 기술한 코드링턴의 정의에 의하면, 그것은 "물질적이 아닌, 그리고 어떤 점에서는 초자연적인 힘 혹은 감화력이다. 그러나 그것은 물질적인 힘 속에 나타나고 혹은 인간이 소유하고 있는 그 어떤 종류의 힘이나 장점 속에도 나타난다."45) 그것은 어떤 영혼 혹은 정신의 속성일 수 있으나, 그것 자체는 정신이 아니다. 그것은 물활론적 개념이 아니라 물활론 이전의 개념이다.46) 그것은 만물 속에서, 특별한 성질과 유별의 차이에 관계없이 무엇에서든지 찾아볼 수 있다. 크기와 특이한 형상으로써 주의를 끄는 돌은 마나로 차 있고 또 여러 마력을 발휘할 것이다.47) 그것은 어떤 특별한 주체에 매여 있지 않다. 어떤 사람의 마나는 그에게서 박탈당해서 새 소유주에게 넘어갈 수도 있다. 우리는 마나 속에서 개별적 면모, 인격적 특징을 가려낼 수 없다. 모든 고등 종교의 최초의 그리고 가장 중요한 기능들 가운데 하나는 지성자(至誠者), 지존자(至尊者), 신격자(神格者)라 불리는 것 속에서 이와 같은 인격적 요소들을 발견하고 밝혀내는 것이었다.

그러나 이 목적에 도달하기 위해서 종교 사상은 먼 길을 지나와야 했다. 인간은 그 자신의 생존과 또 그 사회 생활에서 하나의 새로운 분화의 원리를 발견하기 전에는 그 신들에게 명확한 개별적 형상을 부여할 수가 없었다. 인간은 이 원리를 추상적 사고에서가 아니라 그

---

45) R. H. Cordrington, *The Melanesians*(Oxford : Clarendon Press, 1891), p.118.

46) 이 문제는 Marett, "The Conception of Mana", in *The Threshold of Religion*, pp.99 이하를 참조.

47) Cordrington, 앞의 책, p.119.

의 일에서 발견하였다. 사실 종교 사상의 새로운 기원을 연 것은 노동의 분업이었다. 인격신들이 출현하기 오래 전에 우리는 기능신이라 일컬어져 온 신들을 볼 수 있다. 이 신들은 아직 종교의 인격신들, 호메로스에 나오는 올림포스의 신들만큼은 되지 못하고 있다. 한편 이 신들은 구체적 존재들이지만 그들이 구체적인 것은 그들의 행동에 있어서요, 그들의 개인적 용모나 생존에 있어서가 아니다. 그러므로 이 신들은 고유한 이름—제우스, 헤라, 아폴론 등과 같은 이름—을 가지고 있지 않고 다만 그들의 특별한 기능이나 활동을 특징짓는 형용사로 된 이름을 가지고 있다. 많은 경우에 그들은 특별한 한 장소에 매여 있는 바, 그들은 지방신이지 일반적인 것은 아니다. 만일 우리가 이 기능신들의 참된 성격과 종교 사상 발전에서 그들이 맡았던 역할을 이해하기를 원한다면, 우리는 로마의 종교를 보아야 한다. 로마의 종교에서 분화는 최고조에 달하였다. 로마인 농부의 생활에서 그가 하는 모든 일은 아무리 특수화되어 있다 할지라도 각기 그 특정한 종교적 의미를 가지고 있었다. 거기에는 파종하는 일을 돌보아 주는 <일군(一群)의 신들>(Di Indigites)이 있었고, 또 써레질하는 일, 거름 주는 일을 돌보아 주는 다른 일군의 신들이 있었다. 즉 사토르, 오카토르, 스테르쿨리누스가 있었다.[48] 농사짓는 모든 일에 있어 기능신의 인도와 보호 아래 있지 않았던 행위는 단 하나도 없었으며, 또 각 계급은 그 자신의 의식들과 행사를 가지고 있었다.

 이 종교 조직에서 우리는 로마인의 정신의 모든 특징을 본다. 이 로마인의 정신은 한 가지 일에 전념하는 큰 힘을 지닌 진실하고 실제적이고 정력적인 정신이다. 로마인에게 인생이란 활동적인 인생을 의미하는 것이었다. 그리고 그는 이 활동적인 인생을 조직하고, 또 그 모

---

[48] 자세한 것은 Cassirer, 앞의 책, 제2권, pp.246 이하를 참조.

든 노력을 조절하는 특별한 재능을 가지고 있었다. 이 경향이 종교적으로 나타난 것을 우리는 로마의 기능신들에게서 볼 수 있다. 이 신들은 일정한 실제적 과업을 수행하지 않으면 안 된다. 이 신들은 종교적 상상이나 영감의 소산이 아니다. 그들은 특수한 활동의 지배자로 생각되고 있다. 그들은, 말하자면 그들 자신들 간에 인간 생활의 서로 다른 여러 분야를 나누어 맡은 행정신들이다. 이 신들은 일정한 개성을 가지고 있지 않으나 그들의 직무에 의하여 분명히 구별되어 있고 또 이 직무에 그들의 종교적 위험이 의거하고 있다.

하나의 다른 유형으로서 모든 로마인의 집에서 숭배를 받은 신들이 있는데, 그것은 난로 위에 있는 불꽃의 신들이다. 이 신들은 실제 생활의 어떤 특별한 그리고 한정된 테두리에서 생겨난 것이 아니다. 이들은 로마인의 가족 생활의 가장 깊은 감정을 표현하고 있는 바, 그들은 로마인 가족의 신성한 중심이다. 이 신들은 조상에 대한 경건한 마음에서 생겼다. 그러나 이들 역시 개인적 얼굴을 도무지 가지고 있지 않다. 이들은 하나의 집합체로서 생각되고 개인적인 의미에서 생각되지 않는 <디 마네스>(Di Manes, 亡靈)—<선한 신들>—이다. 이 <마네스>란 말은 단수형으로 나오는 법이 없다. 이 신들이 보다 더 인격적인 형상을 갖추게 된 것은 시대가 좀 더 흘러 그리스의 영향이 압도적으로 된 때였다. 그 가장 이른 단계에 있어서 <디 마네스>는 아직도, 가족에 대한 그들의 공통되는 관계에 의하여 함께 결합된 막연한 집단이다. 그들은 개체들로서보다 오히려 집단으로 생각되는 한갓 잠세력(潛勢力)으로 묘사되어 왔다. "그 이후의 여러 세기는 그리스 철학에 푹 젖고 또 로마의 초기 시절에는 전혀 없었던 개성의 관념이 퍼져서, 이 보잘것없고 그림자 같은 잠세력을 인간의 영혼과 동일시하였고 또 모든 일에 있어서 영생에 대한 신앙을 가졌다"라고 전해져

오는 터이다. 로마에서는 "무덤을 이기고, 또 개인이 얻지 못한 영생을 소유한 것은 바로 로마인의 생활의 사회적 구조에 있어서 아주 근본적인 것이었던 가족의 **관념**"이었다.49)

그리스 종교에서는 이와 아주 다른 사상 및 감정의 경향이 매우 일찍부터 퍼져 있었던 것 같다. 이 그리스 종교에서도 우리는 조상 숭배의 명확한 흔적들을 볼 수 있다.50) 그리스 고전 문학은 이 흔적들 가운데 많은 것을 보존하여 왔다. 아이스퀼로스와 소포클레스는 아가멤논의 무덤 앞에 아가멤논의 자녀들이 바친 예물—우유로 된 제주(祭酒), 화환, 머리털—을 묘사하고 있다. 그러나 호메로스 시의 영향 아래서 그리스 종교의 이 모든 낡은 면은 사라지기 시작한다. 이것들은 신화적 및 종교적 사상의 새로운 방향에 의하여 가려진다. 그리스 예술은 신들에 대한 새로운 관념으로의 길을 닦았다. 헤로도토스가 말하고 있는 바와 같이, 호메로스와 헤시오도스는 "그리스 신들에게 이름을 주었고 그 형상을 그렸다." 그리고 그리스 시에 의하여 시작된 사업은 그리스 조각에서 완성된 바, 우리는 올림포스의 제우스를 생각할 때 반드시 그가 페이디아스에게서 받은 형상에서 그를 표상하지 않을 수 없다. 활발하고 실제적인 로마 정신에게 거부된 것이 그리스 사람들의 명상적이고 예술적인 정신에 의하여 성취되었던 것이다. 호메로스의 신들을 만들어낸 것은 도덕적 경향이 아니었다. 그리스 철학자들이 이 신들의 성격에 관해서 불평하고 있음은 당연한 일이다. 크세노파네스는 "호메로스와 헤시오도스는, 사람들 가운데 부끄럽고 욕된 모든 행위, 즉 도둑질과 간음과 사기를 신들에게 돌렸다"라고 말

---

49) Hastings, 앞의 책, 제1권, p.462에 있는 J. B. Carter의 논문 참조.

50) 이 문제에 관하여서는 E. Rohde, *Psyche. The Cult of Souls and Belief in Immortality among the Greeks*(New York : Harcourt, Brace, 1925) 참조.

하고 있다. 하지만 그리스의 인격신들의 부족한 점과 결함이야말로 인간성과 신성 사이의 간격을 메우는 다리가 될 수 있었다. 호메로스의 시에서 우리는 이 두 세계 사이의 명확한 경계를 찾아볼 수 없다. 인간이 그리는 신들은 바로 인간 자신이다. 그 온갖 다양성과 갖가지 모양, 그 정신의 경향, 심지어는 그 특성에서 본 인간 자신이다. 그러나 인간이 신에다가 투영하는 것은 로마의 종교에서처럼 인간성의 실제적인 면이 아니다. 호메로스의 신들은 도덕적 이상을 대표하는 것이 전혀 없으나, 그들은 매우 특색 있는 정신적 이상을 표현하고 있다. 그들은 인간의 특별한 한 가지 활동을 보살피지 않으면 안 되는 저 기능적이고 이름 모를 신들이 아니다. 그들은 개개의 사람들에게 관심을 가지고 이들을 총애하는 신들이다. 모든 신과 여신에게는 각기 특별히 좋아하는 사람이 있어 이 사람은 그저 개인적 편애에서가 아니라 신과 인간을 연결하는 일종의 친밀한 정신적 관계로 인하여 알아주고 사랑하고 또 도와준다. 죽을 수밖에 없는 존재인 인간과 불사의 존재인 신은 도덕적 이상들의 구현자가 아니라, 특별한 정신적 천품과 경향의 구현자이다. 호메로스의 시에서 우리는 가끔 이 새로운 종교적 감정의 매우 명료하고 특색 있는 표현을 본다. 오디세우스가 자기의 고향에 온 줄도 모르고 이타카에 돌아왔을 때 아테네는 젊은 목자의 모양을 하고 그에게 나타나 그의 이름을 묻는다. 자기의 익명을 지키려고 애태우는 오디세우스는 대뜸 거짓말과 속임수 투성이의 이야기를 꾸며댄다. 이 이야기를 듣고 여신은 자기 자신이 그에게 준 것을 알아보면서 미소를 짓는다.

온갖 간사스런 꾀에 있어 그대보다 더한 자는 교활하고 파렴치한 자일지니, 비록 그대를 만난 자가 신이라 할지라도 정녕 그러하리라. 지략에

능하고 속이기에 여념이 없는 대담한 사람아, 그대 자신의 나라에서도 그대가 심저(心底)로부터 좋아하는 속임과 또 거짓이 가득한 이야기를 그치려 하지 않는 모양일세. 그러나 여기 오라. 우리 다같이 계교에 능숙하므로 이제 다시 이 일을 이야기마세. 이는 그대가 지략과 언변에 있어 뭇 인간 가운데 으뜸가고, 또 나는 모든 신 가운데 지혜와 계교로 명성을 떨치고 있기 때문이다. … 그대의 가슴 속에 감춘 생각이 언제나 그러하니, 나는 그대를 슬픔 가운데 그대로 둘 수 없노라. 이는 그대가 말이 부드럽고 지혜가 날카로우며 또 신중하기 때문이다.51)

위대한 일신론적 종교들에서 우리가 보는 것은 신격자의 아주 다른 한 측면이다. 이 종교들은 도덕적 세력의 소산이요, 오직 한 가지 점, 즉 선과 악의 문제에 전념한다. 조로아스터교에서는 오직 한 분의 최고 존재, 아후라 마즈다 즉 <현명한 주님>이 계시다. 이 분을 넘어, 이 분에게서 떠나, 또 이 분 없이는 아무 것도 존재하지 않는다. 이 분은 최초부터 계시고 또 으뜸가는 분으로서 가장 완전한 존재요, 절대적 주재자이다. 여기서 우리는 개별화를 볼 수 없고, 또 서로 다른 여러 자연력 혹은 서로 다른 여러 정신적 성질을 대표하는 다수의 신들을 볼 수도 없다.

원시적 신화는 하나의 새로운 세력, 즉 순전히 윤리적인 세력에 의하여 공격되고 극복되고 있다. 거룩한 자, 초자연자에 대한 최초의 상념에서는 이와 같은 세력이 전혀 알려지지 않고 있다. 마나, 와칸 혹은 오렌다는 선한 목적을 위해서도 혹은 나쁜 목적을 위해서도 사용될 수 있는 바, 언제나 똑같은 방식으로 작용한다. 코드링턴이 말하는

---

51) Homeros, *The Odyssey*, BK. 13, vv. 291 이하. Trans. A. T. Murray([Loeb Classical Library] Cambridge, Mass. : Harvard Univ. Press, 1930)

바와 같이, 그것은 <선과 악의 온갖 일에서> 작용한다.52) <마나>는 초자연적인 것의 제 1의 차원, 혹은 현실에 존재하는 차원이라 할 수 있으나, 그 도덕적 차원과는 아무 상관이 없다. 여기서는 만물에 침윤하는 초자연적인 힘의 여러 선한 나타남이 악의가 있는 혹은 파괴적인 나타남과 같은 수준에 있다.53) 조로아스터교는 처음부터 이와 같은 신화적 무차별 혹은 그리스의 다신교의 특색인 미적 무차별에 근본적으로 반대된다. 이 종교는 신화적 상상이나 미적 상상의 산물이 아니다. 그것은 위대한 인격적 도덕 의지의 표현이다. 자연도 하나의 새로운 형상을 가지게 되는데, 이것은 무엇보다도 윤리 생활에 비추어 자연을 보게 되기 때문이다. 지금까지 어떤 종교도 자연과 인간 사이의 연줄을 끊거나 혹은 느슨하게 할 것을 꿈꿀 수 없었다. 그러나 위대한 윤리적 종교에서는 이 연줄이 하나의 새로운 의미에서 맺어지고 또 단단하게 된다. 우리가 마법과 원시 사회에서 보는 공감적 연결은 부정되거나 파괴되어 있지 않으나, 이제 여기 이르러서는 자연이 감정적 측면 대신에 이성적 측면으로부터 접근되고 있다. 만일 자연이 신적 요소를 포함하고 있다면, 그것은 그 생명의 풍부함 속에 나타나지 않고 그 질서의 단순함 속에 나타난다. 자연은 다신론적 종교에서처럼 위대하고 인자한 어머니가 아니며, 또 거기서 모든 생명이 생겨나오는 신의 무릎도 아니다. 그것은 법칙과 합법성의 세계로 생각되고 있다. 그리고 오직 이 특성에 의해서만 자연은 그 신적 기원을 증명한다. 조로아스터교에 있어서 자연은 아샤(Asha)의 개념에 의하여 기술되고 있다. 아샤는 자연의 창조자 아후라 마즈다, 즉 <현명한 주님>의 지혜를 반영하는 자연의 지혜이다. 이 우주적이고 영원하고

---

52) Cordrington, 앞의 책, p.118.
53) Marett, "The Conception of Mana", 앞의 책, pp.112 이하를 참조.

침범할 수 없는 질서가 세계를 다스리고 또 모든 사건을 하나하나 결정한다. 즉 해와 달과 별들의 지나가는 길, 식물과 동물의 성장, 바람과 구름의 방향을 결정한다. 이 모든 것은 그저 물질의 여러 힘에 의해서가 아니라 선의 힘에 의하여 유지되고 보존되고 있다. 세계는, 그 속에서 자연과 인간이 다같이 그들의 역할을 다할 거대한 도덕극(道德劇)이 되고 있다.

 신화적 사상의 매우 원시적인 단계에서도 우리는 인간은 그가 바라는 목적을 달성하기 위하여 자연 및 자연의 신적 혹은 악마적 세력들과 협동하지 않으면 안 된다는 확신이 있음을 발견한다. 자연은 그 선물을 인간의 적극적인 도움 없이는 인간에게 주지 않는다. 조로아스터교에도 이와 똑같은 생각이 있다. 그러나 여기서는 그것이 하나의 아주 새로운 방향을 지향하고 있다. 윤리적 의미가 마법적 의미를 대체하고 대신한다. 인간의 생활 전체는 의를 위한 부단한 투쟁이 된다. <선한 생각·선한 말·선한 행위>의 세 가지가 이 투쟁에서 주도적 역할을 한다. 신격자는 이제 다시는 여러 마력에 의하여 찾아지거나 접근되지 않고, 의의 힘으로 찾아지고 또 접근된다. 이 때 이후로 인간의 일상적 실제 생활 가운데, 종교적 및 도덕적 의미에서 무의미하거나 무관한 것으로 여겨지는 일은 단 하나도 없다. 아무도 신의 세력과 악마의 세력 사이의, 아후라 마즈다와 앙그라 마이뉴 사이의 싸움에서 수수방관할 수는 없다. 원전들 가운데 하나는 쌍둥이로 그 자태를 나타낸 두 주요 정령이 <보다 선한 자와 보다 악한 자>라고 적혀 있다. 현명한 사람은 이 둘 가운데서 어떻게 하면 올바로 선택할 수 있는가를 알며, 어리석은 자는 그렇지 못하다. 모든 행동은 그것이 아무리 평범하고 미미하다 할지라도 각기 그 일정한 윤리적 가치를 지니고 있고 또 특별한 윤리적 색채로 물들어 있다. 그것은 질서가 아니면 무질서를, 보존이 아니면 파괴를 의미한다. 밭을 갈거나 땅에 물을 대는 사람, 나무를 심는 사람, 사나운 짐승을 죽이는 사람은 종교적 의무를 수행하며, 또 선한 이 즉 <현명한 주님>의 힘이 그 적인 악마에 대해서 최후의 승리를 얻도록 준비하고 또 확실히 이러한 승리를 얻게 한다. 이 모든 일에서 인류의 영웅적 노력, 즉 여러 마력의 억압과 강제에서 벗어나려는 노력과 자유의 새로운 이상을 느낀다. 이는 여기서 인간이 신과 접촉할 수 있게 되는 것이 오직 자유, 자주적 결단에 의하여 할 수 있는 것이기 때문이다. 이와 같은 결단에 의하여 인간은 신의 동맹자가 된다.

두 가지 생활 양식 간의 결단은 개인에게 달려 있다. 인간은 자기 운명의 결정자이다. 그는 참과 거짓, 의와 불의, 선과 악 가운데 하나를 선택하는 힘과 자유를 가지고 있다. 그는 그가 하는 도덕적 선택에 대해서 책임이 있으며 따라서 그의 행동에 대해서 책임이 있다. 만일 그가 올바른 선택을 하고 의를 품으면 상을 받겠지만, 만일 자유로운 행위자로서 불의를 선택한다면 그 책임은 그에게 있고 또 그 자신의 여신 혹은 자아는 그로 하여금 그 벌을 받게 할 것이다.…[종말에 가면] 모든 개인이 자기의 능력을 따라 의로운 생각을 품고 의를 행하며 그리하여 인간 세계 전체를 아샤로 나아가게 할 때가 올 것이다. … 모두… 이 힘찬 일에 이바지하지 않으면 안 된다. 여러 다른 시대에 그리고 다른 장소에 사는 의로운 사람들은 하나의 의로운 집단의 성원이 되는 바, 이는 그들이 모두 동일한 한 가지 동기로 움직이고 또 공통되는 대의를 위하여 일하고 있기 때문이다.[54]

---

54) M. N. Dhall, *History of Zoroastrianism*(New York : Oxford Univ. Press, 1938), pp.52 이하.

일신론적 종교에서 생명의 자연적 혹은 마법적 연대성의 원시적 감정에 대하여 승리를 얻고 있는 것은 이와 같은 형태의 보편적인 윤리적 공감이다.

　그리스 철학이 이 문제를 다루게 되었을 때, 도저히 이러한 종교적 사상들의 위대성과 숭고함을 능가할 수 없었다. 그리스 철학은 후기 헬레니즘 시대에 있어서 대단히 많은 종교적 동기와 심지어는 신화적 동기를 그대로 가지고 있었다. 스토아 학파 철학에는 세계를 그 목표로 이끌어가는 우주적 섭리의 개념이 중심적이다. 그리고 여기서도 인간은 의식적이고 이성적인 존재로서 섭리를 위하여 일하지 않으면 안 된다. 우주는 하나의 거대한, 하나님과 사람들의 사회이다.[55] <신들과 함께 산다>는 것은 신들과 함께 일한다는 것을 의미한다. 인간은 한갓 구경꾼이 아니다. 인간은 그 능력에 따라 세계 질서를 만드는 자이다. 현명한 사람은 신들의 사제요 집사이다.[56] 여기서도 우리는 <전체의 공감>의 생각을 발견하는데, 그러나 그것은 이제 하나의 새로운 윤리적 의미에서 이해되고 해석되고 있다.

　이 모든 것은 오직 종교적 사상과 감정의 느리고 계속적인 발전에 의해서 도달될 수 있었다. 가장 미개한 형태들로부터 보다 높은 그리고 가장 높은 형태들로 옮아가는 변천은 돌연한 비약에 의하여 이루어질 수 없었다. 베르그송은 이와 같은 비약이 없었다면 인류는 순수한 동적 종교—사회적 압박과 의무 위가 아니라 자유의 기초 위에 서 있는 종교—의 길을 찾지 못했을 것이라고 선언한다. 그러나 <창조적 진화>에 관한 그 자신의 형이상학적 주장은 이와 같은 견해에 거의 아무 도움도 주지 못한다. 위대한 창조적 정신이 없었던들 또 하나님

---

55) Seneca, *Ad Marciam de consolatione*, 18.

56) Marcus Aurelius, *Ad se ipsum*, Bk. 3, par. 4.

의 능력에 영감을 받았다고 느끼고 또 하나님의 뜻을 드러낼 사명을 가졌다고 스스로 느낀 예언자들이 없었던들, 종교는 그 나아갈 길을 찾지 못했을 것이다. 그러나 이 개인적인 힘들도 근본적으로 종교의 사회적인 성격을 변화시킬 수는 없었다. 그들은 무(無)에서 하나의 새로운 종교를 창조해낼 수 없었다.

위대한 개인적 종교 개혁자들은 공허한 공간 속에, 그들 자신의 종교적 경험과 영감의 공간 속에 살고 있었던 것이 아니다. 그들은 무수한 연줄로 그들의 사회 환경에 연결되어 있었다. 인류가 도덕적 의무에서 종교적 자유로 넘어가는 것은 일종의 반항에 의해서가 아니다. 베르그송도, 역사적으로 말하면 그가 참된 종교의 정신이라고 생각하는 신비 정신이 연속을 깨뜨리는 것이 아니라는 것을 인정하고 있다. 신비주의는, 만일 우리가 원한다면 놀라운 전망을 우리에게 드러내어 줄 것이다. 그러나 우리는 그것을 원하지 않으며 또 대부분의 경우에 있어서 원하고자 할 수도 없었다. 이는 우리가 긴장에 지쳐 쓰러지게 되기 때문이다. 그러므로 우리는 하나의 혼합된 종교를 가지게 된다.

역사상 우리는, 사실 그 본성이 근본적으로 다르고 또 언뜻 보아 도저히 동일한 이름을 붙일 수가 없다고 생각되는 두 가지 것이 서로 겹치면서 변천해 온 것을 볼 수 있다.[57] 철학자와 형이상학자에게는, 이 두 가지 종교의 형태가 언제나 상반된다. 그는 이 두 가지 것을 동일한 기원으로부터 이끌어 낼 수 없다. 이는 이것들이 전적으로 다른 힘들의 표현이기 때문이다. 그 중의 하나는 전적으로 본능에 기초를 두고 있는데, 이것은 신화를 만들어내는 기능을 창조한 생명의 본능이다.

그러나 종교는 본능에서 생기는 것도 아니고 또 지성이나 이성에서

---

57) Bergson, 앞의 책, pp.201 이하.

솟아나오는 것도 아니다.
 종교는 하나의 새로운 원동력, 즉 특별한 종류의 직관과 영감을 필요로 한다.

 종교의 본질 자체에 파고 들어가 인류의 역사를 이해하려면 정적이고 외적인 종교로부터 동적이고 내적인 종교로 곧 넘어가지 않으면 안 된다. 처음 것은 지성이 인간에게 가할지 모르는 여러 가지 위험을 물리치기 위하여 만들어진 것으로, 지성 이하의 것이었다. … 후에 그리고 그 이전에는 좀처럼 할 수 없었던 노력에 의하여, 인간은 그 자신의 둘레에서 빙빙 도는 그의 이 운동으로부터 자유롭게 자기 자신을 비틀었다. 그는 새로이 진화의 물결 속에 뛰어 들어 갔고, 동시에 그것을 앞으로 나아가게 했다. 여기에 동적인 종교가 생긴 바 그것은 의심할 것 없이 보다 높은 지력과 더불어 겹쳐 있었지만 이것과 판이한 것이었다. 종교의 첫째 형태는 지성 이하의 것이었다. … 둘째 것은 지성 이상의 것이었다.58)

 그러나 세 가지 근본적 능력—본능, 지성 및 신비적 직관—간의 이와 같은 확연한 변증법적 구별은 종교사의 여러 사실에 맞지 않는다. 인류는 마술 시대로 시작하여 그 후에 종교 시대가 왔다는 프레이저의 이론도 지지할 수 없다. 마법은 매우 느린 과정에 의하여 기반을 잃었다. 유럽 문명의 역사를 볼 때 우리는 그 가장 선진 단계, 즉 고도로 발달하고 매우 세련된 지적 문화의 여러 단계에서도 마법에 대한 믿음이 결정적인 동요를 겪지 않았음을 발견한다. 심지어는 종교도 어느 정도 이러한 믿음을 용인할 수 있었다. 종교는 몇몇 마술적 행사

---

58) 같은 책, pp.175 이하.

를 금하고 또 그것을 나쁜 일로 단정하였으나, 무해한 것으로 생각된 <순결한> 마술의 영역이 있었다. 르네상스의 사상가들—폼포나찌, 카르다노, 캄파넬라, 브루노, 포르타, 파라켈수스—은 마술에 대한 그들 자신의 철학적이고 과학적인 이론을 내세웠다. 르네상스 시대의 가장 숭고하고 가장 경건한 사상가들 가운데 한 사람인 죠반니 피코 델라 미란돌라는 마법과 종교가 풀어 헤칠 수 없는 연줄들에 의하여 서로 연결되어 있다는 것을 확신하고 있다. 그는 "그리스도의 신성을 마법과 밀교보다도 우리에게 더욱 밝혀 보여주는 학문은 하나도 없다"라고 말한다. 이 여러 예로부터 우리는 종교적 진화의 진정한 의미가 무엇인가를 추론할 수 있다. 그것은 신화 사상의 최초의 그리고 근본적 특징들을 완전히 파괴하는 것을 의미하지는 않는다. 위대한 개인적 종교 개혁가들은 사람들이 경청하고 또 이해하기를 원했을 때, 그들은 하나님의 언어뿐만 아니라 인간의 언어를 말하지 않으면 안 되었다. 그러나 이스라엘의 대 예언자들은 이제 더 이상 단지 그들 자신의 국민에게만 말하는 것이 아니었다. 그들의 하나님은 정의의 신이요, 이 하나님의 복음은 어떤 특별한 집단에 제한되어 있지 않았다. 예언자들은 새로운 하늘과 땅을 예언하였다. 진정으로 새로운 것은 이 예언적 종교의 내용이 아니라, 그 내적 경향, 윤리적 의미이다. 모든 고등 종교가 행해야 할 가장 큰 기적들 가운데 하나는 가장 원시적인 개념들, 가장 허황한 미신들의 거친 원료에서 그 종교의 새로운 성격, 삶에 대한 그 윤리적 및 종교적 해석을 발전시키는 것이었다. 이러한 변형의 예로서는 타부 개념의 발전보다 더 좋은 것은 아마 없을 것이다. 그 속에서 우리가 신의 여러 권능에 대한 명확한 관념과 또 명확한 물활론—또 인간 영혼에 관한 이론—을 도무지 발견할 수 없는 인간 문명의 단계가 많이 있다. 그러나 아무리 원시적이라 하더라도 타부 제도를 가지지 않았던 사회는 하나도 없는 것 같다. 그리고 대부분의 경우 이 제도는 매우 복잡한 구조를 가지고 있다. <타부>란 말이 처음으로 생긴 폴리네시아 제도에서는 이 이름이 종교 제도 전체를 가리킨다.59) 그리고 우리는 타부를 부수는 것이 사람들이 알고 있는 유일한 죄가 되는 원시 사회를 많이 볼 수 있다.60) 인간 문명의 초보적 단계들에 있어서 타부란 말은 종교와 도덕의 전 분야에 걸치는 말이다. 이러한 의미에서 많은 종교사가들은 타부 제도에 매우 높은 가치를 부여하였다. 그것이 가지고 있는 명백한 결점에도 불구하고 그것은 보다 높은 문화 생활의 최초의 그리고 없어서는 안 될 싹이라 선언되었고 또 심지어는 그것이 도덕 사상과 종교 사상의 선천적 원리라고 말한 사람도 있다. 제본스는 타부를 일종의 지상 명령, 원시인이 알 수 있고 또 가까이 갈 수 있었던 유일한 명령으로 묘사하고 있다. 그는 <해서는 안 되는> 어떤 일이 있다는 느낌은 순전히 형식적이며 내용이 없는 것이라고 말한다. 타부의 본질은 경험에 묻지 않고 선천적으로 어떤 사물이 위험하다고 단언하는 것이다.

그것들은 사실상 어떤 의미에서는 위험한 것이 아니었으며 또 그것들이 위험하다고 믿는 그 믿음은 비합리적인 것이었다. 그렇지만 그러한 믿음이 존재하지 않았다면, 오늘날 도덕이란 것은 전혀 없었을 것이며 따라서 아무런 운명도 없었을 것이다. … 그 믿음은 그릇된 것이다. 그러나 이 오류는 장차 크게 꽃 피고 아주 귀중한 열매를 맺을 하나의 생각―즉 사회적 책무의 관념―을 그 속에 간직하고 보호하고 있었던 껍

---

59) Marett, "Is Taboo a Negative Magic?" in *The Threshold of Religion*, p.84 참조.

60) F. B. Jevons, *An Introduction to the History of Religion*(London : Methuen, 1902), p.70 참조.

질이었다.61)

그러나 어떻게 이러한 생각이 그 자체로는 윤리적 가치들과 아무 관계가 없는 확신에서 나올 수 있었는가? 그 맨 처음의 그리고 글자 그대로의 의미에 있어서의 타부는 오직 다른 것에서 구별된 사물―일상적이고 세속적이고, 해가 없는 다른 사물과 동일한 수준에 있지 않는 사물―을 의미하는 것으로 보인다. 그것은 두려움과 위험의 분위기에 둘러 싸여 있다. 이 위험은 가끔 초자연적인 것으로 기술되어 왔으나, 그것은 결코 도덕적인 것이 아니다. 그것이 다른 사물들로부터 구별되어 있다면, 그때의 구별은 도덕적 구별을 의미하는 것이 아니며 또 도덕적 판단을 내포하고 있는 것도 아니다. 어떤 죄를 범한 사람은 타부가 되지만, 아이를 낳는 부인도 이와 마찬가지로 타부가 된다. <전염성의 부정>은 생활의 모든 분야에 퍼진다. 신을 접촉하는 것은 육체적으로 부정한 물건들을 만지는 것과 똑같이 위험스러운 일로, 신성한 것과 가증스러운 것이 같은 수준에 있다. <거룩함의 전염>은 <부정함의 더럽힘>과 똑같은 결과들을 낳는다. 시체를 만지는 사람은 부정하게 되지만, 갓난아기도 마찬가지로 두려움의 대상으로 대해지고 있다. 어떤 부족들 사이에서는 아이들은 태어날 때 대단한 타부가 되기 때문에 아이들을 땅 위에 놓지 않았다. 그리고 최초의 전염가능성의 원리의 결과로 그 전파에는 한계가 있을 수 없다. "단 하나의 타부는 온 우주를 전염시킬 수 있다"62)고 말해져 온다. 이 제도에는 그 어떤 개인적 책임의 그림자도 없다. 어떤 사람이 죄를 범하면

---

61) 같은 책, pp.86 이하. Quoted by courtesy of Methuen & Co. and the Executors of F. B. Jevons.

62) 인류학적인 자료는 Frazer, *The Golden Bough*, 제 1 권, pp.169 이하 그리고 Pt. 6, *The Scapegoat* ; Jevons, 앞의 책, 6~8장을 참조.

그 사람만이 아니라, 그의 가족, 친구들, 전 부족이 똑같은 구별을 당한다. 그들은 낙인이 찍히고, 또 똑같은 독기에 한 가지로 감염된다. 그리고 정화의 여러 의식은 이러한 생각에 대응한다. 세정(洗淨)은 한갓 물리적이고 외부적인 수단에 의하여 도달되도록 되어 있다. 흐르는 물이 죄의 때를 말끔히 씻을 수 있다. 때때로 죄는 <속죄양>이나 죄와 함께 날아가 버리는 새와 같은 동물에게로 옮겨진다.63)

  모든 고등 종교에 있어서 이러한 매우 원시적인 타부 제도를 극복하는 것은 극히 어려운 일이다. 그러나 많은 노력을 한 후 이 종교들은 이러한 과업을 성취하는 데 성공하였다. 이것을 위해서는 우리가 위에서 묘사하려 한 바와 똑같은 차별과 개별화의 과정이 필요하다. 필요한 최초의 단계는 신성한 처소를, 부정한 혹은 위험한 처소로부터 구분하는 경계선을 발견하는 것이었다. 셈족의 모든 종교가 처음 출현했을 때 매우 복잡한 타부 제도에 그 기초를 두고 있었다는 것은 거의 의심할 수 없다. 로버트슨-스미스는 셈족의 종교에 관한 조사연구에서, 거룩함과 부정함에 관해서 셈족이 가졌던 규칙들은 그 기원에 있어서 미개인의 타부와 더불어 구별할 수 없는 것이라고 말하고 있다. 가장 순수한 윤리적 동기에 기초를 두고 있는 종교에서도, 깨끗함 혹은 더러움이 한갓 물리적인 의미에서 이해되는 종교 사상의 초기 단계를 보여주는 면이 아직도 많이 유지되고 있다. 예컨대 조로아스터교는 물리적 요소가 더럽혀지지 않도록 요구하는 매우 가혹한 명령들을 내포하고 있다. 시체 혹은 다른 어떤 물건이든지, 부정한 것에 닿음으로써 불의 깨끗한 요소를 더럽히는 것은 마땅히 죽을 죄로 여겨지고 있다. 심지어 어떤 사람이 죽은 집에 겨울이면 아홉 밤 안으로 그리고 여름이면 한 달 안으로 불을 도로 가져오는 것은 죄가 되

---

63) 좀 더 자세한 것은 Robertson-Smith, 앞의 책, Note G, pp.427 이하를 참조.

기도 한다.64) 고등 종교에 있어서도 이 모든 정화의 규칙과 의식을 무시하거나 억제하는 것은 불가능한 일이었다. 종교 사상의 진보에 있어서 바뀔 수 있었던 것, 그리고 또 바뀌지 않으면 안 되었던 것은 물질적 타부들 자체가 아니라 이 타부들의 배후에 있는 여러 동기였다. 본래의 제도에서 이 동기들은 전혀 무관한 것이었다. 우리가 흔히 보고 친숙한 사물의 영역 너머에 알 수 없는 여러 권능과 또 알 수 없는 여러 위험으로 가득 차 있는 또 하나 다른 영역이 있다. 이 분야에 속하는 물건은 다른 것으로부터 구별되어 있으나, 그 물건에 특별한 성질을 주는 것은 오직 구별 자체이지 구별의 방향이 아니다. 그것은 그 우월성 혹은 열등성, 그 미덕 혹은 악덕, 그 뛰어남 혹은 모자람으로 말미암아 타부가 될 수 있다. 종교는 그 시초에 있어서 감히 타부 자체를 배척하지는 않는다. 이는 이 신성한 영역에 대하여 공격을 가함으로써 그 자신의 기반을 잃을 모험을 하게 되기 때문이다. 그러나 종교는 하나의 새로운 요소를 도입함으로써 출발한다. 로버트슨-스미스는 말한다.

모든 셈족 사람들이 신성에 관한 규칙들과 마찬가지로 부정에 관한 규칙들을 가지고 있다는 사실, 이 두 가지 사이의 경계가 때때로 애매하다는 사실 그리고 또 후자와 마찬가지로 전자도 세부에 들어가면 미개인의 타부와 더불어 놀라운 일치를 보여주고 있다는 사실은 신성의 관념의 기원 및 궁극적 관계들에 대하여 정당하게 의심할 여지를 전혀 남기지 않는다. 한편 셈족이 … 거룩한 것과 부정한 것을 분간한다는 사실은 그들이 미개인보다 정말로 앞섰다는 증거가 된다. 모든 타부는 초자연적인 것에 대한 외경의 느낌에 의하여 영감을 얻고 있지만, 신비스럽고

---

64) 좀 더 자세한 것은 Dhalla, 앞의 책, pp.55, 221 이하를 참조.

적의가 있는 세력들의 침입에 대비하는 여러 가지 조심과 호의를 가지고 있는 신의 특권에 대한 존경에 기초하는 조심 사이에는 큰 도덕적 차이가 있다. 전자는 마법적 미신에 속하고 … 오직 공포심에 기초를 두고 있어서 단지 진보에 대한 장벽 및 인간의 정력과 근면에 의한 자연의 자유로운 이용에 대한 방해로서 작용한다. 그러나 인간과 연합되어 이미 알고 있는 친근한 힘에 대한 존경으로 말미암은 개인의 방종에 대한 제한들은, 비록 그것들이 그 세부에 있어서 아무리 보잘것없고 부조리하게 보일지라도, 그것들 속에 사회의 진보와 도덕적 질서가 싹트는 원리들을 간직하고 있다.65)

이 원리들을 발전시키기 위해서는 종교의 율법을 주관적으로 범하는 것과 객관적으로 범하는 것 사이에 선명한 구별을 하는 것이 절대 필요하였다. 원시적 타부의 제도에는 이와 같은 구별이 전혀 없다. 이 제도에서 문제되는 것은 행동 그 자체요, 행동의 동기가 아니다. 타부가 되는 위험은 물리적 위험이다. 그것은 우리의 도덕적인 힘이 전혀 미치지 못하는 곳에 있다. 결과는 의미 없는 행동의 경우나 의미 있는 행위의 경우에 있어 아주 동일하다. 전염은 전혀 비인격적이요 또 그저 수동적으로 전달된다. 일반적으로 말하여 타부의 의미는 일종의 "나를 다치지 말라"(Noli me tangere)라고 할 수 있다. 그것은 손을 대서 안 되는 것이요, 경솔하게 가까이 갈 수 없는 것이다. 가까이 가는 방법이나 의도는 문제가 되지 않는다. 타부는 만지는 것뿐만 아니라 듣는 것 혹은 보는 것에 의해서도 전달될 수 있다. 그리고 타부로 된 물건을 고의로 보는 것이나 혹은 우연히 생각 없이 그 물건을 보게 되는 것이나 그 결과는 같다. 타부가 된 사람, 성직자 혹은 왕이 나

---

65) Robertson-Smith, 앞의 책, pp.143 이하.

를 보는 것은 내가 이 사람들을 보는 것이나 다름없이 위험한 일이다. 제본스는 다음과 같이 말한다.

> 타부의 작용은 언제나 기계적이다. 타부가 된 물건과의 접촉은 물과의 접촉이 습기를 전달하고 혹은 전류가 전기의 충격을 전달하는 것만큼 확실하게 타부의 전염을 전달한다. 타부를 깨뜨리는 자의 여러 의도는 타부의 작용에 아무런 영향도 주지 못한다. 즉 그는 모르고 타부를 만지거나 혹은 그가 손을 대는 사람의 이익을 위해서 만질 수도 있지만, 그는 마치 그의 동기가 불경하였거나 혹은 그의 행동이 적의를 가지거나 했던 것처럼 확실하게 타부를 입는다. 또 성스러운 사람들 즉 미카도, 폴리네시아의 추장, 아르테미스 힘니아의 여승의 기분도 타부의 기계적 작용을 변화시키지 못한다. 이들의 손이 닿는 일이나 혹은 이들을 힐끗 쳐다보는 것은 적에 대해서처럼 친구에게도 치명적이다. 또 인간의 생명에게 치명적인 것처럼 식물의 생명에게도 치명적이다. 타부를 깨뜨리는 자의 도덕심 같은 것은 더욱 문제가 되지 않는 바, 천벌은 비와 같이 불의한 자와 의로운 자에게 똑같이 내린다.66)

그러나 여기서 우리가 앞서 종교적인 <의미의 변화>란 이름으로서 지칭하려 한 느린 과정이 시작된다. 유대교의 발전을 볼 때 우리는 이 의미의 변화가 얼마나 완전하고, 결정적이었던가를 느낀다. 『구약성서』의 예언서에서 우리는 사고와 감정의 완전히 새로운 하나의 방향을 본다. 순결의 이상은 예전의 모든 신화적 개념과 아주 다른 어떤 것을 의미하고 있다. 물건 속에서, 어떤 물질적 사물 속에서 순결 혹은 불결을 찾는 것은 불가능하게 되었다. 인간의 행동 그 자체도 이제 다시는 순결하거나 혹은 불결한 것으로 생각되지 않는다. 종교적 의

---

66) Jevons, 앞의 책, p.91.

의와 존엄성을 가진 유일한 순결은 마음의 순결이다.

 그리고 이 최초의 구별에 의하여 우리는 이보다 덜 중요하다고 할 수 없는 또 다른 하나의 구별에로 나아가게 된다. 타부 제도는 인간에게 무수한 의무와 책임을 부과한다. 그러나 이 모든 의무는 하나의 공통적인 특성을 가지고 있다. 그것들은 완전히 소극적인 것으로서, 적극적 이상이라고는 그 어떠한 것을 막론하고 전혀 포함하고 있지 않다. 어떤 것은 피해야만 하고, 어떤 행동은 삼가야 한다. 여기서 우리가 볼 수 있는 것은 억제와 금지이지, 도덕적 혹은 종교적 요구가 아니다. 이는 타부 제도를 지배하고 있는 것이 공포이며, 또 공포는 오직 금지할 줄만 알지 이끌어 갈 줄은 모르기 때문이다. 그것은 위험에 대해서 경계해 주지만, 인간 속에 하나의 새로운 활동적 혹은 도덕적 기력을 진작시키지는 못한다. 타부 제도가 발전하면 할수록 그것은 더욱더 인간 생활을 얼어붙고 완전히 수동적인 것이 되도록 위협한다. 인간은 먹거나 마실 수 없고, 가만히 서 있거나 걸을 수 없다. 심지어는 말도 제대로 할 수 없고 또 한마디 한마디 말에 인간은 미지의 위험에 의하여 위협을 받는다.

 폴리네시아에서는 비단 추장이나 혹은 죽은 사람의 이름을 입 밖에 내는 것만이 금지되어 있는 것은 아니다. 심지어 그 속에서 이 이름이 우연히 나오는 다른 낱말이나 음절도 보통 회화에서는 사용해서는 안 된다. 종교가 그 진보의 과정 속에서 하나의 새로운 과제를 발견한 것은 바로 여기에서였다. 그러나 종교가 당면하지 않으면 안 되었던 문제는 극히 어려운 문제였고, 어떤 의미에서 그것은 해결할 수 없는 듯이 보였다. 타부 제도는 그 모든 명백한 결함에도 불구하고 인간에 의하여 발견되었던 사회적 억제와 의무의 유일한 제도였다. 그것은 모든 사회 질서의 기초였다. 특별한 타부에 의하여 통제되고 다스려지지 않았던 사회 조직의 영역은 하나도 없었다. 통치자와 신하의 관계, 정치 생활, 성 생활, 가족 생활은 타부 이외의 또 타부보다 더 신성한 연줄을 가지고 있지 않았다. 경제 생활 전반에 걸쳐서도 사정은 이와 똑같다. 재산도 그 최초의 기원을 따지고 보면, 타부가 만들어낸 제도였던 것으로 생각된다. 어떤 물건 혹은 사람을 소유하는 최초의 방식, 즉 한 덩어리 땅을 점유하거나 한 여자와 혼인하는 최초의 방식은 타부의 기호로 이것들에 표적을 하는 것이다. 이 복잡한 금지의 제도를 폐기해 버린다는 것은 종교로서는 불가능한 일이었다. 이것을 억압하는 것은 완전한 무정부 상태를 의미했을 것이다. 하지만 인류의 위대한 종교적 교사들은 하나의 새로운 충동을 가지게 되었다. 이 때 이후로 그것에 의하여 인간의 전 생활은 새로운 방향으로 인도되었다. 그들은 자기 자신 속에 하나의 적극적인 힘, 금지의 힘이 아니라 영감과 갈망의 힘을 발견하였다. 그들은 수동적인 복종을 적극적인 종교적 감정으로 전환시켰다. 타부 제도는 결국 인간 생활을 견딜 수 없는 무거운 짐이 되게 할 우려가 있다. 인간의 생존 전체, 육체적 생존이나 도덕적 생존을 막론하고 그 생존 전체가 이 제도의 계속적인 압력 밑에 질식하고 있다. 종교가 개입하는 것은 바로 여기에서이다. 모든 고등한 윤리적 종교—이스라엘 예언자들의 종교, 조로아스터교, 그리스도교—는 하나의 공통된 과제를 스스로 정하고 있었다. 이것들은 타부 제도의 참을 수 없는 짐을 가볍게 해준다. 그러나 한편 이 종교들은 종교적 의무에 대한 보다 심원한 의미를 찾아내고 있는데, 이 의무는 억압이나 강제가 아니라 인간의 자유라는 새로운 적극적 이상의 표현이다.

# 제8장 언　어

## 1

　언어와 신화는 가까운 친척이다. 인간 문화 초기의 여러 단계에 있어서 이 둘의 관계는 아주 밀접하고 또 그 협동은 매우 명백하여 이 둘을 서로 가르는 것은 거의 불가능한 일이다. 이 둘은 한 뿌리에서 나온 두 개의 가지이다. 오직 인간이 있는 곳 어디에서나 인간은 말하는 능력을 가지고 있고, 또 신화를 만들어 내는 기능의 영향 아래 있음을 우리는 본다. 그리하여 철학적 인간학에서는 인간의 특유한 이 두 특징을 모두 하나의 공통 제목 아래 포괄시키려 하기가 일쑤이다. 가끔 이러한 방향에서의 시도가 있었다. 막스 뮐러는 신화를 언어의 부산물로 설명하는 신기한 이론을 제창하였다. 그는 신화는 일종의 인간 정신의 병(病)이며, 그 원인을 말하는 능력에서 찾아야 한다고 보았다. 언어는 그 참 성질과 본질에 있어서 비유적인 것이다. 그것은 사물을 직접 기술할 수 없어서, 여러 가지 간접적인 기술 방법, 애매하고 다의적인 용어에 의지하고 있다. 막스 뮐러에 의하면, 언어가 본래부터 가지고 있는 이 애매성이야말로 신화의 기원이 되는 것이요, 또 신화가 항상 그 정신적 영양분을 취한 것이다. 막스 뮐러는 다음과 같이 말한다.

　신화의 문제는 사실상 심리학의 문제가 되었으며, 또 우리의 정신이 주로 언어를 통하여 우리에게 객관적인 것으로 되므로 언어 과학의 문제가 되었다. 이것이 내가 왜 [신화를] 사고의 병이라 하지 않고 오히려 언어의 병이라 불렀는가를 설명할 것이다. … 언어와 사고는 분리할 수 없는 것이요, … 따라서 언어의 병은 사고의 병과 동일한 것이다. … 지고하신 하느님을 온갖 죄를 범하는 것으로, 인간에게 속는 존재로, 자기의 아내에게 화를 내고 아이들에게 횡포한 존재로 표현함은 확실히 병의 증거요, 보통 아닌 사고의 상태 혹은 좀 더 분명히 말한다면, 정말 광기의 증거이다. … 그것은 신화적 병리학의 한 예이다.… 고대의 언어는 다루기 곤란한 도구이다. 특히 종교적 목적을 위해서 그러하다. 인간 언어에 있어서 추상적 관념은 비유에 의하지 않고서는 표현하는 것이 불가능하고, 또 고대 종교의 용어 전부가 비유로 되어 있다 해도 지나친 말이 아니다. … 여기에 여러 오해의 끊임없는 원천이 있으며, 또 이 오해 가운데 많은 것이 고대 세계의 종교와 신화 속에 존속하고 있었다.[1]

그러나 근본적인 인간 활동을 그저 괴이한 것, 일종의 정신병이라고 보는 것은 도저히 그것에 대한 적절한 해석이라 할 수 없다. 우리가 원시 정신에게는 신화와 언어가 말하자면 쌍둥이 형제였다는 것을 아는 데에는 이와 같이 이상하고 억지로 꾸며낸 이론을 필요로 하지 않는다. 이 둘은 모두 인류의 매우 일반적인 그리고 초기의 경험에 기초를 두고 있다. 즉 물리적 성질의 경험보다 오히려 사회적 성질의 경험에 그 기초를 두고 있다. 아동은 이야기할 줄 알게 되기 훨씬 전부터 다른 사람들에게 의사를 전달하는 보다 단순한 수단들을 발견한다. 불쾌, 고통 및 배고픔, 공포 혹은 놀람으로 말미암아 여러 가지로 소리를 지르는 것은 우리가 생물의 세계 전체를 통해서 볼 수 있는데,

---

[1] F. M. Müller, *Contributions to the Science of Mythology*(London : Longmans, Green & Co., 1987), Ⅰ, pp.68 이하 ; *Lectures on the Science of Religion*(New York : Charles Scribner's Sons, 1893), pp.118 이하.

이것들은 하나의 새로운 양상을 띠기 시작한다. 이것들은 이제 더 이상 본능적 반응이 아니다. 왜냐하면 이것들이 더욱 의식적이고 교묘한 방식으로 사용되고 있기 때문이다. 혼자 있게 되면 아이는 어지간히 분절된 소리로 유모나 혹은 어머니가 오도록 요구하고, 또 이 요구가 바라는 결과를 얻는다는 것을 알게 된다. 원시인은 이 최초의 기본적인 사회적 경험을 자연 전체에 옮긴다. 그에게 있어 자연과 사회는 가장 밀접한 연줄들에 의하여 서로 연결되고 있기만 한 것은 아니다. 또한 그것들은 단단히 얽히고 분간할 수 없는 전체를 형성하고 있다. 어떠한 경계선도 이 두 영역을 명확히 가르지 못한다. 자연은 그 자체가 하나의 거대한 사회—삶의 사회—이외의 아무 것도 아니다. 이런 견지에서 우리는 마술 언어의 이용과 특별한 기능을 쉽사리 이해할 수 있다. 마술에 대한 신앙은 삶의 연대성에 대한 깊은 확신에 기초를 두고 있다.2) 원시 정신에서는 무수한 경우를 경험한 낱말의 사회적인 힘이 자연적인 힘 심지어 초자연적인 힘이 된다. 원시인은 자신이 보이는 위험과 또 보이지 않는 온갖 위험에 둘러싸여 있다고 느낀다. 그는 한갓 물리적인 방법으로 이 위험들을 극복할 것을 바랄 수 없다. 그에게 있어 세계는 죽은 것 혹은 입이 닫혀 말 못하는 것이 아니라, 들을 줄 알고 이해할 줄 아는 것이다. 그러므로 만일 자연의 힘들을 올바로 요청한다면, 그 힘들은 도움을 거절할 수가 없다. 아무 것도 마술에서 <노래는 하늘로부터라도 달을 떨어뜨릴 수 있다>라고 하는 말에 저항하지 못한다.

 인간이 처음으로 이 확신이 헛된 것이었다는 것—자연은 인간의 여러 요구를 충족시켜 주기 싫어서가 아니라 인간의 언어를 이해하지 못했기 때문에 냉정하였다는 것—을 깨닫기 시작했을 때 그것은 인간

---

2) 이 책의 7장, pp.150~158를 참조.

에게 하나의 충격이 되지 않을 수 없었다. 이 점에 이르러 인간은 그 지적, 도덕적 생활에서 전환점이 되고 위기가 된 하나의 새로운 문제에 직면하지 않으면 안 되었다. 이 때 이후로 인간은 깊은 고독 속에 있는 자기 자신을, 완전한 고독과 절대적 절망의 감정에 빠져 있는 자신을 발견하였을 것임에 틀림없다. 만일 그가 새로운 정신력을 발전시키지 않았더라면, 그는 도저히 이것들을 극복할 수 없었을 것이다. 이 정신력은 마술로의 길을 막았으나, 동시에 또 하나의 다른 그리고 보다 유망한 길을 열었다. 마술 언어에 의하여 자연을 굴복시키려는 모든 노력은 좌절되었다. 그러나 그 결과 인간은 언어와 현실 사이의 관계를 하나의 다른 각도에서 보기 시작했다. 말의 마술적 기능은 그 어의적(語義的) 기능에 의하여 가려지고 또 대체되었다. 말은 이제 다시는 신비스러운 힘들을 가지고 있지 않으며, 또 이제 다시는 직접적인 물리적 혹은 초자연적 영향을 가지고 있지 않다. 그것은 사물들의 성질을 변화시킬 수 없고 또 신이나 귀신들의 뜻을 억지로 어떻게 할 수 없다. 그럼에도 불구하고 그것은 무의미한 것이 아니며, 또 무력한 것도 아니다. 그것은 단순히 <소리의 바람>, 즉 단순한 공기의 내뱉음이 아니다. 하지만 결정적 특성은 그 물리적 성격이 아니라 그 논리적 성격이다. 물리적으로는 말이 무력한 것이라고 단정할 수 있을지 모르나, 논리적으로는 보다 높은 지위, 아니 가장 높은 지위로 높여진다. 로고스(Logos, 말)는 우주의 원리가 되고 또 인간 지식의 제 1원리가 된다. 이러한 이행은 초기 그리스 철학에서 일어났다. 헤라클레이토스는 아직도 아리스토텔레스의 『형이상학』(*Metaphysics*)에서 <옛 자연학자들>이라 불리고 있는 그리스 사상가들의 부류에 속하는 사람이다. 그의 관심 전체는 현상 세계에 집중되고 있다. 그는 현상 세계인 <생성>의 세계 위에 보다 높은 영역인 순수 <존재>의 이상적인 혹은 영원한 질서가 있다는 것을 인정하지 않는다. 그러나 그는 한갓 변화의 **사실**로 만족하고 있지는 않다. 그는 변화의 **원리**를 찾고 있다. 헤라클레이토스에 의하면, 이 원리는 물질적인 것 속에서 찾아질 수 있는 것이 아니다. 우주 질서를 정확하게 해석하는 열쇠는 물질적 세계가 아니라 인간적 세계이다. 이 인간적 세계 안에서 중심적 위치를 차지하고 있는 것은 말하는 능력이다. 그러므로 우주의 <의미>를 알려면 말이 무엇을 의미하는지 알지 않으면 안 된다. 만일 우리가 이 방법—물리적 현상을 통한 것이 아니라 언어의 매개를 통한 방법—을 발견하는 데 실패한다면, 우리는 철학에 들어가는 문을 찾지 못할 것이다. 헤라클레이토스 사상에 있어서도 말 즉 로고스는 한갓 인간학적 현상이 아니다. 그것은 우리 인간 세계의 좁은 한계 속에 국한되어 있지 않다. 이는 그것이 보편적 우주의 진리를 지니고 있기 때문이다. 그러나 말은 마술적인 힘으로서가 아니라 그 어의적 및 상징적 기능에서 이해되고 있다. 헤라클레이토스는 다음과 같이 말하였다. "나에게 귀를 기울이지 말고 말씀에 귀를 기울이라. 그리고 모든 것이 하나라고 고백하라."

이리하여 초기 그리스 사상은 자연 철학에서 언어 철학에로 옮아갔다. 그러나 여기서 그것은 새로운 그리고 중대한 여러 곤란에 부딪쳤다. <의미의 의미>보다 더 까다롭고 논쟁이 분분한 문제는 아마 없을 것이다.3) 오늘날 우리들 자신의 시대에도 언어학자들, 심리학자들 및 철학자들은 이 주제에 대하여 서로 크게 다른 견해를 품고 있다. 고대 철학은 이 복잡한 문제의 모든 측면을 직접 움켜잡을 수 없었다. 그것은 다만 가설적인 해답을 줄 수 있었을 따름이다. 이 해답은 하나의

---

3) C. K. Ogden and I. A. Richards, *The Meaning of Meaning*, 제5판(1923 : New York, 1938)을 참조.

원리에 그 기초를 두고 있었는데, 이 원리는 초기 그리스 사상에서 일반적으로 인정되고 있었고 또 확고하게 수립되어 있는 것으로 보이는 것이었다. 서로 다른 모든 학파는—변증론자들 뿐만 아니라 자연학자들도—인지하는 주체와 인식되는 현실 사이에 어떤 일치가 없다면, 인식의 사실이 설명될 수 없을 것이라는 전제에서 출발하였다. 관념론과 실재론은, 비록 이 원리를 적용시키는 데 있어서는 서로 달랐으나, 이 전제가 진리라고 인정하는 데 있어서는 의견이 일치하였다. 파르메니데스는 존재와 사고는 하나요 또 동일한 것이므로 분리될 수 없는 것이라고 주장하였다. 자연 철학자들은 이 동일성을 엄밀하게 물질적인 의미에서 이해하고 해석하였다. 만일 우리가 인간의 성질을 분석한다면, 우리는 물리적 세계의 도처에서 일어나고 있는 것과 똑같은 요소들의 결합을 볼 수 있다. 소우주는 대우주를 꼭 닮은 짝이므로 후자의 인식을 가능케 한다. "왜냐하면 우리는 흙을 가지고 흙을 보며, 물을 가지고 물을 보기 때문이다. 공기에 의하여 맑은 공기를 보며, 불에 의하여 물건을 파괴하는 불을 본다. 사랑에 의하여 사랑을 보고, 비통한 증오에 의하여 증오를 본다"[4]고 엠페도클레스는 말하고 있다.

이 일반 이론을 받아들일 때 <의미의 의미>란 무엇인가? 무엇보다 먼저 의미는 존재를 가지고서 설명되지 않으면 안 된다. 이는 존재 혹은 실체가 진리와 현실을 함께 연결시키고 종합시키는 가장 보편적인 범주이기 때문이다. 이 두 가지 사이에 적어도 부분적인 일치가 없다면, 말은 어떤 물건을 <의미할> 수 없을 것이다. 상징과 그 대상 사이의 연결은 자연적인 것이어야 하고, 한갓 관습적인 것이어서는 안 된

---

4) Empedocles, Fragment 335, J. Burnet, *Early Greek Philosophy*(London and Edinburgh : A. & C. Black, 1892), Bk. 2, p.232.

다. 이와 같은 자연적 연결이 없으면 인간 언어의 단어는 그 임무를 다할 수 없고, 또 그것은 알 수 없는 것이 되고 말 것이다. 만일 우리가 이 전제, 언어 학설보다 오히려 일반적 인식론에 그 기원을 갖는 이 전제를 인정한다면, 우리는 곧 의성설(擬聲說)에 직면하게 될 것이다. 이 설 만이 이름과 물건 사이의 틈에 다리를 놓을 수 있는 것으로 보인다. 한편 이 다리는 우리가 그것을 써보려고 하는 첫 시도에서 그만 무너지려고 한다. 플라톤에 있어서 의성설을 부정하기 위해서는 이 설을 철저하게 발전시켜 그 결과들을 보는 것으로 충분하였다. 플라톤의 대화편『크라튈로스』(Kratylus)에서 소크라테스는 이 설을 그의 반어적 방식으로 받아들인다. 그러나 그의 받아들임은 오직 이 설을 그 자체에 내재하는 부조리에 의해 파괴하기 위한 것이었다. 모든 언어가 음성의 모방에서 시작되었다는 설에 대한 플라톤의 설명은 결국에 가서 희화화되고 또 만화가 되고 있다. 그럼에도 불구하고 의성설은 비록 그것이 플라톤의『크라튈로스』에서와 같이 소박한 형태로 나타나고 있지는 않지만, 결코 자취를 감추지는 않고 있다.

이 설에 명백히 반대되는 것은, 우리가 보통으로 쓰는 말 가운데 있는 낱말들을 분석해 볼 때 그 대부분의 경우에 이른바 음성과 대상 사이의 유사성을 발견하기가 극히 어렵다는 사실이다. 그러나 이 어려움은 그가 언어는 맨 처음부터 변화하고 파괴되기 쉽다는 것을 지적함으로써 배제될 수 있었다. 만일 우리가 우리의 용어들과 그 대상을 결합시키는 연줄을 찾아내려 하면, 우리는 이 용어들의 기원에까지 더듬어 올라가 보아야 한다. 파생어로부터 그 원시어들로 돌아가지 않으면 안 되며, 또 모든 용어의 어원, 즉 참된 원형을 발견하지 않으면 안 된다. 이 원리에 의하여 어원학은 비단 언어학의 중심이 되었을 뿐만 아니라, 또한 언어 철학의 요석(要石)들 가운데 하나가 되었다. 그리고 그리스의 문법학자들과 철학자들이 사용한 최초의 어원학은 이론적으로 혹은 역사적으로 신중하게 만들어진 것이 아니었다. 19세기 전반 이전에는 과학적 원리에 기초한 어원학은 하나도 나타나지 않았다.5) 이때까지는 모든 것이 가능하였고, 또 가장 환상적이고 이상야릇한 설명이 선뜻 인정되었다. 적극적인 어원학 이외에 "숲(lucus)이라는 말은 번득이지 않는다(non lucendo)라는 말에서 나왔다"라는 식의 유명한 소극적인 것도 있었다. 이러한 형식의 어원학이 이 분야를 지배하고 있는 한, 이름과 물건 사이의 자연적 관계에 대한 이론은 철학적으로 정당화될 수 있고 또 옹호될 수 있는 것처럼 보였다.

그러나 처음부터 이 이론에 반대하여 싸운 다른 일반적 고찰들이 있었다. 그리스의 소피스트들은 어떤 의미에서 헤라클레이토스의 제자들이었다. 플라톤은 그의 대화편 『테아이테토스』(*Theaetetos*)에서 소피스트의 인식론은 독창성을 가지고 있지 않았다고까지 극언하였다. 그는 이것이 헤라클레이토스의 <만물 유전설>에서 나온 것이요, 또 그 계(系)라고 단언하였다. 하지만 헤라클레이토스와 소피스트들 사이에는 지울 수 없는 차이가 있었다. 전자에게는 말, 즉 로고스가 보편적인 형이상학적 원리였다. 그것은 일반적 진리, 객관적 타당성을 소유하고 있었다. 그러나 소피스트들은 헤라클레이토스가 만물, 즉 우주의 질서와 도덕적 질서의 기원이요, 제 1원리라고 생각한 <신의 말씀>을 절대로 인정하지 않는다. 언어학설에서 주도적 역할을 하는 것은 이제 형이상학이 아니라 인간학이다. 인간은 우주의 중심이 되었다. 프로타고라스는 "인간은 만물의 척도인 바, 있는 것에 대해서는

---

5) A.F. Pott, *Etymologische Forschungen aus dem Gebiete der indogermanischen Sprachen*(1833 이후) 참조.

그 있음의, 있지 않는 것에 대해서는 그 있지 않음의 척도이다"라고 말했다. 그러므로 물리적 사물들의 세계에서 언어에 관한 설명을 찾는 것은 그 어느 것이나 헛되고 소용없는 일이다. 소피스트들은 인간 언어에 대한 새로운 그리고 훨씬 단순한 연구 방법을 발견하였다. 언어학과 문법의 문제들을 조직적으로 취급한 것은 사실상 그들이 처음이었다. 하지만 그들은 이 문제들에 대해서 그저 이론적인 의미에서 관심을 가졌던 것은 아니다. 언어학설은 더 긴급한 다른 과제들을 완수해야 한다. 그것은 우리가 현실적인 사회적, 정치적 세계에서 어떻게 말하고, 어떻게 행동해야 하는가를 가르치지 않으면 안 되었다. 5세기 아테네 생활에서 언어는 일정하고 구체적이고 실제적인 목적들을 위한 도구가 되었다. 그것은 큰 정치적 투쟁에서 가장 강력한 무기였다. 아무도 이 도구 없이는 주도적 역할을 할 것을 바랄 수 없었다. 이것을 제대로 사용하고 또 끊임없이 개량하고 날카롭게 하는 것은 극히 중요한 일이었다. 이 목적을 위하여 소피스트들은 하나의 새로운 지식의 분야를 창조하였다. 문법이나 어원학이 아니라, 수사학이 그들의 주요한 관심사가 되었다. 지혜(sophia)에 대하여 그들이 내리는 정의에서 수사학은 중심적 위치를 차지한다. 용어들과 명칭들의 <진> 혹은 <정확성>에 관한 모든 논쟁은 무익하고 피상적인 것이 되었다. 명칭은 사물의 성질을 표현하기 위한 것이 아니다. 그것은 객관적 대응물을 가지고 있지 않다. 그 진정한 임무는 사물들을 기술하는 것이 아니라 인간의 정동을 분기시키는 것이다. 즉 한갓 관념이나 사상을 전달하는 것이 아니라, 인간으로 하여금 어떤 행동을 하도록 재촉하는 것이다.

지금까지 우리는 언어의 기능과 가치에 관한 세 개념에 도달하였다. 즉 신화적, 형이상학적 및 실용적 개념이 그것이다. 그러나 이 모든 설명은 어떤 의미에서는 문제의 중핵을 뚫지 못한 감이 있다. 왜냐하면 그것들은 모두가 언어의 가장 두드러진 특성들 가운데 하나를 지적하지 못하고 있기 때문이다. 가장 기본적인 인간의 발성들은 물질적 사물들을 가리키는 것도 아니요, 또 한갓 임의적인 신호도 아니다. <자연적인 것>이냐 <제정될 수 있는 것>이냐 하는 양자택일은 이것들에 적용될 수 없다. 이것들은 <자연적인 것>이요, <인위적인 것>이 아니지만, 외부 대상들의 성질과는 아무런 관계도 없다. 이것들은 단순히 관례, 습관 혹은 관습에 의존하고 있는 것이 아니라, 훨씬 더 깊이 뿌리박고 있다. 이것들은 인간 감정의 무의식적 표현이요, 또 불시의 발성 및 감탄이다. 이 표출설(interjectional theory)이 그리스 사상가들 가운데 가장 위대한 어떤 자연 과학자에 의하여 제창된 것은 우연한 일이 아니다. 데모크리토스는 인간의 말이 한갓 정동적인 성격을 가지고 있는 어떤 음성에서 시작하였다는 설을 처음으로 주장한 사람이었다. 그 후 에피쿠로스와 루크레티우스도 데모크리토스의 권위에 의지하여 이와 동일한 견해를 옹호하였다. 이 견해는 언어학설에 영속적 영향을 주었다. 18세기에 이르러서도 그것은 여전히 거의 똑같은 형태로 비코나 루소 같은 사상가들에게서 나타나고 있다. 과학적 견지에서 볼 때, 이 표출설의 큰 장점을 이해하는 것은 쉬운 일이다. 이 설에서는 이제 사변에만 의지할 필요가 없어 보인다. 우리는 몇 가지 증명할 수 있는 사실들을 찾아내게 되었고, 또 이 사실들은 인간의 영역에만 국한되어 있지 않다. 인간의 말은 자연이 모든 생물에게 준 근본적인 본능에 환원시켜질 수 있다. 격렬하게 부르짖는 소리—공포로, 노여움으로, 고통 혹은 기쁨으로—는 인간만이 가지고 있는 특성이 아니다. 동물 세계의 그 어느 곳에서나 우리는 이와 같은 것들을 본다. 언어의 사회적 사실을 이 일반적 생물학적 원인에까지 거슬러 올라가서 찾는 것보다도 더 그럴 듯해 보이는 것은 하나도 없었다. 만일 우리가 데모크리토스와 그 제자들 및 그 신봉자들의 이론을 받아들인다면, 의미론은 하나의 분리된 영역이기를 그치고 생물학 및 생리학의 한 분과가 된다.

 하지만 표출설은 생물학 자체가 하나의 새로운 과학적 기초를 발견하기까지는 완전한 것이 되는 데에 이르지 못하였다. 인간의 언어를 몇몇 생물학적 사실과 연결시키는 것만으로는 충분한 것이 못 되었다. 이 연결은 보편적 원리에 근거하는 것이어야만 했다. 이와 같은 원리를 제공한 것은 진화론이었다. 다윈의 저서가 나왔을 때, 가장 열광적으로 환영한 것은 비단 과학자들과 철학자들만이 아니었다. 또한 언어학자들이 그러했다. 슐라이헤르는 처음의 여러 저서에서는 헤겔의 신봉자요 제자임을 보여주고 있는 사람인데, 나중에 다윈의 지지자로 전향하였다.6) 다윈 자신은 자신의 문제를 엄밀하게 박물학자의 견지에서 취급하고 있었다. 그러나 그의 일반적 방법은 언어 현상에도 쉽게 적용될 수 있는 것이었고, 또 이 분야, 즉 언어학의 분야에서도 전인미답의 길을 개척하는 것으로 생각되었다. 『사람과 동물에 있어서 정동의 표출』(*The Expression of Emotions in Man and Animals*)에서 다윈은 표출적 음성이나 행동은 몇몇 생물학적 요구에 의하여 일어나게 되고 또 일정한 생물학적 규칙을 따라 사용된다는 것을 밝혔다. 이 각도에서 볼 때 언어의 기원에 관한 옛 수수께끼는 엄밀하게 경험적인 그리고 과학적인 방법으로 취급될 수 있었다. 인간 언어는 <국가 안의 국가>이기를 그치고, 그렇게 함으로써 하나의 일반적인 자연적 소질이 되었다.

---

6) A. Schleicher, *Die Darwin'sche Theorie und die Sprachwissenschaft*(Weimar, 1873)를 참조.

그러나 하나의 근본적 난점이 있었다. 언어의 기원에 관한 생물학적 이론들을 만들어 낸 사람들은 나무를 보고 숲을 보지 못하였다. 그들은 불시의 발성 내지는 감탄하여 지르는 소리에서 말에 이르는 직접적인 길이 있다는 가정에서 출발하였다. 그러나 이것은 증명할 것을 전제로 하고 있는 것이지, 그것을 해결하고 있는 것이 아니다. 설명을 요하는 것은 인간 언어의 단순한 사실이 아니라 그 구조였다. 이 구조를 분석해 보면 정동적 언어와 명제적 언어 사이의 근본적 차이가 드러난다. 이 두 언어형은 똑같은 수준에 있지 않다. 비록 이 두 형을 발생적으로 연결시키는 일이 가능하다 할지라도, 하나의 유형으로부터 반대되는 다른 유형으로의 이행은 논리적으로는 언제나 <다른 종으로의 전환>, 즉 질적으로 아주 다른 종으로의 전환이다. 내가 알고 있는 한도 안에서는 지금까지 이 논리적, 구조적 구별을 말살하는 데 성공한 생물학설은 하나도 없다. 우리는 그 어떠한 동물도 정동적 언어에서 명제적 언어를 분리해 내는 경계선을 넘은 일이 단 한번이라도 있었다는 사실에 대한 심리학적 증거를 전혀 가지고 있지 않다. 이른바 <동물 언어>는 언제나 또 어디까지나 전혀 주관적인 것이다. 그것은 감정의 갖가지 상태를 표현하나, 대상을 지시하거나 기술하지는 못한다.[7] 한편 인간이 그 문화의 가장 낮은 단계에서도 한갓 정동적 언어 혹은 몸짓으로 하는 언어 밖에 가지고 있지 않았다는 역사적 증거도 없다. 만일 우리가 엄밀하게 경험적인 방법을 추구할 것을 원한다면, 우리는 이와 같은 실혹 전혀 있을 법하지도 않은 것은 아니나 적어도 의심스럽고 가설적인 가정을 배제하지 않으면 안 된다.

사실 이 이론들을 좀 더 면밀하게 검토해 보면, 우리는 그것들이 근거를 두고 있는 원리 자체가 의심스럽게 되는 점에 다다른다.

---

[7] 앞의 3장에서 인용한 켈러와 레베츠의 견해를 참조.

이 이론들의 지지자들은 이 이론을 전개하는 가운데 얼마 안 가서 그들이 언뜻 보기에는 부정하거나 혹은 적어도 경시하는 것으로 보였던 차이를 인정하고 강조하지 않을 수 없게 된다. 이 사실을 설명하기 위하여 나는 두 가지 구체적인 예를 선택하려 한다. 그 하나는 언어학에서, 그리고 다른 하나는 심리학 및 철학의 문헌에서 얻은 것이다. 오토 예스페르센은 아마 언어의 기원에 관한 낡은 문제에 강렬한 흥미를 가지고 있던 최후의 현대 언어학자였을 것이다. 그는 이 문제에 대한 예전의 모든 해결이 매우 불완전한 것이었음을 부인하지 않았다. 또 사실상 그는 자기가 보다 나은 성공을 약속해 주는 하나의 새로운 방법을 발견했다고 확신하고 있었다. 그는 다음과 같이 말한다.

내가 권하는 방법 그리고 내가 처음으로 시종여일하게 사용하고 있는 방법은, 우리의 현대 언어들을 역사와 우리의 자료가 허락하는 한, 시간적으로 더듬어 올라가 알아보는 것이다. 만일 이와 같은 방법으로 우리가 마침내 진정한 언어라고는 할 수 없으나 언어에 선행하는 어떤 것이라 할 수 있는 발성에 도달한다면, 이 때 문제는 해결되어 있을 것이다. 왜냐하면 변형은 우리가 이해할 수 있는 것인 반면에, 무(無)로부터의 창조란 인간 오성에 의하여 절대로 이해될 수 없는 것이기 때문이다.

이 학설에 의하면, 처음엔 정동적인 고함 혹은 음악의 악구(樂句)이외의 아무 것도 아니었던 인간의 발성이 명칭으로 사용되었을 때 그러한 변형이 생겼다. 처음엔 무의미한 소리들의 뒤범벅이었던 것이 이와 같이 해서 갑자기 사고의 한 도구가 되었다. 예컨대 어떤 멜로디로 영창(詠唱)되고, 또 패배하고 참살된 적에 대한 승리의 노래에서 사용된 소리들의 결합체는, 그 특별한 사건 혹은 심지어 그 적을 참살한 사람에 대한 고유한 명칭으로 변화될 수 있었다. 그리고 이제는 표현의 비유적 전용에 의하여 비슷한 상황들로의 발전이 계속될 수 있었다.8) 그러나 우리의 문제 전체를 간결하게 내포하고 있는 것은 바로 이 <비유적 전용>이다. 이와 같은 전용은, 지금까지 한갓 고함이요 강렬한 감정에 대한 정동의 무의미한 발산이었던 발성들이 하나의 새로운 임무를 수행하고 있었다는 것을 의미한다. 이것들은 일정한 의미를 전달하는 심볼들로서 사용되고 있었다. 예스페르센 자신은 벤 파이의 고찰―소리 지름은 오직 우리가 말할 수 없거나 혹은 말하고자 하지 않을 때에만 사용하는 것이므로 소리 지름과 말 사이에는 소리 지름이 언어의 부정이라고 할 수 있을 정도의 넓은 틈이 있다는 고찰―을 인용하고 있다. 예스페르센에 의하면, 언어는 <전달성이 감정적 표출성에 대해서 우위를 가지게 되었을 때> 생겼다. 그러나 바로 이 전진의 단계는 이 이론에서 설명되어 있지 않고 오히려 전제되어 있다.

이와 똑같은 비판이 그라스 드 라규나의 『말, 그 기능과 발전』에서 전개된 설에 대해서도 가해질 수 있다. 이 책에서 우리는 이 문제에 대한 더욱 더 상세하고 교묘한 서술을 볼 수 있다. 가끔 예스페르센의 저서에서 볼 수 있는 약간 환상적인 개념들은 제거되어 있다. 소리 지름(불시의 발성)에서 말로의 이행은 점진적인 객관화의 과정으로서 기술되고 있다. 하나의 전체로서의 상황에 따르는 원시적 감정의 성질들은 다양화되고 또 동시에 그 상황의 시각된 특성들과 더불어 구별되게 된다. "… **대상들**이 솟아 나오는 바, 이것들은 느껴진다기보다 인식된다. 동시에 이 증대된 조건성이 체계적 형태를 갖추게 된다. …

---

8) 이러한 이론은 예스페르센에 의하여 *Progress in Language*(London, 1894)에서 처음으로 제시되었다. O. Jespersen, *Language, Its Nature, Development and Origin*(London and new York, 1922), pp.418, 437 이하도 참조.

마지막에… 현실의 객관적 질서가 나타나고 세계가 참으로 알려지게 된다."9) 이 객관화와 체계화는 실로 인간 언어의 주요하고 또 가장 중요한 임무이다. 그러나 나는 어떻게 한갓 표출만을 내세우는 학설이 이 결정적 단계를 설명할 수 있을지 자못 의심스럽다. 그리고 드 라규나 교수의 설명에서는 감정 표출(소리 지름)과 이름(명칭) 사이의 간격은 메워지지 않고, 도리어 선명하게 드러나 있다. 일반적으로 말하여, 말이란 단순한 감정 표출의 상태에서 발전했다고 믿는 경향이 있었던 저자들이 결국에는 감정 표출과 이름과의 차이가 그들이 상상했던 일치보다 더욱 더 크고 두드러진다는 결론에 도달하고 있음은 주목할 만한 사실이다. 예컨대 알램 가디너는 인간 언어와 동물 언어 사이에 <본질적 동질성>이 있다는 언명에서 출발하고 있다. 그러나 그의 이론을 발전시키는 데 따라 그는 동물의 발성과 인간의 말 사이에 이 근본적 동질성을 거의 무색하게 할 만큼 큰 차이가 있다는 것을 인정하지 않을 수 없었다.10) 외관상의 유사성은 사실상 형식과 기능의 이질성을 배제하는 것이 아니라, 도리어 이 이질성을 분명히 드러나게 하는 질료적 연결에 지나지 않는다.

2

 언어의 기원에 관한 문제는 어느 시대를 막론하고 인간 정신에 대하여 이상한 매력을 발휘하여 왔다. 인간은 그 지성의 최초의 번득임과

---

9) G. de Laguna, *Speech. Its Function and Development*(New Haven : Yale Univ. Press, 1927), pp.260 이하.

10) A. H. Gardiner, *The Theory of Speech and Language*(Oxford, 1932), pp.118 이하.

함께 이 문제에 관하여 생각하기 시작하였다. 많은 신화에서 우리는 어떻게 인간이 하느님 자신으로부터 혹은 신적 교사의 도움으로 말할 줄 알게 되었는가에 관한 지식을 얻을 수 있다. 만일 우리가 신화적 사고의 최초의 전제들을 받아들인다면, 언어의 기원에 대한 이러한 관심을 쉽게 이해할 수 있을 것이다.

 신화는 먼 과거로 돌아가 물리적, 인간적 이외의 다른 설명 방식을 가지고 있지 않다. 그러나 이와 똑같은 경향이 아직도 철학 사상에서 성행하고 있음을 발견하는 것은 놀라운 일이요 또 역설적인 일이다. 하지만 철학 사상에서는 여러 세기 동안 체계적 문제가 발생적 문제에 의하여 가려지고 있었다. 발생적 문제가 해결되기만 하면, 나머지 문제가 모두 곧 낙착되리라는 것이 기정(旣定) 결론으로 생각되었다. 그러나 일반적인 인식론적 견지에서 볼 때 이것은 근거 없는 가정이었다. 인식론은 항상 우리에게 발생적 문제와 체계적 문제 사이에 확연한 경계선을 그을 것을 가르쳤다. 이 두 유형의 혼동은 오해를 일으키게 하고 또 위험천만한 일이다. 인식의 다른 분야들에서는 확고하게 수립되어 있는 것처럼 보이는 이 방법론적 철칙이 언어의 문제들을 다룰 때 망각되고 있음은 어찌된 일인가? 물론 언어에 관하여 충분한 역사적 증거를 가지고 있다는 것—세계의 모든 언어가 하나의 공통되는 근간에서 나왔는가 혹은 서로 다르고 독립적인 여러 근원에서 나왔는가 하는 문제에 답을 내릴 수 있다는 것, 그리고 또 개개의 특유어(特有語)와 언어 형식의 발전을 한걸음 한걸음 더듬어 올라갈 수 있다는 것—은 크게 흥미 있는 일이요, 또 중요한 일이라 아니할 수 없다. 하지만 이 모든 것은 언어 철학의 근본적 문제를 해결하는 데 충분한 것이 못된다. 철학에 있어서 우리는 한갓 사물의 유동 및 사건의 연대기로서 만족할 수 없다. 우리는 어떤 의미에서 철학에서는 언제나 플라톤의 정의를 받아들이지 않으면 안 된다. 그 정의에 의하면 철학적 인식은 <존재>의 인식이지, 한갓 <생성>의 인식이 아니다. 확실히 언어는 시간 밖의 그리고 시간을 초월하는 존재를 가지고 있지 않다. 그것은 영원한 관념들의 왕국에 속하지 않는다. 변화—음성, 유비, 어의(語義)의 변화—는 언어의 본질적 요소이다. 그럼에도 불구하고 이 모든 현상에 대한 연구는 우리로 하여금 언어의 일반적 기능을 이해하게 하는 데 충분한 것이 못 된다.

모든 상징 형식을 분석하려면 역사적 자료에 의거할 수밖에 없다. 신화·종교·예술·언어가 <무엇이냐>는 물음은 논리적 정의에 의하여 순전히 추상적으로 해답될 수 없다. 한편 종교·예술 및 언어를 연구할 때 우리는 언제나 하나의 인식의 다른 유형에 속하는 일반적인 구조상의 문제들에 직면한다. 이 문제들은 따로 취급되지 않으면 안 된다. 그것들은 그저 역사적 연구만으로 취급될 수 없고 또 해결될 수 없다.

19세기에는 역사가 인간 언어의 과학적 연구에 대한 유일한 열쇠가 된다는 것이 여전히 널리 퍼져 있고 또 일반적으로 인정된 견해였다. 언어학의 모든 위대한 성과는 그들의 역사적 관심이 다른 모든 사상 경향을 거의 배제할 정도였던 학자들에 의하여 이루어졌다. 야콥 그림은 게르만계 언어들의 비교 문법을 위한 기초를 세운 최초의 사람이다. 인도-유럽어의 비교문법은 보프 및 포트에 의하여 시작되어 슐라이헤르, 브루크만 및 델브뤼크에 의하여 완성되었다. 언어사의 원리들에 관한 문제를 처음으로 제기한 사람은 헤르만 파울이었다. 그는 역사 연구만으로 인간 언어의 모든 문제가 해결될 수 없다는 사실을 잘 알고 있었다. 그는 역사적 지식이 항상 체계적인 고찰에 의하여 보충될 필요가 있다고 주장하였다.

그는 역사적 인식의 모든 분야에는 각기 거기 대응하는 하나의 과학이 있어, 역사적 대상들이 그 밑에서 발전하는 일반적 조건들을 다루며, 또 인간 현상의 모든 변화 속에서 언제까지나 불변하는 인자를 탐구한다고 선언하였다.11) 19세기는 비단 역사의 세기였을 뿐만 아니라 심리학의 세기였다.

그러므로 언어사의 원리들이 심리학의 분야에서 찾아지도록 되어 있었다고 하는 것은 당연히 추측되는 바이며, 또 자명한 일이기도 하였다. 이것은 언어 연구의 두 초석이었다. 레오나르드 블룸필드는 다음과 같이 말한다.

파울과 대부분의 그 동시대인들은 인도-유럽어만을 취급하였으며, 또 기술적 문제를 무시하여, 그 역사를 알 수 없는 언어는 연구하지 않았다. 이 제한은 그들로 하여금 인도-유럽어와는 다른 유형의 문법 구조를 알지 못하게 하였는데, 만일 이것을 알았더라면 그들은 인도-유럽어의 문법의 근본적 특징들이라 하더라도… 인간 언어에서 결코 보편적인 것이 되지 못한다는 사실에 눈을 떴을 것이다.…역사적 탐구의 큰 흐름과 나란히 일반적 언어 연구의 작은, 그러나 가속적인 흐름이 흐르고 있었다. 몇몇 학자들은 더욱 더 분명히 기술적 연구와 역사적 연구의 자연적 관계를 보았다. … 이 두 조류의 연구 즉 역사적-비교적 연구와 철학적-기술적 연구의 합류는 19세기의 위대한 인도-유럽어 학자들이 잘 보지 못했던 몇 가지 원리를 분명하게 하였다. … 언어의 역사적 연구는 모두가 두 짝 혹은 그 이상의 기술적 자료를 비교하는 데 그 기초를 두고 있다. 그것은 오직 이 자료들이 허용하는 한에서만 정확하고 완전한 것이 될 수 있다. 한 언어를 기술하기 위해서 우리에게는 그 어떤 역사적 지식도

---

11) H. Paul, *Prinzipien der Sprachgeschichte*(Halle, 1880), 1장. English trans. H. A, Strong(London, 1889).

필요하지 않다. 사실상 이와 같은 지식이 자기의 기술에 영향을 주는 것을 허용하는 관찰자는 자기의 자료를 왜곡하지 않을 수 없다. 우리의 기술은, 만일 그것이 비교적 연구에 대한 건전한 기초를 세우려 한다면 편견 없는 것이어야 한다.12)

이 방법론적 원리는 위대한 언어학자요 또 위대한 철학적 사상가인 한 사람의 저작 속에 그 최초의 그리고 어떤 의미에서는 그 고전적인 표현을 갖게 되었다. 빌헬름 폰 훔볼트는 세계의 언어들을 분류하고 이것들을 몇 개의 기본적 유형에 환원하는 방향으로의 첫걸음을 내디뎠다. 이 목적을 위하여 그는 순전히 역사적인 방법을 사용할 수 없었다. 그가 연구한 언어들은 이제 인도-유럽어의 유형들만이 아니었다. 그의 관심 분야는 광범위하며, 실로 언어 현상의 전 분야를 포함하는 것이었다. 그는 그의 동생 알렉산더 폰 훔볼트가 아메리카 대륙 탐험 여행에서 가지고 돌아온 풍부한 자료를 이용하여, 아메리카 토인들의 언어에 대한 분석적 기술을 행하였다.

언어의 다양성에 관한 그의 대저(大著) 제2권에서13) 훔볼트는 오스트로네시아, 인도네시아 및 멜라네시아의 여러 언어의 최초의 비교문법을 썼다. 하지만 이 언어들의 역사는 전혀 알 수 없는 것이었으므로, 이 문법을 위하여 이용할 수 있는 역사적 자료는 한 가지도 없었다. 훔볼트는 이 문제에 대하여 전혀 다른 각도에서 접근하여 그 자신의 길을 개척하지 않으면 안 되었다.

하지만 그의 방법은 엄밀하게 경험적인 것이었다. 따라서 관찰에 기

---

12) L. Bloomfield, *Language*(New York : Holt & Co., 1933), pp.17 이하.

13) Berlin(1836~1839). K. W. Humboldt, *Gesammelte Schriften*(Berlin Academy), 제7권, 1부를 참조.

초를 두었지, 사변에 기초를 둔 것은 아니었다. 그러나 훔볼트는 개개의 사실을 기술하는 것만으로 만족하지 않았다. 그는 곧장 그의 사실들로부터 매우 원대한 일반적 결론을 끌어내었다. 그는 우리가 인간 언어를 그저 <낱말들>이 모인 것이라고 생각하는 한, 그 성격과 기능에 대한 참된 통찰을 얻을 수는 없다고 하였다. 언어들 사이의 진정한 차이는 음성이나 기호의 차이가 아니라, <세계를 보는 태도>의 차이이다. 한 언어는 단순히 용어들의 기계적 집합이 아니다. 언어를 낱말들 혹은 용어들로 분해하는 것은 그 조직과 통일을 파괴하는 것이다. 그와 같은 생각은 언어 현상의 그 어떤 연구에나, 비록 치명적 타격을 주지 않는다 하더라도 해로운 일이다.

 우리들의 일상적인 생각에 따라 언어를 구성하고 있는 것으로 보이는 낱말들과 규칙들은 오직 연결될 말의 활동 속에서만 진정으로 존재하는 것이라고 훔볼트는 단정하였다. 이것들을 분리된 것으로 취급하는 것은 "우리들의 서투른 과학적 분석의 생명 없는 산물 이외의 다른 아무 것도 아니다." 언어는 <에르곤>(ergon, 이미 만들어진 것)으로서보다 오히려 <에네르게이아>(energeia, 활동)로 여겨져야 한다. 그것은 이미 만들어진 것이 아니라 연속적 과정이다. 그것은 사상을 표현하기 위하여 분절된 음성들을 활용하려는 인간 정신의 끊임없는 되풀이된 노력이다.14)

 훔볼트의 업적은 언어학적 사상에 있어서의 현저한 진보 이상의 것이었다. 그것은 또한 언어 철학의 역사에 있어서도 획기적인 것이었다. 훔볼트는 특수한 언어 현상을 전문적으로 연구한 학자도 아니었고, 또 셸링이나 헤겔 같은 형이상학자도 아니었다. 그는 칸트의 <비

---

14) 같은 책, pp.46 이하. 훔볼트의 이론에 대한 좀더 상세한 설명은 나의 *Philosophie der symbolischen Formen*, 제 1 권, pp.98 이하에 있다.

판적> 방법을 따랐으며, 언어의 구조에 관한 본질이나 기원에 관한 사변에 몰두하지 않았다. 이러한 문제는 그의 저서에서 한 번도 언급되지 않았다. 그의 저서의 전면에 나타난 문제는 언어의 구조적 문제들이었다. 이 언어의 문제들이 한갓 역사적인 방법으로 해결될 수 없다는 것은 오늘날 일반적으로 인정되어 있다. 서로 다른 여러 학파의 그리고 서로 다른 여러 분야에서 연구하고 있는 학자들은 기술적 언어학이 역사적 언어학으로 말미암아 피상적인 것으로 되어 버릴 수는 없다는 사실을 이구동성으로 강조하고 있다. 이는 후자, 즉 역사적 언어학이 언제나 우리가 직접 접근할 수 있는 언어 발달 단계들의 기술에 그 기초를 두지 않으면 안 되기 때문이라고 한다.15) 일반 사상사의 입장에서 볼 때, 이 점에 있어서 언어학이 인식의 다른 분야들에서 우리가 보는 바와 똑같은 변화를 겪고 있다는 것은 매우 흥미 있고 주목할 만한 사실이다. 예전의 실증주의는 구조주의라 부를 수 있는 하나의 새로운 원리에 의하여 대체되었다. 고전 물리학은 운동의 일반 법칙들을 발견하려면 언제나 <질점(質點)>의 운동에 대한 연구에서 출발하지 않으면 안 된다고 확신하고 있었다. 라그랑쥬의 『해석역학』(*Mécanique analytique*)은 이 원리에 기초를 둔 것이었다. 그 후 패러데이와 맥스웰에 의하여 발견된 전자장(電磁場)의 법칙들은 이와 정반대의 결론으로 기울어졌다. 전자장은 개개의 점으로 갈라질 수 없다는 것이 분명하게 되었다. 전자는 이제 다시는 그 스스로 존재하는 독립적인 실재물로 생각되지 않았다. 그것은 전체로서 하나의 장(場) 속에 있는 극한점이라 정의되었다. 이리하여 여러 점에서 고전적 역학에 대한 기존의 생각과 크게 다른 새로운 형의 <장의 물리

---

15) 예를 들어 O. Jespersen, *The Philosophy of Grammar*(New York : Holt & Co., 1924), pp.30 이하를 참조.

학>이 생겼다. 생물학에서도 이와 비슷한 발전을 볼 수 있다. 20세기 초 이래로 유력하게 된 새로운 전체설들은 생물에 대한 아리스토텔레스의 옛 정의로 되돌아갔다. 그들은 생물의 세계에 있어서 "전체가 부분에 앞선다"는 것을 주장하였다.

이 학설들은 진화의 사실들을 부인하지는 않으나, 다윈 및 정통적 다윈주의자들과 동일한 의미에서 이 사실들을 해석할 수는 없었다.16) 심리학에 관하여는 19세기를 통하여 극소수의 예외를 제외하고는 흄의 방법을 그대로 따르는 것이 일반적인 추세였다. 심리 현상을 설명하는 유일한 방법은 심리 현상을 그 최초의 요소들로 환원시키는 것이었다. 모든 복잡한 사실들은 단순한 감각적 소재의 누적 내지 집합으로 생각되었다. 현대의 게슈탈트(Gestalt) 심리학은 이러한 생각을 비판하였고, 그리하여 새로운 유형의 구조적 심리학으로 나아가는 길을 열었다.

언어학이 오늘날 이와 똑같은 방법을 채택하여 구조적 문제들에 더욱 더 전념한다 하더라도, 그렇다고 하여 이것은 기존 견해들이 그 중요성과 흥미에 있어 모든 것을 잃었음을 의미하는 것은 아니다. 하지만 언어학 연구는 직선으로 움직이는 대신, 그리고 언어 현상이 연대적 순서에만 관심을 갖는 대신 두 개의 다른 초점을 가진 타원의 선을 그리고 있다. 어떤 학자들은 19세기를 통하여 언어학의 특징이었던 기술적 견해와 역사적 견해의 결합이 방법론적 견지에서 볼 때 하나의 오류였다고까지 극언하였다. 페르디낭 드 소쉬르는 그의 여러 강의에서 <역사적 문법>이라고 하는 관념 전체가 포기되어야 할 것이라고 단언하였다. 그는 역사적 문법이란 잡종적 개념이라고 주장하

---

16) J. B. S. Haldane, *The Causes of Evolution*(New York and London, 1932) 참조.

였다. 그것은 하나의 공통분모에 환원시킬 수 없고 또 하나의 유기적 전체 속에 융합시킬 수 없는 두 개의 본질적으로 다른 요소를 포함하고 있다. 소쉬르에 의하면 인간 언어의 연구는 **하나**의 과학의 주제가 아니라 두 과학의 주제이다. 그와 같은 연구에 있어서 우리는 언제나 두 개의 서로 다른 축, 즉 <동시성의 축>과 <계기성의 축>을 구별하지 않으면 안 된다. 문법은 그 본성과 본질에 있어 전자의 형에 속한다. 소쉬르는 랑그(langue, 언어 체계)와 빠롤(parole, 언어 행위) 사이에 확연한 선을 그었다. 랑그는 보편적이요, 거기에 반하여 빠롤의 과정은 시간적인 과정으로서 개인적이다. 개인마다 그 자신의 말하는 방식을 가지고 있다. 그러나 언어의 과학적 분석에서는 이 개인적 차이들이 문제 되지 않고, 일반적 규칙들—말하는 사람 하나하나로부터 완전히 독립되어 있는 규칙들—을 따르는 사회적 사실이 연구된다. 이와 같은 규칙들이 없으면 언어는 그 주요 임무를 완수할 수 없었을 것이다. 즉 말하는 공동체의 모든 성원들 사이의 의사 전달 수단으로서 사용될 수 없었을 것이다. <공시적(共時的)> 언어학은 한결같은 구조적 관계들을 취급하고, <통시적(通時的)> 언어학은 시간 속에서 변화하고 발전하고 있는 현상들을 취급한다.17) 언어의 근본적인 구조적 통일은 두 가지 방법으로 연구될 수 있고 또 검사될 수 있다. 이 통일은 내용과 형식의 두 측면에서 다 같이 나타나며, 또 문법적 형식의 체계에서만 아니라, 그 음성의 체계에서도 명백히 드러난다. 한 언어의 성격은 두 요인에 다 같이 의존한다. 그러나 음운론의 구조적 문제들은 구문론이나 어형론의 문제들보다 훨씬 뒤에 발견되었다. 말의 형식들에 질서와 통일이 있다는 것은 명백하고 의심할 여지가 없다.

---

17) *Cours de linguistique générale*(1915 ; 제2판 Paris, 1922)라는 제목으로 소쉬르의 사후에 간행된 강의록을 참조하라.

이 형식들을 분류하고 이것들을 일정한 규칙들에 환원시키는 것은 과학적 문법의 최초의 과제들 가운데 하나가 되었다. 이 연구를 위한 방법들은 매우 이른 시기에 고도로 완성되어 있었다. 현대 언어학자들은 아직도 기원적 350년에서 250년 사이의 어떤 시기에 시작된 파니니의 산스크리트 문법을 인간 지성의 최대의 기념탑들 가운데 하나로서 언급하고 있다. 그들은 오늘에 이르기까지 다른 어떤 언어도 이만큼 완전하게 기술된 것이 없다고 주장한다. 그리스 문법학자들은 그들이 그리스어에서 발견한 품사들을 주의 깊게 분석하였으며, 또 온갖 구문론 및 문체의 문제에 흥미를 가지고 있었다. 그러나 문제의 내용적 측면은 알려져 있지 않았으며, 또 이것의 중요성이 19세기 초까지도 인정되지 않고 있었다. 이 때에 이르러 우리는 음성 변화의 현상을 과학적 방법으로 다루려는 최초의 시도들을 발견한다. 현대의 역사적 언어학은 제일적(齊一的)인 음성상 대응(音聲上 對應)의 조사 연구에서 시작하였다. 1818년에 라스크는 게르만계 언어들의 낱말들이 음성에 있어 다른 인도-유럽어의 낱말들과 더불어 형태상 규칙적인 관계를 갖고 있음을 밝혔다. 야콥 그림은 그의 독일어 문법에서 게르만계 언어와 그 밖의 인도-유럽어 사이의 자음의 대응을 조직적으로 설명하였다. 이 최초의 여러 관찰들은 현대 언어학과 비교 문법의 기초가 되었다. 그러나 그것들은 단순히 역사적 의미에서 이해되고 해석되었다. 야콥 그림이 그의 최초의 그리고 가장 깊은 영감을 얻은 것은 과거에 대한 낭만적인 애착에서였다. 이와 똑같은 낭만적인 정신은 프리드리히 슐레겔로 하여금 인도의 언어와 지혜를 발견하는 데로 나아가게 하였다.[18] 그러나 19세기 후반에는 언어학적 연구에 대한 관심이 다른 지적 충동들에 의하여 생기게 되었고, 또 유물론적 해

---

18) F. Schlegel, *Über die Sprache und Weisheit der Inder*(1808).

석이 유력해지기 시작하였다. 소위 <소장 문법학파>의 큰 야심은 언어학의 방법이 자연 과학의 방법과 동일한 수준에 있음을 증명하는 것이었다. 만일 언어학이 하나의 정밀 과학으로 여겨져야만 한다면 그것은 개개의 역사적 사건들을 기술하는 막연한 경험적 규칙들을 가지고서 만족할 수는 없었다. 그것은 논리적 형식에 있어서 자연의 일반 법칙들에 견줄 만한 법칙들을 발견하는 것이어야만 했다. 음성 변화의 현상은 그러한 법칙들이 존재한다는 것을 증명하는 듯이 보였다. 소장 문법학파는 산발적인 음성 변화 같은 것이 있다는 것을 부인하였다. 그들에 의하면, 모든 음성 변화는 어길 수 없는 규칙들을 따른다. 그러므로 언어학의 과제는 인간 언어의 모든 현상을 더듬어 이 근본적인 층, 즉 필연적이고 예외를 하나도 인정하지 않는 음성 법칙으로 되돌아가는 것이었다.[19]

트루베츠코이의 저서와 『프라하 언어학단 업적집』(*Travaux du Cercle Linguistique de Prague*)에서 발전된 현대 구조주의는 아주 다른 각도에서 문제에 접근하였다. 이 구조주의는 인간 언어의 현상에 있어서의 <필연성>을 찾아내려는 희망을 포기하지 않았으며 오히려 이 필연성을 강조하였다. 그러나 구조주의에 있어서는 이 필연성이라는 개념 자체가 재정의 되어야 했으며, 또 한갓 인과적 의미에서보다 오히려 목적론적 의미에서 이해되지 않으면 안 되었다. 언어는 단순한 소리들과 낱말들의 집합체가 아니라, 하나의 체계, 하나의 조직이다. 한편 언어의 체계적 질서는 물리적 혹은 역사적 인과 관계를 가지고서 기술될 수 없다. 개개의 특유어는 모두 형식적 의미에서나 또 내용적 의미에서나 다같이 그 자신의 구조를 가지고 있다. 만일

---

[19] 예를 들면 이러한 계획은 H. Osthoff and K. Brugmann, *Morphologische Untersuchungen*(Leipniz, 1878)에서 발전되었다. 자세한 것은 Bloomfield, 앞의 책, 1, 20, 21장 참조하라.

우리가 서로 다른 여러 언어의 음운(音韻)을 검토해 본다면, 우리는 제일적이고 고정된 하나의 도식 밑에 포섭될 수 없는 서로 매우 다른 유형을 볼 수 있을 것이다. 이 음운들을 선택하는 데 있어 여러 다른 언어들은 그 자신의 독특한 특징을 드러낸다. 그럼에도 불구하고 하나의 주어진 언어의 음운들 가운데는 언제나 엄격한 연결이 있음을 밝힐 수 있다. 이 연결은 상대적인 것이고 절대적인 것이 아니며, 또 가설적인 것이요 확정적인 것이 아니다. 우리는 이것을 아 프리오리하게 일반적인 논리적 규칙으로부터 연역할 수 없고, 다만 우리들의 경험적 자료에 의존해야 한다. 하지만 이 자료도 내면적 통일을 보여주고 있다. 일단 우리가 몇 개의 근본적 자료를 얻게 되면, 우리는 이 자료로부터 이것들과 한결같이 연결되어 있는 다른 자료를 연역해 낼 수 있는 처지에 있게 된다. 브룅달은 이 신구조주의의 프로그램을 공식화하면서 다음과 같이 적고 있다. "언어적 구조의 조건들을 연구하며, 음운론적 체계 및 어형론적 체계에 있어서 가능한 것을 불가능한 것으로부터, 우연적인 것을 필연적인 것으로부터 분간하는 것이 필요할 것이다."[20]

만일 우리가 이 견해를 받아들인다면, 인간 언어의 내용적 기초와 음성 현상 자체까지도 새로운 방법으로 그리고 또 다른 각도에서 연구되지 않으면 안 된다. 사실상 이미 오늘날에는 한갓 내용적 기초만이 있다는 것을 인정할 수 있다. 형식과 내용을 구별하는 것은 인위적

---

20) V. Bröndal, "Structure et variabilité des systéme morphologiques", in *Scientia*(Août, 1935), p.119. 현대 구조주의 언어학의 여러 문제와 방법에 관한 상세한 설명은 *Travaux du Cercle Linguistique de Prague*(1929 이후)에 발표된 논문들을 참조하라. 특히 H. F. Pos, "Persoectives du structuralisme", in *Travaux*(1929), pp.71 이하를 참조. 구조주의의 역사에 대한 일반적인 개관이 R. Jakobson, "La Scuola Linguistica di Praga", in *La cultura*(Anno 12), pp.633 이하에 있다.

이요 부당하다고 아니 할 수 없다. 언어는 형식과 내용이라고 하는 두 개의 독립되어 있고 고립되어 있는 요인들로 분리될 수 없는 하나의 통일체이다. 새로운 음운론과 이전의 여러 유형의 음성학 사이의 차이는 바로 이 원리 속에 있다. 음운론에서 우리가 연구하는 것은 물리적 음성이 아니라, 의미를 가지고 있는 음성이다. 언어학은 음성의 성질에 관심을 갖지 않고 그 어의적 기능에 관심을 갖는다. 19세기 실증주의적 학파들은 음성학과 의미론은 서로 다른 방법으로 분리되어 연구되어야 한다고 확신하고 있었다. 언어의 음성은 물리학이나 생리학을 가지고서 기술될 수 있는, 아니 기술되지 않으면 안 될 단순한 물리적인 현상으로 생각되었다. 소장 문법학파의 일반적인 방법론적 견지에서 볼 때 이러한 생각은 비단 이해할 수 있는 것일뿐더러 또한 필연적인 것이었다. 왜냐하면 그들의 근본 주장—음성 법칙이 예외를 하나도 용납하지 않는다는 주장—은 음성 변화가 비음성적 요소들로부터 독립해 있다고 하는 가정에 그 기초를 두고 있었기 때문이다. 즉 음성 변화는 분절의 습관에 있어서 변화 이외의 다른 아무 것도 아니므로 그것은 그것이 생길 때마다 어떤 음운에 영향을 미치되, 때로 이 음운이 일어나는 그 어떤 특수한 언어 형태의 성질에도 상관없이 영향을 미칠 것임에 틀림없다고 생각되었다. 이 이원론은 최근의 언어학에서 자취를 감추었다. 음성학은 이제 하나의 분리된 분야가 아니라, 의미론의 일부가 되었다. 이는 음운이 하나의 물리적 단위가 아니라 의미의 단위이기 때문이다. 그것은 <판별할 수 있는 음성 성질의 극소 단위>라고 정의된 바 있다. 어떤 발성의 거친 청각적 성질 가운데도 의미를 가지고 있는 몇몇 면이 있다. 왜냐하면 이것들이 의미의 차이를 표현하는 데 사용되고 있는 데 반하여, 다른 것들은 의미에 아무 구별을 두지 않는 것이기 때문이다. 모든 언어는 각기 그 음운 조직, 다른 언어와는 분명히 다른 음운 조직을 가지고 있다. 중국어에서는 음성의 높고 낮은 음조의 변화가 낱말들의 의미를 변화시키는 가장 중요한 수단인데, 다른 언어에서는 이러한 변화가 아무 의미 없는 것이다.[21] 있을 수 있는 무한히 많은 물리적 음성들 가운데서 모든 언어는 각기 그 음운으로서 한정된 수의 음성을 선택한다. 그러나 이 선택은 제멋대로 행해지는 것이 아닌데, 이는 음운이 하나의 통일된 전체를 이루고 있기 때문이다. 이 음운들은 일반적인 여러 유형, 즉 몇 개의 음성형으로 환원시킬 수 있다.[22] 이 음성형들은 언어의 가장 지속적이고 특색 있는 성질 가운데 하나인 듯싶다. 사피어는 언어마다 그 음성형을 그대로 지켜가려는 강한 경향이 있다는 사실을 강조한다.

우리는 언어 형태—음성형과 어형론—에 있어서의 주요한 일치와 차이를 언어의 자율적 추세로 돌려야 할 것이고, 어떤 때에는 이렇게 또 어떤 때에는 저렇게 한데 뭉치는 단일하고 분산된 특성들의 복잡한 결과로 돌려서는 안 될 것이다. 언어는 아마도 모든 사회 현상 가운데서 가장 자기 완결적이고 가장 완강하게 저항하는 것일 것이다. 그 개별적 형태를 해체하는 것보다 그것을 아주 없애 버리는 것이 훨씬 쉬운 일이다.[23]

---

[21] 내가 아는 한 인도-유럽어족의 여러 언어 가운데 스웨덴어만이 음조 혹은 음의 억양이 일정한 의미론적 기능을 지니고 있다. 스웨덴어 중에서 몇몇 단어들은 높고 짧은 음으로 발음되는지 혹은 낮고 긴 음으로 발음되는지에 따라 그 의미가 완전히 달라진다.

[22] 더 자세한 것은 Bloomfield의 앞의 책을 참조하되, 특히 5, 6장을 참조하라.

[23] E. Sapir, *Language. An Introduction to the Study of Speech*(1921), p.220. 음성학(phonetics)과 음운론(phonology)의 차이에 대하여서는 *Journal de psychologie*(Paris, 1933), 제 30 권에 실린 트루베츠코이의 "La phonologie actuelle"를 참조하라. 트루츠코베이에 의하면 음성학의 과제는 인간 언어의

그러나 언어의 이 〈개별적 형태〉가 실제에 있어 무엇을 의미하는가에 관한 물음에 답하기란 매우 어려운 일이다. 이 물음에 직면할 때 우리는 언제나 진퇴양난에 빠진다. 우리는 두 가지 극단적인 것, 즉 두 가지 극단적인 해결법을 피하지 않으면 안 된다. 이것들은 모두 어느 의미에서는 불완전하다. 만일 언어가 모두 각기 그 개별적 형태를 가지고 있다는 설이, 인간 언어에서 그 어떤 공통되는 면을 찾는 것이 쓸데없는 일이라는 사실을 함축하는 것이라면, 우리는 언어 철학이라는 사상이 한갓 공중누각임을 인정하지 않을 수 없게 될 것이다. 그러나 경험적 관점에서 반대할 여지가 있는 것은 이러한 공통적인 면들의 존재이기보다 오히려 그 명확한 서술이다. 그리스 철학에서 〈로고스〉란 말 자체는 언제나 언어 행위와 사고 행위 간의 근본적 동일성의 관념을 시사하고 또 지지하였다. 문법과 논리는 동일한 주제를 가진 서로 다른 두 개의 지식의 분과로 생각되었다. 아리스토텔레스의 고전적인 논리학과 크게 다른 체계를 가지고 있는 현대 논리학자들도 아직 이와 동일한 의견을 가지고 있었다. 〈귀납 논리〉의 창시자인 존 스튜어트 밀은 문법이 사고 과정에 대한 분석의 시초이므로 논리학의 가장 기본적인 부분이 된다고 단언하였다. 밀에 의하면 문법의 원리들과 규칙들은 언어의 형식들과 사고의 보편적 형식들을 일치하게끔 하는 수단들이다. 그러나 밀은 이렇게 말하는 것만으로 만족하지 않았다. 그는 나아가 어떤 특수한 품사 조직—라틴어와 그리스어의 문

---

음성에 있어서의 물질적 요소들, 그리고 말하는 사람들의 여러 가지 다른 음성 혹은 발성하여 내는 운동들에 상응하는 공기의 진동을 연구하는 것이다. 음운론은 물리적 음성을 연구하지 않는 대신에 〈음운〉을 연구한다. 즉 언어학적 의미의 구성 요소를 연구한다는 것이다. 음운론의 견지에서 볼 때 음성이란 단지 〈음운의 물질적 상징〉일 뿐이다. 음운 자체는 〈비물질적인〉 것이다. 왜냐하면 의미란 물리학이나 생리학으로는 기술될 수 없는 것이기 때문이다.

법에서 연역되어 온 조직―이 일반적이고 객관적인 타당성을 가지는 것이라고까지 말하였다. 갖가지 분사, 명사들의 격(格), 동사들의 법과 시제 및 분사들의 기능들 간의 차이가 밀에게는 사고에 있어서의 차이이지, 한갓 낱말들에 있어서의 차이가 아니라고 생각되었다. 그는 "각 문장의 구조는 논리학의 한 과이다"[24]라고 주장하였다. 언어학 연구의 진보는 이 입장을 더 이상 지지할 수 없는 것으로 만들었다. 왜냐하면 품사의 체계가 고정되고 제일적인 성격을 가진 것이 아니라, 언어에 따라 서로 다르다는 것이 일반적으로 인지되게 되었기 때문이다. 더구나 라틴어에서 파생되어 나온 언어들 속에도 라틴어 문법의 보통 용어와 범주로 적절하게 표현할 수 없는 면이 많이 있다는 것이 고찰되었다. 프랑스어의 연구자들은 만일 프랑스어의 문법이 아리스토텔레스의 제자들에 의하여 저술되지 않았다면 지금과는 아주 다른 형태를 가지게 되었을 것이라는 사실을 때때로 강조하였다. 그들은 라틴어 문법의 구별을 영어 혹은 프랑스어에 적용한 결과 중대한 과오가 많이 생겼고, 또 그와 같은 적용은 언어 현상의 편견 없는 기술에 중대한 장해가 되었었다고 주장하였다.[25] 우리가 근본적이고 필연적인 것으로 생각하는 문법상의 많은 구별은 인도-유럽어족 이외의 언어를 검토하자마자 그 가치를 잃어버리든가 그렇지 않으면 적어도 매우 불확실한 것이 되고 만다. 합리적인 언어와 사고에 반드시 있어야 할 구성 요소로 여겨지는, 품사에 관한 일정하고 특유한 체계가 있어야만 한다는 것은 결국 하나의 착각이라는 것이 명백하게 되었다.[26]

---

[24] 다음에 계속되는 단락은 나의 논문 "The Influence of Language upon the Development of Scientific Thought", in *Journal of Philosophy*, 제39권, 제12호(1942. 6), pp.309~327에 근거를 둔 것이다.

[25] F. Brunot, *La pensée et la langue*(Paris, 1922)를 참조.

이 모든 것이 일반적이고 합리적인 문법, 즉 합리적 원리에 기초를 둔 문법이라는 옛 개념을 포기해야만 한다는 사실을 증명하는 것은 아니다. 그러나 우리는 이 개념을 재정의해야 하며, 또 이것을 하나의 새로운 의미에서 정식화하지 않으면 안 된다. 단일한 품사 체계라는 프로크루스테스의 침대 위에 모든 언어를 틀어박는 것은 헛된 시도일 것이다. 많은 현대 언어학자들은 <일반 문법>이라는 말 자체가 과학적 이상이기보다 오히려 하나의 우상을 표시하는 것이라고 생각하여, 우리로 하여금 이런 말을 삼가야 한다고까지 극언하였다.[27] 그러나 이와 같은 비타협적인 극단적 태도를 이 분야의 학자들 모두가 가지고 있었던 것은 아니다. 철학적 문법이라는 개념을 주장하고 옹호하는 진지한 노력이 여러 차례 있었다. 예스페르센은 특별히 문법 철학을 위한 책을 썼는데, 이 책 속에서 그는 현실에서 찾아볼 수 있는 각 언어의 구조에 의거하는 구문법의 여러 범주들 이외에 혹은 이 범주들을 초월하여 혹은 이 범주들 배후에 현존하는 언어의 다소 우연적인 사실들에 무관계한 범주들이 있다는 것을 증명하려고 애썼다. 이 범주들은 그것들이 모든 언어에 적용될 수 있다는 점에서 보편적이다. 예르페르센은 이 범주들을 <상념적>이라 부르기를 제안하였으며, 또 각 경우마다 이 상념적 범주들과 문법상의 범주들 사이의 관계를 조사 연구하는 것이 문법학자의 과제라고 생각하였다. 이와 같은 견해는 다른 학자들, 예컨대 옐므스테프와 브뢴달에 의해서도 표명되었다.[28] 사피어에 의하면 모든 언어는 각기 보다 우연적인 성격을 가

---

26) 더 자세한 것은 Bloomfield, 앞의 책, pp.6 이하와 Sapir, 앞의 책, pp.124 이하를 참조.

27) 예를 들어, Vendryés, *Le langue*(Paris, 1922), p.193을 참조.

28) L. Hjelmstev, *Principes de grammaire générale*(Copenhagen, 1928); V. Bröndal, *Ordklassarne* (Résumé: Les parties du discours, partes orationis,

진 범주들과 더불어 몇몇 필연적이고 불가결한 범주들을 내포하고 있다.29) 그러므로 일반 문법 혹은 철학적 문법의 관념은 비록 오늘날에 이르러서는 이전의 시도들에서 사용되었던 수단에 의해서 실현될 수 있으리라고 바랄 수는 없으나, 아주 무효한 것이 되지는 않고 있다. 인간 언어는 비단 보편적인 논리적 임무만이 아니라, 말을 주고받는 공동체의 특수한 사회적 조건에 의존하는 사회적 임무도 수행하지 않으면 안 된다. 그러므로 우리는 문법적 형태와 논리적 형태 사이의 실질적 일치, 일대 일의 대응을 기대할 수는 없다. 문법적 형식의 경험적이고 기술적인 분석은 구조 분석과는 다른 임무를 가지고 있고, 또 다른 결과들에게로 이끌어간다. 구조 분석의 예로서는 카르납의 『언어의 논리적 구문법』(*Logical Syntax of Language*)에 관한 저작 속에 전개된 것을 들 수 있다.

3

 인간 언어의 복잡하고 우리를 당황케 하는 미로를 뚫고 인도해 주는 아리아드네의 실마리를 찾기 위하여 우리는 이중의 방법으로 전진할 수 있다. 우리는 논리적이고 체계적인 질서를 찾으려고 할 수도 있고, 혹은 연대적이고 발생적인 질서를 찾을 수도 있다. 이 둘째 경우에 있어 우리는 개개의 특유어와 다양한 언어형의 근원에로 더듬어 올라가 이런 것들 이전의 단순하고 일정한 형태를 갖추지 못했던 단계를 찾아보려고 애쓴다. 이런 유형의 시도들은 19세기 언어학자들에 의하여

---

Copenhagen, 1928)을 참조.
29) Sapir, 앞의 책, pp.124 이하.

이루어졌었는데, 이 때에는 인간 언어가 그 현재 형태에 도달하기 전, 일정한 문장과 구성적 혹은 어형적 형식이 없었던 한 단계를 통과하지 않으면 안 되었다는 의견이 두루 퍼져 있었다. 언어는 최초에 단순한 요소들, 즉 단음절의 뿌리들로 되어 있었다. 낭만주의가 이 견해에 찬성하고 나섰다. 슐레겔이 제창한 학설에 의하면 언어는 이전의 무조직적이고 일정한 형태가 없는 상태로부터 발전하였다. 이 상태로부터 그것은 일정한 순서를 따라 보다 진보된 다른 단계—고립적, 교차적, 굴절적—로 옮아갔다. 슐레겔에 의하면 굴절적 언어들은 이 진화에 있어서의 최후의 단계로서 정말 유기적인 언어들이다. 철저한 기술적 분석은 대부분의 경우에 있어서 이러한 이론들이 그 근거를 두고 있던 증거를 파괴하였다. 단음절의 뿌리들로 성립하는 언어의 한 예로 흔히 인용되는 중국어의 경우, 현재의 고립적 단계에 앞서 굴절적 단계가 있었다는 것을 어느 정도 확실한 것으로 생각할 수 있게 되었다.[30] 비록 주어와 목적어 사이의 차이, 부가어와 술어 사이의 차이와 같은 형식적 관계의 표현은 언어에 따라 크게 다르지만, 형식적 요소 혹은 구조적 요소가 전혀 없는 언어란 하나도 없다. 형식이 없으면, 언어를 역사적 구성물이라 할 수 있을지 매우 의심스러울 뿐 아니라 또한 그 말 자체가 모순된 것으로 보인다. 가장 미개한 국민의 언어들도 결국 형식이 없는 것은 아니다. 도리어 그것들은 대부분의 경우 매우 복잡한 구조를 보여주고 있다. 세계의 언어들에 대한 가장 포괄적인 지식을 가지고 있었던 현대 언어학자 메이예는 우리가 알고 있는 특유어로서 원시인의 언어가 어떤 것이었던가에 대한 관념이 우리에게 조금이라도 주는 것이란 하나도 없다고 주장하였다. 인간 언

---

30) B. Karlgren, "Le Proto-Chinois, langue flexionelle", in *Journal asiatique*(1902)를 참조.

어의 모든 형태는, 그것들이 인간의 감정과 사상을 명백하고 적절하게 표현함에 있어 성공하는 한, 완전한 것이다. 소위 원시적 언어는 우리들 자신의 언어가 세련되고 뭐든지 아는 체하는 우리들의 문화의 목적들에 합치하고 있는 것에 못지않게 원시적 문명의 조건들 및 원시적 정신의 일반적 경향에 합치하고 있다. 예컨대 반투족의 여러 언어에 있어서 모든 명사는 각기 일정한 유에 속하고, 또 이와 같은 모든 유는 각기 그 특별한 접두사에 의하여 특징지어진다. 이 접두사들은 명사 자체에만 나타나는 것이 아니라, 매우 복잡한 일치 및 대응의 체계에 합치하면서, 그 명사에 관계있는 문장의 다른 모든 부분에서 되풀이되지 않으면 안 된다.31)

개개의 특유어의 다양성과 언어형의 이질성은 이것들을 철학적 견지에서 보느냐 혹은 과학적 견지에서 보느냐에 따라 아주 다른 모습을 드러낸다. 언어학자는 이러한 다양성을 좋아한다. 그는 인간 언어의 바다 속으로 그 진정한 깊이를 측량하고자 하는 희망도 없이 뛰어든다. 어느 시대를 막론하고 철학은 이와 반대되는 방향으로 움직였다. 라이프니츠는 <보편적 기호>가 없으면 결코 <보편 과학>을 얻을 수 없을 것이라고 주장하였다. 그러나 설사 이 과제가 완수된다 하더라도 인간 문화의 철학은 여전히 동일한 과제에 직면하지 않으면 안 될 것이다. 인간 문화를 분석할 때, 우리는 사실들을 그 구체적 형상에 있어서, 그 모든 차이와 다양성을 받아들이지 않으면 안 된다. 언어 철학은 여기에서 모든 상징 형식을 연구할 때 나타나는 딜레마와 똑같은 딜레마에 부딪친다. 이 모든 형식에서 최고의, 아니 유일한 임무는 사람들을 결합시키는 것이다. 그러나 이 형식들의 어느 하나

---

31) 좀 더 자세한 것은 C. Meinhof, *Grundzüge einer vergleichenden Grammatik der Bantu-Sprachen*(Berlin, 1906)을 참조.

도 동시에 사람들을 분할하고 분리시키지 않고서는 이 통일, 이 결합을 가져올 수 없다. 그리하여 문화의 조화를 확보하려고 의도되었던 것이 가장 심각한 불화와 분리의 원천이 된다. 이것은 크나큰 이율배반이요, 종교 생활의 변증법이다.32) 동일한 변증법이 인간 언어에도 나타난다. 언어가 없으면 사람들의 공동 생활은 있을 수 없을 것이다. 하지만 이러한 공동 생활에 대해서 언어가 갖가지로 다르다는 사실보다 더 중대한 장해물은 없을 것이다. 신화와 종교는 언어의 이러한 차이를 필연적이고 불가피한 사실로 보려 하지 않는다. 신화와 종교는 이것을 인간 본래의 소질 및 사물들의 본성이라기보다 오히려 인간의 과오 혹은 죄의 탓으로 돌린다. 많은 신화에서 우리는 성서에 있는 바벨탑의 이야기와 흡사한 것을 발견할 수 있다. 근대의 여러 시기에 있어서도 인간은 인류가 아직 하나의 제일적인 언어를 가지고 있었던 황금 시대에 대한 깊은 동경을 언제나 간직하고 있었다. 인간은 그 원시적 상태를 마치 잃어버린 낙원인양 돌이켜 본다. 또한 <아담의 언어>(lingua Adamica)—즉, 인간 최초의 조상들의 <진정한> 언어, 관습적 기호로만 되어 있지 않고 오히려 사물들의 본성과 본질을 표현한 언어—에 대한 옛 꿈은 철학의 영역에 있어서도 완전히 사라지지 않았다. 이 아담의 언어의 문제는 17세기의 철학적 사상가들 및 신비가들에 의하여 계속 진지하게 논의되었다.33)

하지만 만일 언어의 참된 통일이 있다면, 그 통일은 실체적인 통일일 수 없다. 그것은 오히려 기능적 통일로 정의되지 않으면 안 된다. 그러한 통일은 내용 혹은 형식에 있어서의 동일성을 전제로 하지 않

---

32) 이 책의 7장, PP. 132~133 참조.

33) 예를 들어 G. W. Leibniz, *Nouveaux essais sur l'entendement bumain*, Bk. 3, 2장을 참조.

는다. 두 개의 다른 언어는 그 음성 체계에 있어서나 또 그 품사 체계에 있어서 대립되는 두 극단을 이룰 수 있다. 이것은 그 두 언어가 말을 주고받는 공동체 생활에서 동일한 임무를 수행하는 것을 방해하지 않는다. 여기서 중요한 것은 수단들의 다양성이 아니라, 목적에 대한 그것들의 적합성과 합치이다. 이 공통 목적이 어떤 언어형에 있어서 다른 언어형에서보다 더 완전하게 달성되고 있다고 생각할 수는 있다. 대체적으로 어느 한 특유어의 가치에 대해서 판단을 내리기를 좋아하지 않는 훔볼트도 여전히 굴절적 언어를 일종의 모범이요 우수한 모델이라고 보았다. 그에게 있어 굴절적 형태는 아주 정합적이고 엄격한 규칙들을 따르고 있는 유일한 합법칙적 형태였다.[34] 현대 언어학자들은 우리에게 이와 같은 판단을 내려서는 안 된다고 경계하였다. 이들은 언어형의 가치를 평가하기 위한 공통적이고 유일한 표준은 없다고 말한다. 여러 언어형을 비교해 보면, 어떤 한 유형이 다른 유형보다 명확한 장점들을 가지고 있는 것처럼 보일지 모르나, 더 정밀하게 분석하면 우리가 어떤 한 유형의 결점으로 보는 것이 다른 장점들에 의하여 보상되고 평형될 수 있다는 것을 흔히 확신하게 된다. 사피어는 만일 우리가 언어를 이해하려 한다면, 우리는 우리가 특별히 좋아하는 가치에 관한 오류를 시정하며, 또 언어와 호텐토트어를 한결같이 냉정하고 흥미를 가진 초탈한 태도로 대하는 습관을 붙이지 않으면 안 된다고 주장한다.[35]

만일 사불늘의 수어진 혹은 기존의 질서를 모사 내지 모방하는 것이 인간 언어의 임무라면, 우리는 이와 같은 초탈한 태도를 결코 유지할 수 없을 것이다. 이렇게 되면 결국 두 개의 다른 모사 가운데 하나가

---

34) Humboldt, 앞의 책, 제7권, 2부, p.162.
35) Sapir, 앞의 책, p.130.

보다 낫다는, 즉 그 중의 하나가 원래의 것에 더 가깝고 다른 하나가 원래의 것으로부터 더 멀다는 결론을 피할 수 없다. 하지만 만일 우리가 언어에 대해서 단순한 재생적 기능보다도 오히려 생산적이고 건설적인 기능이 있다고 본다면, 우리는 이와 아주 다른 판단을 내릴 것이다. 이 경우에 더할 수 없이 중요한 것은 언어의 <작품>이 아니라 그 <에너지>이다. 이 에너지를 측정하려면 단순히 언어의 성과, 소산 및 최후의 결과를 분석하는 대신에 언어적 과정 자체를 연구하지 않으면 안 된다.

심리학자들은 인간 언어의 참된 본성에 대한 통찰이 없으면, 인간 정신의 발달에 대한 우리의 지식이 언제까지나 피상적이고 불완전한 채로 있으리라는 것을 이구동성으로 강조하고 있다. 그러나 언어 심리학의 방법에 관해서는 아직도 불확실한 점이 많다. 우리가 그 현상들을 심리학 혹은 음성학의 실험실에서 연구하든, 혹은 다만 내성적인 방법에만 의거하여 연구하건, 우리는 그 어느 경우에나 한결같이 이 현상들이 너무나 변화무상하고 유동적이어서 고정화하려는 온갖 노력을 거부한다는 인상을 받는다. 그렇다면, 말할 줄 모르는 피조물 ―말을 획득하기 전의 인류 혹은 동물―에 속하는 것으로 볼 수 있는 정신적 태도와, 자기의 모국어를 충분히 구사할 수 있는 성인의 특징을 이루는 그와 다른 정신의 구조 사이의 근본적 차이는 어디에 있는가?

무척 진기한 일이지만, 이 문제에 대해서는 언어 발달의 보편적인 예와는 다른 경우에 기초하여 해결책을 찾는 것이 더 쉬운 일이다. 헬렌 켈러와 로라 브리지만36)의 경우에 대한 우리의 고찰은 말의 상징성에 대한 최초의 이해와 더불어 진정한 혁명이 그 아이의 생활에 일

---

36) 이 책의 3장, pp.68~76을 참조.

어난다는 사실을 밝혀내었다. 이 때부터 그 아이의 인격적, 지적 생활 전체가 새로운 형상을 띠게 된다. 대략 이 변화는 그 아이가 보다 주관적인 상태에서 객관적인 상태로, 한갓 감정적인 태도에서 이론적인 태도로 옮아간다는 말로 묘사할 수 있다. 이와 똑같은 변화는 비록 훨씬 덜 극적이기는 하지만 모든 정상적인 아동의 생활에서도 찾아볼 수 있다. 아동 자신은 자신의 정신 발달을 위한 이 새로운 도구의 의의를 명백히 의식하고 있다. 그는 순전히 수동적으로 가르침을 받는데 만족하지 않고, 도리어 더 나아가 말의 과정에 적극적으로 참여한다. 이 과정은 동시에 점진적 객관화의 과정이다. 헬렌 켈러와 로라 브리지만의 선생들은 이 두 아이가 모두 일단 이름들을 사용하는 것을 이해하게 되자 얼마나 열심히 또 얼마나 안타깝게 자기 주위에 있는 모든 사물의 이름을 하나하나 묻기를 계속했던가를 우리에게 전해 주고 있다.[37] 다음의 경우도 정상적 언어 발달에 있어서의 하나의 일반적 특성이다. 데이비드 메이저는 다음과 같은 경우를 말한다. "23개월째로 접어들면서부터 그 아이는 돌아다니면서 물건들에다 이름을 붙이는 열광적인 습관이 생겼다. 그것은 마치 그 아이가 다른 사람들에게 그 물건들의 이름이 무엇인가를 알려주거나 또는 그 아이가 살펴보고 있는 물건에 우리의 주의를 환기시키려 하는 것 같았다. 그 아이는 하나의 물건을 쳐다보거나 손가락으로 가리키며, 또는 거기에 손을 얹고는 그 이름을 말하고 그리고 나서는 자기 동무들을 둘러보곤 하는 것이었다."[38] 이와 같은 태도는 만일 이름이 그 아이의 정신적 성장에 있어서 수행할 제일 중요한 기능을 가지고 있다는 사실이

---

[37] 이 책의 3장, pp.70~72을 참조.

[38] D. R. Major, *First Steps in Mental Growth*(New York: Macmillan, 1906), pp.321 이하.

없다면, 이해될 수 없을 것이다. 만일 어떤 아동이 말을 배울 때 단순히 몇몇 어휘를 배워야만 한다면 또 만일 다만 자기의 마음과 기억에다가 다량의 인위적이고 임의적인 음성을 아로새겨야만 한다면, 이는 순전히 기계적 과정일 것이다. 그것은 극히 힘들고 싫증나는 일일 것이며, 또 아동이 그 일을 기꺼이 하기 위해서는 지나치게 큰 의식적 노력이 필요할 것이다. 이는 그 아동이 해야 할 일이 현실적인 생물학적 필요와 전혀 연결이 없는 일이기 때문이다. 모든 정상적인 아동이 어떤 나이에 도달했을 때 나타내는 그리고 또 모든 아동 심리학 연구자에 의하여 기술된 <이름에 대한 굶주림>은 이와 반대되는 것을 증명하고 있다.[39] 그것은 여기에서 우리가 하나의 아주 다른 문제에 직면하고 있음을 생각하게 한다. 사물에 이름을 붙이는 것을 배움으로써 아동은 기존의 경험적 대상에 대한 그의 이전의 지식에다가 단순히 인위적인 기호의 목록을 첨가하는 것이 아니다. 오히려 그는 이 대상들의 개념을 형성하는 것, 객관적 세계와 절충하는 것을 배운다. 이때 이후로 아동은 좀더 확고한 지반 위에 서게 된다. 그의 막연하고 불확실하고 계속해서 변동하는 지각과 몽롱한 감정은 새로운 형상을 띠기 시작한다. 그것들은 고정된 중심, 사상의 초점으로서의 이름의 둘레에 결정화한다고 하겠다. 이름의 도움이 없으면, 객관화의 과정에서 이루어진 모든 새로운 진보도 항상 다음 순간에 다시 잃어버릴 위험이 다분히 있다. 아동이 의식적으로 사용하는 최초의 이름들은 소경이 길을 더듬는 데 있어 큰 도움이 되는 지팡이에 비길 수 있다. 그리고 언어는 전체적으로 볼 때 하나의 새로운 세계로 나아가는 길이 된다. 모든 진보는 여기서 하나의 새로운 전망을 열며, 또 우리의

---

[39] 예를 들어 C. and W. Stern, *Die Kindersprache*(Leipzig, 1907), pp.175 이하를 참조.

구체적 경험을 넓히고 풍부하게 한다. 말을 하고자 하는 열망은 단지 이름을 배우거나 혹은 사용하는 데 대한 욕망에서만 생기는 것이 아니다. 그것은 객관적 세계를 탐구하고 정복하려는 욕망의 표시이다.[40]

우리들 역시 외국어를 배울 때, 아동의 경험과 유사한 경험을 할 수 있다. 이 때에는 새 어휘를 습득하거나 또는 추상적 문법 규칙들의 체계에 익숙하게 되는 것만으로는 충분하지 못하다. 이 모든 것은 필요한 일이기는 하나, 그것은 단지 별로 중요하지 않은 최초의 단계일 따름이다. 만일 우리가 그 새 언어를 가지고 생각하는 것을 배우지 않는다면, 우리의 모든 노력은 언제까지나 열매를 맺지 못한다. 우리는 대부분의 경우 이 요구 조건을 충족시키는 것이 극히 어려운 일임을 발견한다. 언어학자들과 심리학자들은, 어떤 어른도 아동처럼 또는 아동만큼 성취할 수 없는 과제를 어떻게 하여 아동은 자기 자신의 노력으로 성취할 수 있는가의 문제를 자주 제기하였다. 우리는 앞에서 행한 우리의 분석을 돌이켜 봄으로써 이 까다로운 문제를 해결할 수 있을 것이다. 우리 의식 생활의 후기의 보다 진보한 상태에서 우리는 우리로 하여금 인간 언어의 세계로 처음 발길을 들여놓게 한 과정을 절대로 되풀이할 수는 없다. 초기 아동 시대의 신선함과 민첩함과 신축성 속에는 이 과정이 하나의 아주 다른 의미를 가지고 있었다. 무척 역설적인 일이지만, 기왕에 자기가 알고 있던 언어를 잊어버리는 것보다는 오히려 새 언어를 하나 배우는 것이 훨씬 덜 어렵다. 우리는 다시금 아동의 정신 상태, 즉 생전 처음으로 객관적 세계의 개념 형성에 나아가는 정신 상태 속에 처할 수 없다. 어른들에게 있어 객관적

---

[40] 이 문제에 대한 좀 더 자세한 논의는 E. Cassirer, "Le langage et la construction du monde des objets", in *Journal de psychologie*, XXXe Année(1933), pp.18~44를 참조.

세계는 언어 활동의 결과로 이미 일정한 형상을 가지고 있다. 이 형상은 어느 의미에서 우리의 다른 모든 활동의 유형을 짜놓고 있다. 우리의 지각들, 직관들 및 개념은 우리의 모국어의 용어들 및 언어 형식과 합체되어 있다. 단어와 사물 사이의 유대를 풀어버리는 데에는 큰 노력이 필요하다. 그런데 우리가 한 언어를 새로 배우려 할 때에는 이와 같은 노력을 해야 하며 또 이 두 요소를 분리시키지 않으면 안 된다. 이러한 곤란을 극복하는 일은 언제나 한 언어의 학습에 있어서 새롭고 중요한 일보를 내딛는 것이다. 어떤 외국어의 <정신> 속에 파고 들어갔을 때 우리는 언제나 새로운 한 세계, 그 자체의 지적 구조를 가지고 있는 한 세계에 접근한다는 인상을 받는다. 그것은 마치 알지 못하는 나라에의 탐험 여행과 같으며, 그러한 여행에서 얻는 최대의 소득은 우리의 모국어를 새로운 각도에서 보는 것을 배우는 것이다. 괴테는 "외국어를 모르는 이는 자기 나라 말에 관해서 아무 것도 아는 것이 없다"라고 말하였다.41) 외국어를 하나도 모르는 한, 우리는 어떤 의미에서는 자기 자신의 국어에 관하여 아는 것이 없다. 이는 자기 나라 국어의 특유한 구조와 그 특이성들을 보지 못하기 때문이다. 서로 다른 여러 언어를 비교해 보면 정확한 동의어가 없다는 것을 알 수 있다. 두 가지 언어로부터 서로 대응하는 말을 뽑아 볼 때 그 말들이 동일한 대상 혹은 행동을 지시하는 경우란 거의 없다. 그것들은 서로 넘나드는 여러 다른 분야에 걸쳐 있으며, 또 우리의 경험에 대한 다채로운 견해와 가지각색의 시야를 우리에게 준다.

이것은 우리가 서로 다른 여러 언어들, 특히 서로 다른 언어형에 속하는 언어들에서 사용되고 있는 분류 방법을 고찰할 때 특히 명백해진다. 분류는 언어의 근본적 특성들 가운데 하나이다. 명명이라는 행

---

41) W. v. Goethe, *Sprüche in Prosa*, in "Werke", 제42권, 2부 p.118.

위 자체가 분류 과정에 의존하고 있다. 어떤 물건 혹은 행위에 이름을 주는 것은 그것을 어떤 한 유개념 밑에 포섭시키는 것이다. 만일 이 포섭이 사물들의 성질에 의하여 잘 정해진 것이라면, 그것은 유일한 것이요, 한결같은 것이었을 것이다. 하지만 인간 언어에 나오는 이름들은 그와 같이 일정불변한 방식으로 해석될 수 없다. 그것들은 실체적인 사물, 즉 그 스스로 존재하는 독립적 실체를 지시하도록 되어 있지 않다. 그것들은 오히려 인간의 관심들과 인간의 목적에 의하여 결정되어 있다. 그러나 이 관심은 고정되어 있고 불변하는 것이 아니다. 또한 인간 언어에서 볼 수 있는 분류는 제멋대로 만들어진 것이 아니라, 우리들의 감관 경험 속에 있는 몇몇 변함없고 또 거듭 일어나는 요소에 기초를 두고 있다. 이와 같이 거듭 일어나는 일이 없다면, 우리의 언어적 개념에는 아무런 발판, 아무런 지점도 없을 것이다. 그러나 지각적 소재들을 결합하거나 분리하는 일은 준거의 자유로운 선택에 달려 있다. 우리의 구분(區分)과 소구분(小區分)이 반드시 그렇게 되지 않으면 안 된다고 하는 엄격하고 미리 작정된 도식이란 하나도 없다. 밀접한 연고가 있고 또 그 일반적 구조에 있어서 일치하는 언어에서도 우리는 아주 똑같은 이름을 찾아볼 수 없다. 훔볼트가 지적한 바와 같이, 달을 말하는 그리스어와 라틴어는, 비록 동일한 대상을 지시하면서도 동일한 의도나 개념을 표현하고 있지는 않다. 그리스어의 mēn은 시간을 <측정하는> 달의 기능을 의미하고, 라틴어의 luna, luc-na는 날의 환함 혹은 밝음을 의미한다. 그리하여 명백히 이 대상의 매우 다른 두 성질을 분리하고 거기에 대해서 각기 주의를 기울였던 것이다. 그러나 행위 자체, 즉 집중과 응축의 과정은 동일하다. 사물의 이름은 그 사물의 본성을 드러내는 것임을 주장하지 않는다. 그것은 어떤 사물의 진실을 우리에게 전하도록 의도되어 있지 않다. 어떤 이름의 기능은 언제나 어떤 사물의 특수한 어떤 면을 강조하도록 제한되어 있으며, 또 이름의 가치는 바로 이 한정과 제한에 의존하고 있다. 구체적 상태를 남김없이 지시하는 것이 이름의 기능이 아니라, 다만 어떤 한 면을 가려내어 그것을 강조하는 것이 그 기능이다. 이 면을 분리하는 것은 부정적 행위가 아니라 긍정적 행위이다. 왜냐하면 명명의 행위에 있어서 우리는 우리의 무수히 많고 또 흩어져 있는 감각 소재 가운데서 몇몇 고정되어 있는 지각의 중심점을 골라내기 때문이다. 이 중심점들은 논리적 혹은 과학적 사고에서와 동일한 것이 아니다. 일상 생활의 말들은, 과학적 개념을 표현할 때에 쓰는 말들과 동일한 표준에 의하여 측정될 성질의 것이 아니다. 과학적 용어에 비하여 통상적 언어의 단어들은 언제나 모종의 애매성을 드러내고 있으며, 또 거의 예외 없이 아주 판명하지 못하고 잘못 정의되어 있어 도저히 논리적 분석의 검토를 감당할 수 없는 것들이다. 그러나 이 불가피하고 고유한 결함에도 불구하고 우리의 일상용어와 명칭들은 과학적 개념에로 나아가는 길의 이정표들이다. 우리가 세계에 대한 최초의 객관적 견해 내지 이론적 견해를 품게 되는 것은 바로 이 용어들을 가지고서 하는 일이다. 그러한 견해는 그저 〈주어진〉 것이 아니다. 그것은 용어의 끊임없는 도움 없이는 그 목적을 달성할 수 없었던 구성적인 지적 노력의 결과이다.

그러나 이 목적은 단번에 도달될 수 있는 것은 아니다. 추상의 보다 높은 수준, 보다 일반적이고 포괄적인 이름과 관념에 올라가는 것은 어렵고 힘든 일이다. 언어 분석은 결국에 가서 이 일을 이루게 하는 정신적 과정들의 성격을 연구하기 위한 재료를 우리에게 풍부하게 제공해 준다. 인간 언어는 최초의 비교적 구체적인 상태에서 보다 추상적인 상태로 발전한다. 우리의 최초의 이름들은 구체적인 것들이다.

그것들은 특수한 사실이나 행위의 이해에 집착한다. 우리가 우리의 구체적 경험에서 발견하는 모든 명암이나 뉘앙스는 정밀하게 그리고 또 자세히 기술되어 있으나, 하나의 공통되는 유에 포섭되어 있지 않다. 함머-푸르그슈탈은 한 논문에서 아라비아어에서 낙타를 표시하는 다양한 이름을 들고 있다. 낙타를 기술하는 데 쓰이는 용어는 5,000 내지 6,000개 이상이다. 그러면서도 그 어느 하나도 우리에게 일반적인 생물학적 개념을 주지는 않는다. 그 모두가 이 동물의 모양, 크기, 빛깔, 연령 및 걸음걸이에 관한 구체적이고 세밀한 점을 표현하고 있다.42) 이 구분은 아직 그 어떠한 과학적 혹은 체계적 분류로부터도 거리가 먼 것이지만, 전혀 다른 목적들에 이바지한다.

미국 토인종의 많은 언어에서 우리는 어떤 특수한 행동, 가령 걷는 일이라든가 때리는 일에 대한 놀라울 정도로 많은 갖가지 용어를 볼 수 있다. 그러한 말들은 서로 포섭하는 관계보다도 오히려 중첩되는 관계를 가지고 있다. 주먹으로 때리는 것은 손바닥으로 때리는 것과 똑같은 용어로 기술될 수 없으며, 또 무기로 치는 것은 채찍이나 막대기로 치는 것과 다른 이름으로 부르지 않으면 안 된다.43) 바카이리어―중앙 브라질 인디언 종족의 특유어―를 기술하는 가운데서 칼 슈타이넨은 앵무새와 종려나무는 각각의 종에 따라 그 개별적 이름을 가지고 있으나 <앵무새> 혹은 <종려나무>라는 유를 표현하는 이름은 하나도 없다는 것을 이야기하고 있다. 그는 다음과 같이 말하고 있다. "바카이리족은 수없이 많은 특수 개념에 너무 집착하고 있으므로 공통되는 특징에는 관심이 없다. 그들은 너무나 많은 재료 속에 질식하

---

42) Hammer-Purgstall, *Academy of Vienna, Philosophical-historical class*, 제 6, 7 권(1855 이후)을 참조.

43) 더 자세한 것은 Cassirer, *Philosophie der symbolischen Formen*, 제1권, pp.257 이하를 참조.

여 그것을 요령 있게 지배할 수 없다. 그들은 단지 작은 화폐를 가지고 있을 뿐인데도, 가난하다기보다 오히려 부유하다고 하겠다."44) 사실상 어떤 주어진 특유어의 풍부성 혹은 빈곤성에 대한 한결같은 척도는 없다.

모든 분류는 각기 특별한 요구들에 의하여 그 방향이 정해지고 또 결정된다. 그리고 이 요구들이 인간의 사회적, 문화적 생활의 서로 다른 조건들에 따라 변하는 것은 분명한 일이다.

원시 문명에 있어서는 사물들의 구체적이고 특수한 면에 대한 흥미가 필연적으로 우세하다. 인간 언어는 언제나 인간 생활의 몇몇 형태를 따라 거기 순응하며 또 거기 어울린다. 한갓 <일반 개념>에 대한 관심은 인디언족에 있어 가능하지도 않고 필요하지도 않다. 물건들을 볼 수 있는 뚜렷한 몇 가지 특징에 의하여 구별하는 것으로 충분하고, 또 이렇게 하는 것이 더 중요하다. 많은 언어에 있어서 둥근 물건은 사각형의 혹은 길쭉한 물건과 똑같이 취급될 수 없는데, 이는 이것들이 접두사의 사용과 같은 특별한 언어적 수단에 의하여 구별되는 서로 다른 성에 속하고 있기 때문이다. 반투족의 여러 언어에는 명사의 성이 20종이 넘는다. 미국 토인종의 언어, 가령 알공키아어에서 어떤 물건은 생명이 있는 성에 속하고, 다른 것들은 생명이 없는 성에 속한다. 여기서도 이 구별이 원시 정신의 견지에서 볼 때 특별히 흥미 있는 일이요 또 매우 중요한 것으로 보인다는 것, 그리고 또 왜 그렇게 보이는가를 이해하는 것은 쉬운 일이다. 그것은 실로 우리들의 추상적이고 논리적인 종류의 이름에서 표현되는 차이보다 훨씬 더 특징적이고 두드러진 차이이다. 구체적 이름에서 추상적 이름으로 나아가는 동일하고 느린 이행도 역시 사물들의 성질들에 대한 명명에서 연구될

---

44) K. v. den Steinen, *Unter den Naturvölkern Zentral-Brasiliens*, p.81.

수 있다.

　많은 언어에서 우리는 색채의 이름을 풍부하게 볼 수 있다. 우리들이 가지고 있는 일반적 용어—푸른 빛, 초록색, 붉은 빛 등—는 없는데, 주어진 빛깔의 개개의 명암은 각각 그 특별한 이름을 가지고 있다. 빛깔의 이름은 대상의 성질에 따라 달라진다. 가령 회색에 대한 단어는 양모 혹은 거위에 관해서 말할 때와, 말에 관해서 말할 때와, 소에 관해서 말할 때와 또 사람들 및 다른 어떤 동물들의 머리털에 관해서 말할 때 제각기 다르다.45) 이와 똑같은 일이 수의 범주에 대해서도 타당하다.

　서로 다른 수사가 서로 다른 여러 종류의 사물을 지시하는 데 요구되고 있다.46) 그러므로 보편적인 개념 범주에로의 상승적인 진보는 인간 언어의 발달에 있어서 매우 느린 것으로 보인다. 그러나 이 방향에서 새로운 전진이 있을 때마다 우리들의 지각적 세계를 더욱 포괄적으로 전망하게 되고, 더 잘 인도하며 조직하게 된다.

---

45) Jespersen, *Language, Its Nature, Development and Origin*, p.429에 있는 예들을 참조.

46) 더 자세한 것은 Cassirer, *Philosophie der symbolischen Formen*, 제1권, pp.188 이하를 참조.

# 제9장 예　술

1

　미(美)는 인간 현상들 가운데서 가장 분명히 알려져 있는 것의 하나인 것처럼 보인다. 그 어떤 비밀과 신비의 안개로도 흐려져 있지 않기 때문에 미의 성격과 본성을 설명하는 데는 섬세하고 복잡한 형이상학적 이론이 필요하지 않다. 미는 인간 경험의 일부분으로 분명히 경험할 수 있고, 그릇 판단하지 않을 수 있는 것이다. 그럼에도 불구하고 철학적 사유의 역사에 있어서 미의 현상은 언제나 가장 큰 역설의 하나이곤 했었다. 칸트 시대에 이르기까지 미의 철학은 언제나 우리의 미적 경험을 다른 분야의 원리에 환원시키고, 예술을 다른 분야의 관할 아래 예속시키려는 시도를 의미하였다. 칸트는 그의『판단력 비판』(*Critique of Judgement*)에서 예술의 자율성에 대한 명백하고도 설득력 있는 증거를 보여준 최초의 사람이었다. 예전의 모든 체계는 예술의 원리를 이론적 인식이나 혹은 도덕적 생활의 테두리 안에서 찾았다. 만일 예술이 이론적 활동의 소산으로 생각된다면, 이 특수한 활동에 순응하는 논리적 규칙들을 분석하는 것이 필요하게 된다. 그러나 이 경우 논리 그 자체는 더 이상 동질적인 전체가 아니다. 그것은 분리되어 있고 또 비교적 독립된 부분들로 나뉘지 않으면 안 되었다. 상상의 논리는 합리적 및 과학적 사고의 논리로부터 구별되지 않으면 안 되었다. 알렉산더 바움가르텐은 그의『미학』(*Aesthetica*, 1750)에서 상상의 논리를 건설하려는 최초의 포괄적이고 체계적인 시도를 했었다. 그러나 어느 의미에서는 결정적이었고 또 매우 가치 있는 것이었던 이 시도도 예술을 위하여 정말로 자율적인 가치를 확보할 수는 없었다. 이는 상상의 논리가 절대로 순수 지성의 논리와 똑같은 진가를 발휘할 수 없었기 때문이다. 만일 예술 이론이 있다면, 그것은 인간 지식의 <낮은> 감각적 부분의 분석일 뿐이다. 한편 예술은 도덕적 진리의 상징으로도 기술될 수 있었다. 그것은 그 감각적 형태 밑에 윤리적 의미를 감춘 비유적, 상징적 표현으로 생각되었다. 그러나 이 어느 경우에나, 즉 그 이론적 해석에서와 마찬가지로 그 도덕적 해석에서도 예술은 그 자신의 독립적 가치를 전혀 가진 바 없었다. 인간 지식과 인간 생활의 단계에 있어서 예술은 다만 준비적 단계요, 보다 높은 목적을 지향하는 종속적 및 보조적 수단에 불과하였다.

 예술 철학은 우리가 언어 철학에서 부딪친 것과 똑같이 대립하는 두 경향 간의 상극을 드러내고 있다. 이것은 물론 역사상의 한갓 우연한 일치는 아니다. 그것을 더듬어 올라가면, 현실의 해석에 있어서 완전히 동일한 기본적 구분에 도달한다. 언어와 예술은 두 개의 반대되는 극, 즉 객관적인 극과 주관적인 극 사이를 쉴 새 없이 왔다 갔다 하고 있다. 언어 혹은 예술의 이론은 그 어느 것이나, 때로는 이 극을 또 때로는 저 극을 강조할 수 있으나, 이 두 극 중의 어느 하나를 망각하거나 억압할 수는 없었다.

 첫째 경우에 있어서 언어와 예술은 공통되는 제목, 즉 모방의 범주에 포섭된다. 다시 말해 그것들의 주된 기능은 모방하는 것이다. 언어는 소리들을 모방하는 데서 시작됐고, 예술은 외부 사물의 모방에서 시작되었다. 모방이 근본적 본능이요, 다른 것에 환원시킬 수 없는 인간성의 한 사실이다. 아리스토텔레스는 "모방은 인간에게 있어 어린 시절부터 선천적인 것이며 또 인간이 하등 동물보다 나은 성질들 가운데 하나는 인간이 세상에서 모방을 가장 잘 하는 동물이요, 처음에는 모방에 의하여 배운다는 점이다"라고 말한다. 그리고 모방은 또한 그칠 줄 모르는 즐거움의 원천이다. 이것은 비록 대상 자체가 보기에 거북한 것일지라도, 우리가 예술에 있어서의 그러한 대상들의 가장 사실적인 표현―예를 들면 가장 하등한 동물의 형태 또는 시체의 모양―을 보고서 좋아한다는 사실에 의하여 증명된다. 아리스토텔레스는 이 즐거움을 특별히 미적인 경험으로서보다는 오히려 이론적인 경험으로 기술하고 있다. 그는 분명히 "무엇을 배우고 있다는 것은 비단 철학자들에게 뿐만 아니라 또한 그 밖의 모든 인간―아무리 그들의 배우는 능력이 적다 할지라도―에게서의 기쁨들 가운데 가장 큰 기쁨이다. 그림을 보고서 즐거워하는 이유는 우리가 그림을 보는 동시에 배우고 있기 때문이다. 가령 그림 속의 사람이 아무개라는 것처럼, 사물들의 의미를 헤아리기 때문이다"라고 말한다.1) 언뜻 보기에 이 원리는 오직 표현 예술에만 적용되는 듯이 보인다. 그러나 이것은 다른 모든 형태의 예술에도 쉽게 전이될 수 있었다. 음악 자체가 사물들의 묘사가 되었다. 심지어 피리를 부는 것 혹은 춤을 추는 것도 결국 모방 이외의 다른 아무 것도 아니다. 왜냐하면 피리를 부는 사람이나 춤을 추는 사람은 그 리듬에 의하여 인간이 행하고 있는 것과 괴로워하는 것뿐만 아니라 또한 인간의 성격도 표현하기 때문이다.2) 그리고 시학(詩學)의 역사 전체는 호라티우스(Horace)가 만들어 낸 말 <시는 그림과 같이>(ut pictura poesis)와 시모니데스의 말 <회화(繪畵)는 말 없는 시요, 시는 말하는 그림이다>에 의하여 영향을 받았다. 시는

---

1) Aristotle, *Poetics*, 4. 1448b 5~17. In *Aristotle on the Art of Poetry*, ed. Ⅰ. Bywater(Oxford, 1909), pp.8~11.

2) 같은 책, 1. 1447a 26. Bywater(ed.), pp.2~5.

그림과는 그 양식과 수단이 다르지만 모방이라는 일반적 기능에 있어서는 다른 점이 없다.

그러나 가장 극단적인 모방설들도, 예술의 작업을 현실의 한갓 기계적인 재현에 국한하려 하지 않았다는 것을 분명히 알아야 한다. 이 모든 이론은 어느 정도 예술가의 창조성을 허용해야만 한다. 이 두 요구를 조화시키는 것은 쉬운 일이 아니었다. 만일 모방이 예술의 참된 목적이라면 예술가의 자발성, 즉 생산적인 힘은 건설적인 요인이기보다는 오히려 혼란을 일으키는 요인이 분명하다. 그것은 사물의 참된 본성을 기술하는 대신, 사물의 양상을 그르친다. 예술가의 주관성에 의하여 도입된 이러한 혼란은 여러 고전적 모방설에 의하여 부정될 수 없었다. 그러나 그것은 그 적당한 한계 안에 제한되고 일반 규칙들에 종속될 수 있었다. 그리하여 <예술은 자연의 모방>(ars simia naturae)이라는 원리는, 엄밀하고 비타협적인 의미에서는 유지될 수가 없었다. 왜냐하면 자연 전체라 할지라도 절대로 실수가 없는 것이 아니며 또 언제나 그 목적을 달성하는 것도 아니기 때문이다. 이와 같은 경우에서 예술은 자연에 도움을 주어 이것을 실제로 고치거나 완성시키지 않으면 안 된다.

그러나 자연은 훼손한다―이 점에서
그것은 열심히 일하며 또 훌륭한 재주를 가졌으나
그 손가락이 떨리는 장인을 닮았느니라.3)

혹 <모든 미가 진(眞)이라> 할지라도, 모든 진이 반드시 미는 아니다. 최고의 미에 도달하려면 자연을 재현하는 것에 못지않게 자연을 떠나는 것이 절대 필요하다. 이 자연을 떠나는 정도, 그 적당한 비례

---

3) Dante, *Paradiso*, XIII, v. 76. English trans. M. B. Anderson, *The Divine Comedy*(World Book Co., 1921), p.357.

를 결정하는 것은 예술 이론의 주요 과제 가운데 하나가 되었다. 아리스토텔레스는 시의 목적을 위해서는 있음직한 불가능성이 있음직하지 않은 가능성보다 차라리 낫다고 주장하였다. 제크시스는 이 세상에 절대로 있을 수 없는 그러한 사람들을 그렸다는 비평가의 비난에 대한 올바른 대답은, 거기 그려진 사람들은 그와 같이 그려진 것이 **오히려 더** 잘 된 것으로 그 이유는 예술가는 그 모델보다 더 아름답게 **그려야만 되기** 때문이라는 것이다.4)

신고전파―16세기의 이탈리아인들로부터 바퇴 신부의 저서 『동일한 원칙에 환원된 미술』(Les beaux arts reduite à un même principe, 1747)에 이르는―는 이와 동일한 원리를 그들의 출발점으로 삼았다. 예술은 일반적이고 아무 차별 없는 의미에서 자연을 재현하는 것이 아니라, <아름다운 자연>을 재현하는 것이다. 그러나 만일 모방이 예술의 진정한 목적이라면, 그와 같은 <아름다운 자연>이라는 것은 그 어느 것이나 그 개념 자체가 매우 의심스럽다. 도대체 어떻게 우리는 우리의 모델의 형상을 이지러지게 하지 않고 그 모델을 미화할 수 있는가? 어떻게 진리의 법칙을 어기지 않고 사물들의 실상을 초월할 수 있는가? 이 이론의 견지에서 볼 때 시와 예술은 일반적으로 우리의 마음을 흡족하게 하는 거짓 이외의 다른 아무 것도 결코 될 수 없다.

일반적 모방설은 18세기 전반까지 그 지반을 굳게 지키고 모든 공격을 물리치는 것 같았다. 그러나 아마 이 이론의 최후의 단호한 옹호자였을5) 바퇴의 논문에서도, 우리는 이 이론의 보편타당성에 대한 어떤 불안감을 느낀다. 이 이론에 대하여 방해가 되는 것은 언제나 서정시

---

4) Aristotle, 앞의 책, 25. 1461b. Bywater(ed.), pp.86~87.

5) 분명히 19세기에도 일반적인 모방설은 여전히 중요한 역할을 하였다. 예를 들면 뗀느의 *Philosophie de l'art*에서도 이 모방설이 주장되고 또 옹호되어 졌다는 점을 생각할 수 있다.

의 현상이었다. 바퇴가 서정시를 모방적 예술의 일반적인 틀 속에 집어넣기 위하여 행한 논의들은 약하고 불충분한 것이다. 그리고 실로 이 모든 피상적인 논의들은 하나의 새로운 세력의 출현에 의해 갑자기 일소되었다. 루소의 이름은 일반 사상사에 있어서 뿐만 아니라 미학에 있어서도 결정적 전환점이 된다. 루소는 예술 이론의 고전적 및 신고전적 전통을 모두 배척하였다. 그에게 있어서 예술은 경험적 세계의 기술이나 재현이 아니라, 정동과 정열의 분출이다. 루소의『신 엘로이즈』(Nouvelle Héloïse)는 하나의 새로운 혁명 세력이 되었다. 여러 세기 동안 유력하였던 모방 원리는 이 이후로 하나의 새로운 개념, 하나의 새로운 이상—즉 <성격 예술>의 이상—에 자리를 비켜주지 않으면 안 되었다. 이 때부터 우리는 유럽 문화 전체를 통하여 새로운 원리의 승리를 더듬어 볼 수 있다. 독일에서 헤르더와 괴테는 루소의 전례를 따랐다. 그리하여 미의 이론 전체는 새로운 형태를 갖추지 않으면 안 되었다. 전통적 의미에서의 미는 결코 예술의 유일한 목적이 아니다. 그것은 사실상 2차적이고 파생적인 면일 따름이다. 괴테는 그의 논문 「독일의 건축 예술에 관하여」(Von deutscher Baukunst)에서 독자들에게 다음과 같이 충고하고 있다.

우리 가운데 그릇된 생각이 들어오게 하지 말라. 즉 마지막에 가서 그대의 연약해진 감정이, 아무 의미 없는 부드러움 이외의 아무 것도 감당할 수 없는 그러한 것이 되지 않도록, 현대 미술 상인들의 유약한 이설이 그대를 지나치게 섬약하게 하여 의미 있는 거칠음을 즐기지 못하게 하지 말라. 그들은 그대에게, 미술이 우리 주위의 세계를 미화하려는 우리의 가정된 경향에서 생겼다는 것을 믿게 하려고 애쓴다. 그런데 이것은 옳은 생각이 못 된다.… 예술은 아름다운 것이기 훨씬 전에 형성적인 것이다. 그리고 그것은 이 때에 참되고 위대한 예술이요, 또 아름다운 예술 자체보다 더 참되고 더 위대한 예술일 경우가 많다. 왜냐하면 인간은 자신 속에 형성적 성질을 가지고 있으며, 또 이 성질은 생존이 안전하게 되자마자 활동으로 나타나기 때문이다. … 그래서 야만인들도 괴이한 생김새, 무서운 형태 및 거친 색채로 그들의 <야자수 열매>, 화살깃 및 자신의 신체를 조형한다. 그리고 비록 이러한 조상(彫像)이 가장 자의적인 형태와 모양의 균형이 없이 만들어지고 있으나, 그 부분들은 모두가 서로 어울리고 있다. 이는 하나의 단일한 감정이 이 부분들을 창조하여 하나의 특색 있는 전체가 되게 하고 있기 때문이다.

그런데 이 성격 예술이 유일한 참된 예술이다. 그것이 내적이고 단일하고 개성적이며 독창적인 또 독립적인 감정에서, 그것에 별로 관계없는 모든 것을 돌보지 않고 또 심지어는 무시하면서, 그 주위에 놓여 있는 것에 대해서 활동할 때에는, 그것이 조잡한 야만에서 생겨났건, 혹은 개화된 감수성에서 생겨났건 하여튼 그것은 전체적이고 살아 있는 것이다.6)

루소 및 괴테와 더불어 하나의 새로운 미학 이론의 시기가 시작되었다. 성격 예술은 모방 예술에 대해서 결정적 승리를 거두었다. 그러나 이 성격 예술을 그 참된 의미에서 이해하려면, 우리는 일방적인 해석을 피해야 한다. 예술 작품의 정동적 측면을 강조하는 것만으로는 충분하지 않다. 모든 성격 예술 혹은 표현적 예술이 <강력한 감정의 자발적인 발로>라는 것은 옳은 말이다. 그러나 만일 우리가 워즈워드의 이 정의를 아무 조건 없이 그대로 받아들인다면, 우리는 그저 기호의

---

6) W. Goethe, "Von deutscher Baukunst", in "Werke", 제 37 권, pp.148 이하. English trans. B. Bosanquet, *Three Lectures on Aesthetic*(London : Macmillan, 1923), p.114 이하.

변화로 나아갈 따름이요, 의미의 결정적 변화에 이를 수는 없을 것이다. 이 경우에 예술은 여전히 재현적인 것이겠지만, 그것은 사물, 즉 물리적 대상의 재현이 아니라 우리의 내적 생명, 감동과 정동의 재현이 될 것이다. 다시 한번 언어 철학과의 유비를 사용한다면, 이 경우에 우리는 단지 예술의 의성설을 감정 표출설과 교환했다고 말할 수 있을 것이다. 그러나 이것은 괴테가 이해한 <성격 예술>이란 말의 의미는 아니다. 위에 인용한 구절은 1773년, 즉 괴테가 한창 젊었던 <질풍노도>(Sturm und Drang) 시대에 쓴 것이다. 하지만 그는 생애의 어느 시기에도 자신의 시의 객관적인 극(極)을 무시할 수 없었다. 예술은 정말 표현적이지만, 형성적인 것이 되지 않고서는 표현적이 될 수 없다. 그리고 이 형성적 과정은 몇몇 감각적 소재를 매개로 해서 수행된다. 괴테는 다음과 같이 적고 있다. "걱정과 공포에서 벗어나자마자, 창조적인 반신은 휴식할 때 자신의 영기를 불어넣을 물질을 자기 주위에서 더듬어 찾는다." 현대의 많은 미학 이론—특히 크로체와 그의 제자들 및 신봉자들의—에서는 이 물질적 요인이 망각되거나 경시되고 있다. 크로체는 오직 표현의 사실에만 관심을 가지고, 그 양식에는 관심을 가지지 않았다. 그는 양식을 예술 작품의 성격을 위해서나 가치를 위해서나 다같이 관계없는 것으로 본다. 중요한 것은 단지 예술가의 직관이지, 이 직관을 특수한 재료에다 구체화하는 것이 아니다. 재료는 기술적으로는 중요하나, 미학적으로는 중요하지 않다. 크로체의 철학은 순전히 예술 작품의 정신적인 성격을 상소하는 정신의 철학이다. 그러나 그의 학설에 있어서 정신적 에너지 전체는 오로지 직관의 형성에만 포함되고 또 소비되고 있다. 이 과정이 완결될 때 예술적 창작은 완성된다. 그 다음에 오는 것은 직관의 전달에는 필요하지만 그 본질에 관해서는 무의미한 외적 재현일 따름이다. 그러나 위대한 화가, 위대한 음악가, 혹은 위대한 시인에게 있어 색채, 선율, 그리고 낱말들은 단지 그의 기술적 도구의 일부만은 아니다. 이것들은 창작 과정 자체의 필수적인 계기들이다.

이것은 특별히 표현적인 예술에 관해서도, 재현적 예술과 마찬가지로 타당하다. 서정시에 있어서도 정동은 유일하고 결정적인 성질이 아니다. 물론 위대한 서정 시인이 가장 깊은 정동들을 가질 수 있다는 것 그리고 강력한 감정을 감추고 있지 못한 예술가가 천박하고 유치한 예술 이외에는 아무 것도 만들어 내지 못하리라는 것은 사실이다. 그러나 이 사실로부터 우리는 서정시와 예술 일반의 기능을 <자기의 감정을 툭 털어 놓는> 예술가의 능력이라고 말할 수 있다고 결론지을 수는 없다. 콜링우드는 "예술가가 하려고 하는 것은 어떤 주어진 정동을 표현하는 것이다. 그것을 표현하는 것과 그것을 잘 표현하는 것은 똑같은 일이다. 우리들 각자의 발성과 몸짓은 모두 예술 작품이다"[7]라고 말한다. 그러나 여기서도 예술 작품의 창작과 관조에 함께 전제 조건이 되는 구성적 과정 전체가 온통 간과되고 있다. 모든 몸짓이 예술 작품이 아님은 모든 소리 지름이 언어 행위가 아님과 같다. 몸짓과 소리 지름은 둘 다, 하나의 본질적이고 없어서는 안 될 특성을 결여하고 있다. 그것들은 의지적이지 않고 본능적인 반응으로 아무런 진정한 자발성도 가지고 있지 않다. 언어적 및 예술적 표현에는 목적성의 계기가 필요하다. 모든 언어 행위와 또 모든 예술적 창작에서 우리는 일정한 목적론적 구조를 찾아 볼 수 있다. 배우는 극에서 그야말로 정말 자기의 역할을 <연출한다>. 개개의 발언은 통일성 있는 구조적 전체의 일부이다. 그의 말의 악센트와 리듬, 음성과 조절, 얼굴의

---

[7] R. G. Collingwood, *The Principles of Art*(Oxford : Clarendon Press, 1938), pp.279, 282, 285.

표정 및 신체적 태도는 모두 동일한 목적—인간 성격의 구체화—을 향하고 있다. 이 모든 것은 단순히 <표현>이 아니다. 그것은 또한 표상이며 해석이다. 서정시도 예술의 이러한 일반적 경향에서 전적으로 벗어나고 있지 않다. 서정 시인은 감정을 드러내는 일에 파묻혀 있는 사람이 아니다. 정동에 의해서만 좌우되는 것은 감상이지 예술이 아니다. 여러 가지 형상의 관조와 창조에 몰두하지 않고 도리어 자기 자신의 쾌락 혹은 <비애의 기쁨>의 향락에 파묻혀 있는 예술가는 감상가가 된다. 그러므로 우리는 결코 다른 모든 예술 형태보다 서정 예술이 더 주관적인 경향을 가지고 있다고 할 수는 없다. 왜냐하면 그것도 같은 종류의 구체화 및 같은 객관화의 과정을 내포하고 있기 때문이다. 말라르메는 "시는 사상으로 씌어지지 않고, 낱말로 씌어진다"라고 말하였다. 시는 심상, 음성 및 리듬을 가지고 씌어진 것으로, 이것들은 극시 및 극의 연출의 경우에서와 마찬가지로 나누어질 수 없는 전체로 결합되어 있다. 모든 위대한 서정시에서 우리는 이러한 구체적이고 불가분적인 통일을 발견한다.

 다른 모든 상징 형식처럼 예술도 단지 기존의, 주어진 현실의 재생이 아니다. 그것은 사물과 인간 생활에 대한 객관적 견해에 이르게 하는 여러 방법 가운데 하나이다. 그것은 모방이 아니라 현실의 발견이다. 그러나 우리는 예술을 통하여 자연을 발견할 때, 과학자가 <자연>이라는 말을 쓰는 것과 똑같은 의미에서 자연을 발견하는 것은 아니다. 언어와 과학은 그것에 의하여 우리가 외부 세계에 대한 우리의 개념을 확인하고 또 결정짓는 두 가지 주요 과정이다. 감각기관들에다가 하나의 객관적인 의미를 주기 위해서 우리는 이것들을 분류하고 또 일반적 개념과 일반적 규칙 밑에 포함시키지 않으면 안 된다. 이러한 분류는 꾸준한 단순화의 노력의 결과이다. 예술 작품도 이와 같은 응축과 집중의 행위를 내포하고 있다. 아리스토텔레스가 시와 역사의 진정한 차이를 기술하고자 했을 때 그는 이 과정을 강조하였다. 그는 연극이 우리에게 주는 것은 한 생물의 모든 유기적 통일처럼 그것 자체로 완전한 전체를 이루고 있는 단일한 행위인데, 이에 반하여 역사가는 한 가지 행위가 아니라, 한 시대 및 그 시대의 한 사람 혹은 그 이상의 사람들에게 일어난 모든 것을—아무리 여러 사건들이 관련 없는 것이었다 하더라도—취급하지 않으면 안 된다고 주장하였다.[8]

 이 점에서 미도 진리와 마찬가지로 동일한 하나의 고전적 공식으로 기술될 수 있다. 즉 그것들은 <다양에서의 통일>이다. 그러나 이 두 경우에 있어서 강조하는 점에는 차이가 있다. 언어와 과학은 현실의 간략화(簡略化)요, 예술은 현실의 강렬화(强烈化)이다. 언어와 과학은 하나의 동일한 추상 과정에 의존하고 있으나, 예술은 계속적인 구체화의 과정에 의존하고 있다고 할 수 있다. 우리들이 어떤 주어진 대상을 과학적으로 기술할 때에는 무수한 관찰에서 시작하는데, 이 관찰들은 언뜻 보아 다만 분리되어 있는 사실들의 막연한 집합일 따름이다. 그러나 우리가 앞으로 더욱 나아갈수록 이 개별적 현상들은 더욱 더 일정한 형태를 가지게 되며 또 하나의 체계 있는 전체가 된다. 과학이 탐구하고 있는 것은 주어진 대상의 몇몇 중심적 특성들이다. 그것으로부터 이 대상의 모든 특수한 성질을 끌어낼 수 있는 그러한 특성들이다. 만일 화학자가 어떤 원소의 원자 번호를 알고 있다면, 그는 그 원소의 구조와 구성을 충분히 알 수 있는 열쇠를 가지고 있는 것이다. 이 번호로부터 그는 그 원소의 모든 특징적 성격을 연역할 수 있다. 그러나 예술은 이러한 종류의 개념적 단순화와 연역적 일반화

---

[8] Aristotle, 앞의 책, 23. 1459a 17~29. Bywater(ed.), pp.70~73.

를 용인하지 않는다. 그것은 사물의 성질이나 원인을 추궁하지 않는다. 그것은 우리에게 사물의 형상에 대한 직관을 준다. 그러나 이것도 결코 우리가 이전에 가지고 있었던 어떤 것의 단순한 반복이 아니다. 그것은 참되고 순수한 발견이다. 예술가는 과학자가 사실들 혹은 자연 법칙의 발견자인 것과 마찬가지로, 자연 형상들의 발견자이다. 모든 시대의 위대한 예술가들은 예술의 이러한 특수한 임무와 특별한 성질을 잘 알고 있었다. 레오나르도 다빈치는 <볼 줄 안다>(saper vedere)라는 말로 회화와 조각의 목적을 말하였다. 그에 의하면 화가와 조각가는 볼 수 있는 세계의 왕국에서의 위대한 교사들이다. 이는 사물들의 순수한 형상들을 아는 것이 결코 본능적인 성질, 자연이 준 성질이 아니기 때문이다. 우리는 우리의 일상 감각 경험의 대상을 수천 번 만났으나 그 형상을 한번도 <보지> 못하였을 수 있다. 누가 우리에게 그 물리적 성질이나 효능이 아니라 그 순수한 시각적 형상과 구조를 말해보라고 하면, 그렇게 수천 번 만나본 것인데도 우리는 어리둥절해 한다. 이 간격을 메우는 것이 바로 예술이다. 여기서 우리는 감각적 대상의 분석 및 천착, 혹은 그 효능 연구의 왕국보다 오히려 순수한 형상의 왕국에 살고 있다. 한갓 이론적인 견지에서 보면 수학이 <인간 이성의 자랑>이라는 칸트의 말은 옳다고 할 수 있다. 그러나 이러한 과학적 이성의 승리를 위하여 우리는 매우 비싼 대가를 치르지 않으면 안 된다. 과학은 추상을 의미하고, 추상은 언제나 현실의 빈곤화이다. 과학적 개념에서 기술되고 있는 바와 같은 사물의 형태는 더욱 더 한갓 공식이 되어 가는 경향이 있다. 공식은 놀라울 정도로 단순하다. 뉴턴의 인력 법칙처럼, 단 하나의 공식이 우리의 물질적 우주의 구조 전체를 그 속에 담고 또 설명하는 것처럼 보인다. 마치 현실이 우리의 과학적 추상에 의하여 접근되고 다루어질 수 있을 뿐만 아니라, 또한 남김없이 파악될 수 있는 듯하다. 그러나 우리가 예술 분야로 나아가자마자 이것은 하나의 착각이 되고 만다. 이는 사물들의 양상이 헤아릴 수 없을 만큼 많고 또 순간마다 달라지기 때문이다. 이 양상들을 하나의 단순한 공식을 가지고 이해하려는 시도는 그 어느 것이나 헛된 일이 되고 말 것이다. 태양은 날마다 새롭다는 헤라클레이토스의 말은 과학자의 태양에 관해서는 참되지 않을지 모르나 예술가의 태양에 관해서는 타당한 말이다. 과학자가 어떤 대상을 기술할 때에는 일련의 수에 의하여, 그 물리적 및 화학적 정수에 의하여 그 대상을 특징짓는다. 예술은 다른 목적만이 아니라 또한 다른 대상을 가지고 있다. 만일 우리가 두 화가에 관해서 말할 때 그들이 <똑같은> 경치를 그리고 있다고 한다면, 우리의 미적 경험을 매우 적절하지 못하게 기술하고 있는 것이 된다. 예술의 견지에서 볼 때 이와 같이 동일하다고 생각되는 것은 완전히 착각이다. 우리는 하나의 동일한 물건이 이 두 화가의 한결같은 주제라고 말할 수 없다. 왜냐하면 예술가는 어떤 경험적 대상—언덕과 산, 시내와 강이 있는 경치—을 그대로 그리거나 모사하거나 하는 것이 아니기 때문이다. 그가 우리에게 주는 것은 그 경치의 개별적이고 순간적인 인상이다. 그는 사물들의 분위기, 빛과 그늘의 유희를 표현하고 싶어 한다. 하나의 풍경은 이른 새벽과 햇볕이 따가운 한낮, 혹은 비가 오는 날과 해가 나는 날에 <똑같은 것>이 아니다. 우리들의 미적 지각은 우리의 일상적인 감각 지각보다 훨씬 더 큰 다양성을 보여주며 또 더욱 더 복잡한 질서에 속한다. 감각 지각에 있어서 우리는 우리 주위에 있는 사물들의 공통적이고 불변하는 성질을 이해하는 것으로서 만족한다. 미적 경험은 이것과 비교가 안 될 만큼 풍부하다. 그것은 일상의 감각 경험에서 깨우쳐지지 않은 채로 있는 무한한 가능성으로 충만해 있다. 예술가의 작품에서 이 가능성이 현실태가 되며, 또 표면에 나타나 일정한 형상을 가지게 된다. 사물의 양상이 이 무진성(無盡性)을 밝혀 드러내는 것이야말로 예술의 최대한 특권의 하나요, 또 가장 깊은 매력의 하나이다.

화가 루드비히 리히터는 그의 회고록에서, 한 번은 어떻게 그가 젊었을 때 티볼리에서 자기와 세 친구가 동일한 경치를 그리기 시작했는가를 이야기하고 있다. 그들은 모두 자연에서 떠나지 않을 것을, 즉 자연을 본 그대로 가능한 한 정확하게 그릴 것을 굳게 결심하였다. 그러나 그 결과는 네 개의 전혀 다른 그림이 되었다. 그 예술가들의 개성이 각기 달랐던 만큼 그 그림들도 달랐다. 이 경험에서 리히터는 객관적 시각이란 없으며 형태와 색채는 언제나 개인적 기질에 의하여 파악된다고 결론지었다.9) 엄격하고 타협을 모르는 자연주의의 가장 철저한 주장자라 할지라도 이 요인을 간과하거나 부정할 수는 없었다. 에밀 졸라는 예술 작품을 <기질을 통해서 본 자연의 한 구석>(un coin de la nature vu à travers un tempérament)이라고 정의한다. 여기서 기질이라는 것은 한갓 특이성이라든가 개인의 특성과 같은 것을 의미하지 않는다. 위대한 예술 작품의 직관에 몰두해 있을 때, 우리는 주관적 세계와 객관적 세계 사이의 분리를 느끼지 않는다. 우리는 물리적 사물들로 되어 있는 명료하고 평범한 현실 속에 살고 있는 것이 아니며 또한 온전히 개인적인 영역 속에서만 살고 있는 것도 아니다. 이 두 영역의 저 너머에 우리는 하나의 새로운 왕국, 즉 조형 미술적, 음악적, 시적 형상의 왕국을 찾는다. 그리고 이 형상들은 진정한 보편성을 가지고 있다. 칸트는 그가 <**미적 보편성**>이라 부른 것과 우리의 논리적 및 과학적 판단에 속하는 <객관적 타당성> 사이에 선명한 구

---

9) 나는 이러한 설명을 H. Wölfflin, *Principles of Art History*에서 취하였다.

별을 두고 있다.10) 칸트는 우리들의 미적 판단에서 우리가 관심을 두는 것은 대상 그대로가 아니라 대상의 순수한 관조라고 극력 주장한다. 미적 보편성이란 미의 빈사(賓辭)가 특별한 한 개인에 제한되지 않고 판단 주체의 전 영역에 걸쳐 있다는 것을 의미한다. 만일 예술작품이 개개의 예술가의 변덕과 광기 이외의 아무 것도 아니라면, 그것은 이 보편적 전달성을 가지지 못하고 말 것이다. 예술가의 상상은 사물들의 형상을 제멋대로 만들어 내지 않는다. 그것은 우리에게 이 형상을 보이되 그 참된 형상에서 보여주며, 그리하여 이 형상들을 볼 수 있고 인지할 수 있게 한다. 예술가는 현실의 몇몇 측면을 선택하는데, 이 선택의 과정은 동시에 객관화의 과정이다. 일단 우리가 그의 조망(perspective) 속으로 들어가면 우리는 그의 눈으로 세계를 보지 않을 수 없게 된다. 그것은 마치 우리가 전에는 한 번도 이러한 독특한 빛 속에서 세계를 보지 않았던 것과 같다. 하지만 우리는 이 빛이 결코 순간적인 섬광이 아님을 확신하고 있다. 예술 작품의 덕택으로 그것은 지속적이고 영구한 것이 되었다. 일단 현실이 이러한 특수한 방법으로 우리에게 드러나게 되면, 우리는 계속하여 그것을 이 형상을 가진 것으로 보게 된다.

　그리하여 객관적 예술과 주관적 예술, 재현적 예술과 표출적 예술 사이의 선명한 구별은 지탱되기 어렵다. 파르테논의 대양장식(帶樣裝飾)이나 바흐가 지은 미사곡, 미켈란젤로의 <시스티나 대성당>이나 레오파르디의 시, 베토벤의 소나타나 도스토예프스키의 소설은 그 어느 것이나 한갓 재현적이기만 하지도 않고 또 표현적이기만 하지도

---

10) 칸트의 용어 상 전자를 Gemeingültigkeit라 하고 후자를 Allgemeingültigkeit라 하는데, 이러한 구별을 영어의 용어에 일치하도록 옮겨 놓기란 어려운 일이다. 이 두 용어를 체계적으로 해석한 것을 보려면 H. W. Cassirer, *A Commentary on Kant's "Critique of Judgement"*(London, 1938), pp.190 이하를 참조.

않다. 이것들은 새롭고 또 보다 깊은 의미에서 상징적이다. 위대한 서정 시인들―괴테나 휠더린, 워즈워드나 셸리―의 작품은 우리에게 시인의 생활에서의 분산되어 있고 통일이 없는 단편을 주는 것이 아니다. 그것들은 단순히 열정적 감정의 순간적 폭발이 아니라, 깊은 통일과 연속을 나타내고 있다. 한편 위대한 비극 작가와 희극 작가들―에우리피데스와 셰익스피어, 세르반테스와 몰리에르―은 생활의 정경에서 떠난 장면을 우리에게 보여주는 것이 아니다. 이 장면들은 그것들 자체에서 본다면 순간적인 그림자에 지나지 않는 것들이다. 그러나 돌연히 우리는 이 그림자들의 배후를 보기 시작하며 또 하나의 새로운 현실을 보기 시작한다. 희극 작가와 비극 작가는 그 등장인물들과 행동들을 통하여 하나의 전체로서의 인간 생활, 그 위대함과 연약함, 그 숭고함과 우열에 대한 자기의 견해를 밝혀 드러낸다. 괴테는 다음과 같이 말하였다.

  예술은 그 넓이와 깊이에 있어서 자연과 경쟁할 것을 시도하지 않는다. 예술은 자연 현상의 표면에 집착하지만, 그 자체의 깊이, 그 자신의 힘을 가지고 있다. 그것은 이 표면적 현상 속에 합법성의 성격, 조화적 비례와 완전, 미의 극치, 의미의 존엄성, 열정의 높이를 인지함으로써 이 표면적 현상들의 최고의 계기들을 결정화한다.[11]
  이 <현상들의 최고의 계기들>의 고정은 물리적 사물들의 모방이 아니요, 또 힘찬 감정이 그저 넘쳐흐르는 것만도 아니다. 그것은 현실의 해석으로 개념에 의한 해석이 아니라 직관에 의한 해석이며, 사고를 매개로 한 것이 아니라 감각적 형태를 매개로 한 것이다.

---

11) W. Goethe, Notes to a translation of Diderot's "Essai sur la peinture". "Werke", 제45권, p.260.

플라톤에서 톨스토이에 이르기까지 예술은 우리의 정동을 흥분시키고 따라서 우리의 도덕적 생활의 질서와 조화를 교란시킨다고 비난받아 왔다. 플라톤에 의하면 시적 상상은 우리의 번뇌와 분노, 욕망과 고통의 경험을 배양하여, 이것들이 메말라 없어져야 할 때에 도리어 이것들을 성장케 한다.12) 톨스토이는 예술 속에서 전염의 원천을 본다. 그는 다음과 같이 말하고 있다. "전염은 비단 예술의 징후에 그치는 것이 아니라, 전염력의 정도는 또한 예술의 우수성을 결정하는 유일한 척도이다." 그러나 이 이론의 결함은 명백하다. 톨스토이는 예술의 근본적 계기, 즉 형상의 계기를 억제하고 있다. 미적 경험—관조의 경험—은 우리의 이론적 판단의 냉정함 및 도덕적 판단의 엄숙함과 다른 정신 상태이다. 그것은 열정의 가장 발랄한 에너지들로 차 있는 것이지만, 열정 자체는 여기서 그 성질이나 의미에 있어서 다 같이 변형되고 있다. 워즈워드는 시를 <고요함 속에서 회상된 정동>이라고 정의한다. 그러나 우리가 위대한 시에서 느끼는 고요함은 회상의 고요함이 아니다. 시인에 의하여 일으켜진 정동은 먼 과거에 속하는 것이 아니다. 그 감정들은 <여기> 있다—즉 살아 있고 직접적인 것이다. 우리는 그 충만한 힘을 잘 알고 있지만 그러나 이 힘은 새로운 방향을 가지고 있다. 그것은 즉각적으로 느껴진 것이라기보다 오히려 보인 것이다. 우리의 정열들은 더 이상 어둡고 침투할 수 없는 힘이 아니다. 그것들은 이를테면 투명하게 된다. 셰익스피어는 우리에게 미학 이론을 준 적이 한 번도 없다. 그는 예술의 본성에 관하여 궁리하지는 않았다. 그렇지만 그가 연극 예술의 성격과 기능에 관해서 말한 유일한 구절에서 강조하고 있는 것은 바로 이 점이다. 햄릿이 설명하고 있는 바와 같이, "연극의 목적은 처음이나 지금이나, 예나 이제

---

12) Plato, *Republic*, 606D(Jowett trans.).

나 이를테면 거울을 자연에다 대고, 선악을 있는 그대로, 시대상을 또한 있는 그대로 비추는 것이다." 그러나 정열의 심상은 정열 자체는 아니다. 어떤 정열을 재현하는 시인은 그 정열을 우리에게 전염시키지 않는다. 셰익스피어 극에서 우리는 맥베드의 야심, 리처드 3세의 잔인성, 혹은 오셀로의 질투에 전염되지 않는다. 우리는 이 정동에 굴복하지 않고, 그것들을 통해서 본다. 그리하여 우리는 그것들의 참된 본성과 본질에 파고 들어가는 것으로 생각된다. 이 점에서 연극 예술에 관한 셰익스피어의 이론은—만일 그러한 이론이 있다면—르네상스 시대의 위대한 화가 및 조각가들의 미술에 대한 생각과 완전히 일치하고 있다. 그는 <볼 줄 안다>가 예술가의 최고의 성품이라고 하는 레오나르도 다빈치의 말을 옳게 여겼을 것이다. 위대한 화가는 우리에게 외부 사물들의 형상을 보여주고, 위대한 극작가는 우리의 내적 생활의 형상들을 보여준다. 연극 예술은 인생의 새로운 넓이와 깊이를 드러내어 준다. 그것은 여러 가지 인간의 일과 인간의 운명 또는 인간의 위대함과 비참함을 깨닫게 하는데, 이것들에 비하면 우리 일상의 존재는 빈약하고 보잘 것 없는 것으로 보인다. 우리들은 모두 막연하고 희미하게 생명의 무한한 잠재력을 느낀다. 이 잠재력은 그것이 잠자는 상태에서 분명하고 강렬한 의식의 빛으로 나아가게 될 순간을 고요히 기다리고 있다. 예술의 우수성을 결정하는 척도는 전염의 정도가 아니라 강렬화와 조명의 정도이다.

만일 우리가 이러한 예술관을 받아늘인다면, 우리는 아리스토텔레스의 카타르시스 설에서 처음 부딪친 문제를 좀 더 잘 이해하게 될 수 있다. 우리는 여기서 아리스토텔레스의 용어의 모든 난점, 혹은 이 난점들을 해명하려는 주석가들의 무수한 노력에 깊이 파고 들어갈 필요는 없다.13) 분명해 보이는 것과 아울러 오늘날 일반적으로 인정되고 있는 것은, 아리스토텔레스에 의해서 기술된 카타르시스 과정이 정열 자체의 성격 및 성질에 있어서의 순화나 변화를 의미하는 것이 아니라, 인간 영혼 속에서의 변화를 의미한다는 것이다. 비극시에 의하여 영혼은 그 정동에 대한 새로운 태도를 획득한다. 영혼은 연민과 공포의 정동을 경험하지만, 그것은 이 정동들에 의하여 혼란하게 되고 불안하게 되는 대신 안식과 평화의 상태에 이르게 된다. 얼핏 보면 이것은 모순 된 일로 생각될 것이다. 왜냐하면 아리스토텔레스가 비극의 효과로 보고 있는 것이 실생활에 있어서는, 즉 우리의 실제 생존에 있어서 서로 배제하는 두 계기의 종합이기 때문이다. 우리의 정동 생활의 극도의 강렬화는 동시에 우리에게 휴식의 느낌을 주는 것으로 생각되고 있다. 우리는 우리의 온갖 정열 속에 살며 또 그 충만한 힘과 최고의 긴장을 느낀다. 그러나 우리가 예술의 문턱을 넘어설 때 뒤에 내버리는 것은 우리 정동들의 무거운 압력과 강제이다. 비극 시인은 자기의 정동들의 노예가 아니라 주인이다. 그리고 그는 이와 같이 정동들을 극복하는 법을 관중들에게 옮겨 줄 수 있다. 그의 작품을 볼 때, 우리는 우리의 정동들에 의하여 동요되거나 정신을 잃지 않는다. 미적 자유는 정열의 결여, 스토아 학파 식의 무감동이 아니라 바로 이와 반대된다. 그것은 우리의 정동적 생활이 그 최대의 힘을 획득한다는 것 그리고 또 바로 이 힘 속에서 그것이 그 형태를 바꾼다는 것을 의미한다. 이는 우리가 다시는 사물들의 직접적 현실 속에서 살지 않고 순수한 감성적 형상의 세계에서 살고 있기 때문이다. 이 세계에서 우리의 모든 감정은 그 본질과 성격에 있어 일종의 실체 변화를 경험한다. 정열들 자체는 그 내용의 짐을 벗어 버린다. 우리는 그 형상과

---

13) 자세한 것은 J. B. Bernays, *Zwei Abhandlungen über die Aristotelische Theorie des Dramas*(Berlin, 1880)와 Bywater, 앞의 책, pp.152 이하를 참조.

생명을 느끼나, 그 방해는 느끼지 않는다. 예술 작품의 고요함은, 역설적인 말이지만, 동적인 고요함이지 정적인 고요함이 아니다. 예술은 우리에게 인간 영혼의 움직임들을 그 모든 깊이와 다양성으로 보여준다. 그러나 이 움직임들의 형태, 속도 및 리듬은 그 어떤 단일한 정동 상태와도 비교될 수 없다. 예술에서 우리가 느끼는 것은 어떤 단순한 혹은 단일한 정동적 성질이 아니다. 그것은 생명 자체의 동적인 과정으로 대립하는 두 극(極), 환희와 비애, 희망과 공포, 희열과 절망 사이로 쉴 새 없이 흔들린다. 우리들의 열정에 미적 형식을 준다는 것은 이 정동을 자유롭고 적극적인 상태로 전환한다는 것이다. 예술가의 작품에서 열정의 힘 자체는 형성적인 힘이 된다.

 이 모든 것은 예술가에게는 타당하지만 우리들 자신, 즉 관객과 청중에게는 타당하지 않다는 반론이 있을 수 있다. 그러나 이러한 반대는 예술적 과정의 오해를 내포하고 있다고 하겠다. 언어 과정과 마찬가지로 예술적 과정도 대화적이고 변증법적 과정이다. 관객이라 하더라도 그저 수동적 역할만 하는 것은 아니다. 예술 작품이 나오게 된 창작 과정을 어느 정도 반복하고 재구성하는 일이 없이 우리는 그 작품을 이해할 수 없다. 이 창작 과정의 성질에 의하여 열정 자체가 행동으로 전환된다. 만일 우리가 소포클레스의 『오이디푸스』(*Oedipus*)나 셰익스피어의 『리어왕』(*King Lear*)에서 체험하는 그 모든 정동을 현실 생활에서 견디어야만 한다면, 우리는 그 충격과 긴장을 견디지 못해 쓰러질 것이다. 그러나 예술은 이 모든 고통과 폭력, 잔인함과 흉악을 자기 해방의 수단으로 전환시키고 그리하여 다른 어떤 방법으로도 도달할 수 없는 내적 자유를 우리에게 준다.

 그러므로 어떤 예술 작품을 몇 가지 특수한 정동적 특성에 의하여 특징지으려는 시도는 반드시 그 예술 작품을 옳게 보지 못하게 한다.

예술이 표현하려고 애쓰는 것이 우리들의 내적 생활의 특별한 상태가 아니라 바로 그 동적 과정이라면 그와 같은 규정은 그 어느 것이나 결코 형식적이고 피상적인 것 이상의 것이 될 수 없었다. 예술은 언제나 우리에게 단지 정동보다는 오히려 움직임을 주지 않으면 안 된다. 비극적 예술과 희극적 예술 사이의 구별도 필연적인 것이라기보다는 오히려 관습적인 것이다. 그것은 예술의 내용과 동기들에는 관계가 있으나, 예술의 형식과 본질에는 아무 관계도 없다. 플라톤은 오래 전에 벌써 이 인위적이고 전통적인 경계선의 존재를 부인하였다. 『향연』(Symposium)의 끝머리에서 그는 소크라테스가 비극 시인 아가톤 및 희극 시인 아리스토파네스와 열심히 담론하고 있는 것을 그리고 있다. 소크라테스는 이 두 시인으로 하여금 참된 비극 작가는 희극에 있어서도 참된 예술가라는 것을 인정하지 않을 수 없게 하고 있다.[14] 이 구절에 대한 주해가 『필레보스』(Philebos)에 있다. 이 대화편에서 플라톤은 위대한 비극에서와 마찬가지로 희극에 있어서도 우리는 언제나 즐거움과 고통의 혼합된 감정을 경험하는 것이라고 주장하고 있다. 이 점에서 시인은 자연 자체의 규칙들을 따른다. 이는 그가 <인생의 희극과 비극 전체>[15]를 그리기 때문이다. 모든 위대한 시에서—가령 셰익스피어의 극, 단테의 『신곡』(Commedia), 괴테의 『파우스트』(Faust)에서—우리는 실로 인간 정동의 전역을 통과하지 않으면 안 된다. 만일 우리가 감정의 서로 다른 여러 명암의 가장 미소한 뉘앙스를 파악할 수 없고, 리듬과 가락의 계속적 변화를 따라갈 수 없다면, 또 만일 돌연한 동적 변화에 의하여 감동되지 않는다면, 우리는 시를 이해하고 또 느낄 수 없을 것이다. 우리는 예술가의 개인적 기질을 운

---

14) Plato, *Symposium*, 223(Jowett trans.).
15) Plato, *Philebos*, 48 이하(Jowett trans.).

운할 수 있으나, 예술 작품에는 도대체 특별한 기질이란 것이 없다. 우리는 그것을 그 어떤 전통적인 심리학적인 집합 개념 밑에다가도 포섭시킬 수 없다. 모차르트의 음악을 유쾌하거나 조용한 것으로 말하고, 베토벤의 음악을 심각하고 침울하고 혹은 숭고하다고 말하는 것은 얕은 취미를 드러내는 것이다. 여기서도 비극과 희극 사이의 구별은 부적당한 것이 된다. 모차르트의 『돈 지오반니』(*Don Giovanni*)가 비극이냐 <소극>(opera buffa)이냐는 물음은 대답할 가치조차 없는 것이다. 실러의 <환희에의 찬가>에 기초하여 지은 베토벤의 작곡은 극도의 희열을 표현하고 있다. 그러나 그것을 듣고 있을 때 우리는 단 한순간도 제9교향곡의 비극적인 가락을 잊을 수 없다. 이 모든 대조는 현존하며 또 그 충만한 힘이 느껴진다. 우리들의 미적 경험에 있어서 그것들은 하나의 나눌 수 없는 전체로 굳게 뭉친다. 우리가 듣는 것은 최저의 가락에서 최고의 가락에 이르는 인간 정동의 범위 전체이다. 그것은 우리의 존재 전체의 움직임이요 진동이다. 가장 위대한 희극 작가들은 그들 스스로 결코 우리에게 편한 아름다움을 줄 수 없다. 그들의 작품은 때때로 크나큰 비통으로 차 있다. 아리스토파네스는 인간의 본성에 대한 가장 날카롭고 준엄한 비평가들 가운데 한 사람이며 몰리에르는 그 어느 곳에서보다도 그의 『사람을 싫어하는 자』(*Misanthrope*)나 『타르튀프』(*Tartuffe*)에서 가장 위대하다. 그럼에도 불구하고 위대한 희극 작가들의 비통함은 풍자가의 신랄함이나 도덕가의 가혹함이 아니다. 그것은 인간 생활에 대한 도덕적 판결로 이끌어가지 않는다. 희극 예술은 모든 예술이 공유하고 있는 능력, 즉 공감적 환상을 최고도로 소유하고 있다. 이 능력에 힘입어, 그것은 인간 생활을 모든 결함과 단점, 그 어리석음과 약함으로 더불어 받아들일 수 있다. 위대한 희극 예술은 언제나 일종의 <어리석음의 찬양>이었다. 희극의 시야에서는 모든 것이 새로운 모습을 가지기 시작한다. 아마 우리는 위대한 희극 작가의 작품―예를 들어 세르반테스의 『돈 키호테』(Don Quixote), 스턴의 『트리스트람 샌디』(Tristram Shandy), 혹은 디킨즈의 『픽윅 페이퍼즈』(Pickwick Papers)―에서보다 우리의 인간 세계에 더 가까이 나아갈 수 있는 일은 절대로 없을 것이다. 우리는 가장 세밀한 구석구석의 관찰자가 되며, 이 세계를 그 모든 협소함, 그 비열함, 그 우둔함에서 바라본다. 우리는 이 한정된 세계에 살지만 이제 다시는 이것에 얽매이지 않는다. 이와 같은 것이 희극이 주는 카타르시스의 독특한 성격이다. 사물들과 사건들은 그 내용의 무게를 잃어버리기 시작하며, 조롱은 폭소에 용해되는데 폭소는 다름 아닌 해방이다.

 미가 사물의 직접적 속성이 아니라는 것, 그것은 반드시 인간 정신에 대한 관계를 내포한다는 것은 거의 모든 미학 이론이 인정하는 것으로 보이는 점이다. 흄은 그의 논문 「취미의 표준에 관하여」(Of the Standard of Taste)에서 다음과 같이 단언한다. "미는 사물들 자체에 있어서의 성질이 아니다. 그것은 다만 사물들을 관조하는 정신 속에만 있다." 그러나 이 주장에는 막연한 점이 있다. 만일 우리가 정신을 흄 자신의 의미에서 이해하며, 또 자아를 인상들의 묶음 이외의 아무 것도 아니라고 생각한다면, 우리가 미라고 부르는 속성을 그러한 묶음 속에서 찾기란 매우 어려운 일일 것이다. 미는 한갓 피지각 (percipi)에 의하여 정의될 수 없다. 그것은 정신의 활동, 즉 지각하는 기능으로써 또 이 기능의 특징적 방향에 의하여 정의되지 않으면 안 된다. 미는 수동적으로 지각된 것들을 가지고 성립되지 않는다. 그것은 지각화의 한 양식이요 한 과정이다. 그러나 이 과정은 그 성격에 있어서 그저 주관적이기만 한 것이 아니다. 이와 반대로 그것은 객관적 세계에 대한 우리의 직관 조건들 가운데 하나이다. 예술적인 눈은 사물의 인상을 받아들이고 기록하는 수동적인 눈이 아니다. 미의식은 형태들의 동적 생명에 대한 감수성이요, 또 이 생명은 거기 상응하는 우리들 자신 속의 동적 과정에 의하지 않고서는 파악될 수 없다.

 확실히 갖가지 미학 이론에 있어서 이 양극성—이것은 우리가 돌아본 바와 같이 미의 내재적 조건인데—은 정반대로 다른 해석들로 이끌어 갔다. 뒤러에 의하면 예술가의 진정한 천품은 미를 자연으로부터 <끌어내는> 것이다. "왜냐하면 예술은 자연 속에 확고히 고정되어 있으며 또 자연에서 예술을 끄집어 낼 수 있는 사람만이 예술을 소유하기 때문이다."16) 한편 우리는 예술미와 소위 자연미 사이에 아무 관련도 없다고 하는 유심론적 학설을 볼 수 있다. 자연미는 한갓 비유로서 이해된다. 크로체는 아름다운 강 혹은 나무라고 말하는 것을 순전한 수사적 미사여구라고 생각한다. 그에게 있어 자연은 예술에 비할 때는 아무 재미도 없는 것이요 또 인간이 그것으로 하여금 말하게 할 때를 제외하면 벙어리처럼 말이 없는 것이다. 이러한 두 가지 생각 사이의 모순은 아마 유기적인 미와 예술적인 미를 확연히 구별함으로써 해결될 수 있을 것이다. 특별한 예술적 성격을 가지고 있지 않은 자연미가 많이 있다. 어떤 풍경의 유기적인 미는 우리가 위대한 풍경 화가들의 작품에서 느끼는 저 심미적인 미와 같은 것이 아니다. 관객인 우리도 이 차이를 잘 알고 있다. 나는 어떤 풍경을 지나면서 그 매력을 느낄 수 있다. 나는 공기의 온화함, 목장의 상쾌함, 색채의 다양성과 반가움 및 여러 가지 꽃의 향기로운 냄새를 즐길 수 있다. 그러나 나는 그 때 나의 정신의 틀에 있어서의 돌연한 변화를 경험할 수 있다. 그렇게 되면 나는 그 풍경을 예술가의 눈을 가지고 본

---

16) W. M. Conway, *Literary Remains of Albrecht Dürer*(1889), p.182를 참조.

다. 즉 그 풍경의 그림을 형성하기 시작한다. 이 때 나는 하나의 새로운 왕국에 들어가는데, 이 왕국은 살아 있는 사물의 왕국이 아니라 <살아 있는 형상>의 왕국이다. 나는 이제 다시는 사실들의 직접적인 현실에 살지 않고, 바야흐로 공간적 형상들의 리듬 속에, 색채의 조화와 대조 속에, 빛과 그늘의 균형 속에서 산다. 이와 같이 형상의 동적인 측면에 몰두하는 곳에 심미적 경험이 성립한다.

2

 다양한 미학파들 사이의 모든 논쟁은 어떤 의미에서 볼 때는 한 가지 점에 귀일시킬 수 있다. 이 모든 학파가 인정하지 않을 수 없는 것은 예술이란 것이 독립적인 <논의의 세계>라는 것이다. 예술을 오직 모방적 기능에만 한정시켜 보려고 한 엄격한 사실주의의 가장 극단적인 지지자들도 예술적 상상의 특별한 힘을 고려하지 않을 수 없었다. 그러나 갖가지 학파들은 이 힘을 평가하는 데 있어 서로 크게 달랐다. 고전적 이론과 또 신고전파의 이론은 상상의 자유로운 활동을 좋게 보지 않았다. 그들의 견지에서 볼 때 예술가의 상상력은 위대하기는 하지만 좀 의심스러운 천품이다. 심리학적으로 말해서 부왈로 자신은 상상력이란 천품이 모든 참된 시인에게는 없을 수 없다는 것을 부정하지는 않았다. 그러나 만일 시인이 단지 이 자연적 충동과 본능적인 힘의 유희에만 파묻힌다면, 그는 결코 완성에 이르지 못할 것이다. 시인의 상상은 이성에 의하여 인도되고 통제되지 않으면 안 되고 또 그 이성의 규칙들을 쫓지 않으면 안 된다. 자연적인 것에서 벗어날 때에도 시인은 이성의 법칙들을 존중하지 않으면 안 되고 또 이 법칙들은 그를 있음직한 것의 영역에만 머무르게 한다. 프랑스 고전주의는 이 영역을 순전히 객관적인 말로써 정의하였다. 극에 있어서의 공간과 시간의 일치는 줄자 혹은 시계에 의하여 측정할 수 있는 물리적 사실이 되었다. 시적 상상의 성격과 기능에 대한 전혀 다른 생각이 낭만주의 예술 이론에 의하여 소개되었다. 이 이론은 독일의 소위 <낭만파>의 업적이 아니다. 그것은 이보다 훨씬 앞서 발전되었고, 또 18세기 동안에 프랑스 문학에서나 영국 문학에서 다같이 결정적 역할을 담당하기 시작했다. 이 이론의 가장 좋은 그리고 가장 간결한 표현 가운데 하나를 에드워드 영의 『독창적 구성에 대한 추측』(*Conjectures on Original composition*, 1759)에서 찾아볼 수 있다. "독창적인 작가의 펜은 아르미다의 지팡이처럼 거친 들에서 샘물이 콸콸 솟아나게 한다"라고 영은 말한다. 이 때 이후로 있음직한 것을 내세우던 고전파의 견해들은 더욱 더 그 반대되는 것에 의하여 대체되었다. 이제는 놀라운 것과 기적적인 것이 진정한 시가 그려낼 만한 유일한 주제라고 믿게 되었다. 18세기 미학에서 우리는 이 새로운 이상의 발흥을 한걸음 한걸음 더듬어 볼 수 있다. 스위스의 평론가 보드머와 브라이팅거는 밀턴을 들어 <시에 있어서의 놀라운 것>을 정당화하고 있다.17) 놀라운 것이 문학의 주제로서 차츰 있음직한 것을 제쳐 놓으며 또 가린다. 이 새로운 이론은 가장 위대한 시인들의 작품 속에서 구현되는 것 같았다. 셰익스피어는 시인의 상상력을 묘사하는 가운데 이것을 밝혀 보여준 바 있다.

광인, 애인 및 시인은
상상력이 모두 치밀하다.

---

17) J. Bodmer and J. Breitinger, *Diskurse der Maler*(1721~1723) 참조.

지옥이 수용할 수 있는 것보다도 더 많은 악마를 보는 자,
이 사람이 곧 미친 사람이다.
사랑하는 사람은 미친 사람 같아서,
이집트 여인의 이마에서 헬레네의 아름다움을 본다.
시인의 눈은, 한창 번거로이 구를 때,
하늘에서 땅으로, 또 땅에서 하늘로 두루 살핀다.
또 상상이 차츰 구체화되면
시인의 붓은 미지의 사물들로 하여금 형상을 갖추게 하고,
또 공중의 허무에 일정한 장소와 이름을 준다.18)

하지만 시에 대한 낭만주의적 생각은 셰익스피어에게서 확실한 지지를 얻지 못하였다. 만일 우리가 예술가의 세계는 한갓 <환상적인> 우주가 아니라는 것을 증명할 필요가 있다면, 우리는 셰익스피어보다 더 좋은 그리고 더 고전적인 증인을 찾아볼 수 없을 것이다. 그가 자연과 인간 생활을 보는 빛은 <환상 속에서 잡은 환상의 빛>이 아니다. 도리어 시가 분해 될 수 없도록 그것과 함께 연결되어 있는 것으로 보이는 또 하나의 다른 상상 형태가 있다. 비코는 <상상의 논리>를 만들어 내려는 최초의 조직적 시도에서 신화의 세계로 돌아갔다. 그는 서로 다른 세 시대를 말한다. 즉 신들의 시대, 영웅들의 시대, 그리고 인간들의 시대가 그것이다. 그는 우리가 시의 참된 기원을 찾을 것이 바로 이 세 시대 가운데 앞의 두 시대라고 주장하였다. 인류는 추상적 사상이나 합리적 언어를 가지고 시작할 수는 없었다. 인류는 신화와 시의 상징적 언어의 시대를 지나지 않으면 안 되었다. 최초의 민족들은 개념으로 생각하지 않고 시적 심상으로 생각하였으며, 또

---

18) W. Shakespeare, *Midsummer Night's Dream*, Act Ⅴ, sc. 1.

우화로 말하고 상형 문자로 글을 썼다. 사실 시인과 신화 제작자는 똑같은 세계에 살고 있는 것 같다. 그들은 똑같은 근본적 능력, 즉 인격화의 능력을 타고난 사람들이다. 그들은 그 어떤 대상도 그것에 내적 생명과 인격적 형상을 주지 않고서는 그것을 생각할 수 없다. 현대의 시인은 가끔 신비한 <신적인> 혹은 <영웅적인> 시대를 잃어버린 낙원으로서 되돌아본다. 실러는 그의 시 <그리스의 신들>에서 이러한 감정을 표현하였다. 그는 그리스 시인들의 시대를 회상하고자 하였는데, 그 이유는 이들에게 있어 신화는 공허한 비유가 아니라 살아 있는 힘이었기 때문이다. 시인 실러는 모든 것이 아직 신들로 차 있고 언덕마다 산신령이 살며 나무마다 요정의 집인, 이런 시의 황금 시대를 동경하고 있다.

  그러나 현대 시인들의 이러한 불행은 근거가 없는 것으로 보인다. 왜냐하면 예술이 결코 이 <신적 시대>를 잃지 않는다는 것이야말로 예술의 최대 특권들 가운데 하나이기 때문이다. 여기서 상상력의 창작의 샘은 결코 마르지 않는다. 이는 그것이 파괴될 수 없고 또 그칠 줄 모르는 것이기 때문이다. 어느 시대에나 또 어느 위대한 예술가에게서나 상상의 작용은 새로운 형태와 새로운 힘을 가지고 다시 일어난다. 우리는 무엇보다도 서정 시인들에게서 이 연면한 재생과 재기를 느낀다. 그들은 그들 자신의 내적 생명을 불어넣지 않고서는 사물에 손을 댈 수 없다. 워즈워드는 이 천품을 자기 시의 고유한 힘으로 묘사한 바 있다.

  모든 자연의 형상, 바위, 과실이나 꽃,
    심지어는 큰 길을 덮은 푸석푸석한 돌에다가도
    나는 정신적 생명을 주었노라.

나는 그것들이 감촉하는 것을 보았고,
혹은 그것들을 어떤 감정에 연결시켰다.
무수한 것이, 소생시키는 영혼 속에 묻혀 있었고, 또
내가 본 모든 것은 속 뜻이 있어 숨쉬고 있었다.19)

그러나 이 창발력(創發力) 및 우주 유정화(宇宙 有情化)의 힘을 가지고 있다 해도 우리는 다만 예술의 문턱에 있다. 예술가는 그저 사물들의 <속 뜻>과 그 정신적 생명을 느끼기만 하면 되는 것이 아니다. 그는 자기의 감정을 외화하여, 그것에 형체를 부여하지 않으면 안 된다. 예술적 상상의 가장 높은 그리고 또 가장 특색 있는 힘은 이 활동에 나타난다. 외화는 단순히 어떤 특별한 물질적 매개—진흙, 청동 혹은 대리석—뿐만 아니라, 또한 감각적 형태들, 즉 리듬, 빛깔의 무늬, 선과 디자인, 소조적(遡造的) 형상들로 볼 수 있게 혹은 만져볼 수 있도록 구현하는 것을 의미한다. 예술 작품에서 우리에게 감동을 주는 것은 이 형태들의 구조, 균형 및 질서이다. 예술마다 그 스스로의 특징적 특유어를 가지고 있는데, 그것은 의심할 여지가 없으며 또 서로 바꿀 수 없는 것이다. 갖가지 예술의 특유어는 상호 연결될 수 있는데, 가령 서정시가 음악화 되고 혹은 어떤 시가 그림으로 그려질 때 그러하다. 그러나 그것들은 서로 번역될 수는 없다. 특유어마다 예술의 <구축>에 있어서 수행할 특별한 임무가 있다. 아돌프 힐레브란트는 말한다.

이 구축적 구조로부터 일어나는 형태의 문제는, 비록 자연에 의하여 우리에게 직접적으로 또 자명하게 주어지지는 않았다 하더라도, 어디까

---

19) W. Wordsworth, *Prelude*, III, 127~132.

지나 예술의 진정한 문제이다. 자연의 직접적 연구를 통해서 얻은 재료는 구축적 과정에 의하여 예술적 통일로 변형한다. 우리가 예술의 모방의 면을 말할 때, 우리는 아직도 이와 같이 발전되지 못한 재료를 언급하고 있다. 그리고 구축적 발전을 통하여, 조각과 회화는 한갓 자연주의의 영역으로부터 참된 예술의 왕국에로 솟아오른다.[20]

시에 있어서도 우리는 이 구축적 발전을 볼 수 있다. 이것이 없으면 시적 모방 혹은 창작은 그 힘을 잃고 말 것이다. 만일 단테의 어법과 시구의 마법에 의하여 새로운 모양을 갖추도록 꾸며지지 않았더라면, 단테의 『지옥편』(*Inferno*)의 무서운 광경들은 그 무서움이 조금도 경감되지 않았을 것이며, 또 그 『천국편』(*Paradiso*)의 희열은 그만 환상적인 꿈이 되고 말았을 것이다.

아리스토텔레스는 그의 비극 이론에서 비극의 구성(plot)을 강조하였다. 그는 비극에 필요한 모든 구성 요소―장경(場景), 등장인물, 각색, 화법, 멜로디 및 사상―가운데서 이야기의 우연적 사건의 결합을 가장 중요한 것으로 생각하였다. 왜냐하면 비극은 본질적으로 인물의 모방이 아니라 행동과 생활의 모방이기 때문이다. 연극에 있어서 등장인물들은 인물들을 그려내기 위해서 행동하고 있는 것이 아니다. 오히려 그 인물들이 행동을 위하여 제공되고 있다. 비극은 행동이 없으면 불가능하지만, 인물이 없는 비극은 있을 수 있다.[21] 프랑스 고전주의는 아리스토델레스의 이 이론을 채택하고 또 강조하였다. 꼬르네이유는 그의 극의 서문의 도처에서 이 점을 주장하고 있다. 그는 그의

---

20) A. Hilebrand, *Das Problem der Form in der bildenden Kunst*. English trans. M. Meyer and R. M. Ogden, The Problem of Form in Painting and Sculpture(New York: G. E. Stechert Co., 1907), p.12.

21) Aristotle, 앞의 책, 6. 1450a 7~25. Bywater(ed.) pp.18~19.

비극『헤라클리우스』(Heraclius)를 자랑스럽게 말하고 있는데, 그 까닭은 이 비극에서는 구성이 매우 복잡하여 그것을 이해하고 풀어헤치려면 특별한 지적 노력이 필요하기 때문이라고 한다. 그러나 이런 유형의 지적 활동 및 지적 쾌락이 예술적 과정에 없어서는 안 될 요소가 아니라는 것은 명백한 일이다. 셰익스피어의 여러 이야기의 줄거리를 즐긴다는 것—『오셀로』(Othello), 『맥베드』(Macbeth) 혹은 『리어왕』의 <이야기 속에 나오는 사건들의 연결>을 아주 깊은 흥미를 가지고 더듬어 간다는 것—이 반드시 우리가 셰익스피어의 비극 예술을 이해하고 느낀다는 것을 의미하지는 않는다. 셰익스피어의 언어가 없었던들, 즉 그의 극적 문체의 힘이 없었던들 이 모든 것은 아무 인상도 주지 못하는 것이 되고 말았을 것이다. 어떤 시의 내용은 그 형식—즉 시구, 멜로디, 리듬—으로부터 분리될 수 없다. 이 형식상의 요소들은 주어진 직관을 재현하기 위한 외부적인 혹은 기교적인 수단에 그치는 것이 아니다. 그것들은 예술적 직관 자체의 일부분이다.

낭만주의 사상에서 시적 상상의 이론은 그 절정에 이르렀다. 상상은 이제 다시는 인간의 예술 세계를 건설하는 특별한 인간 활동이 아니다. 그것은 이제 보편적인 형이상학적 가치를 지닌다. 시적 상상은 현실에 대한 유일한 열쇠이다. 피히테의 관념론은 <생산적 상상>에 대한 그의 착상에 기초를 두고 있다. 셸링은 그의 『선험적 관념론의 체계』(System of Transcendental Idealism)에서 예술은 철학의 완성이라고 선언하였다. 자연·도덕·역사에 있어서 우리는 아직 철학적 지혜의 입구에 살고 있는 셈이지만, 예술에 있어서 우리는 바로 지성소(至聖所)로 들어간다. 낭만주의 작가들은 시에 있어서나 산문에 있어서 똑같은 기분에서 자기들의 생각을 표현하였다. 시와 철학의 구별은 천박하고 피상적인 것으로 느껴졌다. 프리드리히 슐레겔에 의하면,

현대 시인의 최고의 임무는 그가 <선험적 시>라고 기술하고 있는 새로운 형태의 시를 찾아 노력하는 것이다. 다른 어떤 시의 장르도 우리에게 시 정신의 본질, 즉 <시의 시>22)를 줄 수 없다. 철학을 시화하고 시를 철학화 하는 것—이와 같은 것이 모든 낭만주의 사상가들의 최고 목표였다. 참된 시는 예술가 개인의 작품이 아니다. 그것은 우주 자체요, 영원히 자기 자신을 완성시키고 있는 하나의 예술 작품이다. 그러므로 모든 예술과 과학의 가장 깊은 신비는 모두 시에 속한다.23) 노발리스는 "시는 절대적으로 또 진정으로 현실적이다. 이것이 나의 철학의 핵심이다. 더욱 더 시적인 것이 더욱 더 참된 것이다"24)라고 말하였다.

이러한 생각으로 말미암아 시와 예술은 전에 가져본 적이 없는 지위와 존엄성으로 올려진 것처럼 보였다. 그것들은 우주의 부와 깊이를 발견하기 위한 <신 기관>(novum organum)이 되었다. 그렇지만 시적 상상에 대한 이 굉장하고 열광적인 찬양은 엄격한 제한들을 가지고 있었다. 낭만주의자들은 그들의 형이상학적 목적을 달성하기 위하여 한 가지 중대한 희생을 하지 않으면 안 되었다. 무한한 것이 예술의 참된, 아니 유일한 주제라고 선언되어 왔다. 아름다운 것은 무한한 것의 상징적 표현이라 생각되었다. 슐레겔에 의하면, 자기 자신의 종교를 가지고 있는 자, 무한한 것에 대한 독창적인 생각을 가지고 있는 자만이 예술가가 될 수 있다.25) 그러나 이와 같이 됨에 있어 우리들

---

22) F. Schlegel, "Athenäumsfragmente", 238, in *Prosaische Jugendschriften*, ed. J. Minor, 제2판(Vienna, 1906), II, 242.

23) F. Schlegel, "Gespräche über die Poesie"(1800), 같은 책, II, 364.

24) Novalis, ed. J. Minor, III, 11 ; O. Wazlel, *German Romanticism*, English trans. A. E. Lussky(New York, 1932), p.28 참조.

25) F. Schlegel, 앞의 책, II, 290.

의 유한한 세계, 즉 감각 경험의 세계는 어떻게 되는가? 분명히 이 세계는 도대체 미를 가졌다고 주장할 수 없다. 참된 우주, 즉 시인과 예술가의 우주에 대하여 우리는 우리의 일상적이고 평범한 세계는 시적인 미를 전혀 가지고 있지 않음을 발견한다. 이런 종류의 이원론은 모든 낭만주의적 예술 이론에 있어서의 본질적인 특성이다. 괴테가 『빌헬름 마이스터의 수업 시대』(Wilhelm Meister's Lehrjahre)를 출간했을 때 최초의 낭만주의 평론가들은 이 작품을 지나칠 정도로 열렬하게 칭송하였다. 노발리스는 괴테에게서 <지상에 있어서의 시 정신의 화신>을 보았다. 그러나 이 작품이 계속됨에 따라, 미뇽과 시프 연주자의 낭만적인 자태가 더욱 현실적 인물들과 더욱 시시한 사건들로 가려짐에 따라, 노발리스는 깊이 실망하게 되었다. 그는 자신의 처음 판단을 취소하지만 않았을 뿐, 괴테를 심지어 시도(詩道)에 대한 반역자라고까지 불렀다. 『빌헬름 마이스터의 수업 시대』는 하나의 풍자, <시에 거역하는 하나의 『깡디드』(Candide)>로 여겨지기에 이르렀다. 시가 놀라운 것을 보지 못할 때, 시는 그만 그 의의와 명분을 잃고 만다. 시는 우리들의 시시하고 평범한 세계에서 번영할 수 없다. 기적적인 것, 놀라운 것, 신비스러운 것이야말로 참으로 시적인 취급을 받을 수 있는 유일한 주제들이다. 그러나 시에 대한 이러한 개념은 예술의 창조적 과정의 진정한 설명이기보다는 오히려 그 제한이요 한정이다. 매우 이상한 일이지만, 19세기 위대한 사실주의자들은 이 점에 있어서 그들의 반대자들인 낭만주의자들보다 예술 과정을 더 날카롭게 통찰하고 있었다. 그들은 극단적이고 비타협적인 자연주의를 주장하였다. 그러나 그들로 하여금 예술적 형식에 대한 보다 심원한 생각을 가지게끔 한 것은 바로 이 자연주의였다. 관념론적 유파들의 <순수 형상>을 부정함으로써 그들은 사물의 질료적인 측면에 정신을 집중하였다. 이 전적인 집중의 덕택으로 그들은 시 영역과 산문 영역 사이의 관습적인 이원론을 극복할 수가 있었다. 사실주의자들에 의하면 한 예술 작품의 성질은 그 작품이 다루는 주체의 크고 작음에 달려 있는 것이 아니다. 예술의 형성적 에너지로서 뚫고 들어갈 수 없는 주제란 하나도 없다. 예술의 위대한 승리 중의 하나는 우리로 하여금 평범한 사물들을 그 진정한 형상에 있어서 또 그 참된 빛 속에서 보게 하는 것이다. 발작크는 <인간 희극>의 가장 시시한 면에 뛰어들었고, 플로베르는 가장 너절한 인물들을 심원하게 분석하였다. 졸라의 소설들 가운데 어떤 것 속에서 우리는 기관차의 구조, 백화점, 탄광에 관한 자세한 기술을 발견한다. 이 이야기들 속에서는 기술적인 세부적 일들이 아무리 사소한 것일지라도 제외되지 않았다. 그럼에도 불구하고 사실주의자들의 이 모든 작품을 통하여 위대한 상상력을 관찰 할 수 있는 데 이 상상력이 공공연히 인정될 수 없다는 사실은 자연주의의 여러 예술 이론에 대해서 중대한 장해가 되었다. 선험적 시라는 낭만주의적 생각을 거부하기 위한 시도들 가운데서 그들은 예술이 자연의 모방이라는 낡은 정의로 되돌아갔다. 이와 같이 함으로써 그들은 중요한 점을 놓쳤는데, 이는 그들이 예술의 상징적 성격을 깨닫지 못하였기 때문이다. 만일 이와 같은 예술의 특징 규정이 인정된다면, 낭만주의의 형이상학적 이론들로부터 벗어날 길이 전혀 없어 보였다. 예술은 사실상 상징(심볼리즘)이다. 그러나 예술의 심볼리즘은 내재적인 의미에서 이해되어야지, 초월적인 의미에서 이해될 성질의 것은 아니다. 셸링에 의하면 미는 <유한하게 나타내어진 무한이다.> 그러나 예술의 진정한 주제는 셸링의 형이상학적 무한도 아니며 또한 헤겔의 절대자도 아니다. 그것은 우리의 감각 경험 자체의 몇 가지 근본적인 구조적 요소—즉 선, 디자인, 건축 및 음악의 형식—에서 찾아야 할 성질의 것이다. 이 요소들은 이를테면 도처에 편재해 있다. 그것들은 온갖 신비에서 벗어나 명백하게 전개되어 있고 또 드러나 있다. 그것들은 볼 수 있고, 들을 수 있고, 만질 수 있는 것들이다. 이런 의미에서 괴테는 서슴지 않고 예술이 사물들의 형이상학적인 깊이를 보여주는 체하지 않고, 다만 자연 현상의 표면에만 집착하는 것이라고 말하고 있다. 그러나 이 표면은 직접적으로 주어져 있지 않다. 우리는 이것을 대예술가의 작품에서 발견하기 전까지는 알지 못한다. 그러나 이 발견은 특별한 분야에만 국한되어 있지 않다. 인간의 언어가 모든 것, 즉 가장 낮은 것들과 가장 높은 것들을 표현할 수 있는 것과 똑같은 정도로 예술은 인간 경험의 전 영역을 포용하고 또 파고 들어갈 수 있다. 물리적 혹은 도덕적 세계의 어떤 것도, 그 어떤 자연물이나 또 인간 행동이나 그 본성과 본질에 있어서 예술의 왕국에서 배제되지 않는다. 그 이유는 어떤 것도 예술의 형성적 및 창작적 과정에 저항하지 않기 때문이다.

베이컨은 그의 『신 기관』(*Novum Organum*)에서 다음과 같이 말하고 있다. "본질이 될만한 것은, 그 어떤 것이나 과학이 될 만하다."[26] 이 말은 과학뿐만 아니라 예술에도 들어맞는 말이다.

3

심리학적인 여러 예술 이론들은 모든 형이상학적 이론들보다 명백하고 뚜렷한 장점을 가지고 있다. 그것들은 미에 대한 일반적 이론을

---

26) F. Bacon, *Novum Organum*, Liver 1, Aphor, 120.

내세울 필요가 없다. 그것들은 보다 좁은 범위에 스스로를 국한시킨다. 이는 그것들이 오직 미의 사실과 또 이 사실의 기술적 분석에만 관심을 가지기 때문이다. 심리학적 분석의 최초의 과제는 미에 관한 우리의 경험이 어떤 종류의 현상에 속하고 있는가를 결정하는 것이다. 이 문제는 아무런 난점도 수반하지 않는다. 아무도 예술 작품이 우리에게 최고의 쾌락, 아마 인간의 본성이 가져볼 수 있는 가장 지속적이고 강렬한 쾌락을 준다는 것을 부정할 수 없다. 그러므로 우리가 이 심리학적 해결책을 선택하는 즉시 예술의 비밀은 해결되는 것처럼 보인다. 쾌락과 고통보다 덜 신비스러운 것이란 하나도 없다. 가장 잘 알려져 있는 이 현상들—비단 인간 생활의 현상일 뿐만 아니라 생명 일반의 현상인—에 대해서 의혹을 품고 그것을 문제 삼는다는 것은 어리석은 일이다. 만일 우리가 어떤 곳에서 "내가 설 곳을 나에게 달라"고 고정되고 움직이지 않는 설 자리를 찾는다면, 그것은 바로 여기에서이다. 만일 우리가 우리의 미적 경험을 이 점과 연결시키는 데 성공한다면, 다시는 미와 예술의 성격에 관해서 그 어떤 불확실성도 있을 수 없다.

 이 해결은 아주 단순한 것이어서 우리의 마음을 끈다. 한편 미학적 쾌락주의의 모든 이론은 제각기 여러 결점을 가지고 있다. 그것들은 단순하고 부정할 수 없는 명백한 사실을 말함으로써 시작한다. 그러나 얼마 안 가서 그것들은 그 목적에는 이르지 못하고 갑자기 정지 상태에 빠진다. 쾌락은 우리 경험의 직접적인 소여 사실이다. 그러나 그것이 심리학적 원리로 채택되었을 때 그 의미는 극도로 막연하고 모호하게 된다. 이 쾌락이란 말은 더할 수 없이 서로 다르고 이질적인 현상들에 적용될 만큼 넓은 분야에 걸치는 말이 된다. 본질적으로 서로 더할 수 없이 다른 지시 대상을 포함할 만큼 광범한 일반 용어를 만들어 낸다는 것은 언제나 유혹적인 일이다. 하지만 만일 우리가 이 유혹에 넘어간다면, 우리는 중대하고 또 중요한 차이들을 보지 못하는 위험에 빠질 것이다. 윤리적 쾌락주의와 미학적 쾌락주의의 체계는 언제나 이 차이들을 망각하는 과오를 저지르기가 쉬웠다. 칸트는 『실천 이성 비판』(*Critique of Practical Reason*)에서 행한 독특한 비평에서 이 점을 강조하고 있다. 칸트는 만일 우리 의지의 결정이, 우리가 무슨 원인에서든 오리라 기대하는 유쾌감 혹은 불쾌감에 의존한다면, 그 때에는 우리가 어떤 종류의 관념들에 의하여 감동되는가 하는 것은 문제가 되지 않는다고 주장한다. 우리가 선택을 하는 데 있어서 문제 되는 유일한 것은 이 유쾌감이 얼마나 큰가, 얼마나 오래 계속되는가, 얼마나 용이하게 얻어질 수 있는가, 또 얼마나 자주 반복되는가 하는 점이다.

돈을 쓰려는 사람에게는 금이 산에서 캐어낸 것이든 혹은 모래 속에서 씻어낸 것이든 아무 상관이 없고 다만 그것이 어디서나 똑같은 가치로 받아들여지기만 하면 그만인 것과 똑같이, 오직 삶의 향락만을 염려하는 사람은 관념이 오성에서 오는가 혹은 감각에서 오는가를 묻지 않고 다만 **얼마나 많은** 그리고 **얼마나 큰** 쾌락을 그 관념이 우리에게 가장 오랜 시간 동안 주는가를 문제 삼는다.27)

만일 쾌락이 공통분모가 된다면 그 때 정말로 문제 되는 것은 오직 정도일 뿐 종류는 아니다. 즉 모든 쾌락은 그 어느 것이나 똑같은 수준에 있으며 또 공통 되는 심리학적 및 생리학적 기원으로 더듬어 올라가서 찾아질 수 있다.

---

27) I. Kant, *Critique of Practical Reason*, trans. T. K. Abbott, 제6판(New York : Longmans, Green & Co., 1927), p.110.

현대 사상에서 미학적 쾌락주의의 이론은 산타야나의 철학에서 가장 명백히 표현되었다. 산타야나에 의하면 미란 사물들의 성질로 생각되는 쾌락이다. 즉 <객관화된 쾌락>이다. 그러나 이것은 증명될 것을 전제로 하고 있다. 왜냐하면 어떻게 쾌락—우리의 정신의 가장 주관적인 상태—이 객관화될 수 있는가라는 의문을 던질 수 있기 때문이다. 산타야나는 "과학은 알려고 하는 요구에 대한 반응으로서, 우리는 과학에서 온전한 진리를 찾으며 또 오직 진리만을 찾는다. 예술은 환락의 요구에 대한 반응으로서… 진리는 이 목적들에 도움이 될 때에만 그 속에 들어간다"[28]라고 말한다. 그러나 만일 이것이 예술의 목적이라면, 우리는 예술이 그 극치에 이르렀을 때 그 진정한 목적에 도달할 수 없다고 말하지 않을 수 없다. <환락에 대한 요구>는 훨씬 더 나은 그리고 훨씬 더 값싼 수단으로 충족될 수 있다. 위대한 예술가들이 이 목적을 위해서 일했다고 생각하는 것, 가령 미켈란젤로가 성 베드로 성당을 지음에 있어서 또 단테나 밀턴이 시를 씀에 있어서 환란을 위하여 짓고 썼다고 생각하는 것은 불가능한 일이다. 그들은 의심할 것 없이 아리스토텔레스의 말, 즉 "열락(悅樂)을 위해서 노력하고 일하는 것은 유치하고 또 아주 어리석어 보인다"[29]라는 말을 옳게 여겼을 것이다. 만일 예술이 향락이라면 그것은 사물들을 향락하는 것이 아니라 형상들을 향락하는 것이다. 형상에서 즐거움을 찾는 것은 사물이나 감관의 인상에서 즐거움을 찾는 것과는 아주 다르다. 형상은 단순히 우리 마음에 새겨질 수 없다. 우리는 그 미를 느끼기 위하여 형상을 만들어 내지 않으면 안 된다. 고대와 현대의 모든 미학

---

28) G. Santayana, *The sense of Beauty*(New York : Charles Scribner's Sons, 1896), p.22.

29) Aristotle, *Nicomachean Ethics*, 1776b33.

적 쾌락주의 체계의 공통 약점은, 그것들이 미적 창조성의 근본적 사실을 설명하는 데 있어 완전히 실패하고 있는 심리학적인 미적 쾌락설이라는 데 있다. 심미적 생활에 있어 우리는 근본적 변형을 경험한다. 쾌락 자체는 이제 한갓 감동에 그치는 것이 아니다. 그것은 하나의 기능이 된다. 왜냐하면 예술가의 눈은 단순히 감각 인상에 반응하거나 혹은 그것을 재현하는 눈이 아니기 때문이다. 그 활동은 외부 사물들의 인상들을 받아들이거나 수록하는 일, 혹은 그 인상들을 새로이 그리고 모호하게 연결시키는 일에 국한되어 있지 않다. 위대한 화가나 음악가는 색채에 대한 혹은 음향에 대한 그의 민감성 때문에 위대한 화가요 음악가가 되는 것이 아니라, 그 정적 소재로부터 형상의 동적 생명을 끌어내는 재능 때문에 그렇게 된다. 그렇다면 오직 이 의미에 있어서만 우리가 예술에서 가질 수 있는 쾌락이 객관화될 수 있다. 그러므로 미를 <객관화된 쾌락>이라고 정의하는 것은 문제 전체를 극히 간결하게 요약하는 것이다. 객관화는 언제나 구성적 과정이다. 물리학의 세계—항존적인 사물들과 성질들의 세계—는 감각 소재의 한갓 다발이 아니며 또 예술 세계는 감정과 정동의 다발이 아니다. 첫째 것은 이론적 객관화, 즉 개념과 과학적 구성에 의한 객관화의 행위에 의거하며, 둘째 것은 이와 다른 유형의 형성적 행위, 즉 관조의 행위에 의거한다.

 예술과 쾌락을 동일시하려는 모든 시도에 반대하는 현대의 다른 여러 학설도 미학적 쾌락주의의 여러 학설에 대한 반대와 똑같은 반대를 받을 수 있는 처지에 있다. 이 학설들은 예술 작품을 잘 알려져 있는 다른 현상들과 연결시킴으로써 그 예술 작품에 대한 설명을 찾으려 한다. 그러나 이 현상들은 전혀 다른 수준에 있다. 즉 그것들은 수동적인 정신 상태이지, 능동적인 정신 상태는 아니다. 이 두 부류 사이에 우리는 몇 가지 유사점을 찾을 수 있으나, 이것들을 더듬어 올라가 하나의 그리고 똑같은 형이상학적 혹은 심리학적 기원에 이를 수는 없다. 이 학설들의 공통 특성과 근본적 동기가 되는 것은 합리주의와 주지주의의 예술 이론에 대한 투쟁이다. 프랑스 고전주의는 어떤 의미에서 볼 때 예술 작품을 일종의 비례 산법에 의하여 해결될 수 있는 산술 문제로 전환시켰다. 이러한 생각에 대한 반동은 필연적인 일이요 또 유익한 일이었다. 그러나 최초의 낭만주의 비평가들—특히 독일 낭만주의자들—은 대뜸 반대의 극단으로 달렸다. 그들은 계몽주의의 추상적인 주지주의를 예술에 대한 희화(戱畵)라고 선언하였다. 우리는 예술 작품을 논리적 규칙들에 종속케 하는 것으로서 그것을 이해할 수 없다. 왜냐하면 예술은 보다 깊은 다른 여러 원천에서 솟아나오는 것이기 때문이다. 이 원천들을 발견하려면 우리는 먼저 우리의 평범한 표준을 버리고 무의식적 생활의 여러 신비 속으로 뛰어 들어가지 않으면 안 된다. 예술가는 그 어떤 의식적 활동의 개입이나 통제도 받지 않고 자기의 길을 추구해야 하는 일종의 몽유병자이다. 그를 깨우는 것은 그의 힘을 파괴하는 것이 될 것이다. 프리드리히 슐레겔은 "합리적으로 나아가는 이성의 법칙과 방법을 버리고 다시 한 번 황홀한 환상의 혼란, 인간성의 근원적인 혼돈에 뛰어드는 것이 모든 시의 시초이다"30)라고 말하였다. 예술이란 우리가 자의적으로 거기에 굴복하는 백일몽이다. 이와 똑같은 낭만주의적 관념이 현대의 여러 형이상학적 체계에 남아 있다. 베르그송은 그의 일반적인 형이상학적 원리들의 최종적이고 또 가장 결론적인 증명으로서 의도된 예술 이론을 내어 놓았다. 그에 의하면 직관과 이성의 근본적 이원론, 즉

---

30) 더 충분한 자료와 초기 낭만주의적 예술 이론의 비평에 관해서는 I. Babbitt, *The New Laokoon*, 4장을 참조.

이 두 가지 것이 서로 양립할 수 없다는 것을 밝혀 보여주는 예로서 예술 작품보다 더 좋은 예는 없다. 우리가 합리적 진리 혹은 과학적 진리라 부르는 것은 피상적이고 관례적인 것이다. 예술은 이 천박하고 협소한 관례적 세계로부터의 도피이다. 예술은 우리를 이끌어 다시금 현실의 참된 근원으로 돌아가게 한다. 만일 현실이 <창조적 진화>라면 우리가 생명의 창조성에 대한 증명과 그 근본적 현실을 찾아야 할 곳은 바로 예술의 창조성에서이다. 얼핏 보면 이것은 참으로 동적인 혹은 활기가 넘치는 미의 철학인 것 같다. 그러나 베르그송의 직관은 정말로 능동적인 원리는 아니다. 그것은 수동성의 한 양식이지, 자발성의 양식은 아니다. 미적 직관 역시, 베르그송에 의하여 도처에 수동적인 능력으로 기술되어 있지 능동적 형태로 기술되어 있지 않다. 베르그송은 다음과 같이 적고 있다.

···예술의 목적은 우리의 개성의 능동적인 혹은 반항적인 힘을 잠들게 하는 것이요 또 그리하여 우리로 하여금 완전한 응답성의 상태에 나아가게 하는 것인데, 이 상태 속에서 우리는 우리에게 암시된 관념을 실현하며 또 표현된 감정에 공감한다. 예술 과정들 속에서 약화된 형태이기는 하지만 최면 상태를 일으키는 데 흔히 사용되는 과정의 세련되고 또 어느 정도 정신화된 것을 볼 수 있다. ··· 아름다운 것에 대한 감정은 특별한 감정이 아니다. ··· 우리가 경험하는 모든 감정은 각기 하나의 미학적 성격을 가지고 있다. 그런데 이 감정 각각은 **암시된** 것이지 **일으켜진** 것은 아니다. ··· 이리하여 미적 감정의 진보에는, 마치 최면 상태에서처럼 구별이 뚜렷한 여러 국면 내지 단계가 있다.31)

---

31) H. Bergson, *Essai sur les données immédiates de la conscience*. English trans. R. L. Pogson, *Time and Free Will*(London : Macmillan, 1912), pp.14 이하.

그러나 미에 관한 우리의 경험은 이러한 최면적인 성격을 지니고 있지 않다. 최면에 의하여 우리는 어떤 사람으로 하여금 몇몇 행동을 하도록 재촉하거나 혹은 어떤 느낌을 가지도록 강요할 수 있다. 그러나 미는 그 진정한 그리고 특유한 의미에 있어서, 이와 같이 우리들의 마음에 새겨질 수 있는 것이 아니다. 미를 느끼려면 모름지기 예술가와 협조하지 않으면 안 된다. 비단 예술가의 감정에 공감할 뿐만 아니라 또한 그의 창조적 활동 속에 들어가지 않으면 안 된다. 만일 예술가가 우리 개성의 능동적인 힘들을 잠들게 하는 데 성공한다면, 그는 우리의 미적 감각을 마비시키고 말 것이다. 미의 이해, 형상의 생동성에 대한 깨달음은 이런 방식으로 전달될 수 없다. 왜냐하면 미는 특별한 종류의 감정과 판단 및 관조의 행위에 다 같이 의존하는 것이기 때문이다. 예술 이론에 대한 샤프츠베리의 큰 공헌들 가운데 하나는 그가 이 점을 강조한 데 있다. 그는 「도덕가들」에서 미의 경험—그가 인간성의 특유한 특전이라고 본 경험—에 관한 인상적인 설명을 전개하고 있다. 샤프츠베리는 다음과 같이 말하고 있다.

 또한 들이나, 우리 주변에 자라는 이 꽃들이나, 이 푸른 잔디밭에 대해서 미를 부정하는 사람은 아무도 없을 것이다. 그런데 자연의 이 형상들, 즉 번쩍이는 풀이나 은빛 이끼, 꽃 피는 사향초, 들장미, 혹은 인동덩굴은 아주 사랑스럽고 아름다운 것이기는 하나, 이것들의 미가 인근의 짐승을 꼬이고, 풀 뜯는 아기 사슴 혹은 아기 염소를 즐겁게 해주고 또 풀을 먹고 있는 가축의 떼 속에서 우리가 보는 기쁨을 전파시키는 것은 아니다. 이들이 즐기는 것은 **형상**이 아니라, 형상 밑에 있는 것이다. 이들을 유혹하는 것은 향기나 맛이요, 또 이들을 움직이게 하는 것은 굶주림이다. … 왜냐하면 **형상**은 그것이 관조되지 않고 판단되거나 검토되지 않고 또 자극받는 감각을 진정시키는 것의 우연한 표적 혹은 신호로서만 존재하는 곳에서는 현실적인 힘이 될 수 없기 때문이다. … 그러므로 만일 짐승들이… 짐승이기 때문에 미를 알 수도 없고 즐길 수도 없고 또 그들 자신의 공유하는 것이라고는… 감각만이라고 할진대 여기서 나오는 당연한 귀결은 인간도 그와 똑같은 **감각**을 가지고서는 **미**를 마음에 품거나 즐길 수 없고, 다만 그가 즐기는… 모든 미는 보다 고상한 방법에 의하여 그리고 또 가장 고상한 것, 즉 그의 정신과 이성의 도움에 의하여 즐겨지고 있다.32)

정신과 이성에 대한 샤프츠베리의 찬양은 계몽주의의 주지주의와는 아주 거리가 멀었다. 미와 그리고 자연의 무한한 창조력에 대한 그의 광상곡은 18세기 지성사의 아주 새로운 면이었다. 이 점에서 그는 낭만주의 최초의 투사들 가운데 한 사람이었다. 그러나 샤프츠베리의 낭만주의는 플라톤적인 유형이었다. 미적 형상에 관한 그의 이론은 플라톤의 생각과 같은 것이었다. 이 생각 때문에 그는 영국 경험론자들의 감각주의에 반대하고 그것에 대하여 저항하기에 이르렀다.33)

베르그송의 형이상학에 대해서 제기된 반론은 또한 니체의 심리학적 이론에 대해서도 타당하다. 니체는 그의 초기의 저작들 가운데 하나인 『음악 정신으로부터의 비극의 탄생』(*The Birth of Tragedy from the Spirit of Music*)에서 18세기 위대한 고전주의자들의 생각에

---

32) Shaftesbury, "The Moralists", sec. 2, Pt. 3. *Characteristics*(1714), II, 424 이하를 참조.

33) 18세기 철학에 있어서 샤프츠베리의 위치에 관한 자세한 논의는 E. Cassirer, *Die platonische Renaissnace in England und die Schule von Cambridge*(Leipzig, 1932), 6장을 참조.

도전하였다. 그는 우리가 그리스 예술에서 발견하는 것은 빙켈만의 이상이 아니라고 논변한다. 아이스퀼로스, 소포클레스, 혹은 에우리피데스에서 우리는 헛되이 <숭고한 순박성과 정온한 위대성>을 찾고 있다. 그리스 비극의 위대성은 격렬한 정동의 깊이와 극도의 긴장 속에 있다. 그리스 비극은 디오니소스 숭배의 소산이요, 그 힘은 주신제의 힘이었다. 그러나 주신제만이 그리스 비극을 산출할 수 있었던 것은 아니다. 디오니소스의 힘은 이에 맞서는 아폴론의 힘에 의하여 평형이 유지되고 있었다. 이 근본적 양극성이 모든 위대한 예술 작품의 본질이다. 모든 시대의 위대한 예술은 대립하는 두 힘의 상호 침투에서—주신제적 충동과 환상 상태에서—일어났다. 이것은 꿈꾸는 상태와 도취 상태 사이에 존재하는 대조와 똑같은 대조이다. 이 두 상태는 다같이 우리들 속으로부터 온갖 예술적인 힘을 풀어놓아 주지만, 이것들은 각기 서로 다른 종류의 힘을 풀어놓는다. 꿈은 우리에게 환상과 연상의 시의 힘을 주고, 도취는 위풍 있는 태도, 열정, 노래와 춤의 힘을 준다.34) 예술의 심리학적 기원에 관한 이 이론에서도 예술의 근본적 특성의 하나가 사라지고 있다. 왜냐하면 예술적 영감은 도취가 아니요, 예술적 상상은 꿈이나 환각이 아니기 때문이다. 위대한 예술 작품은 모두 깊은 구조적 통일에 의하여 특징지어진다. 우리는 이 통일을 꿈의 상태와 도취의 상태처럼 아주 혼란되고 또 지리멸렬한 두 개의 서로 다른 상태에 환원시킴으로써 증명할 수 없다. 우리는 무소식한 요소들로부터 하나의 구조적인 선체를 동합할 수는 없다.

위의 이론과 다른 유형의 것으로서 예술의 본성을 설명하되, 예술을 유희의 기능에 환원시킴으로써 설명하기를 바라는 이론들이 있다. 이

---

34) F. Nietzsche, *The Will to Power*. English trans. A. M. Ludovici(London, 1910), p.240.

이론들에 대해서 우리는 그것들이 인간의 자유로운 활동을 간과하고 있다거나 혹은 과소평가하고 있다는 반대를 할 수 없다. 유희는 적극적 기능이다. 그것은 경험적으로 주어진 것의 여러 한계 내부에 국한되어 있지 않다. 한편 우리가 유희 속에서 발견하는 쾌락은 완전히 이해관계를 떠난 것이다. 그러므로 예술 작품의 특유한 성질들과 조건들은 유희 활동 속에 하나도 빠짐없이 들어 있는 것처럼 보인다. 사실 예술의 유희설을 주창한 사람들은 대부분 그들이 이 두 기능 사이에 그 어떤 차이도 찾아볼 수가 없었다고 강력히 주장하였다.35) 그들은 예술의 특징으로서 환상적 유희에 적용되지 않는 것이란 단 하나도 없으며 또 그러한 유희의 특징으로서 예술 속에서 또한 찾아볼 수 없는 것이란 단 하나도 없다고 선언하였다. 그러나 이 이론을 위해서 주장될 수 있는 모든 논의는 순전히 소극적이다. 심리학적으로 말하면 유희와 예술은 서로 아주 가까운 유사점을 가지고 있다. 이것들은 비공리적인 것이며 또 어떠한 실제적인 목적에 대해서도 무관하다. 예술에서와 마찬가지로 유희에서도 우리가 우리의 세계에 하나의 새로운 형상을 주기 위하여 우리의 여러 가지 직접적인 실제적 요구를 잊어버린다. 그러나 이 유비는 진정한 동일성을 증명하는 데 충분한 것이 되지 못한다. 예술적 상상은 우리의 유희 활동을 특징짓는 종류의 상상과 더불어 언제나 확연히 구별된다. 유희에 있어서 우리는 현실이라고 생각될 만큼 생생하고 인상적인 것으로 될 수 있는, 가짜 심상들을 다루지 않으면 안 된다. 예술을 단지 이와 같은 가짜 심상들의 총체라고 정의하는 것은 예술의 성격과 임무에 대한 매우 불충분한 생각이라고 하지 않을 수 없다. 우리가 <미적 가상>이라고 부르는 것은 환상의 유희에서 우리가 경험하는 것과 동일한 현상이 아니다. 유

---

35) 예를 들면 K. Lange, *Das Wesen der Kunst*(Berlin, 1901), 전2권을 참조.

희는 우리에게 환상적 심상을 주고, 예술은 우리에게 하나의 새로운 종류의 진리, 즉 경험적 사물들의 진리가 아니라 순수한 형상들의 진리를 준다.

 우리가 위에서 행한 미적 분석에서, 우리는 서로 다른 세 가지 종류의 상상을 구별하였다. 그것은 즉 발명의 힘, 인격화의 힘 및 순수한 감각적 형상을 산출하는 힘이다. 아동의 유희에서 우리는 앞의 두 가지 능력을 볼 수 있으나, 셋째 것을 볼 수는 없다. 아동은 여러 가지 **물건**들을 가지고 놀며, 예술가는 **형상**, 선과 디자인, 리듬과 멜로디를 가지고 논다. 놀고 있는 아동에게서, 우리는 그들이 물건을 쉽게 또 빨리 변형하는 것에 감탄한다. 가장 큰 일이 가장 빈약한 수단에 의하여 수행된다. 나무 조각은 어떤 것이나 하나의 생명 있는 것으로 바뀌어 질 수 있다. 그렇지만 이 변형은 사물들 자체의 변태를 의미할 따름이지 사물들을 형상들로 변태시키는 것을 의미하지는 않는다. 유희에 있어서 우리는 감각 지각에 주어진 재료를 재배열하고 재분배할 따름이다. 예술은 이와 다른 그리고 보다 깊은 의미에 있어서 구성적이고 창조적이다. 놀고 있는 아동은 성인들처럼 엄격한 경험적 사실들의 세계에 살고 있지 않다. 아동의 세계는 훨씬 큰 가동성과 변역성(變易性)을 가지고 있다. 하지만 놀고 있는 아동은 자기 환경의 현실적 사물들을 가능한 다른 사물들로 바꾸어 생각할 따름이다. 이와 같은 변환은 그 어떤 것이나, 진정한 예술적 활동의 특징이 될 수 없다. 예술적 활동에서는 훨씬 더 엄격한 것이 요구된다. 왜냐하면 예술가는 딱딱한 소재인 여러 물건을 자신의 상상의 도가니 속에서 용해시키고, 또 이 과정의 결과 시적, 음악적, 혹은 조형적 형식의 새로운 세계를 발견하게 되기 때문이다. 확실히 아주 많은 번드레한 예술 작품이 이 요구를 충족시키는 것에서 매우 거리가 멀다. 미적 판단 혹은 예술적 취미의 과제는 진정한 예술 작품과, 장난감 혹은 기껏해야 오락에 대한 요구에의 <반응>에 지나지 못하는 가짜 작품을 구별하는 것이다.

유희와 예술의 심리적 기원 및 심리적 효과를 좀 더 면밀히 분석하면 이와 똑같은 결론에 도달하게 된다. 유희는 우리에게 기분 전환과 오락이 되지만 이와 다른 하나의 목적에도 이바지한다. 유희는 그것이 미래의 여러 활동을 미리 해보는 한에 있어서 일반적인 생물학적 적응성을 가지고 있다. 아동의 유희는 때때로 예비 교육의 가치를 가진 것이라고 지적되어 왔다. 전쟁놀이를 하면서 노는 소년과 인형에게 옷을 입히는 어린 소녀는 다같이 후일의 보다 중대한 일을 위한 일종의 준비와 교육을 수행하고 있다. 미술의 기능은 이런 식으로 설명될 수 없다. 미술에는 기분 전환도 없고 준비도 없다. 몇몇 현대 미학자들은 미의 두 유형을 확연히 구별하는 것이 필요하다고 보았다. 하나는 <위대한> 예술의 미요 다른 하나는 <편안한> 미로 기술된다.36) 그러나 엄밀히 말해서 예술 작품의 미는 절대로 <편안한 것>일 수는 없다. 예술을 즐기는 일은 휴양이나 휴식을 하는 가운데서 생기는 것이 아니다. 우리의 모든 정력을 강화하는 데서 시작된다. 우리가 유희에서 발견하는 기분 전환은 미적 관조와 미적 판단에 필요한 전제 조건이 되는 태도에 정반대된다. 예술은 전적인 정신 집중을 요구한다. 우리가 정신 집중하는 일에 실패하고 한갓 유쾌한 감정과 연상의 유희에 굴복하자마자 우리는 예술 작품을 숫제 보지 못하게 되고 만다.

예술의 유희설은 서로 아주 다른 두 방향으로 발전하였다. 미학사에

---

36) B. Bosanquet, *Three Lectures on Aesthetics*, 그리고 S, Alexander, *Beauty and Other Forms of Value*를 참조.

있어서 실러, 다윈 및 스펜서는 보통 이 이론의 뛰어난 대표자로 여겨지고 있다. 하지만 실러의 견해와 현대의 생물학적 예술 이론 사이에 어떤 접촉점을 발견하기는 어렵다. 그 근본 경향에 있어서 이 견해들은 비단 서로 방향이 다를 뿐 아니라, 어떤 의미에서는 도저히 양립할 수 없다. <유희>란 말 자체가 실러에게 있어서는 그 이후의 모든 이름과 더불어 전혀 다른 의미에서 이해되고 또 설명되고 있다. 실러의 이론은 선험적이고 관념론적인 학설이며 다윈과 스펜서의 학설은 생물학적이고 자연주의적이다. 다윈과 스펜서는 유희와 미를 일반적인 자연 현상으로 보는 반면 실러는 이것들을 자유의 세계와 연결시킨다. 그리고 그가 품은 칸트적 이원론에 의하면, 자유는 자연과 똑같은 것을 의미하지 않고 그와 반대쪽의 극을 나타낸다. 자유와 미는 다같이 지성을 가지고 알 수 있는 예지적 세계에 속하고, 현상적 세계에 속하지 않는다. 예술을 유희로 보는 이론에 속하는 갖가지 자연주의적 학설은 그 어느 것에서나, 동물의 유희가 인간의 그것과 동등하게 연구되었다. 그에게 있어 유희는 유기체 일반의 활동이 아니라 인간의 특유한 활동이기 때문이다. "인간은 그 말의 충분한 의미에 있어서, 그가 인간일 때에만 유희하며 또 **그는 유희할 때에만 완전히 하나의 인간이다.**"37) 인간의 유희와 동물의 유희 사이에, 혹은 인간의 영역에서 예술의 유희와 소위 환상의 유희 사이에 동일성을 운운하는 것은 물론이고 유사성을 운운하는 것도 실러의 학설에서는 전혀 꿈도 꾸지 않는다. 그에게 있어서 이 유사성은 하나의 근본적 오해로 보였다.

만일 실러의 이론의 역사적 배경을 고려한다면 그의 입장을 쉽게 이

---

37) F. Schiller, *Briefe über die ästhetische Erziehung des Menschen*(1795)*letter 15, English trans. Essays Aesthetical and philosophical*(London: George Bell & Sons, 1916), p.71.

해할 수 있다. 그는 서슴지 않고 <이상적> 예술 세계와 아동의 유희를 연결시켰다. 이는 그의 마음 속에서 아동의 세계가 이상화와 승화의 과정을 거쳤기 때문이다. 또한 이는 실러가 루소의 제자요 또 그 숭배자로서 자기의 생각을 말하였으며 그리고 또 이 프랑스 철학자가 아동을 본 새로운 각도에서 아동의 생활을 보았기 때문이다. "아동의 유희에는 깊은 의미가 있다"고 실러는 확언했다. 하지만 비록 우리가 이 이론을 인정한다 하더라도 유희의 <의미>는 미의 그것과는 다르다고 말하지 않을 수 없다. 실러 자신은 미를 <살아 있는 형상>이라고 정의한다. 그에게는 살아 있는 형상을 깨닫는 것이 자유의 경험으로 나아가게 하는 최초의 그리고 필수적인 일보이다. 실러에 의하면 미적 관조나 반성은 우주에 대한 인간의 최초의 자유로운 태도이다. "욕망은 그 대상을 즉시 포착하는 데 반하여 반성은 그 대상을 먼 데로 옮기고 또 그것을 열정의 탐욕에서 구출함으로써 그것을 변함없이 반성 자체의 것이 되게 한다."38) 아동의 유희에 결여되어 있는 것 그리고 유희와 예술 사이의 경계성을 이루는 것은 바로 이 <자유로운 태도>, 이 의식적이고 반성적인 태도이다.

　한편 예술 작품의 필요한 그리고 가장 특징적인 성질의 하나로서 실러가 묘사한 이 <먼 데로의 옮김>은 언제나 미학설에 대한 걸림돌이 되어 왔다. 만일 이것이 참이라면 다음과 같은 반론이 제기된다. 즉 예술은 이제 다시는 진정으로 인간적인 어떤 것일 수 없는데, 이는 예술이 인간 생활과의 모든 연관을 잃었기 때문이다. 그러나 **예술을 위한 예술**(l'art pour l'art)의 원리를 지지하는 사람들은 이 반대를 두려워하지 않았다. 오히려 그들은 이 반대에 공공연히 도전했다. 그들은 예술이, 예술을 평범한 현실과 연결시키는 모든 다리를 소각해버리는

---

38) 같은 책, Letter 25. English trans. p.102.

것이야말로 예술의 최고의 장점이요 특권이라고 생각하였다. 예술은 어디까지나 속물스런 대중이 가까이 갈 수 없는 신비이어야 한다. 스테판 말라르메는 "시는 분명 속인들에게는 수수께끼가 되고, 시도(詩道)에 들어간 사람들에게는 실내악이 된다"39)고 하였다. 오르테가 이 가세트는 그가 쓴 어떤 책에서 예술의 <비인간화>를 예언하고 또 변호하고 있다. 그는 이 과정에서 결국에는 인간적 요소가 예술에서 거의 완전히 사라지는 데까지 이르게 될 것이라고 생각하고 있다.40) 다른 여러 평론가들은 이와 정반대로 다른 이론을 지지하였다. 리처즈는 다음과 같이 주장한다.

우리가 그림을 보거나 시를 읽거나 혹은 음악에 귀를 기울이고 있을 때, 우리는 우리가 화랑에 가는 도중에 혹은 우리가 아침에 옷을 입을 때 하는 것과 아주 다른 어떤 일을 하고 있지는 않다. 우리들 속에서 경험이 생기는 양식은 다르고 또 보통 그 경험이 더욱 더 복잡하고 또 우리가 성공적으로 하고 있을 때에는 더욱더 통일되어 있다. 그러나 우리의 활동은 근본적으로 다른 종류의 것이 아니다.41)

그러나 이 이론적 대립은 진정한 이율배반이 아니다. 만일 미가 실러의 정의에 따라 <살아 있는 형상>이라면, 미는 그 본성과 본질에 있어 여기서 대립하고 있는 두 요소를 통일하는 것이다. 확실히 형상의 왕국에 사는 것과 사물의 세계, 즉 우리 수위의 경험적 대상의 세계에 사는 것은 같은 것이 아니다. 한편 예술의 형상들은 공허한 형상

---

39) K. Gilbert, *Studies in Recent Aesthetic*(Chapel Hill, 1927), p.18.
40) Ortega y Gasset, *La dezhumanización del' arte*(Madrid, 1925).
41) I. A. Richards, *Principles of Literary Criticism*(New York : Harcourt, Brace, 1925), pp.16~17.

들이 아니다. 그것들은 인간 경험의 구성과 조직에 있어서 일정한 임무를 수행한다. 형상의 왕국에 사는 것이 생활의 여러 문제에서 도피하는 것을 의미하지는 않는다. 도리어 생활 자체의 가장 높은 활력들 가운데 하나를 실현함을 의미한다. 우리가 예술을 논할 때 <인간 이외의> 것이라든가 <초인간적인> 것이라고 말한다면, 우리는 그 때 예술의 근본적 특성들 가운데 하나, 즉 우리의 인간적 우주의 틀을 짜는 데 있어서의 그 구성적인 힘을 간과하게 되고 만다.

 예술을, 혼란되고 또 분열된 인간 경험의 여러 영역으로부터—즉 최면, 꿈 혹은 도취로부터—끌어온 유비들을 가지고서 설명하려고 시도하는 모든 미학 이론은 중요한 점을 간과하고 있다. 위대한 서정시인은 우리의 가장 막연한 감정에다가 일정한 형상을 부여하는 능력을 가지고 있다. 이것은 오직 그의 작품이 비록 분명히 비합리적이고 표현할 수 없는 주제를 다루고 있기는 하지만 명료한 조직과 분절을 가지고 있기 때문에 가능한 것이다. 예술의 가장 엉뚱한 창작품에 있어서도 <황홀케 하는 환상의 착란>, <인간성의 근원적인 혼돈>을 찾아볼 수 없다. 낭만주의 작가들이 내세운 이 예술의 정의는 그 말 자체가 모순이다.42) 모든 예술 작품은 직관적 구조를 가지고 있으며 그리고 이것은 합리성이라는 하나의 성격을 의미한다. 하나하나의 요소마다 포괄적인 전체의 일부로서 느껴지지 않으면 안 된다. 만일 어떤 서정시에서 우리가 그 낱말 하나, 억양 하나, 혹은 리듬 하나를 고친다면, 우리는 그 시의 독특한 가락과 매력을 파괴하는 위험에 빠지게 된다. 예술은 사물이나 사건의 합리성에 매여 있지 않다. 예술은 고전주의의 미학자들이 예술의 헌법이라 선언한 개연성의 모든 법칙(그럴 법한 것을 그려야 한다는 법칙)을 깨뜨릴 수 있다. 그것은 혹 우리에

---

42) 이 책, pp.249~250 참조.

게 가장 기이하고 또 기괴한 시각상을 줄 수 있으나, 그러면서도 그 자신의 합리성—즉 형상의 합리성—을 간직하고 있다. 이와 같은 방식으로 우리는 언뜻 보아서는 역설 같은 괴테의 말을 해석할 수 있다. "예술: 제 2의 자연; 역시 신비스럽기는 하지만 보다 더 잘 이해할 수 있다. 이는 그것이 오성에서 솟아나오는 것이기 때문이다."43)

과학은 우리에게 사고에 있어서의 질서를 주고, 도덕은 우리에게 행위에 있어서의 질서를 주며, 예술은 우리에게 볼 수 있고 만져볼 수 있고 또 들을 수 있는 현상들의 파악에 있어서의 질서를 준다. 미학 이론은 이 근본적 차이들을 인식하고 또 완전히 깨닫는 데 있어서 매우 느렸다. 그러나 만일 미에 관한 형이상학적 이론을 추구하는 대신 단순히 예술 작품에 대한 우리의 직접적 경험을 분석한다면, 우리는 이 특성을 간과할 수 없다. 예술은 하나의 상징적 언어로 정의될 수 있다. 그러나 이것은 우리에게 다만 공통되는 유(類)를 줄 뿐, 종차(種差)를 주지는 못한다. 현대 미학에서는 공통류에 대한 흥미가 아주 우세하여 종차를 거의 가리고 말살할 정도인 것 같다. 크로체는 언어와 예술 사이에는 비단 밀접한 관계가 있을 뿐만 아니라 완전한 동일성이 있다고 주장한다. 그의 사고방식에서는 이 두 가지 활동을 구별하는 것이 아주 독단적인 일이다. 크로체에 의하면 일반 언어학을 연구하고 있는 사람은 누구나 또한 미학의 문제를 연구하고 있는 것이며 또 이 역도 참이다. 그러나 예술의 심볼들과 일상에서 쓰는 말이나 글의 언어적 용어 사이에는 분명한 차이가 있다. 이 두 활동은 그 성격이나 목적에 있어서 다같이 일치하고 있지 않다. 그것들은 동일한 수

---

43) "Kunst : eine andere Natur, auch geheimnisvoll, aber verständlicher ; denn sie entspringt aus dem Verstande", M. Hecker(ed.), *Maximen und Reflexionen*, in "Schriften der Goethe-Gesellschaft", 제21권,(1907), p.229를 참조.

단을 사용하고 있지도 않고 또 동일한 목적을 향하고 있지도 않다. 언어도 예술도 사물이나 행위를 한갓 모방하는 것은 아니다. 그것들은 다같이 표현이다. 그러나 감각적 형상을 매개로 하는 표현은 언어적 혹은 개념적 표현과 더불어 크게 다르다. 화가나 시인에 의한 풍경의 기술과 지질학자에 의한 그것 사이에는 공통된 것이 거의 없다. 과학자가 하는 일과 예술가가 하는 일은 기술의 양식도 다르고 또 동기도 다르다. 지리학자도 어떤 풍경을 조형적으로 그릴 수 있고 또 심지어는 풍부하고 생기 있는 색채들로 칠할 수도 있다. 그러나 그가 전달하고 싶어 하는 것은 그 풍경의 시각상이 아니라 그것의 경험적 개념이다. 이 목적을 위하여 그는 그 풍경의 형태를 다른 형태와 비교하지 않으면 안 되고 또 관찰과 귀납추리에 의하여 그 풍경의 특징적인 면들을 찾아내지 않으면 안 된다. 지질학자는 이 경험적 서술에 있어 한 걸음 더 앞으로 나아간다. 그는 물리적 사실들을 기록하는 데 만족하지 않는다. 이는 그가 이 사실들의 기원을 드러내고 싶어 하기 때문이다. 그는 흙을 구성하고 있는 지층들을 구별하여 연대적 차이를 분간하고 또 지구가 현재와 같은 형상에 이르게 된 일반적 인과 법칙을 추구한다. 예술가에게는 이 모든 경험적 관계, 다른 사실들과의 모든 비교 그리고 인과 관계들에 대한 추궁이 없다. 보통 우리들이 갖는 경험적 개념은, 대체적으로 말하여 그것들이 실제적 관심에 관여하는가 그렇지 않으면 이론적 관심에 관여하는가에 따라 두 부류로 구분될 수 있다. 그 한 부류는 사물들의 사용, 즉 <그것은 무슨 소용이 있는가?>라는 물음에 관계한다. 다른 한 부류는 사물의 원인 즉 <어디서 왔는가?>라는 물음에 관계한다. 그러나 예술의 왕국에 들어가자마자 우리는 이 모든 물음을 잊어버리지 않으면 안 된다. 사물들의 존재, 본성, 또 그 경험적 속성들의 배후에서 우리는 갑자기 그 형상을 발견한다. 이 형상들은 정적인 요소들이 아니다. 이 형상들이 나타내고 있는 것은 동적 질서이며 또 이 질서는 우리에게 자연의 새로운 지평을 드러내어 준다. 심지어 예술을 가장 크게 찬미하는 사람들도 마치 예술이 생활의 한갓 부속물 내지 장식물인 것처럼 논하는 일이 흔히 있었다. 그러나 이것은 예술의 참된 의의와 인간 문화에 있어서의 그 참된 역할을 과소평가하는 것이다. 단순한 현실의 모사는 언제나 매우 신통치 못한 가치를 가진 것이라 하겠다. 오직 예술을 우리의 여러 사상, 우리의 여러 상상, 우리의 여러 감정의 하나의 특별한 방향이요 하나의 새로운 지향처로 생각함으로써만 우리는 그 참된 의미와 기능을 이해할 수 있다. 조형 미술은 우리로 하여금 감각 세계를 그 풍부함과 다양성 속에서 보게 한다. 위대한 화가와 조각가의 작품이 없었더라면, 사물의 외관의 무수한 뉘앙스에 관하여 우리는 무엇을 알 수 있었을 것인가? 이와 마찬가지로 시는 우리들의 인격적 생활의 계시이다. 우리가 거기에 대하여 희미하고 막연한 예감밖에 가지고 있지 않았던 무한한 잠재력이 서정시인, 소설가 그리고 극작가에 의하여 광명을 보게 된다. 그와 같은 예술은 어떤 의미에서도 한갓 가짜나 복사일 수 없고 도리어 우리들의 내적 생명의 진정한 표시다.

 감각 인상의 세계에만 살고 있는 한 우리는 그저 현실의 표면에 접촉하고 있을 따름이다. 사물들의 깊이를 깨달으려면 언제나 우리들 자신의 능동적이고 건설적인 활력들이 필요하다. 그러나 이 활력들은 똑같은 방향으로 움직이지 않고 또 똑같은 목적을 향한 깃도 아니기 때문에, 그것들은 현실의 똑같은 측면을 우리에게 줄 수 없다. 개념적인 깊이가 있는가 하면 또한 순전히 시각적인 깊이가 있다. 첫째 것은 과학에 의하여 발견되고, 둘째 것은 예술에 의하여 드러난다. 첫째 것은 사물들의 여러 이유를 이해하는 데 있어서 우리를 돕고, 둘째 것은 사물들의 형상을 보는 데 있어서 우리를 돕는다. 과학에 있어서 우리는 현상들을 더듬어 그 제 1 원인과 또 일반 법칙 및 원리를 추구한다. 예술에 있어서 우리는 사물들의 직접적인 나타남에 몰두하고 또 이 나타남을 그 모든 풍부함과 다양성의 충만한 범위에서 즐긴다. 예술에서 우리는 법칙들의 제일성(齊一性)을 문제 삼지 않고 도리어 직관의 다채성과 다양성에 관심을 가진다. 심지어 예술도 지식이라고 할 수 있지만 그것은 독특하고 특별한 종류의 지식이다. 우리는 <모든 미는 진리>라고 한 샤프츠베리의 말을 전적으로 옳게 여길 수도 있다. 그러나 미의 진리는 사물들의 이론적 기술이나 설명에 의해 형성되는 것이 아니라 오히려 사물들의 <공감적 투시>에 의해 성립한다.44) 진리에 대한 이 두 견해는 서로 대조적인 것이기는 하나 충돌하거나 모순 되는 것은 아니다. 예술과 과학은 서로 전혀 다른 평면에서 움직이고 있기 때문에 서로 모순 되거나 방해될 수 없다. 과학의 개념적 해석은 예술의 직관적 해석을 없앨 수 없다. 각기 그 자신의 시야를 가지고 있으며 또 이를테면 그 자신의 굴절의 각도를 가지고 있다. 감각 지각의 심리학은 두 눈을 다 쓰지 않으면, 즉 양안 시각이 없으면 공간의 제 3 차원을 알 길이 없으리라는 것을 우리에게 가르쳐 주었다.

 인간 경험의 깊이도 이와 같은 의미에서, 우리가 보는 양식을 달리 할 수 있다는 사실, 즉 우리가 현실에 대한 우리의 견해를 변경할 수 있다는 사실에 의존하고 있다. <사물의 형상을 보는 것>(rerum videre

---

44) De W. H. Parker, *The Principles of Aesthetics*, p.39에서 "과학적 진리는 외적 경험 대상에 대하여 충실하게 기술하는 것이지만, 예술적 진리는 공감적인 봄(vision), 즉 경험 자체를 명료하게 조직하는 것이다"라고 하였던 것을 참조하라. 과학적 경험과 예술적 경험 사이의 차이는 최근 F. S. C. Northrop 교수가 *Furioso*, 1, no. 4, pp.71 이하에 게재한 매우 유익한 논문에 잘 설명되어 있다.

formas)은 <사물의 원인을 아는 것>(rerum cognoscere causas)에 못지않게 중요하고 불가결한 일이다. 일상 경험에 있어서 우리는 현상을 인과성 혹은 목적성의 범주를 따라 연결시킨다. 우리가 사물들의 이론적 근거에 관심을 가지고 있는가 혹은 그 실제적 효과에 관심을 가지는가에 따라 이것들을 원인으로 혹은 수단으로 생각한다. 그리하여 우리는 그것들을 직시할 수 없을 만큼 그 직접적 자태를 보지 못하는 것이 보통이다. 한편 예술은 우리에게 사물을 그저 개념화하거나 이용할 것을 가르치지 않고 사물을 시각화할 것을 가르친다. 예술은 우리에게 현실의 보다 풍부하고 보다 생기 있고 또 보다 다채로운 심상을 주며 또 그 형태적 구조에 대한 보다 심원한 통찰을 준다. 인간이 현실에 접근하는 하나의 특정하고 유일한 방법에 국한되어 있지 않고, 오히려 자신의 관점을 선택할 수 있어서 사물의 한 측면에서 다른 측면에로 넘어갈 수 있는 것이야말로 인간 본성의 특징이다.

# 제10장 역 사

　철학사에서 인간의 본성에 대한 여러 정의가 주어진 후, 현대 철학자들은 때때로 이 문제 자체가 어떤 의미에서는 잘못된 것이며 모순된 것이라는 결론에 도달하였다. 오르테가 이 가세트는 현대 세계에 있어서 우리는 고전적인 존재에 대한 그리스 이론의 붕괴, 따라서 고전적 인간 이론의 붕괴를 경험하고 있다고 말한다.

　자연은 하나의 거대한 물건으로서, 많은 작은 물건들로 구성되어 있다. 그런데 물건들 사이의 차이가 무엇이든 간에 물건들은 모두 하나의 근본적 성질을 공유하고 있다. 그것은 물건들이 있다는, **다시** 말하면 존재를 가지고 있다는 단순한 사실이다. 그리고 이것은 비단 물건들이 존재한다는 것, 즉 우리들 앞에 있다는 것을 의미할 뿐만 아니라 또한 그 물건들이 주어진 일정한 구조 혹은 일관성을 가지고 있다는 것을 의미한다. … 이것을 달리 표현하는 말은 <자연>이다. 그리고 자연 과학의 과제는 변화하는 현상들 밑에 있는 영속적인 자연 혹은 구조에 파고들어가는 것이다. … 오늘날 우리는 자연 과학의 모든 놀라운 일이 비록 원리상으로는 무궁무진하지만, 언제나 인간 생활의 기이한 현실 앞에서는 완전히 정지하게 되지 않을 수 없다는 것을 알고 있다. 왜 그런가? 모든 것이 그 비밀의 대부분을 물리적 학문에 넘겨주었다면, 왜 인간 생활만이 그토록 완강하게 버티고 있는가? 여기에 대한 설명은 뿌리까지 깊이 파고 들어가지 않으면 안 된다. 아마 그것은 다음과 같은 이유 때문일 것이다. 즉 인간은 물건이 아니라는 것, 인간적 물성을 논함은 잘

못이라는 것, 인간은 물성을 가지고 있지 않다는 것, …인간의 생명은 …물건이 아니며, 물성을 가지고 있지 않다. 따라서 우리는 물질의 현상들에 빛을 던지는 것과 같은 범주 및 개념과는 **근본적으로** 다른 범주와 개념을 가지고서 그것을 생각하도록 결심하지 않으면 안 된다.

이제까지 우리의 논리는 엘리아 학파 사상의 근본 개념들에 기초를 둔 존재의 논리였다. 그러나 이 개념들을 가지고서는 결코 인간의 특유한 성격을 이해할 것을 희망할 수는 없다. 엘리아주의는 인간 생활의 극단적 지성화였다. 이제야말로 이 마술의 순환에서 빠져 나올 때이다. "인간의 존재를 논하려면, 마치 남들이 비(非)유클리드 기하학을 수립한 것처럼 우리는 먼저 존재에 대한 비엘리아적 개념을 수립하지 않으면 안 된다. 바야흐로 헤라클레이토스가 뿌린 씨가 크게 수확하게 될 시기가 왔다." 주지주의에서 벗어날 수 있게 된 후 우리는 이제 자연주의로부터의 해방을 의식하고 있다. **"인간은 자연을 가지고 있지 않다. 그가 가지고 있는 것은… 역사이다."**[1]

그러나 플라톤의 『테아이테토스』(*Theaetetus*)에서 그리스 철학 사상의 근본 문제로 기술되고 있는 존재와 생성 사이의 투쟁은 우리가 자연의 세계에서 역사의 세계로 넘어간다 할지라도 해결되지 않는다. 칸트의 『순수 이성 비판』(*Critique of Pure Reason*) 이래로 우리는 존재와 생성 사이의 이원론을 형이상학적 이원론보다는 오히려 논리적 이원론으로 이해한다. 우리는 이제 다시는 절대적 정지의 세계에 대립하는 것으로 말하지 않는다. 우리는 실체와 변화를 서로 다른 존재의 왕국으로 보지 않고 범주—즉 우리의 경험적 인식의 조건 및 전

---

1) Ortega y Gasset, "History as a System", in *Philosophy and History, Essays Presented to Ernst Cassirer*, pp.293, 294, 300, 305, 313.

제一로 본다. 이 범주들은 보편적 원리이다. 그것들은 특별한 인식의 대상에 국한되어 있지 않다. 그러므로 우리는 이것들을 온갖 형태의 인간 경험에서 찾을 수 있으리라고 기대하지 않으면 안 된다. 사실 역사의 세계도 한갓 변화만 가지고서는 이해될 수도 또 해석될 수도 없다. 이 세계 역시 실체적 요소 즉 존재의 요소를 가지고 있다. 다만 그것은 물리적 세계에서와 동일한 의미에서 정의될 성질의 것이 아닐 따름이다. 오르테가 이 가세트는 하나의 체계로서의 역사를 논하고 있으나, 존재의 요소가 없으면 도저히 그렇게 할 수 없다. 체계는 언제나 동일한 성질을 전제하지는 않는다 하더라도 적어도 동일한 구조를 전제한다. 사실 이 구조적 동일성—내용의 동일성이 아니라 형식의 동일성—은 위대한 역사가들이 항상 강조해 온 바이다. 그들은 우리에게 인간은 자연을 가지고 있기 때문에 역사를 가지고 있다고 말했다. 이와 같은 것이 르네상스 역사가들 예컨대 마키아벨리의 판단이었고, 또 많은 현대 역사가들이 이 견해를 지지하였다. 인간 생활의 일시적인 유동의 밑바닥에서 그리고 인간 생활의 다양성의 배후에서 그들은 인간성의 불변하는 모습을 발견하기를 바랐다.

야콥 부르크하르트는 그의 『세계사적 고찰』(*Weltgeschichtliche Betrachtungen*)에서, 역사가의 임무는 항존적이고 반복해서 일어나는 전형적 요소들을 확인하려는 시도라고 규정하였고, 그 이유는 이와 같은 요소들이 우리의 지성과 감정 속에 반향을 일으킬 수 있기 때문이라고 하였다.[2]

이른바 우리의 <역사 의식>은 인간 문명의 극히 최근의 소산이다. 그것은 위대한 그리스 역사가들 이전에는 볼 수 없는 것이었다. 그리

---

2) J. Burckhardt, *Weltgeschichtliche Betrachtungen*, ed. J. Oeri(Berlin and Stuttgart, 1905), p.4. English ed. J. H. Nichols, *Force and Freedom ; Reflections on History*(New York: Pantheon Books, 1943), p.82.

고 그리스 사상가들도 아직 역사적 사상의 독특한 형식을 철학적으로 분석할 수는 없었다. 이와 같은 분석은 18세기에 이르러 비로소 나타났다. 역사의 개념은 비코와 헤르더의 저작에서 처음으로 성숙한다. 인간이 처음으로 시간의 문제를 깨닫게 되었을 때, 그가 다시는 그의 직접적 욕망과 요구의 좁은 테두리 속에 국한되지 않게 되었을 때, 그리고 그가 사물들의 기원을 탐구하기 시작했을 때, 그는 다만 신화적 기원만을 발견할 수 있었을 뿐, 역사적 기원을 찾을 수는 없었다. 세계—사회적 세계와 마찬가지로 물리적 세계—를 이해하기 위하여 그는 세계를 신화적 과거에 투영하지 않으면 안 되었다. 신화에서 우리는 사물들과 사건의 연대적 순서를 확인하려는 최초의 시도, 신들과 인간에 관한 우주론과 계보를 만들어 내려는 최초의 시도를 볼 수 있다. 그러나 이 우주론과 계보는 고유한 의미에서의 역사적 구별을 의미하지는 않는다. 과거와 현재와 미래는 여전히 하나로 결부되어 있으며, 또 분간할 수 없는 통일과 구별할 수 없는 전체를 이루고 있다. 신화적 시간은 일정한 구조를 가지고 있지 않다. 그것은 아직 <영원한 사건>이다. 신화적 의식의 견지에서 볼 때 과거는 결코 지나가 버리지 않았다. 그것은 언제나 지금 여기 있다. 인간이 신화적 상상의 복잡한 거미줄을 풀어 헤치기 시작할 때, 그는 스스로 하나의 새로운 세계에 들어간 것처럼 느낀다. 즉 그는 진리에 대한 새로운 개념을 형성하기 시작한다.

 헤로도토스에서 투키디데스에 이르는 그리스 역사의 사싱의 빌진을 연구할 때, 우리는 이 과정의 여러 단계를 하나하나 더듬을 수 있다. 투키디데스는 명철하고 비판적인 정신을 가지고 자신의 시대의 역사를 보고 또 기술하고 그리고 과거를 돌이켜 본 최초의 사상가이다. 그리고 그는 이것이 새롭고 결정적인 전진이라는 사실을 알고 있다. 그는 신화적 사고와 역사적 사고, 전설과 진실을 분명히 구별하는 것이 그의 저술을 <영구적인 소유물>3)이 되게 할 특징적 성질이라고 확신하고 있다. 다른 위대한 역사가들도 이와 비슷하게 느꼈다. 랑케는 그의 자서전적 소묘에서 어떻게 그가 역사가로서의 사명을 깨닫게 되었는가를 이야기하고 있다. 젊었을 때 그는 월터 스코트의 역사 소설식 저술들에 크게 매료되었다. 그는 이것들을 읽으면서 생생한 공감을 가졌으나, 어떤 점에 대해서는 화를 냈다. 그는 루이 11세와 대담공 샤를르 사이의 투쟁에 관한 기술이 역사적 사실과 크게 모순 되고 있는 것을 발견하고 충격을 받았다.

나는 코민느와 또 이 저자의 여러 책에 첨부되어 있는 그 당시의 여러 보고를 연구하고 나서, 스코트의 『퀜틴 더워드』(Quentin Durward)에 묘사된 바와 같은 루이 11세와 대담공 샤를르는 절대로 생존한 일이 없다고 확신하게 되었다. 이와 같이 비교하는 가운데 나는 역사적 증거가 소설에서 꾸민 이야기보다 더 아름답고 또 더 재미있다는 것을 발견하였다. 나는 소설에서 발길을 돌렸고 또 내 저술에서는 온갖 날조와 조작을 피하고 사실들에 입각할 것을 결심하였다.4)

그러나 역사적 진실을 <사실과의 일치>—<현실과 지성의 합치>(adaequatio res et intellectus)—라고 정의하는 것은 문제를 만족스럽게 해결하는 것이 되지 못한다. 이것은 문제를 해결하는 대신에 해답을 전제하고 있는 것이다. 역사는 사실들을 가지고 시작해야 한다는 것, 그리고 어떤 의미에서 이 사실들은 우리들의 역사적 인식의

---

3) χτῆμα ἐς ἀεί, Thucydides, *De bello Peloponnesiaco*, I, 22.

4) L. Ranke, "Aufsätze zur eigenen Lebengeschichte"(1885. 11), in "Sämmtliche Werke", ed. A. Dove, LIII, 61.

시초일 뿐 아니라 마지막이라는 것, 즉 알파와 오메가라는 것은 부정할 수 없는 일이다. 그러나 역사적 사실이란 무엇인가? 모든 사실적 진리는 이론적 진리를 내포하고 있다.5) 사실을 운운할 때 우리는 단순히 우리의 직접적인 감각 소여만을 가리키지 않는다. 우리는 경험적 사실, 다시 말하면 객관적 사실을 생각하고 있는 것이다. 이 객관성은 주어져 있지 않다. 그것은 언제나 판단하는 행위 및 판단의 복잡한 과정을 내포하고 있다. 그러므로 만일 우리가 과학적 사실들 사이의―물리학, 생물학 그리고 역사의 사실들 사이의―차이를 알고자 하면, 우리는 언제나 판단들의 분석에서부터 시작하지 않으면 안 된다. 우리는 이 사실들로 가까이 나아갈 수 있는 인식의 양식들을 연구하지 않으면 안 된다.

물리적 사실과 역사적 사실 사이의 차이는 무엇인가? 이것들은 모두 하나의 경험적 현실의 부분들로 생각되고 있으며, 또 우리는 이것들 모두에 객관적 진리가 있다고 본다. 그러나 만일 우리가 이 진리의 성질을 확실하게 알려고 할 때에는 서로 다른 방식을 따른다. 물리적 사실은 관찰과 실험에 의하여 결정된다. 이 객관화의 과정은, 우리가 주어진 현상을 수학적 언어, 즉 수의 언어로 기술하는 데 성공할 때 그 목적을 달성한다. 그와 같이 기술될 수 없는 현상, 즉 측정의 과정으로 환원될 수 없는 현상은 우리의 물리적 세계의 일부가 아니다. 막스 플랑크는 물리학의 과제를 규정하면서 물리학은 측정할 수 있는 모든 사물을 측정할 수 있게끔 하지 않으면 안 되며, 또 측정할 수 없는 모든 사물을 측정할 수 있게끔 하지 않으면 안 된다고 말한다. 그러나 모든 물리적 사물 혹은 과정이 직접적으로 측정될 수 있는 것은 아니

---

5) "Das Höchse wäre : zu begreifen, daß alles Faktische schon Theorie ist." W. Goethe, *Maximen und Reflexionen*, p.125.

다. 대부분의 경우는 아니라 해도 많은 경우에 우리는 간접적 검증 및 측정의 방법에 의존하고 있다. 그러나 물리적 사실은 언제나 직접적으로 관찰할 수 있거나 측정할 수 있는 다른 현상과 인과 법칙에 의하여 관련지어진다. 만일 물리학자가 실험의 결과에 대해서 의심을 품고 있다면, 그는 실험을 되풀이하고 또 바로 잡을 수 있다. 그는 그의 대상들이 어느 순간에나 현존하고 있어 언제든지 그의 질의에 응한다는 것을 알게 된다. 그러나 역사가에게 있어서는 사정이 다르다. 그의 사실들은 과거에 속하고 또 과거는 영원히 지나가 버렸다. 우리는 그것을 재건할 수 없으며 또 한갓 물리적이고 객관적인 의미에서 새로운 생명을 가지게끔 불러일으킬 수도 없다. 그것을 <회상>하는 것—그것에 하나의 새로운 관념적 존재를 부여하는 것—이 우리가 할 수 있는 전부이다. 경험적 관찰이 아니라 관념적 재구성이 역사적 인식의 제1보이다. 이른바 우리의 과학적 사실이란 언제나 우리가 미리 꾸며 놓은 과학적인 물음에 대한 답이다. 그러나 역사가는 무엇에 대해서 이 물음을 던질 수 있는가? 그는 사건들 자체에 직면할 수 없고 또 여러 형식의 예전 생활에 들어갈 수 없다. 그는 그의 주제에 대한 간접적 접근 방법만을 가지고 있다. 그는 사료를 검토해야만 된다. 그러나 이 사료들은 보통의 의미에 있어서의 물리적인 사물이 아니다. 이것들은 모두 하나의 새롭고 특별한 계기를 내포하고 있다. 역사가도 물리학자와 마찬가지로 물질적 세계에 살고 있다. 하지만 그가 자기 탐구의 최초의 출발점에서 발견하는 것은 물리적 사물의 세계가 아니라 하나의 상징적 우주, 즉 상징들의 세계이다. 그는 무엇보다 이 상징들을 읽을 줄 알아야 한다. 역사적 사실은, 그 어느 것이든 아무리 단순한 것이라 하더라도 먼저 이와 같이 상징들을 분석함으로써만 결정될 수 있고 또 이해될 수 있다.

사물들이나 사건들이 아니라 문서들과 기념물들이야말로 우리의 역사적 인식에 대한 최초의 직접적 대상이다. 오직 이 상징적 자료들의 매개와 개입을 통해서만 우리는 진정한 역사적 자료—즉 과거의 사건과 인간—을 파악할 수 있다.

문제의 일반적 토론에 들어가기 전에 나는 이 점을 특수한 구체적인 예와 관련시켜 명백히 하고자 한다.

약 35년 전에 이집트의 파피루스가 어느 집 폐허에서 발견되었다. 거기에는 법률가나 공증인이 자신의 일에 관해서 적은 것—유언장의 초안, 법률적 계약 등—으로 보이는 서류들이 포함되어 있었다. 그 때까지 그 파피루스는 그저 물질적인 세계에 속해 있었다. 그것은 역사적 중요성, 이를테면 역사적 존재가 아니었다.

그러나 그 때 둘째 텍스트가 첫째 것 밑에서 발견되었는데, 더 면밀히 검토한 결과 그것은 그 때까지 알려지지 않았던 메난드로스의 네 편의 희극 유고로 인정되었다. 이 순간 그 고문서의 성질과 의의는 완전히 바뀌어졌다. 이제 거기에는 단지 <한 조각의 물건>은 없었다. 이 파피루스는 최고의 가치와 흥미가 있는 역사적 문서가 되었다. 그것은 그리스 문학의 발달에 있어서의 중요한 한 단계에 대한 증거물이 되었다.

하지만 이 의의는 대뜸 명백한 위치를 차지하는 것으로 인정되지는 않았다. 이 고문서에 대해서는 온갖 비판적 검토, 세심한 언어학적·문헌학적·문학적 및 미학적 분석을 가하지 않으면 안 되었다.

이 복잡한 과정을 거친 후 그것은 이제 더 이상 단순한 물건이 아니었다. 그것은 의미를 가지게 되었다. 그것은 하나의 상징이 되었으며, 또 이 상징은 우리에게 그리스 문화—그리스인의 생활과 그리스의 시—에 대한 새로운 통찰을 주었다.[6]

이 모든 것은 명백하고 틀림없어 보인다. 그러나 매우 이상한 일은 바로 이 역사적 인식의 근본적 특징이 역사적 방법과 역사적 진리에 관한 우리의 현대의 논의의 대부분에 있어서 전적으로 간과되어 왔다는 점이다.

대부분의 저술가들은 역사와 과학의 차이를 역사의 **논리**에서 찾았지 역사의 **대상**에서 찾지는 않았다. 그들은 역사의 새 논리를 건설하는 데 아주 큰 노력을 기울였다. 그러나 이 모든 시도는 실패로 돌아갈 운명을 지니고 있었다. 왜냐하면 논리는 결국 매우 단순하고 한결같은 것이기 때문이다.

진리가 하나이기 때문에 논리도 하나이다. 진리 탐구에 있어서는 역사가도 과학자와 똑같은 형식적 규칙에 매여 있다. 추리와 논의의 양식에 있어서, 귀납적 판단에 있어서, 그리고 원인의 탐구에 있어서 그는 물리학자나 생물학자와 똑같은 사고의 일반적 법칙들을 따른다. 인간 정신의 이 기본적인 이론적 활동들에 관한 한, 우리는 인식의 여러 다른 분야 사이에 어떠한 차이도 둘 수 없다.

이 문제에 관하여 우리는 데까르뜨의 다음과 같은 말에 동의해야만 한다.

과학을 전체적으로 보면 그것은 인간의 지혜와 동일하다. 그런데 이 지혜는 아무리 서로 다른 주체들에 적용된다 하더라도 언제나 하나이며 또 동일하다. 또 이것들로 인하여 분화되는 일이 전혀 없다. 이는 태양의 빛이 그것이 비추어 주는 사물들의 다양성에도 불구하고 불변하는 것과 같다. 전체적으로 볼 때 과학은 이러한 지혜와 같은 것이다.7)

---

6) 이러한 발견에 관하여 자세한 것은 G. Lefebre, *Fragments d'un manuscrit de Ménandre, découverts et publiés*(LeCaire : Impression de l'Institut Frqnçais d'Archéologie, 1907)를 참조.

인간 인식의 대상들이 아무리 이질적인 것이라 할지라도, 인식의 형식은 언제나 내적 통일과 논리적 동일성을 보여주고 있다. 역사적 사고와 과학적 사고는 그 논리적 형식에 의하여 구별될 수 있는 것이 아니라, 그 목표와 그 주제에 의하여 구별될 수 있다. 만일 우리가 이 구별을 기술하기를 원한다면, 과학자는 현재의 것을 다루지 않으면 안 된다는 것을 말하는 것만으로는 충분하지 못하다. 이와 같은 구별은 그릇된 것이다. 과학자도 역사가처럼 사물의 먼 기원을 탐구할 수 있다. 예를 들면 칸트가 이와 같은 시도를 하였다. 1755년에 칸트는 하나의 천문학설을 제창했는데, 그것은 또한 물질적 세계의 우주적 역사가 되었다. 그는 물리학의 새로운 방법, 즉 뉴턴의 방법을 역사적 문제의 해결에 적용하였다. 이와 같은 과정에서 그는 성운설을 전개하였다. 이 성운설을 가지고 그는 우주 질서가 현재에 이른 진화를, 이에 앞서는 분화되지 않고 조직되지 않은 물질의 상태로부터 기술하려 하였다. 이것은 자연사의 문제이지 역사라는 말이 가지는 독특한 의미에서의 역사는 아니었다. 역사가 밝히려는 것은 물리적 세계의 예전의 단계가 아니라, 오히려 인간 생활과 인간 문화의 예전의 단계이다. 이 문제를 해결하기 위하여 역사는 과학적 방법을 이용할 수 있으나, 이 방법에 의하여 얻을 수 있는 자료에만 스스로를 국한시킬 수는 없다. 어떤 대상이든 자연의 법칙에서 예외 되는 것은 하나도 없다. 역사적 대상들은 결고 분리되고 자족된 현실을 가지고 있지 않다. 그것들도 물리적 대상들 속에 포함되어 있다. 그럼에도 불구하고 그

---

7) R. Descartes, *Regulae ad directionem ingenii*, Ⅰ, "Oeuvres", ed. C. Adam and P. Tannery(Paris, 1897), Ⅹ, 360 ; English trans. E. S. Haldane and G. R. T. Ross, "The Philosophical Works of Descartes"(Cambridge Univ. Press, 1911), Ⅰ, 1.

것들은 이를테면 보다 높은 차원에 속한다. 이른바 우리의 역사의식은 사물들의 모양을 변화시키지 않으며 또 사물들 속에서 새로운 성질을 찾아내지 않는다. 그러나 그것은 사물들과 사건들에게 새로운 깊이를 준다. 과학자가 과거로 돌아가고자 할 때에는 현재에 대한 그의 관찰들의 개념이나 범주 외에는 다른 어떤 개념이나 범주도 사용하지 않는다. 그는 원인과 결과의 연쇄를 거꾸로 더듬음으로써 현재를 과거에 연결시킨다. 그는 현재 속에 과거가 남긴 물질적 흔적을 연구한다. 이것이 예컨대 지질학이나 고생물학의 방법이다. 역사도 이 흔적들을 가지고 시작하지 않으면 안 된다. 왜냐하면 만일 이러한 흔적들이 없으면 역사는 연구의 길을 단 한 발자국도 내디딜 수 없기 때문이다. 그러나 이것은 최초의 예비적인 일에 지나지 않는다. 이 현실적이고 경험적인 재구성에다가 역사는 상징적 재구성을 하나 더 보탠다. 역사가는 모름지기 문서와 기념물을 과거의 죽은 유물로서가 아니라 과거로부터의 살아 있는 메시지, 즉 우리에게 그들 자신의 언어로 호소하는 메시지로 읽고 또 해석할 줄 알지 않으면 안 된다. 그러나 이 메시지들의 내용은 즉각적으로 관찰할 수 있는 것이 아니다. 이것들로 하여금 말하게 하고 또 우리가 이것들의 언어를 이해할 수 있도록 하는 것은 언어학자, 문헌학자 및 역사가의 일이다. 역사가가 하는 일과 지질학자나 고생물학자가 하는 일 사이의 근본적 구별은 역사적 사고의 이론적 구조 속에서가 아니라 이 특별한 임무 속에, 즉 특별한 사명 속에 있다. 만일 역사가가 기념물들의 상징적 언어를 해독하는 데 실패한다면, 역사는 그에 대하여 언제까지나 봉함된 책이다. 어떤 의미에서 역사가는 과학자라기보다 언어학자이다. 그러나 그는 비단 인류가 말하고 쓰는 언어만을 연구하지는 않는다. 그는 다양한 상징적인 어휘의 의미를 파고 들어가려 한다. 그는 다만 책만을,

혹은 연대기나 회고록만을 그의 빙거(憑據)로 삼지 않는다. 그는 상형 문자 혹은 설형 문자를 읽으며, 화폭에 그려진 색채, 대리석이나 청동으로 만든 인신상, 성당 혹은 사원, 화폐 혹은 보석을 들여다보지 않으면 안 된다. 그러나 그는 이 모든 것을 단순히 옛날의 보물을 수집하고 보존하려는 골동품상의 정신을 가지고서 고찰하지는 않는다. 역사가 탐색하고 있는 것은 오히려 이전 시대 정신의 구현물이다. 그는 법률과 성문법 속에서, 헌장과 인권선언 속에서, 사회 제도와 정치 조직 속에서, 종교적 행사와 의식 속에서 똑같은 정신을 찾아낸다. 참된 역사가에게는 이러한 재료가 돌같이 굳어진 사실이 아니라, 살아 있는 형상이다. 역사는 과거의 이 모든 <흩어진 지절(枝節)>(disjecta membra)들을 한데 융합시키고, 종합하여 새로운 형상을 가지게 하려는 시도이다.

근대 역사 철학의 시도들 가운데 헤르더는 역사적 과정의 이 측면에 대해서 가장 명료한 통찰을 가졌던 사람이었다. 그의 여러 저작은 비단 과거를 우리에게 상기시켜 주는 데 그치지 않고, 과거를 부활시켜 준다. 헤르더는 엄밀한 의미에서의 역사학자는 아니었다. 그가 우리에게 남겨 준 위대한 역사서는 하나도 없다. 그리고 그의 철학적 업적도 헤겔의 저작에 비길 만한 것은 못 된다. 그럼에도 불구하고 그는 역사적 진리라는 새로운 이상의 개척자였다. 그가 없었던들 랑케나 헤겔이 이룬 일은 불가능했을 것이다. 이는 그가 과거를 소생시키며, 인간의 도덕적, 종교적 및 문화적 생활의 모든 단편과 잔존물에다가 웅변을 불어 넣는 위대한 인격의 힘을 가지고 있었기 때문이었다. 괴테를 감격하게 한 것은 바로 헤르더의 업적의 이러한 면이었다. 괴테가 헤르더에게 쓴 한 서한에서 밝히고 있는 바와 같이, 그는 헤르더의 역사적 서술 속에서 그저 <인류의 쓰레기와 껍데기>만을 발견하지는 않았다. 그의 깊은 찬탄을 불러일으킨 것은 헤르더의 <처리 방식—그저 쓰레기 속에서 황금을 가려낼 뿐만 아니라 쓰레기 자체를 살아 있는 식물로 되살아나게 하는 처리 방식>8)—이었다.

위대한 역사가의 표적이 되고 또 그를 타자와 구별시키는 것은 바로 이 과거의 <신생>, 즉 재생이다. 프리드리히 슐레겔은 역사가를 뒤를 돌이켜 보는 예언자(einen rückwärts gekehrten Propheten), 즉 회고하는 예언자9)라고 불렀다. 미래의 예언이 있듯이 과거의 예언, 즉 과거의 숨은 생활의 현시(顯示)도 있다. 역사는 장차 있을 사건들을 예언할 수는 없고 다만 과거를 해석할 수 있을 따름이다. 그러나 인간 생활이란 그 속에서 모든 요소가 서로 관련을 맺고 있고 또 서로 설명하는 하나의 유기체이다. 따라서 과거에 대한 새로운 이해는 동시에 우리에게 미래에 대한 새로운 전망을 준다. 이 전망은 또한 지적, 사회적 생활에 대한 충동이 된다. 세계를 이와 같이 이중으로, 즉 전망과 회고라는 두 관점에서 보아야 하기 때문에 역사가는 그 출발점을 선정하지 않으면 안 된다. 그는 이 출발점을 자기 자신의 시대 이외에서는 찾을 수 없다. 그는 자신의 현재 경험의 조건들을 넘어설 수 없다. 역사적 지식은 일정한 물음들에 대한 해답이며, 과거에 의하여 주어지지 않으면 안 되는 해답이다. 그러나 이 물음들 자체는 현재에 의하여, 즉 우리들의 현재의 지적 관심 및 도덕적, 사회적 요구에 의하여 제기되고 결정된다.

현재와 과거 사이의 이 연결은 부정할 수 없다. 그러나 우리는 이것

---

8) "Deine Art zu fegen-und nicht etwa aus dem Kehricht Gold zu sieben, sondern den Kehricht zur lebendigen Pflanze umzupalingenesieren, legt mich immer auf die Knie meines Herzens." Goethe an Herder, 1775, 5, *Briefe*(Weimar ed.), Ⅱ, 262.

9) "Athenäumsfragmente", 80, 같은 책, Ⅱ, 215.

으로부터 역사적 지식의 확실성과 가치에 관하여 서로 매우 다른 여러 결론을 이끌어 낼 수 있다. 현대 철학에서 크로체는 가장 극단적인 <역사주의>의 투사이다. 그에게 있어 역사는 그저 하나의 특별한 영역이 아니라 현실 전체이다. 그러므로 모든 역사는 현대사라는 그의 설은 철학과 역사의 완전한 동일성으로 나아간다. 역사의 인간적 세계 위에, 그리고 이것 너머에 존재의 왕국이 따로 있지 않으며 또 철학적 사고를 위한 주제가 따로 있지 않다.10) 이와 반대되는 결론을 이끌어 낸 사람은 니체였다. 그도 역시 "우리는 현재에 있어서의 최고의 것에 의해서만 과거를 설명할 수 있다"고 주장하였다. 그러나 이 주장은 그에게 있어 오직 역사의 가치에 대한 맹렬한 공격의 출발점으로서 이바지할 따름이었다. 『계절에 맞지 않는 고찰』(*Thought Out of Season*)은 니체가 철학자로서 또 현대 문화의 비평가로서 내놓은 최초의 저술인데, 이 속에서 그는 소위 당대의 <역사의식>에 도전하였다. 그는 이 역사의식이 우리의 문화 생활의 장점 및 특권이기는커녕 우리의 문화 생활에 대한 내재적 위험임을 증명하려 하였다. 그것은 우리가 걸려서 신음하는 병이다. 역사는 생명과 행동의 노예로서 이외에는 아무 의미도 없다. 만일 노예가 권세를 빼앗아 가지게 되면, 즉 만일 노예가 주인으로서 우리를 휘어잡으면, 그는 생명의 활력들을 꺾어 버린다. 역사의 과잉에 의하여 우리의 생명은 상했고 또 타락하게 되었다. 그것은 새로운 행위로의 강력한 충동을 방해하고, 행위자를 마비시킨다. 왜냐하면 우리들의 대부분은 오직 망각할 때에만 행위로 나아가기 때문이다. 논리적으로 극단에 이른 무제한의 역사의식은 미래를 송두리째 없앴다.11) 그러나 이 판단은 니체가 행동의 생

---

10) 이 문제에 관해서는 G. Calogero, "On the So-called Identity of History and Philosophy", in *Philosophy and History, Essays Presented to Ernst Cassirer*, pp.35~52.

활과 사고의 생활을 인위적으로 구별한 데 기인한다. 니체가 이러한 공격을 하였을 때, 그는 아직 쇼펜하우어의 추종자이며 제자였다. 그는 생명을 맹목적 의지의 발로라고 생각하였다. 니체에게는 맹목성이야말로 참으로 활동적인 생명의 참된 조건이 되는 것이었으며, 사고와 의식은 생명력에 반대되는 것이었다. 만일 우리가 이 전제를 거부한다면, 니체의 결론들은 지탱될 수 없는 것이 되고 만다. 분명한 것은 과거에 대한 우리의 의식은 우리의 여러 활동력을 약화시키고 불구로 만들어서는 안 된다는 점이다. 만일 올바르게 사용되면, 그것은 우리로 하여금 현재를 보다 더 자유롭게 꿰뚫어 볼 수 있게 하며 또 미래에 대한 우리의 책임을 강화할 것이다. 인간은 자기의 현재의 조건들과 과거의 여러 제한을 의식하지 않고서는 미래의 형태를 꾸려 나갈 수 없다. 라이프니츠가 말한 바와 같이, <더 잘 뛰어오르기 위하여 물러서는> 것이다. 헤라클레이토스는 물리적 세계에 대해서 "위로 가는 길과 아래로 가는 길은 하나요 또 똑같은 것이다"라는 말을 만들어 냈다.12) 우리는 어떤 의미에서는 이 말을 역사적 세계에 적용시킬 수 있다. 심지어는 우리의 역사의식도 <대립물의 통일>이다. 그것은 시간의 대립된 두 극을 연결시키고, 그렇게 함으로써 우리에게 인간 문화의 연속성에 대한 감정을 준다.

  이 통일과 연속성은 우리의 지적 문화의 분야에서, 즉 수학사나 과학사 혹은 철학사에서 특히 명백해진다. 지금까지 아무도 수학이나 철학의 역사를 쓸 때, 이 두 학문의 체계적 문제에 대한 명료한 통찰

---

11) F. Nietzsche, *Vom Nutzen und Nachteil der Historie für das Leben*, in "Unzeitgemässe Betrachtungen"(1874), 3부, English trans. ed. O. Levy, 제 2권.

12) Heraclitus, Fragment 60, in Diels, *Die Fragmente der Vorsokratiker*, Ⅰ, 164.

없이 쓸 것을 시도할 수 없었다. 철학 상의 과거의 사실들, 위대한 사상가들의 교설 및 체계는 해석이 없으면 무의미하다. 그리고 이 해석의 과정은 결코 완전한 정지 상태에 이르는 법이 없다. 우리는 우리 자신의 사상에 있어서의 하나의 새로운 중심과 전망선에 도달하자마자 우리의 판단을 수정하지 않으면 안 된다. 이 점에 관해서는 소크라테스에 대한 우리의 관점의 변화보다 더 특징적이고 더 유익한 예는 아마 없을 것이다. 크세노폰과 플라톤이 본 소크라테스가 있고, 또 스토아 학파·회의론자·신비주의자·합리주의자 및 낭만주의자가 본 소크라테스가 다 각기 달리 있다. 이 소크라테스의 초상들은 서로 아주 다르다. 그럼에도 불구하고 그것들이 참되지 못한 것은 아니다. 그것들은 각기 역사적 소크라테스의 새로운 한 측면, 특징적인 모습과 그의 지적 그리고 도덕적 풍모를 우리에게 보여준다. 플라톤은 소크라테스에게서 위대한 변증가와 위대한 윤리적 교사를 보았고, 몽테뉴는 소크라테스에게서 자신의 무지를 고백하는 반독단적 철학자를 보았으며, 프리드리히 슐레겔과 낭만주의 사상가들은 소크라테스의 반어법을 강조하였다. 그리고 플라톤의 경우에도 이와 똑같은 발전을 더듬어 볼 수 있다. 신비주의자가 본 플라톤, 즉 신플라톤주의의 플라톤이 있고, 또 그리스도교의 플라톤, 즉 아우구스티누스와 피치노의 플라톤이 있고, 합리주의적 플라톤, 즉 멘델스존의 플라톤이 있으며, 또 얼마 전에는 칸트의 플라톤이 있었다. 이 모든 서로 다른 해석을 보고 우리는 미소를 금할 수 없다. 하지만 그것들은 소극적 측면만을 가지고 있는 것이 아니라, 적극적 측면도 가지고 있다. 그것들은 모두 제각기 플라톤의 업적을 이해하고 또 체계적으로 평가하는데 기여하였다. 그것들은 각기 이 업적 속에 포함되어 있는 어떤 측면을 강조하고 있는데, 그 측면은 오직 복잡한 사고 과정에 의해서만 명백히 드러날 수 있다. 칸트는 『순수 이성 비판』에서 플라톤에 관하여 언급할 때 이 사실을 지적하였다. 그는 "어떤 저자가 자신의 주제에 관해서 표현한 사상들을 비교해 볼 때… 그 저자가 자기 자신을 이해하는 것보다 우리가 그를 더욱 잘 이해하고 있음을 발견하는 것이 결코 드문 일이 아니다. 그 저자는 자신의 생각을 충분히 결정하고 있지 않았기 때문에 가끔 자기 자신의 의도에 반대되는 말을 하기도 하고 또 심지어는 반대되는 생각도 한다"13)고 말했다. 철학사는 어떤 개념이 완전하게 결정되는 것이 그 개념을 처음으로 도입한 사상가에 의하여 이루어지는 일은 매우 드물다는 것을 우리에게 분명히 보여주고 있다. 왜냐하면 철학적 개념은 일반적으로 말해서 어떤 문제의 해결이라기보다 하나의 문제 자체이며, 또 이 문제의 충분한 의미는 그 문제가 아직 그 최초의 내재적인 상태에 있는 한, 이해될 수 없는 것이기 때문이다. 그것이 그 참된 의미에서 이해되려면, 문제가 분명해져야만 한다. 그리고 내재적인 상태에서 분명한 상태에로의 이행은 미래의 일이다.

해석과 재해석의 이러한 연속적인 과정은 사상의 역사에서는 사실상 필연적이지만, 이 필연성은 <현실의> 역사, 즉 인간과 인간 행동의 역사에 대해서는 전혀 소용없는 것이라는 반박이 있을 수 있다. 현실의 역사에서는 딱딱하고 명백하고 접촉할 수 있는 사실들, 그것을 알기 위해서는 그저 관련을 지어주기만 하면 되는 사실들을 다루지 않으면 안 되는 듯이 보인다. 그러나 정치사도 일반적인 방법론적 규칙에 대해서 예외가 되지 않는다. 위대한 사상가와 그의 철학적 저서의 해석에 대해서 타당한 것은 또한 위대한 정치적 인물에 관한 판단에 대해서도 타당하다. 프리드리히 군돌프는 케사르에 대한 책이 아

---

13) I. Kant, *Critique of Pure Reason*(제2판), p.370, trans. N. K. Smith(London: Macmillan, 1929), p.310.

니라, 케사르의 명성과 그의 성격 및 정치적 사명에 대한 고대에서 현대에 이르기까지의 다양한 해석의 역사에 관한 하나의 전체적인 책을 저술하였다.14) 우리의 사회 생활과 정치 생활에서도 많은 근본적 경향이 비교적 후의 단계에 이르러서야 그 충분한 힘과 의의를 가지게 된다. 오래 전부터 내재적인 의미에서 생각되어 오던 정치적 이상과 사회적 구상은 뒤에 오는 발전을 통해서 명백하게 드러나게 된다. 모리슨은 그의 『미국사』에서 다음과 같이 말하고 있다.

초기 미국인의 사상 중 대부분은 그 모국에서 찾아볼 수 있다. 영국에서 이 사상들은 튜더 왕조와 휘그당 귀족주의자들의 수중에서 얼마간 왜곡되고 또 방해되었음에도 불구하고, 여러 세기를 통하여 존속하였다. 미국에서 이 사상들은 자유로이 발전할 기회를 얻었다. 그리하여 우리는 … 옛 왕국의 완고한 편견들이 미국의 권리장전 속에 보존되고, 또 영국에서는 오랫동안 채택되지 않았던 제도들이 … 19세기 중엽에 이르도록 미국의 여러 주에서는 거의 아무런 변화 없이 계속되었음을 본다. 오랫동안 영국 헌법에서 희미했던 것을 밝혀 드러나게 하고 또 영국에서 대부분 잊혀져 있었던 조지 3세의 원리들의 가치를 밝히는 것이 바로 합중국의 무의식적 사명이었다.15)

정치사에서 우리의 흥미를 끄는 것은 그대로의 사실들이 아니다. 우리는 행농뿐만 아니라 행농하는 자들을 이해하고 싶어 한다. 정치적 사건들의 경위에 관한 우리의 판단은 그 사건들에 관련이 있었던 사람들을 우리가 어떻게 보는가에 달려 있다. 우리가 이 사람들을 하나

---

14) F. Gundolf, *Caesar, Geschichte seines Ruhm*(Berlin, 1924).

15) S. E. Morison, *The Oxford History of the United States*(Oxford : Clarendon Press, 1927), 제1권, pp.39 이하.

하나 새로운 빛 속에서 보게 되면, 우리는 즉시 그 사건들에 대한 우리의 관념을 고치지 않을 수 없게 된다. 하지만 옳은 역사적 고찰이라 하더라도 끊임없는 수정의 과정이 없으면 그러한 고찰에 도달할 수 없다. 페레로의 『로마의 위대성과 몰락』(Greatness and Decline of Rome)은 여러 가지 꽤 중요한 점에서 동시대에 관한 몸젠의 기술과 다르다. 이 불일치는 두 저자가 케사르에 대해서 서로 아주 다른 생각을 가지고 있었던 사실에 큰 원인이 있다. 그러나 케사르에 대한 옳은 판단을 형성하려면, 그저 그의 집정관 시대의 모든 사건, 카틸리나의 음모를 폭로하는 데 있어 그가 수행한 역할 혹은 폼페이우스와 케사르 사이의 내전에서 그가 수행한 역할만을 아는 것으로 충분하지 못하다.

이 모든 문제는 내가 그 사람을 알지 못하는 한, 내가 그의 인격과 성격을 이해하지 못하는 한, 언제까지나 의심스럽고 애매한 채로 있다. 이 목적, 즉 그의 인격과 성격을 이해한다는 목적을 위해서는 어떤 상징적 해석이 필요하다. 그의 연설이나 철학적 저술만을 연구해서는 안 된다. 그가 자신의 딸 툴리아와 친한 친구들에게 보낸 편지들을 읽지 않으면 안 되며, 또 그의 인격의 매력과 결함에 대한 감각을 가지지 않으면 안 된다. 오직 이 모든 주위 환경의 증거를 함께 봄으로써만 케사르의 참된 모습과 로마의 정치 생활에서의 그의 역할을 알게 된다. 역사가가 한갓 분석가로서 머물러 있지 않으려 하고, 또 사건의 연대기적 서술에 스스로 만족하지 않을 것이므로, 그는 언제나 이 어려운 과업을 수행하지 않으면 안 된다. 그는 역사적 인물의 무수한 그리고 가끔 모순 된 발언 뒤에 숨은 통일을 찾아내지 않으면 안 된다.

이 점을 드러내기 위하여 나는 페레로의 저작에서 다른 하나의 특징적인 예를 인용하려 한다. 로마 역사에서 가장 중요한 사건들 가운데 하나—로마의 미래의 운명을, 따라서 세계의 장래를 결정한 사건—는 악티움 해전이었다. 흔히 있어 온 해석은 안토니우스가 클레오파트라 때문에 이 전투에서 패하였으며, 또 클레오파트라는 이 결과에 놀라고 실망하여 그 뱃머리를 돌려 도망했다는 것이다. 안토니우스는 클레오파트라를 위하여 자기의 병사들과 친구들을 버리고 그녀를 따를 것을 결심하였다. 만일 이 전통적 해석이 정확한 것이라면, 우리는 다음과 같은 빠스깔의 말을 옳다고 인정하지 않을 수 없다. "클레오파트라의 코가 조금만 낮았더라면, 지구의 표면 전체가 달라졌을 것이라는 것을 우리는 인정하지 않으면 안 된다."16) 그러나 페레로는 이 역사의 텍스트를 아주 다르게 읽는다. 그는 안토니우스와 클레오파트라의 연애에 관한 이야기는 하나의 전설이라고 주장한다. 그는 우리에게 안토니우스는 클레오파트라를 정열적으로 사랑하고 있었기 때문에 그녀와 결혼한 것은 아니었다고 말한다. 이와 반대로 안토니우스는 하나의 거대한 정치적 계획을 추구하고 있었다.

  안토니우스는 이집트를 원했던 것이지 이집트 여왕의 아름다운 몸을 원했던 것이 아니다. 그는 이 왕조 결혼에 의하여 나일 강 유역에 로마의 보호령을 설치하고, 또 페르시아와의 전쟁을 위하여 프톨레마이오스 왕국의 보화를 마음대로 처리할 속셈이었다. … 왕조 결혼을 함으로써 그는 병합의 모험을 하지 않고 실제적으로 소유하는 모든 이익을 자기 자신을 위하여 확보할 수 있었다. 그래서 그는 … 케사르가 아마 꿈꾸었을 … 이 술책을 쓸 것을 결심하였다. … 안토니우스와 클레오파트라의 로맨스는 적어도 초기에는 하나의 정치적 조약이었다. 이 결혼에 의하

---

16) B. Pascal, *Pensées*, ed. Louandre, p.196.

여 클레오파트라는 자신의 동요하는 권력을 견고하게 할 것을 추구했고, 안토니우스는 나일 강 유역을 로마의 보호 아래 둘 것을 추구했다. … 안토니우스와 클레오파트라의 실제 역사는 로마 제국을 4세기 동안 분열시켜 놓았고 마침내는 멸망시켜 버린 하나의 전쟁, 즉 동과 서 사이의 투쟁의 가장 비극적인 에피소드들 가운데 하나이다. … 이러한 것들을 생각해 볼 때 비로소 안토니우스의 행위는 매우 명료하게 알 수 있는 것이 된다. 안티옥에서의 결혼은, 그것에 의하여 그가 이집트를 로마의 보호령이 되게 한 것인데 그것은 그의 정부의 중심을 동으로 옮길 것을 예상하는 정책의 결정적 조치이다.… 17)

만일 우리가 안토니우스와 클레오파트라의 성격에 관한 이 해석을 받아들인다면, 개개의 사건, 심지어 악티움 해전도 하나의 새롭고 다른 조명 속에 나타난다.

페레로는 전장으로부터의 안토니우스의 도망은 결코 공포에 기인한 것이 아니며 또 그것은 맹목적이고 정열적인 사랑의 행위였던 것도 아니라고 주장한다. 그것은 미리부터 주의 깊게 고안된 정치적 행위였다.

클레오파트라는 야심적인 여성의 그리고 자신만만하고 고집이 센 여왕의 완고함과 확신과 열렬함을 가지고서, 이 삼두정치 집정관을 설복하여 … 바다로 해서 이집트에 돌아가 웅거하게 하려고 힘썼다. … 7월 초에 안토니우스는 전쟁을 포기하고 이집트로 돌아갈 것을 생각한 듯이 보인다. 그러나 이탈리아를 옥타비아누스에게 맡기고, 공화제의 신념을

---

17) G. Ferrero, "The History and Legend of Antony and Cleopatra", in *Characters and Events of Roman History, from Caesar to Nero*(New York : G. P. Putnam's Sons, 1909), pp.39~68.

버리고 또 그를 위해서 이탈리아를 버리고 떠나온 로마의 원로원 의원들을 배신할 의사를 공표하는 것은 불가능한 일이었다. 그러므로 재치 있는 클레오파트라는 또 하나의 계교를 생각해냈다. 즉 후퇴를 은폐하기 위하여 해전을 한 번 하지 않으면 안 된다는 것이다. 육군의 일부를 군함에 실어 보내고 다른 군대를 그리스의 가장 중요한 지점들을 수비하기 위하여 파견하여야 한다. 함대는 전투를 위하여 출범하고 또 적이 전진해 오면 마주 나가 공격하지 않으면 안 된다. 그러면 이집트를 향해서 항해할 수 있게 될 것이다.[18]

나는 여기서 이 서술의 정확성에 관한 의견을 제시하려 하는 것이 아니다. 이 예를 가지고 내가 밝히려 하는 것은 정치적 사건에 관한 역사적 해석의 일반적 방법이다. 물리학에서의 사실들은 우리가 이것들을 3중 계열적 질서―즉 공간, 시간, 인과의 질서―로 배열하는 데 성공할 때 설명이 된다. 이것에 의하여 그것들은 완전히 결정되며 또 우리가 물리학적 사실들의 진위 혹은 현실성을 논할 때 의미 있는 것은 바로 이 결정이다. 그러나 역사적 사실들의 객관성은 이와 다른 그리고 보다 높은 질서에 속한다. 여기서도 역시 우리는 사건이 일어난 장소와 시간을 결정짓는 문제를 다루지 않으면 안 된다. 그러나 사건의 원인을 조사하는 데 이르면, 우리는 새로운 문제에 부딪치게 된다. 우리가 사실들을 연대적 순서대로 알고 있으면 역사의 일반적 규모와 골격을 가지고 있는 셈이다. 그러나 참된 생명을 가지고 있다고는 할 수 없다. 그런데 인간 생활의 이해야말로 역사적 지식의 일반 과제요 궁극 목적이다. 역사에 있어서 우리는 인간이 한 모든 일과 모든 행위

---

[18] G. Ferrero, *Grandezza e decadenza di Roma*(Milan, 1907), 제3권, pp.502~539. English trans. H. J. Chaytor, *Greatness and Decline of Rome*(New York : G. P. Putnam's Sons, 1908), 제4권, pp.95이하.

를 그의 생활의 침전물로 본다. 그리고 우리는 이것들을 재구성하여 이것의 본래의 상태를 그려보고 싶어 한다. 우리는 이것들이 거기서 파생해 나온 생명을 이해하고 감득(感得)하고자 한다.

 이 점에서 역사적 사상은 현실에 대한 역사적 과정의 재현이 아니라 그 전도이다. 우리의 역사적 문서들 및 기념물 속에서 우리는 일정한 형태를 갖추고 있었던 과거의 생활을 발견한다. 인간은 자신의 생활을 표현하려는 끊임없는 노력 없이는 그 생활을 해나갈 수 없다. 이러한 표현 양식은 다양하고 또 무수하다. 그러나 이 모든 양식은 하나의 전적으로 동일한 근본적 경향이 여러 가지로 나타난 것이다. 사랑에 관한 플라톤의 이론은 사랑을 영생에 대한 욕망이라고 정의한다. 사랑 안에서 인간은 그의 개인적이고 덧없는 생존의 사슬을 끊으려고 애쓴다. 이 근본적인 본능은 두 가지 방식으로 충족될 수 있다.

 신체만으로 생식하는 사람들은 여자에게 몸을 맡겨 아이를 낳는다. 이것이 그들의 사랑의 성격이다. 그들의 자손들은 그들의 소망대로 그들의 기억을 보존하고 그들에게 축복과 영생을 줄 것이다. … 그러나 정신적으로 생산적인 영혼들은 영혼이 품거나 간직하기에 합당한 것을 잉태한다.19)

 그러므로 문화는 이 플라톤적 사랑의 소산이요 결과라고 할 수 있다. 심지어 인간 문명의 가장 원시적인 단계, 즉 신화적 사상에 있어서도 죽음이라는 사실에 대한 이 열렬한 항변을 볼 수 있다.20) 보다 높은 문화의 여러 층―종교·예술·역사 철학-에서는 이 항변이 새로운

---

19) Plato, *Symposium*, 208~209(Jowett trans.), Ⅰ, pp.579 이하.
20) 이 책의 pp.154~155 참조.

형태를 갖게 된다. 인간은 자기 속에 그것을 가지고서 시간의 힘에 감히 도전할 새로운 힘을 찾아내기 시작한다. 그는 한갓 사물들의 유전에서 솟아올라, 인간 생활을 영원화하고 불멸화하려고 분투한다. 이집트의 피라미드들은 영원히 서 있도록 세워진 것처럼 보인다. 위대한 예술가들은 그들의 작품을 <청동보다도 영구한 기념비>(monumenta aere perennius)라고 생각하고 말한다.

그들은 자신들이 헤아릴 수 없는 오랜 세월의 흐름에 의해서도 파멸될 수 없는 기념비를 세웠다고 확신한다. 그러나 이렇게 주장하려면 하나의 특별한 조건을 용인해야만 한다. 인간의 업적은 그것이 영속하려면 끊임없이 새로워지고 또 부활하지 않으면 안 된다. 물리적 사물은 그 물리적 관성을 통해서 현재의 존재 상태를 계속한다. 그것은 외부의 힘에 의하여 변화하거나 파괴되지 않는 한, 똑같은 성질을 유지한다. 그러나 인간의 업적은 이와 아주 다른 각도에서 손상을 입기 쉽다. 그것들은 물질적 의미에서만이 아니라 정신적 의미에서도 변하고 썩기 쉽다. 설혹 그것들이 계속 존재해 간다 하더라도 그것들은 항상 의미를 잃어버릴 위험 속에 있다. 그것들의 현실은 상징적인 것이지 물리적인 것이 아니다. 그리고 이와 같은 현실은 해석과 재해석을 요구하는 일을 절대로 그치는 일이 없다. 그리고 바로 여기서 역사의 위대한 임무가 시작된다. 역사가의 사고는 그 대상에 대해서, 물리학자나 박물학자가 그 대상에 대해서 가지는 관계와는 아주 다른 관계를 갖고 있다. 물리적 대상들은 과학자가 하는 일에서 독립하여 그들의 존재를 유지하지만, 역사적 대상들은 그것들이 회상되는 한에 있어서만 참된 존재를 가진다. 그리고 이 회상 행위는 끊임없고 연속적인 것이어야만 한다. 역사가는 그 대상들을 박물학자처럼 관찰만 하면 되는 것이 아니다. 그는 그것들을 보존하지 않으면 안 된다. 그것들을 그 물리적 존재에 있어서 지키려는 그의 희망은 어느 순간에도 좌절될 수 있다. 알렉산드리아의 도서관이 불타 버리자 헤아릴 수 없을 만큼 많은 가치 있는 문서들이 영원히 소실되었다. 그러나 잔존해 있는 기념물들도 만일 역사가의 기술에 의하여 항상 살아 있도록 되어 있지 않으면 점차 소멸되어 없어지고 말 것이다. 문화의 세계를 소유하려면 우리는 역사적 회상에 의하여 그것을 쉴 새 없이 재정복하지 않으면 안 된다. 그러나 회상은 그저 재현의 행위만을 의미하지는 않는다. 그것은 하나의 새로운 지적 종합이며 구성적 행위이다. 이 재구성에서 인간 정신은 본래의 과정과는 반대되는 방향으로 움직인다. 문화의 모든 일은 확정화와 안정화의 행위에서 시작된다. 만일 인간이 자신의 여러 사상을 객관화하고, 이것들에다가 견고하고 영원한 형상을 주는 특별한 재능을 가지고 있지 않았더라면, 그는 자신의 사상과 감정을 전달할 수 없었을 것이며 따라서 하나의 사회적인 세계에 살 수 없었을 것이다. 이 고정되고 정적인 형상들 뒤에서, 이 인간 문화의 응고된 작품들 뒤에서, 역사는 그 최초의 동적인 충동을 찾아낸다. 모든 사실을 그 <생성>에로, 모든 산물을 과정에로, 모든 정적 사물 혹은 제도를 그것들의 창조적 에너지로 환원시키는 것은 위대한 역사가들의 천품이다. 정치사가들은 정열과 정동, 정당들의 맹렬한 투쟁, 국가들 사이의 알력과 투쟁으로 가득 찬 생활을 우리에게 보여준다.

그러나 이 모든 것이 어떤 역사적 저작에 그 동적 성격 및 강조점을 부여하는 데 필요한 것은 아니다. 몸젠이 그의 『로마사』(*Roman History*)를 썼을 때, 그는 위대한 정치사가로서 새롭고 현대적인 어조로 말했다. 그는 한 서한에서 다음과 같이 말했다. "나는 옛 사람들을 그들이 출현하는 환상적 대좌로부터 현실 세계로 끌어내릴 것을 원했다. 이런 까닭에 집정관은 시장이 되어야만 했다. 아마 나는 이와 같은 일을 지나치게 했을 것이다. 그러나 내 의도는 매우 온당하다."21) 몸젠의 후기 저작들은 이와 아주 다른 양식으로 착상되고 씌어진 것처럼 보인다. 그렇지만 이것들도 그 극적 성격을 잃지는 않고 있다. 가장 무미건조한 논건(論件), 예컨대 화폐 주조 혹은 로마 공법의 역사를 다루는 저작에 이와 같은 성격이 있다고 생각하는 것은 모순 된 일로 보일지 모른다. 그러나 그것은 모두 똑같은 정신에서 행해지고 있다. 몸젠의 『로마 국법』(*Römisches Staatsrecht*)은 헌법들을 그저 편찬한 것이 아니다. 이 법률들에는 생명이 차 있다. 우리는 이것들의 배후에 그와 같은 체계를 세우는 데 필요했던 위대한 힘을 느낀다. 우리는 오직 그것이 로마법이라고 하는 이 유기체를 산출할 수 있었던 지력과 도덕력이라고 느낀다. 즉 명령을 내리고 조직하고 또 지휘하는 로마 정신의 천품을 느낀다. 여기서도 역시 몸젠의 의도는 로마 세계를 로마법에 비추어서 우리에게 보여주려는 것이었다. 그는 다음과 같이 말하였다. "법학이 이 국가와 이 국민을 모르고 또 역사와 문헌학이 법률을 모르는 한, 이 양자는 로마 세계의 문을 헛되이 두드리고 있었다."

만일 우리가 역사의 과제를 이와 같이 이해한다면, 지난 수십 년 동안 그토록 열심히 토론되고 또 다양한 해답이 주어졌던 문제들 가운데 많은 것이 어렵지 않게 풀릴 수 있다. 현대 철학자들은 가끔 역사에만 적용되는 하나의 득별한 논리학을 선설할 것을 시도하였다. 그들은 우리에게 자연 과학은 보편 개념의 논리에 입각하고, 역사는 개별 개념의 논리에 입각한다고 말한다. 빈델반트는 자연 과학의 판단

---

21) 몸젠이 헨첸에게 보낸 편지 ; G. P. Gooch, *History and Historians in the Nineteenth Century*(London : Longmans, Green & Co., 1913; 개정판, 1935), p.457.

은 법칙 설정적이며 역사의 판단은 개성 기술적이라고 주장하였다.22) 전자는 우리에게 일반 법칙을 주고, 후자는 특수한 사실들을 기술한다. 이 구별은 역사적 인식에 관한 리케르트의 이론 전체의 기초가 되었다. "경험적 현실은 보편적인 것에 관련시켜 생각하면 자연이 되고, 개별적인 것에 관련시켜 생각하면 역사가 된다."23)

그러나 보편성과 개별성의 두 계기를 이와 같이 추상적으로 또 인위적으로 분리하는 것은 가능한 일이 아니다. 판단은 언제나 이 두 계기 모두의 종합적 통일로서 보편성과 개별성의 요소를 포함하고 있다. 이 두 요소는 서로 대립하는 것이 아니다. 그것들은 서로 내포하고 상호 침투한다. <보편성>이란 사고의 어떤 영역을 지시하는 말이 아니라, 사고의 성격 자체, 기능 자체를 표시하는 말이다. 사고는 언제나 보편적이다. 한편 개별적인 특수한 사실들의 기술, 즉 <여기>와 <지금>의 기술은 결코 역사의 특권이 아니다. 역사적 사건의 일회성은 가끔 역사를 과학과 구별하는 특징이라고 생각되어 왔다. 하지만 이 기준은 충분한 것이 못 된다. 서로 다른 지질학적 시대에 있어서의 지구의 다양한 상태를 기술하는 지질학자는 구체적이고 일회적인 사건들에 관한 보고를 하고 있다. 이 사건들은 되풀이할 수 없다. 즉 동일한 순서로 두 번 다시 일어날 수 없다. 이 점에서 지질학자의 기술은 역사가의 그것과 다를 바 없다. 가령 그레고로비우스처럼 중세의 로마시에 관한 이야기를 우리에게 전하는 역사가의 그것과 다를 바 없다. 그러나 역사가는 그저 일련의 사건을 일정한 연대적 순서로 서술하기만 하는 것은 아니다. 그에게 있어 이 사건들은 그저 껍질에 지나

---

22) W. Windelband, "Geschichte und Naturwissenschaft", in *Präludien*, 제5판(Tübingen, 1915), 제2권.

23) H. Rickert, *Die Grenzen der naturwissenschaftlichen Begriffsbildung*(Tübingen, 1902), p.255.

지 않는 것이며 이 껍질의 밑바닥에서 그는 인간적 및 문화적 생활—즉 행동과 정열, 논쟁과 해결, 긴장과 이완의 생활—을 찾는다. 역사가는 이 모든 것을 위한 하나의 새로운 언어, 하나의 새로운 논리를 발명할 수는 없다. 그는 일반적인 술어를 사용하지 않고 생각하거나 말할 수는 없다. 그러나 그는 자신의 개념과 말에 자기 자신의 내적 감정을 불어 넣으며 또 그렇게 함으로써 그것들에다가 새로운 음성과 새로운 색채—즉 개인적 생명의 색채—를 준다.

 역사적 사고의 근본적 딜레마는 바로 이 점에서 시작된다. 의심할 것 없이 위대한 역사가의 특성은 그 개인적 경험의 풍부함과 다양성 그리고 그 깊이와 강도이다. 그렇지 않으면 그의 저작은 생기 없고 색채 없는 것이 되고 만다. 그러나 어떻게 우리는 이러한 방식으로 역사적 인식의 궁극 목표에 도달할 것을 바랄 수 있는가? 어떻게 우리는 사물과 사건의 진실을 찾아낼 수 있는가? 개인적 진리란 그 말 자체가 모순이 아닌가? 랑케는 한 때 자기 자신을 사물들의 순수한 거울이 되게 하기 위하여, 즉 사건들을 실제로 일어난 그대로 보기 위하여 자기 자신의 자아를 지워 버렸으면 하는 희구를 표명하였다. 그러나 분명한 것은 역설적인 언명이 하나의 문제로서 제기되었던 것이지 하나의 해결로서 행해지지 않았다는 점이다. 역사가가 자기의 개인적 생활을 없애는 데 성공한다 하더라도 이로 인하여 보다 높은 객관성을 획득하게 되는 것은 아니다. 도리어 그는 모든 역사적 사고의 도구 자체를 자기 자신으로부터 빼앗게 된다. 만일 내가 나 자신의 개인적 경험의 빛을 꺼버린다면, 나는 남의 경험에 대해서 판단을 내릴 수 없다. 예술 분야에 대한 풍부한 개인적 경험이 없으면 아무도 예술사를 쓸 수 없다. 또 체계적 사상가 이외에는 아무도 철학사를 우리에게 줄 수 없다. 역사적 진리의 객관성과 역사가의 주관성 사이의 외견상의 대립은 이와는 다른 방식으로 해결되지 않으면 안 된다.

아마 최상의 해결은 랑케의 말에서가 아니라, 그의 업적과 저작에서 찾아볼 수 있을 것 같다. 그의 업적 속에서 우리는 역사적 객관성이 진정으로 의미하는 바가 무엇이며 또 그것이 의미하지 않는 것이 무엇인가에 대한 설명을 발견한다. 랑케가 그의 최초의 저술들을 출판했을 때, 역사적 진리에 관한 그의 이상이 동시대인에게 결코 일반적으로 이해되지는 않았다.

그의 저서는 맹렬한 공격을 받았다. 저명한 역사가인 하인리히 폰 레오는 랑케가 "개인적 견해를 비겁하게 피한다"고 비난하였으며, 또 랑케의 저술은 부인들과 문외한들이나 좋아할 도자기의 그림이라고 경멸적으로 평하였다.

오늘날 이와 같은 판단은 터무니없이 부당할 뿐만 아니라 이치에 맞지도 않고 또 기괴한 것으로 보일 것이다. 그렇지만 이런 판단은 그 후의 여러 비평가, 특히 프로이센 학파의 역사가들에 의하여 거듭되었다. 트라이츄케는 랑케의 냉담한 객관성에 불만을 품고, "그것은 서술자의 심정이 어느 편에 있는가를 전혀 말하고 있지 않다"[24]고 말하였다. 가끔 랑케의 논적들은 그의 태도와 개인적 성향을, 괴테의 『파우스트』(Faust)의 제2부에 나오는 스핑크스의 태도에 조롱하는 투로 비교하였다.

피라미드 앞에 앉아
우리는 민족들의 심판을 본다.
홍수와 전쟁과 또 화평을 보되—
영원토록 눈도 깜작 안 한다.[25]

---

24) 랑케의 작품에 대한 이러한 비판은 Gooch, 앞의 책, 6, 8장 참조.

그러나 이와 같은 풍자는 매우 피상적인 것이다. 어느 누구도 랑케의 저술을 그의 개인 생활과 종교적 감정의 깊이를 이해하지 않고서는 연구할 수 없다. 이 감정은 그의 역사적 업적 전반에 스며들어 있다. 그러나 랑케의 종교에 대한 관심은 종교 생활의 전 영역에 걸칠 만큼 광범한 것이었다. 그는 종교 개혁에 관한 글을 내어 놓기에 앞서 『교황들의 역사』(*History of the Popes*)에 관한 대저를 끝내고 있었다. 그로 하여금 여러 가지 종교적 문제를, 광신자나 한갓 변호자의 태도를 가지고 다루지 않게 한 것은 바로 그의 종교 의식의 이 독특한 성격이었다. 그는 역사를 위대한 정치적 및 종교적 사상들 사이의 영원한 투쟁으로 생각하였다. 이 투쟁을 그 참된 빛 속에서 보기 위하여 그는 이 역사의 연극에 나오는 모든 집단과 배우를 연구하지 않으면 안 되었다. 랑케의 동정, 참된 역사가의 동정은 특별한 유형의 것이다. 그것은 우정이나 당파심을 내포하고 있지 않다. 그것은 친구와 적대자를 다 포용한다. 이런 유형의 동정과 가장 두드러지게 비교되는 것은 시인들의 동정이다. 에우리피데스는 메데아를 동정하지 않으며, 셰익스피어는 맥베드 부인이나 리처드 3세를 동정하지 않는다. 그럼에도 불구하고 이 극작가들은 우리에게 이 인물들을 이해시키며, 또 이들의 정열과 동기를 깊이 파악하고 있다. "모든 것을 이해함은 모든 것을 용서함이다"(tout comprendre est tout pardonner)라는 말은 위대한 예술가들의 업적에도 또 위대한 역사가의 업적에도 맞지

---

25) W. Goethe, *Faust*, 2부 "Classische Walpurgisnacht." G. M. Priest는 다음과 같이 영역하였다.(New York : Knopf, 1941)
  "At the pyramids our station
  We look on the doom of races,
  War and peace and inundation
  With eternal changeless faces."

않는 말이다. 그들의 동정은 어떤 하나의 행위에 대한 도덕적 판단, 칭찬 혹은 비방을 전혀 내포하지 않는다. 물론 역사가는 판단을 내릴 완전한 자유를 가지고 있으나, 판단을 내리는 데 앞서 이해하고 해석할 것을 원한다.

실러는 "세계사는 세계 심판이다"(Die Weltgeschichte ist das Weltgericht)라는 말을 했는데, 이 말은 헤겔에 의하여 그대로 반향 되어 그의 역사 철학의 초석 가운데 하나가 되었다. 헤겔은 다음과 같이 말하였다.

> 개개의 나라와 개인 정신의 운명 및 행위는 이 정신들의 유한성의 현상적 변증법이다. 이것들로부터 우주 정신, 즉 무제한적 세계 정신이 일어난다. 이 정신은 그 권리—이 권리는 최고의 권리이다—를 저것들 속에서, 즉 우주적 역사, 세계 심판에서 행사한다. 세계사는 세계 심판이므로 이는 세계사가 그 자기·의존적인 보편성에 있어서 모든 특별한 형태—가족, 시민 사회 및 국가—를 머금고 있기 때문이다. 이 경우 이것들은 관념성에, 즉 세계사 자체의 종속적이지만 유기적인 성원들에 환원되어 있다. 이 모든 특별한 형태를 만들어 내는 것이 정신의 임무이다.26)

랑케가 헤겔의 근본적 견해에 아무리 대립하고 있었다 하더라도, 이 견해에 대해서는 찬성할 수 있었다. 그러나 그는 역사가의 사명을 덜 주제넘게 생각하였다. 그는 세계사의 큰 시련 속에서 역사가가 할 일은 심판을 준비하는 것이지 심판을 선고하는 것은 아니라고 생각하였

---

26) G. W. F. Hegel, *Rechtsphilosophie*, 340절 이하. 마지막 두 문장의 영역은 J. M. Sterrett, *The Ethics of Hegel, Translated Selections from his "Rechtsphilosophie"*(Boston : Ginn & Co., 1893), p.207에 의한 것이다.

다. 이것은 도덕적 무관심과는 매우 거리가 먼 것이다. 도리어 그것은 최고의 도덕적 책임에 대한 감정이다. 랑케에 의하면, 역사가는 피고를 위한 검사도 아니고 변호인도 아니다. 만일 그가 판사로서 말하는 일이 있다면, 그는 **예심 판사**로서 말한다. 그는 사건의 모든 자료를 최고 재판소, 즉 세계의 역사에 제출하기 위하여 이를 수집하지 않으면 안 된다. 만일 그가 이 임무에 실패한다면, 즉 만일 그가 당파심을 가지고 어떤 한 쪽을 좋게 여기거나 혹은 증오한 나머지, 단 하나의 증거라도 은폐하거나 왜곡한다면, 그는 자신의 최고의 의무를 소홀히 하는 것이다.

자신의 임무, 역사가의 권위와 책임에 대한 이 윤리적 개념은 랑케의 주된 장점들 가운데 하나로, 그의 업적에 위대하고 자유로운 시야를 주었다. 그의 보편적 동정은 모든 시대와 모든 국가를 포용할 수 있었다.[27] 그는 교황들의 역사와 종교 개혁의 역사, 프랑스 역사와 영국 역사, 오토만 왕조와 스페인 군주국에 관한 그의 저술을 한결같이 불편부당의 정신으로 또 국민적 편견 없이 쓸 수 있었다. 그에게는 라틴족과 튜튼족, 그리스인과 로마인, 중세와 현대의 민족 국가들이 하나의 통일적인 유기체를 의미하였다. 새로운 연구를 시작할 때마다 그의 역사적 시야는 넓어졌고, 그로 하여금 보다 자유롭고 보다 넓은 전망을 가지게 하였다.

이처럼 자유롭고 초탈한 정신을 소유하지 못했던 랑케의 반대자들 가운데 많은 사람들은, 역사에서는 절대로 국외자일 수 없다고 떠들어댔다. 그들은 정치적 열정과 국가적 당파심 없이는 정치사에 관한 저술을 할 수 없다고 주장하였다. 프로이센 학파의 대표자인 트라이

---

27) 도브는 랑케의 인격과 업적을 아주 뛰어난 것으로 평가하면서 랑케의 "*Univeralität des Mitempfindens*"를 언급하고 있다. A. Dove, *Ausgewählte Schriftchen*(1898), pp.112 이하를 참조.

츄케는 심지어 비프로이센적 문서에 관한 자료는 연구할 것을 거부하기까지 하였다. 그는 그러한 연구를 함으로써 프로이센의 정치에 대한 자신의 호의적인 판단이 흐려지지 않을까 걱정하였다.28) 정치적 팸플릿을 만드는 사람이나 선전하는 사람인 경우에는 이러한 태도가 이해될 수도 또 용납될 수도 있는 일이다. 그러나 그것은 역사가에게 있어서는 역사적 지식의 붕괴와 파산을 상징한다. 우리는 이 태도를, 아리스토텔레스의 체계에 대한 맹목적인 신앙을 교란당하고 싶지 않았기 때문에 망원경을 들여다보고 갈릴레오의 여러 천문학적 발견이 참되다는 것을 시종일관 거부했던 저 갈릴레오의 반대자들의 마음가짐과 비교할 수 있다. 이러한 역사관에 대해서 우리는 야콥 부르크하르트의 다음과 같은 말을 대립시킬 수 있다.

  우리들 자신의 나라에 대한 맹목적 찬양을 넘어서서 이와 다른 또 하나의 그리고 보다 성가신 시민으로서의 의무가 우리에게는 있다. 그것은, 즉 우리 자신을 이해성 있는 인간이 되도록 교육하는 것이다. 이와 같은 인간들에게는 진리 및 정신적인 것들과의 친근함이 최고의 선이며, 또 이들은 비록 이러한 인식이 우리들 속에 선천적으로 있지는 않다 하더라도, 이 인식으로부터 시민으로서의 우리의 참된 의무를 이끌어 낼 수 있다. 사상의 영역에 있어서, 모든 국경을 일소한다는 것은 더 없이 당연하고 정당한 일이다.29)

---

28) Ed. Fueter, *Geschichte der neueren Historiographie*, 제3판(Munich and Berlin, 1936), p.543을 참조.

29) "Es gibt aber neben dem blinden Lobpreisen der Heimat eine ganz andere und schwerere Pflicht, nämlich sich auszubilden zum erkennenden Menschen, dem die Wahrheit und die Verwandtschaft mit allem Geistigen über alles geht und der aus dieser Erkenntnis auch seine Bürgerpflicht würde ermitteln können, wenn sie ihm nicht schon mit seinem Temperament eingeboren ist. Vollends im Reiche des Gedankens gehen

실러가 그의 미학에 관한 서한에서 말하고 있는 바와 같이, 열정에 관한 예술은 있으나 <열정적 예술>은 있을 수 없다.30) 열정에 관한 이 견해는 또한 역사에도 적용된다. 열정의 세계를 모르는—즉 정치적 야심, 종교적 열광, 경제적 및 사회적 알력을 모르는—역사가는 역사적 사건에 관하여 매우 무미건조하고 추상적인 서술을 우리에게 줄 것이다. 그러나 만일 그가 역사적 진리를 조금이라도 알고 있고 또 서술하고 있다고 주장하려 한다면, 그 스스로 이 세계, 즉 열정의 세계에 머무를 수 없다. 이 모든 열정의 소재에다가 그는 이론적 형식을 주지 않으면 안 된다. 그리고 이 형식은 예술 작품의 형식과 마찬가지로 열정의 산물이나 결과가 아니다. 역사는 열정의 역사이다. 그러나 만일 역사 그 자체가 열정적인 것이 되려고 한다면, 그것은 더 이상 역사가 아니다. 역사가는 그가 기술하는 여러 가지 애정, 분노 및 열광을 표명해서는 안 된다. 그의 동정은 지적이고 상상적인 것이지, 감정적인 것이 아니다. 위대한 역사가의 글귀 하나하나에서 우리가 느끼는 인격형은 정동적인 유형이나 수사적인 유형이 아니다. 수사적인 유형은 많은 장점을 가지고 있어서, 독자를 움직이고 즐겁게 해줄 수 있다. 그러나 그것은 가장 주요한 점을 간과하고 있다. 즉 그것은 우리로 하여금 사물과 사건에 대한 직관과 자유롭고 편견 없는 판단에 이르게 할 수 없다.

만일 우리가 역사적 지식의 이러한 성격을 명심한다면, 역사적 객관성을 자연 과학이 목표하는 객관성과 구별하는 것은 쉬운 일이다. 위

---

alle Schlagbäume billig in die Höhe." Burckhardt, 앞의 책, p.11, English trans., p.89.

30) F. Schiller, *Essays Aesthetical and Philosophical*, Letter 22.

대한 과학자 막스 프랑크는 과학적 사고의 전 과정을 모든 <인류학적> 요소를 제거하려는 끊임없는 노력이라고 기술하였다. 자연을 연구하고 자연 법칙을 발견하여 이를 공식화하려면 우리는 인간을 잊어버리지 않으면 안 된다.31) 과학적 사고의 발전에 있어서 신인동형설적(神人同形說的)인 요소는 점차 뒤로 물러나 마침내 물리학의 이상적 구조에서 완전히 사라지고 만다. 역사는 이와 아주 다른 길을 취한다. 이것은 오직 인간 세계에서만 살 수 있고 또 호흡할 수 있다. 언어나 예술과 마찬가지로 역사는 근본적으로 신인동형설적인 것이다. 그것에서 인간적인 면을 지워 버리는 것은 그 특유한 성격과 성질을 파괴하는 것이 될 것이다. 그러나 역사적 사고의 의인성은 그 객관적 진리를 제한하는 것도 아니요 또 방해하는 것도 아니다. 역사는 외부의 사실이나 사건의 인식이 아니라, 자아 인식의 한 형태이다. 나 자신을 알기 위하여 나는 나 자신을 넘어서려고, 다시 말하면 나 자신의 그림자를 넘어 비약하려고 노력할 수는 없다. 나는 이와 정반대되는 길을 택하지 않으면 안 된다. 역사에 있어서 인간은 부단히 그 자신에게로 돌아간다. 그 자신의 과거의 경험 전체를 회상하고 또 현실화할 것을 시도한다. 그러나 역사적 자아는 한갓 개인적 자아가 아니다. 그것은 신인동형설적인 것이지만 자기중심적인 것은 아니다. 역설적인 형식으로 말한다면, 역사는 <객관적 의인성>을 추구하는 것이라고 말할 수 있을 것이다. 우리로 하여금 인간 존재의 다양성을 깨닫게 함으로써, 그것은 특별하고 단일한 순간의 여러 변덕과 편견으로부터 우리를 자유롭게 한다. 역사적 인식의 목표는 바로 자아, 즉 우리의 알고 느끼는 자아의 이 풍부화와 확장이지 그 소멸은 아니다.

---

31) M. Planck, *Die Einheit des physikalischen Weltbildes*(Leipzig, 1909). 더 자세한 것은 E. Cassirer, *Substance and Function*, English trans. W. C. and M. C. Swabey(1923), pp.306 이하를 참조.

역사적 진리에 관한 이 이상은 매우 느리게 발전하였다. 그리스 정신이 아무리 풍부하고 심원했다 하더라도 이것을 완전히 성숙케 하지는 못하였다. 그러나 현대 의식의 진보에 있어서 이러한 역사관의 발견과 정식화는 우리들의 가장 중요한 과제들 가운데 하나가 되었다. 17세기에는 역사적 지식이 아직 진리에 관한 다른 이상에 의하여 가려져 있었다. 역사는 아직 광명한 천지에 그 자리를 잡지 못했다. 그것은 수학과 수학적 물리학의 그늘 아래 있었다. 그러나 바로 이 때, 즉 18세기는 가끔 비역사적 혹은 반(反)역사적 세기로 생각되었었다. 그러나 이것은 일방적이고 그릇된 견해이다. 18세기의 사상가들이야말로 역사적 사상의 선구자들이다. 그들은 새로운 문제들을 제기하고 이 문제들을 해결하는 새로운 방법들을 생각해 낸다. 역사적 탐구는 계몽주의 철학에 있어서는 필수적인 도구들 가운데 하나였다.32) 그러나 18세기에는 실용적 역사관이 아직 우세하다. 19세기 초 이전, 즉 니부르와 랑케가 출현하기 전에는 새롭고 비판적인 개념은 하나도 나오지 않았다. 그러나 이 때부터 현대적 역사관이 확립되고 또 이것이 인간 지식과 인간 문화의 모든 분야에 그 영향을 뻗친다.

  하지만 역사적 진리와 역사적 방법의 **독특한** 성격을 결정하는 것은 쉬운 일이 아니었다. 상당수의 철학자들이 이 독특한 성격을 설명하는 것보다 오히려 부정하는 경향이 있었다. 그들은 역사가가 특별한 개인적 견해들을 계속해서 지켜 나가는 한, 그리고 역사가가 비난이나 칭찬, 찬양이나 비판을 일삼는 한, 그는 절대로 자신의 본래 임무를 수행할 수 없다고 말하였다. 이 때 역사가는 의식적으로 혹은 무의식적으로 객관적 진리를 왜곡하게 된다. 사물들과 사건들의 참된 모

---

32) 더 자세한 것은 E. Cassirer, *Die Philosophie der Aufklärung*(Tübingen, 1932), 5장, pp.263~312를 참조.

습을 보기 위해서는 역사가는 이것들에 대한 흥미를 잃어버려야만 한다.

이 방법론적 요청이 가장 명료하게 그리고 가장 인상적으로 표현된 것은 뗀느의 역사적 저술들에서였다. 뗀느는 역사가는 박물학자처럼 행동하지 않으면 안 된다고 선언하였다. 역사가는 비단 모든 인습적 편견에서 벗어날 뿐만 아니라 또한 모든 개인적 편애와 모든 도덕적 기준으로부터 자기 자신을 자유롭게 하지 않으면 안 된다. 뗀느는 그의 『예술 철학』 서론에서 다음과 같이 말했다.

내가 따르고 있는 그리고 지금 모든 정신 과학 속에 침투하기 시작한 현대적 방법은 인간의 업적을 … 그 특성들이 밝혀지지 않으면 안 되고 또 그 원인들이 탐구되지 않으면 안 되는 사실 및 생성물로 여기는 데서 성립한다. 이와 같이 생각할 때, 과학은 변호하는 일을 해서도 또 비방하는 일을 해서도 안 된다. 정신 과학은 오렌지 나무와 월계수, 소나무와 밤나무를 똑같은 관심을 가지고 연구하는 식물학과 동일한 방법으로 연구를 해나가지 않으면 안 된다. 그것은 식물이 아니라 인간의 업적들을 다루는 일종의 응용 식물학일 뿐이다. 이것이 현재 정신 과학과 자연 과학이 서로 접근하고 있는 일반적인 움직임이요, 또 그 덕택으로 전자가 후자와 똑같은 확실성과 진보를 성취하게 될 움직임이다.[33]

만일 우리가 이 견해를 받아들인다면, 역사의 객관성에 관한 문제는 가장 단순한 방법으로 해결되는 것처럼 보인다. 물리학자나 화학자와 마찬가지로 역사가는 사물들의 가치를 판단하는 대신 그 원인을 탐구

---

33) H. Taine, *Philosophie de l'art*, 제15판(Paris:Librairie Hachette, 1917), 1부, 1장, p.13.

하지 않으면 안 된다. 뗀느는 말한다.

  물리적 사실이든 정신적 사실이든, 모두 그 원인을 가지고 있다. 소화, 근육 운동, 동물의 체온에 원인이 있듯이, 야심, 용기, 진리에도 각기 원인이 있다. 악과 덕은 황산 및 설탕과 마찬가지로 생성물이다. 그리고 모든 복잡한 현상은 각기 그것이 의거하는 '보다 단순한 현상을 그 원천으로 가지고 있다. 그렇다고 하면 마치 우리가 물리적 성질들에 대해서 단순한 현상들을 찾듯이, 정신적 성질들에 대해서도 단순한 현상들을 찾아보기로 하자.

  이 두 경우에 있어서 다같이 우리는 동일한 보편적이고 영구적인 원인들을 발견하게 될 것인 바,

  이것들은 어느 순간에나 또 어느 경우에나 현존하며, 어디에서나 항상 활동하며 또 파괴할 수 없는 것이어서 결국 틀림없이 최고의 것이다. 이는 이 원인들을 방해하는 우발적 사건들이 제한된 부분적인 것이어서, 결국에는 이 원인들의 완만하고 끊임없는 반복에 굴복하게 되기 때문이다. 그러므로 사물들의 일반적 구조와 사건들의 큰 특성들은 이 보편적이고 영구적인 원인들의 소산이다. 그리고 종교·철학·시·산업·사회의 틀과 가족들의 틀은 사실상 이 원리들이 찍어놓은 자국일 따름이다.34)

  나는 여기서 이 사적(史的) 결정론의 체계를 토론하고 비판할 의도를 가지고 있지는 않다.35) 역사적 인과를 부정하는 것은 확실히 이

---

34) H. Taine, *Historie de la littérature anglaise*, Intro. English trans. I, 6 이하.

결정론에 대항하는 옳지 못한 방법일 것이다. 왜냐하면 인과성은 인간 인식의 전 영역에 걸쳐 있는 일반적 범주이기 때문이다. 그것은 어떤 특수한 영역, 즉 물질적 현상의 세계에 국한되어 있지 않다. 자유와 인과는 서로 다른 혹은 대립하는 형이상학적인 힘으로 생각될 성질의 것이 아니다. 이것들은 단순히 서로 다른 판단 양식이다. 자유와 윤리적 이상주의의 가장 단호한 옹호자인 칸트도, 우리의 모든 경험적 인식은 인간에 관한 인식이나 물리적 사물에 관한 인식을 가릴 것 없이 인과율을 인정하지 않으면 안 된다는 것을 절대로 부정하지 않았다. 칸트는 다음과 같은 것을 용인할 수 있다고 말한다.

만일 어떤 사람의 외부적 행동뿐만 아니라 내적 행동에 나타나는 정신적 성격에 대한 깊은 통찰을 가지되, 그 동기들을 아무리 작은 것이라 하더라도 전부 알며 또 이것들에 영향을 끼칠 수 있는 모든 외적 사건을 알 정도로 통찰이 가능하다면, 우리는 어떤 사람의 미래의 행위를 월식이나 일식을 계산할 때와 같은 확실성을 가지고 계산할 수 있다. 그러나 설령 이와 같은 일이 있다 하더라도, 우리는 그 사람이 자유롭다고 주장할 수 있다.36)

우리는 여기서 문제의 이 측면, 즉 자유의 형이상학적 내지 윤리적 개념을 문제 삼으려 하지 않는다. 우리는 다만 이 개념의 역사적 방법에의 반향에만 관심을 가진다. 뗀느의 주요 저작을 연구할 때 우리가

---

35) 나는 이 문제를 다음과 같은 제목으로 논문에서 다루었다. "Naturlistische und humanistische Begründing der Kulturphilosophie", Göteborgs Kungl. Vetenskaps-och Vitterhets-Samhällets Handlingar(Gothenburg, 1939).

36) I. Kant, *Critique of Practical Reason*, trans. T. K. Abbott, 제6판(1927), p.193.

놀라는 것은, 실제적으로 말하여 이 반향이 매우 적었다는 것이다. 언뜻 보면 역사적 세계에 대한 뗀느의 생각과 딜타이의 생각 사이의 차이보다 더 크고 더 극단적인 차이는 없는 것 같다. 이 두 사상가는 서로 전혀 다른 각도에서 문제에 접근한다. 딜타이는 역사의 자율성, 역사가 자연 과학에 환원될 수 없다는 것, 그리고 정신 과학 (Geisteswissenschaft)으로서의 그 성격을 강조한다. 뗀느는 이 견해를 적극 부인한다. 역사는 그 스스로의 길을 가려 하는 한, 절대로 과학이 될 수 없을 것이다. 과학적 사고에는 오직 하나의 양식과 하나의 길이 있을 뿐이다. 그러나 이 견해는 뗀느가 역사적 현상에 대한 그 자신의 탐구와 기술을 시작할 때 즉시 수정된다. 그는 다음과 같이 묻는다.

둘로 접은 문서의 크고 빳빳한 종이, 즉 어떤 시, 법전, 신조 선언 같은 것이 적힌 문서를 펼칠 때, 그대가 대뜸 생각하는 것은 무엇인가? 그대는 말한다. 그것은 그것만으로 생긴 것이 아니라고. 그것은 화석화된 조개와 같은 한 주형에 지나지 않으며, 옛날에 언젠가 생존했다가 멸망한 동물에 의하여 돌에 아로새겨진 여러 모양의 형상과 같은 자국에 지나지 않는다. 조개의 밑바닥에는 한 개의 동물이 있었고, 문서 뒤에는 한 사람이 있었다. 그 동물을 마음에 그려서 알아보지 않는다면 무엇 때문에 조개를 연구하는 것인가? 이와 같이 문서를 연구하는 것은 오직 인간을 알기 위해서이다. 조개와 동물은 생명이 없는 잔해로서, 오직 완전하고 살아 있는 생존자에 대한 실마리로서만 가치가 있다. 우리는 모름지기 이 생존에까지 도달하지 않으면 안 되며, 또 이것을 재창조하려고 노력하지 않으면 안 된다. 문서를 마치 고립되어 있는 것처럼 연구하는 것은 잘못이다. 이렇게 하는 것은 단순한 현학자(衒學者)처럼 사물들을 다루는 것이며, 서적광(書籍狂)의 과오를 저지르는 것이다. 모든 것의 배후에는 신화가 있는 것도 아니고 언어가 있는 것도 아니다. 다만 말과 심상을 배열하는 인간들만이 있다. … 몇몇 개별적 인간을 통하지 않고서는 아무 것도 존재하지 않는다. 우리가 잘 알아야 할 대상은 바로 이 개인이다. 우리가 교리들의 계보, 여러 시의 계통, 여러 헌법의 진보 혹은 어법의 변화를 확실히 알게 된다. 하더라도 이것은 다만 땅을 고르게 한 것과 다름없다. 진정한 역사란 역사가가 시간의 경과를 넘어 살아 있는 사람, 땀 흘려 일하며 정열을 가지고 있었으며, 자신의 여러 습관으로 몸을 굳게 지키고 있었고, 독특한 음성과 모습을 가지고 있었으며, 또 독특한 몸가짐과 옷차림을 하고 있었던 사람, 금방 우리가 길에서 만난 사람과도 같이 뚜렷하고 완전한 사람, 이러한 사람을 해명하기 시작할 때만 형성된다. 그렇다고 하면 우리의 눈, 즉 우리의 머리의 눈을 가지고 우리가 인간을 보는 것을 방해하는 이 시간의 큰 간격을 될 수 있는 대로 없애도록 노력하자. … 언어·법규·교리 문답은 절대로 하나의 추상적인 사물 이상의 것이 되지 못한다. 완전한 것은 행동하는 인간, 먹고, 길을 걸으며, 싸우며, 노동하며 … 육신을 가지고 있는 그리고 또 볼 수 있는 인간이다. 과거를 현전(現前)하게 하자. 어떤 사물을 판단하려면, 그것이 우리 앞에 있지 않으면 안 된다. 현재 눈 앞에 없는 것에 관해서는 아무런 경험도 없다. 의심할 것 없이 이러한 재구성은 언제나 불완전한 것이다. 그것은 불완전한 판단만을 낳을 것이다. 그러나 우리는 이 이상 어떻게 할 도리가 없다. 아무 소득 없는 지식이나 그릇된 지식을 갖는 것보다는 차라리 불완전한 지식을 갖는 것이 낫다. 그리고 지난날의 사건들을 대강 아는 데는 지난날의 사람들을 대강 보는 것 이외의 다른 방법이 없다.[37]

---

37) H. Taine, *Histore de la litterature anglaise*, pp.1 이하.

이 모든 것은 우리가 위에서 자세히 설명하고 옹호하려 한 역사 및 역사적 방법에 관한 견해와 완전히 일치한다. 그러나 만일 이 견해가 옳다면, 역사적 사고를 과학적 사고에 <환원>시키는 것은 불가능한 일이다. 설사 우리가 모든 자연 법칙을 안다 하더라도, 또 우리가 우리의 모든 통계적, 경제학적, 사회학적 규칙을 인간에 적용시킬 수 있다 하더라도, 여전히 이것은 우리를 도와 인간을 이와 같은 특별한 면에서, 그리고 그 개인적 형태에서 볼 수 있게 하지는 못할 것이다. 여기서 우리는 물리적 세계에서 움직이고 있는 것이 아니라, 상징적 세계에서 움직이고 있다. 그리고 상징들을 이해하고 해석하려면, 원인 탐구의 방법과는 다른 방법을 생각해 내지 않으면 안 된다. 의미의 범주는 존재의 범주에 환원될 수 없다.[38] 만일 우리가 역사적 인식을 포섭시킬 일반적 제목을 찾는다면, 우리는 그것을 물리학의 한 분과로서가 아니라 의미론의 한 분과로서 기술할 수 있을 것이다. 자연 법칙이 아니라, 의미론의 법칙들이 역사적 사고의 일반 원리이다. 역사는 해석학의 영역에 포함되지, 자연 과학의 영역에 포함되지는 않는다. 뗀느는 이와 같은 것을 실제에 있어서는 인정하고 있으면서도 이론에 있어서는 부정하고 있다. 그의 이론은 역사가의 임무는 오직 두 가지뿐이라고 본다.

역사가는 <사실들>을 수집하고 이 사실들의 원인을 탐구하지 않으면 안 된다.

그러나 뗀느가 완전히 간과하고 있는 것은 이 사실들 자체가 직접적으로 역사가에게 주어지는 것이 아니라는 점이다. 이 사실들은 물리적 혹은 화학적 사실들처럼 관찰될 수 있는 것이 아니다. 그것들은 재구성되지 않으면 안 된다. 그리고 이 재구성을 위하여 역사가는 특별

---

38) 이 책 pp.198~199 참조.

한 그리고 매우 복잡한 기술을 터득하지 않으면 안 된다. 즉 그는 어떤 단일하고 단순한 사실에 접근하기 위하여 자기가 가지고 있는 자료를 읽고 기념물들을 이해하는 것을 배워 알지 않으면 안 된다. 역사에 있어서는 상징들의 해석이 사실들의 수집에 앞선다. 그리고 이 해석이 없으면 역사적 진리에로 나아갈 수 없다.

이것은 또 하나의 더 까다로운 다른 문제를 우리에게 제기한다. 역사가 과거의 모든 사실을 전부 기술할 수 없음은 명백한 일이다. 그것은 다만 <기억할 만한> 사실들, 즉 회상할 만한 가치가 있는 사실들만을 다룬다.

그러나 이 기억할 만한 사실들과 세상에서 잊혀지는 그 나머지 모든 사실들 사이의 차이는 어디에 있는가? 리케르트는 역사가가 역사적 사실과 비역사적 사실을 구별하려면, 형식적 가치들의 어떤 체계를 가지고 있어야 하며, 또 이 체계를 사실들을 선택하는 데 있어서의 그의 기준으로 사용하지 않으면 안 된다는 것을 증명하려 하였다. 그러나 이 이론은 심각한 반대를 받기 쉽다.[39] 참된 기준은 사실들의 가치에 있지 않고 사실들의 실제적 결과에 있다고 말하는 것이 보다 더 자연스럽고 그럴 듯해 보일 것이다.

한 사실은 그것이 여러 결과를 머금고 있을 때 역사적으로 의미 있는 것이 된다. 많은 저명한 역사가들이 이 설을 지지하였다. 마이어는 다음과 같이 말한다.

만일 우리가 알고 있는 사건들 가운데 어느 것이 역사적인 것인가라고 자문한다면, 우리는 효과적인 것 혹은 효과가 있게 된 것은 어떤 것이든

---

[39] 이러한 이론에 대한 비판은 E. Troeltsch, *Der Historismus und seine Probleme*, in "Gesammelte Schriften", 제3권과 E. Cassirer, *Zur Logik der Kulturwissenschaften*(Gothenburg, 1942), pp.41 이하를 참조.

지 모두 역사적이라고 대답하지 않으면 안 된다. 효과적인 것을 우리가 처음으로 경험하는 것은 우리가 그 효과를 직접 지각하는 현재에서이지만, 우리는 또한 그것을 과거에 관해서도 경험할 수 있다. 이 두 경우의 어느 경우에나 우리의 목전에는 존재 상태의 집합체, 다시 말하면 결과의 집합체가 있다. 역사적 질문이란 다음과 같은 것이다. 이 결과들은 무엇으로 인하여 생기게 되었는가? 그러한 결과의 원인으로서 우리가 인정하는 것이 역사적 사건이다.[40]

그러나 이 차이점도 충분한 것이 못 된다. 만일 우리가 어떤 역사적 작품, 특히 전기적 작품을 연구한다면, 우리는 단순히 실용적 견지에서 보면 별 의미도 없는 사물들과 사건들이 언급되어 있음을 찾아볼 수 있다. 괴테의 편지 한 장 혹은 그가 대화하는 가운데 말했던 한 마디 말은 문학사에 아무 흔적도 남긴 바 없다. 그렇지만 우리는 그것을 주목하고 기억할 만한 것으로 생각할 수 있다. 아무런 실제적 효과는 없었으나, 그래도 그 편지나 그 말은 그것들을 가지고서 우리가 괴테의 역사적인 모습을 그리려고 하는 자료의 하나로 볼 수 있다. 이 모든 것은 모두 그 미치는 결과에 있어서는 중요한 것이 아니지만, 특징적인 것일 수 있다. 모든 역사적 사실은 특징적 사실들이다. 이는 역사에 있어서─개인들의 역사에서만이 아니라 민족들의 역사에 있어서도─우리가 행위나 행동만을 보는 일은 결코 없기 때문이다. 이 행위들 속에서 우리는 성격의 표현을 본다. 우리의 역사적 인식─이것은 또한 의미론적 인식이다─에 있어서 우리는 우리의 실제적 혹은 물리적 인식에서와 똑같은 기준을 적용하지 않는다. 물리적으로 혹은

---

40) E. Meyer, *Zur Theorie und Methodik der Geschichte*(Halle a. S., 1902), pp.36 이하.

실제적으로는 아무 중요성도 없는 것이 매우 큰 의미론적 의미를 가질 수 있는 일이 있다. 그리스어의 homo-ousios와 homoi-ousisos란 말에서 이오타(i)는 물리적 의미에서는 아무 의미도 없는 글자이다. 그러나 종교적 상징으로서는, 삼위일체의 교리를 표현하고 해석하는 것으로서 가장 격렬한 정동을 일으키고 종교적, 사회적 및 정치적 생활의 기초를 뒤흔든 그칠 줄 모르는 논쟁의 출발점이 되었다. 뗀느는 그가 <의미 있는 아주 작은 사실들>이라고 부른 것에 그의 역사적 기술의 기초를 두려 하였다. 이 사실들은 그 결과를 보면 의미 있는 것이 아니었지만, <표정적>인 것들이었다. 그것들은 그것에 의하여 역사가가 개인의 성격 혹은 어떤 시대 전체의 성격을 읽고 이해할 수 있는 상징이었다. 마콜리가 우리에게 일러 주는 바에 의하면, 그는 그의 위대한 역사적 작품을 썼을 때, 정치적 및 종교적 당파의 기질에 관한 그의 생각을 어떤 한 권의 책에서가 아니라 수천의 잊혀진 소책자, 설교집 및 풍자문으로부터 형성했다고 한다. 이런 것들은 모두 역사적으로 큰 무게를 가진 것이 아니었고 또 사건의 일반적 과정에 대해서 거의 아무런 영향도 준 바가 없었는지도 모른다. 하지만 그것들은 역사가에게는 가치 있고 또 정말 없어서는 안 되는 것들이다. 이는 그것들이 역사가가 인물과 사진들을 이해하는 데 도움이 되기 때문이다.

19세기 후반에는 통계적 방법의 도입에 지나친 기대를 가진 역사가들이 많이 있었다. 그들은 이 새롭고 강력한 무기를 제대로 사용함으로써 역사적 사고의 새 시대가 바야흐로 오고 있다고 예언하였다. 만일 역사적 현상들을 통계로써 기술하는 것이 가능하다면, 이것은 정말 인간의 사상에 대한 혁명적 효과를 가지는 것으로 생각된다. 이렇게 되면 인간에 관한 우리의 지식 전체가 돌연히 하나의 새로운 양상을 띠게 될 것이다. 틀림없이 우리는 하나의 거대한 목표, 즉 인간성에 관한 수학에 도달하게 될 것이다. 이 견해를 최초로 말한 역사 저술가들은 비단 큰 집단적 운동의 연구만이 아니라 도덕과 문명의 연구도 통계적 방법에 크게 의존하게 되리라는 것을 확신하고 있었다. 왜냐하면 사회학적 혹은 경제학적 통계와 마찬가지로 도덕적 통계가 있기 때문이다. 사실상 인간 생활의 어떤 영역도 엄밀한 수적 규칙들에서 벗어나는 것이 없다. 이 규칙들은 인간 행동의 모든 분야에 걸쳐 있다. 이러한 설은 버클에 의하여, 그의 『영국 문명사』(History of civilization in England, 1857)의 서론에서 강력하게 주장되었다.

버클은 통계는 <자유 의지>라는 우상을 가장 잘 그리고 가장 결정적으로 부정하는 것이라고 선언하였다. 우리는 지금 인간의 물질적 이해에 관해서 뿐만 아니라, 그 도덕적 특이성에 관해서도 가장 광범한 지식을 가지고 있다. 우리는 지금 가장 훌륭하게 개화된 국민들의 사망률, 결혼율 및 범죄율에 통달하고 있다. 이러한 사실들 및 이와 비슷한 사실들이 수집되고 정돈되었으며, 또 지금 이용할 수 있는 단계에 있다. 역사 과학의 창설이 늦어진 것, 역사가 한 번도 물리학이나 화학과 더불어 우열을 겨루어 보지 못했다는 것은 통계적 방법이 무시되고 있었다는 사실에서 비롯되는 것이다. 여기서도 모든 사건이 각기 그 선행 사건에 불가피한 관계로 연결되어 있다는 것, 또 이 선행 사건은 각기 그것에 앞서는 사실과 연결되어 있다는 것, 그리하여 전 세계가—물리적 세계에 못지않게 도덕적 세계도—하나의 필연적 연쇄를 형성하고 있고, 그 속에서는 실로 모든 사람이 저마다 자기의 역할을 연출할 수 있다는 것을 깨닫지 못하였다. 그러나 사람들은 결코 이 역할이 무엇이라는 것을 결정할 수는 없다. "그렇다면 자유 의지의 형이상학적 독단을 거부함으로써… 우리는 다음과 같은 결론에 도달하게 된다. 즉 인간의 행동은 오직 그것에 선행하는 것들에 의해서만 결정되므로 획일성의 성격을 가지지 않을 수 없다. 다시 말해서 정확하게 똑같은 상황 아래서는 언제나 정확하게 똑같은 결과를 낳는다."41)

통계가 사회학적 혹은 경제학적 현상의 연구에 가치 있는 큰 도움이 된다는 것은 물론 부정할 수 없는 일이다. 역사 분야에서도 인간 행동의 어떤 획일성과 규칙성이 용인되지 않으면 안 된다. 역사는 이 행동들이 사회의 총체에 대해서 작용하는 크고 일반적인 원인들의 결과이므로, 사회를 구성하고 있는 개인들의 의지와는 아무 상관없이 어떤 결과들을 생기게 한다는 것을 부정하지 않는다. 그러나 개인적 행위의 역사적 기술을 하게 될 때에는 우리는 이와 아주 다른 하나의 문제에 직면하지 않을 수 없다. 통계적 방법은 바로 그 성질상 집단적 현상에 국한된다. 통계적 규칙들은 어떤 단일한 경우를 결정짓기 위하여 만들어진 것이 아니다. 그것들은 다만 어떤 <집단적인 것들>만을 다룬다. 버클은 통계적 방법의 성격과 목적을 분명히 통찰하기에는 너무 거리가 먼 곳에 있다. 이 통계적 방법들에 대한 적절한 논리적 분석은 이보다 뒤의 시대에 이르러 비로소 행해졌다.42) 그는 가끔 통계적 법칙들에 관하여 묘하게 말하고 있다. 그는 이 법칙들을 어떤 현상을 기술하는 공식으로서가 아니라, 이 현상을 생기게 하는 힘으로 여기는 것처럼 보인다. 물론 이것은 과학이 아니라 신화이다. 그에게 있어서 통계적 법칙들은 어느 의미에서 보면 어떤 행동을 우리에

---

41) H. T. Buckle, *History of Civilization in England*(New York, 1858), pp.14 이하.

42) 통계학에 대한 현대 문헌으로는 M. Keynes, *A Treatise on Probability*(London, 1921). 그리고 von Mises, *Wahrscheinlichkeit, Statistik und Wahrheit*(Vienna, 1928).

게 강요하는 <원인들>이다. 자살은 아주 자유로운 행위인 것처럼 보인다. 그러나 만일 우리가 도덕적 통계를 연구한다면, 우리는 이와는 상당히 다르게 판단하지 않으면 안 된다. 즉 우리는 다음과 같은 것을 알게 될 것이다.

자살은 단순히 사회의 일반적 조건의 소산이며, 개인적 악한은 단지 앞서 있었던 환경의 필연적 결과를 사실로 있게 하는 데 불과하다. 어떤 주어진 사회 상태에서, 일정한 수의 사람들은 스스로 그 목숨을 끊지 않으면 안 된다. … 그리고 보다 큰 법칙의 힘은 매우 저항하기 힘든 것이어서, 삶에 대한 애착도 또 저 세상에 대한 공포도 이 힘의 작용을 막는 데는 아무 도움이 되지 못한다.[43]

이 <…이어야 한다> 혹은 <…하지 않으면 안 된다>라는 것이 형이상학적 오류로 가득 찬 것이라는 점은 더 말할 필요도 없다. 그러나 역사가는 문제의 이 측면에는 관심을 갖지 않는다. 만일 그가 어떤 개별적인 경우—가령 카토의 자살—를 논한다면, 이 개별적인 사실의 역사적 해석을 위하여 그가 통계적 방법에서 기대할 수 있는 도움이란 하나도 없다는 사실은 명백하다. 그의 가장 우선적인 의도는 하나의 물리적 사건을 공간과 시간 속에 고정시키는 것이 아니라, 카토의 죽음의 <의미>를 밝히는 것이다.

카토의 죽음의 의미는 루카누스의 시, "승리하는 일은 신들이 즐기는 것이었으나 카토에게는 패배하는 것이 즐거운 일이었다"[44]에 표현되어 있다. 카토의 자살은 비단 물리적 행동이었을 뿐만 아니라 하

---

43) Buckle, 앞의 책, p.20.

44) "The conquering cause pleased the gods, but the conquered one pleased Cato."

나의 상징적 행동이었다. 그것은 위대한 성격의 표현이었다. 또 그것은 새로운 사태의 질서에 대한 로마 공화주의적 정신의 최후의 항변이었다. 이 모든 것은, 우리가 역사에 있어서의 커다란 집단적 운동에 대해서는 그 원인이 된다고 생각할 수 있는 저 <크고 일반적인 원인들>을 가지고는 전혀 설명될 수는 없다. 우리는 인간 행동을 통계적 규칙들에 환원시켜 보려고 할 수는 있다. 그러나 이 규칙들을 가지고서는 자연주의 학파의 역사가들에게도 인정되고 있는 목적에 절대로 다다를 수 없을 것이다. 우리는 지난날의 사람들을 <보지> 못할 것이다. 이 때에 우리가 보는 것은 현실적 생활, 역사극이 아닐 것이다. 그것은 다만 인형극에 나오는 인형의 움직임과 몸가짐 및 이 장난감들을 조종하고 있는 실일 뿐이다.

 역사적 인식을 심리학적인 유형의 연구에 환원하려는 모든 시도에 대해서도 이와 똑같은 반대를 할 수 있다. 만일 우리가 역사에 있어서의 일반적 법칙들을 운운할 수 있다면, 이 법칙들은 자연 법칙일 수는 없고, 다만 심리학적 법칙일 따름이라는 것이 자명한 것 같다. 역사에서 우리가 찾고 또 기술하고자 하는 규칙성은 우리의 외적 경험에 속하는 것이 아니라, 우리의 내적 경험에 속하는 것이다. 그것은 심적 상태의 규칙성이요, 사고와 감정의 규칙성이다. 만일 우리가 이 사고와 감정을 지배하고 또 이것들을 위하여 일정한 질서를 정하여 일반적이고 어길 수 없는 하나의 법칙을 발견하는 데 성공한다면, 그 때 우리는 역사적 세계의 열쇠를 발견했다고 생각해도 좋다.

 현대 역사가들 가운데 이와 같은 법칙을 발견했다고 확신하게 된 사람은 칼 람프레히트였다. 그는 그의 『독일사』(*German History*) 전 12 권에서 그의 일반 이론을 구체적인 예를 가지고 증명해 보려 하였다. 람프레히트에 의하면 인간 정신의 상태가 서로 계기하는 데는 변함없는 순서가 있다. 그리고 이 순서가 인간 문화의 과정을 온통 결정한다. 람프레히트는 경제적 유물론의 견해를 배척하였다. 그는 모든 경제적 행위가 모든 정신적 행위와 마찬가지로 심리적 조건들에 의존한다고 선언하였다. 그러나 우리에게 필요한 것은 개인 심리학이 아니라 사회 심리학이다. 즉 사회 정신에 있어서의 변화들을 설명하는 심리학이다. 이 변화들은 일정하고 엄격한 도식을 따라 일어난다. 그러므로 역사는 개인들에 대한 연구이기를 그치지 않으면 안 된다. 그것은 그 자체를 온갖 영웅 숭배로부터 해방시켜야 한다. 역사의 주요 문제는 개인 심리적 인자(因子)와 비교되고 대립되는 사회 심리적 인자를 다루어야 한다. 개인적 차이도 국가적 차이도 우리의 사회 심리적 생활의 규칙적 진로에 영향을 끼치거나 또는 이 진로를 변경시킬 수 없다. 문명의 역사는 언제나 또 어디서나 똑같은 경과와 똑같은 동일형의 리듬을 우리에게 보여준다. 람프레히트에 의하면 물활론(物活論)으로 기술된 최초의 단계로부터 우리는 상징주의・유형주의・관습주의・개인주의 및 주관주의의 시대로 옮아간다. 이 도식은 변함없는 것이요, 어김없는 것이다. 만일 우리가 이 원리를 받아들인다면, 역사는 이제 한갓 귀납적 과학이 아니다. 우리는 일반적인 연역적 언명들을 내놓을 수 있는 처지에 있다. 람프레히트는 역사 과정에 관한 그의 도식을 독일 역사의 사실들로부터 추상하였다. 그러나 그는 결코 그것을 이 한 지역에 국한시키려 하지는 않았다. 그는 자신의 도식이 모든 역사적 생활에 일반적으로 적용될 수 있는 아 프리오리한 원리라고 생각하였다. 그는 다음과 같이 말하였다. "전체 자료에서 우리가 얻는 것은 비단 역사적 및 경험적 통일의 관념만이 아니라, 그러한 통일을 절대적으로 선언하고 요구하는 일반적인 심리적 인상이다. 동시에 일어나는 모든 정신적 사상(事象)은, 사회 심리적인 것이나 개인 심리적인 것을 가릴 것 없이, 모두 공통적 유사성에 접근하는 경향을 가지고 있다."45) 여러 다른 시기의 진로의 보편적인 심적 메커니즘은 도처에서 거듭 일어나고 있는 바, 그리스나 로마의 역사에서처럼 현대 러시아에서도 일어나고 있으며, 유럽에서와 마찬가지로 아시아에서도 일어나고 있다. 만일 우리가 북부, 중앙 및 남부 유럽의 모든 역사적 유물을 동부 지중해 및 소아시아의 유물들과 함께 자세히 조사해 보면, 이 모든 문명이 평행선을 따라 진보해 왔음이 분명해질 것이다. "이것이 완성될 때, 우리는 개개의 공동체 혹은 민족이 세계사에 대해서 가지는 중요성을 평가할 수 있다. 과학적 **세계사**는 그 때 비로소 씌어질 수 있다."46)

람프레히트의 일반적 도식은 버클의 역사적 과정에 대한 개념과 아주 다르다. 그럼에도 불구하고, 이 두 이론에는 일치점이 있다. 그 어느 것에서나 우리는 동일한 예언적 용어, 필연적으로 일어나지 <않으면 안 된다>라는 용어를 발견한다. 유형주의와 관습주의의 시기 후에는 언제나 개인주의와 주관주의의 시기가 따르지 않으면 안 된다. 어떤 특별한 시대도 또 어떤 특별한 문화도 사물들의 이 일반적 진로에서 벗어날 길이 없다. 이것은 일종의 역사적 숙명인 듯싶다. 만일 이러한 생각이 옳다면, 역사라고 하는 거대한 극은 그 장경(場景)에 변함이 없는 하나하나의 막으로 나눌 수 있고, 또 이와 같이 나누면 언제까지나 그것이 그대로 들어맞는 무척 지루한 구경거리가 되고 말 것이다. 그러나 역사의 현실은 사건의 한결같은 계기가 아니라, 인간의 내면적 생활이다. 이 생활은 그것이 있은 후에야 비로소 기술되고

---

45) K. Lamprecht, *What is History?* trans. E. A. Andrews(New York : Macmillan, 1905), p.163.

46) 같은 책, p.219.

해석될 수 있다. 그것은 추상적인 일반적 공식을 가지고 예기될 수 없고, 또 3막 혹은 5막의 고정된 틀에 환원될 수도 없다. 그러나 여기서 나는 람프레히트의 이론의 맥락을 논할 의도는 없고, 다만 하나의 형식적, 방법론적 문제를 제기하려 할 따름이다. 어떻게 하여 람프레히트는 그 위에다 그의 구성적 학설의 기초를 둘 경험적 증거를 얻었는가? 그에 앞서 있던 모든 역사가들과 마찬가지로 그 역시 문서들과 유물들을 가지고 연구를 시작하지 않으면 안 되었다. 그는 단지 정치적 사건, 사회 조직 및 경제적 현상에만 관심을 가지지는 않았다. 그는 문화 생활의 전 범위를 포용하고 싶어 했다. 그의 가장 중요한 논술은 그 대개가 종교 생활, 음악 작품 및 문학 작품의 주의 깊은 분석에 기초를 두고 있다. 그가 큰 흥미를 가지고 있던 것들 가운데 하나는 미술사의 연구였다. 『독일사』에서 그는 칸트와 베토벤뿐만 아니라 또한 포이에르바하, 클링거, 뵈클린도 논한다. 라이프치히에 있는 그의 역사 연구소 안에는 이 모든 문제에 관한 놀랄 만큼 풍부한 자료가 있다. 그러나 명백한 것은 이 자료들을 해석하기 위하여 그는 먼저 이것들을 다른 언어로 옮기지 않으면 안 되었다는 점이다. 뗀느의 말을 빌면, 그는 <화석화된 조개> 뒤에 동물을, 자료 뒤에 인간을 찾아내지 않으면 안 되었다. 뗀느는 "그대가 그대의 눈을 가지고, 보이는 사람을 고찰할 때 그대는 무엇을 찾고 있는가"라고 물었다.

보이지 않는 사람이다. 그대의 귀에 들어오는 말, 몸가짐, 머리의 움직임, 그가 입고 있는 옷, 온갖 보이는 행동과 행위, 이것들은 모두 그저 표현에 지나지 않는다. 이것들의 밑바닥에 어떤 무엇이 드러나 있다. 그것은 영혼이다. 속사람은 바깥사람 밑에 감추어져 있으며, 후자는 그저 전자를 드러내어 줄 따름이다. … 이 외부적인 것들은 모두 한 중심에 모여드는 통로에 지나지 않는다. 그대가 이 통로에 들어서는 것은 다만 이 중심에 도달하기 위해서이다. 그리고 이 중심이야말로 진정한 의미에 있어서의 인간이다. … 이 하부 세계야말로 역사가에게 고유한 새로운 연구 대상이다.47)

그러므로 우리들 자신의 견해를 확증해 주는 것, 즉 역사의 세계가 상징적 세계요, 물리적 세계가 아니라는 것을 우리로 하여금 확신하게 해주는 것은 바로 이 <자연주의적> 역사가들, 즉 뗀느와 람프레히트의 연구이다.

람프레히트의 『독일사』의 처음 몇 권이 발간된 후, 역사적 사고에 있어서 더욱 커가는 위기는 점차 명백해졌고 또 아주 강렬하게 느껴졌다.

역사적 방법의 성격에 관한 끈질기고 격렬한 논쟁이 일어났다. 람프레히트는 모든 전통적 견해가 낡아 빠져 쓸데없는 것이 되었다고 선언하였다. 그는 자기 자신의 방법을 유일한 <과학적> 방법이요 또 유일한 <현대적> 방법48)이라고 보았다. 한편 그의 반대자들은 그가 역사적 사고에 관해 한갓 만화밖에 내놓은 것이 없다고 확신하고 있었다.49) 이 양측은 모두 매우 단호하고 비타협적인 언어로 자신들의 견해를 표현하였다. 화해는 불가능해 보였다. 논쟁의 학문적인 진행은 가끔 개인적 혹은 정치적 편견에 의하여 지리멸렬하게 되었다. 그러나 만일 우리가 전혀 불편부당한 정신을 가지고서 그리고 또 단순히 논리적인 견지에서 이 문제로 나아간다면, 그 모든 의견의 차이에도

---

47) H. Taine, *Histoire de la litterature anglaise*, Ⅰ, 4.

48) K. Lamprecht, *Alte und neue Richtungen in der Geschichtwissenschaft*(1896).

49) 더 자세한 것은 E. Bernheim, *Lehrbuch der historischen Methode*, 제 5 판 (München:Duncker, 1908), pp.710 이하.

불구하고 어떤 근본적 일치를 찾아볼 수 있다. 앞서 지적한 바와 같이 자연주의적 역사가들도 역사적 사실이 물리적 사실과 똑같은 유형에 속하지 않는다는 것을 부정하지는 않았다. 아니 부정할 수 없었다. 그들은 그들의 자유와 유물이 단순히 물리적인 사물이 아니라, 그것을 상징으로서 읽지 않으면 안 된다는 사실을 알고 있었다. 한편 상징은 그 하나하나—가령 하나의 건물, 하나의 예술 작품, 어떤 종교적 의식—가 그 물질적 측면을 가지고 있다. 인간 세계는 고립된 실재나 자존적인 현실이 아니다. 인간은 끊임없이 그에게 영향을 주며 또 그의 생활의 모든 형태에 흔적을 남기는 물리적 환경 속에서 살고 있다. 인간이 만들어 낸 것들—즉 그의 <상징적 우주>—을 이해하려면, 항상 이 영향을 염두에 두지 않으면 안 된다. 몽떼스끼외는 그의 주저에서 <법의 정신>을 기술하려고 시도하였다. 그러나 그는 이 정신이 어디에서나 그 물질적 조건들과 근저에서 결부되어 있음을 발견하였다. 그래서 여러 나라의 토지, 기후, 인간학적 성격이 그 법률과 제도의 근본적 조건들 가운데 들어 있다고 선언하였다. 이 물리적 조건들이 물리적 방법들에 의하여 연구되어야 한다는 것은 명백한 일이다. 역사적 공간과 역사적 시간은 다 같이 보다 큰 전체 속에 포함되어 있다. 역사적 시간은 보편적 우주의 시간의 작은 단편일 따름이다. 만일 우리가 이 시간을 측정하고자 하면, 또 우리가 사건들의 연대적 순서에 흥미를 가지고 있다고 하면, 우리는 물리적 기구를 가지지 않으면 안 된다. 역사의 구체적 노작(勞作)에서 우리는 이 두 견해 사이의 대립을 찾아볼 수 없다. 오직 우리의 논리적 분석에서만 한 사실을 다른 사실과 분리시킬 수 있다. 복잡한 연대상의 문제를 탐구할 때 역사가는 여러 방법으로 연구를 해나갈 수 있다. 즉 물리적 규준을 사용할 수도 있고 혹은 형식적 규준을 사용할 수도 있다. 또는 통계적 방법을 써볼 수도 있고, 해석이라는 관념적 방법을 써볼 수도 있다. 플라톤의 대화편들의 연대순에 관한 매우 복잡한 문제는 대부분 플라톤의 문체에 관한 통계적 관찰에 의하여 해결될 수 있었다. 다양한 독립적인 문체의 규준에 의하여 어떤 그룹의 대화편—『소피스트』(Sophist), 『정치가』(Statesman), 『필레보스』(Philebus), 『티마이오스』(Timaeus)—들이 플라톤의 노년기에 속하는 것인가를 확인할 수 있었다.50) 그리고 아디케스가 칸트의 초고 간행을 준비했을 때, 이 초고들을 일정한 연대순으로 배열하는 데 있어, 칸트가 갖가지 노트를 적는 데 사용한 잉크를 화학적으로 분석하는 일보다 더 나은 규준을 찾을 수는 없었다. 만일 우리가 이와 같은 물리적 규준들을 사용하는 대신에 플라톤이나 칸트의 사상 및 그 논리적 관련을 분석하는 일에서 출발한다면, 우리는 분명히 또 하나의 다른 영역에 속하는 개념을 필요로 한다. 예컨대 만일 내가 어떤 데생이나 식각판화를 발견할 때, 나는 대뜸 그것이 렘브란트의 작품이라는 것을 인정할 수 있다. 나아가서 그것이 렘브란트 생애의 어느 시기에 속하는가를 말할 수도 있다. 내가 이와 같이 이 문제를 결정하는 양식상의 규준은 물질적 규준들과는 아주 다른 질서에 속한다.51) 이러한 방법상의 이원론은 역사가의 일을 손상시키는 것이 아니며 또 역사적 사고의 통일을 파괴하는 것도 아니다. 이 두 방법은 모두 하나의 사고의 공통 목적을 위하여 협력하며, 서로 혼란케 하거나 방해하는 일이 없다.

이 방법들 가운데 어느 것이 다른 것에 대해서 논리적 우월성을 가

---

50) 자세한 것은 W. Lutoslawski, *The Origin and Growth of Plato's Logic, with an Account of Plato's Style and of the Chronology of His Writings*(London and New York, 1907) 참조.

51) 나는 이 <양식적인 개념들>의 논리적 성격을 E. Cassirer, *Zur Logik der Kulturwissenschaften*, pp.63 이하에서 다루었다.

지고 있는지, 또 어느 것이 참으로 <과학적> 방법인지에 관한 문제는 도저히 명확한 대답을 할 수 없는 문제이다. 만일 우리가 칸트의 정의, 즉 엄밀한 의미에서 <과학>이라는 말을 적용할 수 있는 것은 오직 필연적인 확실성을 가진 지식 체계뿐이라는 점을52) 받아들인다면 역사 과학을 말할 수 없음은 명백하다. 그러나 우리가 역사에 부여하는 과학이라는 명칭은 우리가 그 일반적 성격을 분명히 통찰하고 있기만 하면 조금도 문제될 것이 없다. 역사는 정밀 과학이 아니면서도 언제나 독자적 위치와 그 고유한 성질을 인간의 지식 체계 속에서 유지할 것이다. 역사에서 우리가 찾고 있는 것은 외부 사물에 관한 지식이 아니라, 우리들 자신에 관한 지식이다. 부르크하르트 같은 위대한 역사가는 콘스탄티누스 대제 혹은 르네상스 문명에 관한 그의 저술에서 이 시대들에 대하여 과학적으로 기술하고 있다고 주제넘게 생각하지 않는다. 또한 그는 역사란 모든 과학 가운데 가장 비과학적이라는 역설을 내거는 데 있어서도 주저하지 않았다.53) 부르크하르트는 한 편지에서 다음과 같이 말했다. "내가 역사적으로 구성하는 것은 비판이나 사색의 결과가 아니라, 관찰할 때 생긴 틈을 메우려는 상상의 결과이다. 나에게 있어 역사는 아직 그 대부분이 시(詩)이다. 그것은 일련의 가장 아름답고 그림 같은 작품이다."54) 이와 똑같은 견해를 몸젠도 가지고 있었다. 몸젠은 비단 과학적 천재였을 뿐만 아니라, 동시에 과학적 업적의 가장 위대한 조직자들 가운데 한 사람이었다. 그는 『고비명 집성』(*Corpus inscriptionum*)을 제작하였다. 그는 고전학(古

---

52) I. Kant, *Metaphysische Anfangsgründe der Naturwissenschaft*, Vorrede, "Werke", ed. E. Cassirer, Ⅳ, 370.

53) Burckhardt, 앞의 책, p.81. English trans., *Force and Freedom*, p.167.

54) *Baseler Jahrbücher*(1910), pp.109 이하 ; K. Joël, *Jakob Burckhardt als Geschichtsphilosophie*(Basle, 1918)에서 인용

典學) 연구의 체계를 세웠고, 또 『화폐의 역사』(History of the Coinage)를 출판하였다. 이것은 도저히 예술가의 일이라고는 할 수 없다. 그러나 몸젠이 베를린 대학의 총장이 되어 취임 연설을 했을 때, 그는 역사가란 아마도 학자에 속하기보다는 오히려 예술가에 속할 것이라고 말함으로써 역사적 방법에 관한 그의 이상을 밝혔다. 비록 그는 그 자신이 가장 탁월한 역사학 교수이기는 했지만, 그럼에도 불구하고 역사는 가르치고 배움으로써 바로 습득될 수 있는 것이 아님을 서슴지 않고 단언하였다.

    수천의 실이 잘 돌아가도록 페달을 밟는 일, 그리고 인간과 민족의 개성을 통찰하는 일은 천재의 천품으로서, 아무리 가르치고 배우더라도 할 수 없는 일입니다. 만일 역사학 교수가 자신은 고전학자와 수학자가 교육될 수 있는 것과 똑같은 의미에서 역사가를 교육할 수 있다고 생각한다면, 그는 위험하고 해로운 망상에 지배되고 있는 것입니다. 역사가는 만들어지는 것이 아니라, 나면서부터 역사가의 재질을 갖추고 있는 것입니다. 그는 교육될 수 없고, 자기 자신을 교육하지 않으면 안 됩니다.[55]

그러나 모든 위대한 역사의 저작이 각기 예술적 요소를 포함하고 있다는 것을 부정할 수는 없지만, 그렇다고 해서 그것이 허구의 작품인 것은 아니다. 진리 탐구에 있어서 역사가는 과학자와 똑같은 엄밀한 규칙에 매여 있다. 그는 모든 경험적 탐구 방법을 이용하지 않으면 안 된다. 그는 구할 수 있는 모든 증거를 수집하고, 그의 모든 자료를 비

---

55) Th. Mommsen, "Rektoratsrede"(1874), in *Reden und Aufsätze*(Berlin, 1912).

교하고 비판하지 않으면 안 된다. 그는 어떤 중요한 사실도 망각하거나 무시해서는 안 된다. 그렇지만 최후의 결정적인 행위는 언제나 생산적인 상상의 행위이다. 에커만과의 대화에서 괴테는 <현실적인 것의 진리에 대한 상상력>을 가지고 있는 사람이 극히 소수라는 불만의 뜻을 표명했다. 그는 말하기를, "대부분의 사람들은 자기들이 아무 것도 아는 바 없는 이상한, 그리고 거기에 대해서 자기들의 상상력이 아주 괴이하게 전개될 수 있는 나라와 환경을 더 좋아한다. 그런가 하면 또 완전히 현실에만 매어 있는 사람들이 있는데, 이들에게는 시적 정신이 전혀 없으므로 그 찾는 바가 지나치게 딱딱하다"56)고 하였다. 위대한 역사가들은 이 두 극단을 모두 피한다. 그들은 경험주의자로서 특별한 사실들에 대한 세심한 관찰자이며 탐구자이다. 그러나 그들에게는 <시적 정신>이 있다. 참된 역사적 종합 혹은 총괄은, 사물들의 경험적 현실에 대한 예리한 감각이 자유로운 상상의 천품과 결합되는 데에 의존한다.

이 대립하는 두 힘 사이의 평형은 일반적 공식으로 기술될 수 없다. 그 비율은 시대에 따라 다르고 또 역사를 쓰는 개개의 저작자에 따라 다르다. 고대사에서 우리는 역사가의 임무에 대한 생각이 현대사의 그것과 다름을 발견한다. 투키디데스가 그의 역사적 저작에 삽입한 연설들은 아무런 경험적 근거도 없는 것이다. 그것들은 투키디데스가 기록한 대로 말해지지는 않았다. 하지만 그것들은 순전한 허구도 아니요 또 단순한 수사적 장식도 아니다. 그것들은 현실적 사건들을 재현하고 있기 때문에 역사인 것이 아니라, 투키디데스의 저작에서 중요한 역사적 기능을 수행하고 있기 때문에 역사인 것이다. 그것들은

---

56) Goethe to Eckermann, 1825. 12. 25, in *Conversations of Goethe with Eckermann and Sorel*, trans. J. Oxenford(London, 1874), p.162.

매우 함축적이고 집중적인 형식으로 인간과 사건들의 특징을 그려내고 있다. 페리클레스의 위대한 추도 연설은 아마 기원전 5세기 아테네의 생활과 문화를 가장 인상 깊게 그린 최선의 묘사일 것이다. 이 모든 연설의 문체는 투키디데스의 개인적이고 진정한 특징을 지니고 있다. 그래서 흔히들 다음과 같이 말하곤 한다. "그것들은 문체에 있어 뚜렷하게 투키디데스적인 것이다. 마치 그것은 에우리피데스의 극에 나오는 다양한 인물들이 비슷한 말투를 쓰고 있는 것과 똑같다."[57] 그렇지만 그것들은 그저 개인적 특이성을 전할 뿐만 아니라, 그 시대 전체를 대표하고 있다. 이러한 의미에서 그것들은 객관적인 것이지 주관적인 것이 아니며, 경험적 진리는 가지고 있지 못하다 하더라도 이상적 진리를 가지고 있다. 현대의 우리들은 경험적 진리를 요구하는 경향이 매우 농후해졌으나, 이 사물들과 인물들에 관한 이상적 진리를 보지 못하는 위험에 자주 빠지는 듯 하다. 이 두 계기 사이의 공평한 균형은 역사가의 개인적 자질에 달려 있다. 그것은 일반적 규칙에 환원될 수 없다. 현대의 역사의식 안에서 그 비율은 변했으나, 그 요소들은 여전히 그대로 남아 있다. 이 두 힘의 배분과 강도에 관해서는 역사가마다 그 자신의 방정식을 가지고 있다.

그러면서도 역사의 이상은 예술의 이상과 동일한 것이 아니다. 예술은 일종의 연금술적 과정에 의하여 인간 생활을 이상적으로 묘사한다. 즉 그것은 우리의 경험적 생활을 순수한 형상들의 동적 체계로 전환시킨다.[58] 역사는 이와 같은 과정을 밟지 않는다. 역사는 사물들과 사건들의 경험적 현실을 넘어서 나아가지 않고 도리어 이 현실을 회

---

57) J. R. Bury, *The Ancient Greek Historians*, Harvard Lectures(New York : Macmillan, 1909), Lecture 4를 참조.

58) 이 책, pp.258 이하를 참조.

상에 의하여 이상화함으로써, 그것을 가지고 하나의 새로운 형상을 만들어 내려고 한다. 역사의 빛에 비추어 보는 인생은 어디까지나 위대한 사실주의적 극으로서, 온갖 긴장과 알력, 위대함과 비참함, 갖가지 희망과 환상들, 정력과 열정을 발휘하고 있다. 그러나 이 극은 그저 느껴지기만 하는 것이 아니라, 또한 직관되는 것이다. 우리는 아직 우리의 정열과 열정의 경험적 세계에 살면서도, 이 광경을 역사의 거울을 통해서 봄으로써 밝음과 고요함의 내적 감각—순수 관조의 광명과 정밀—을 깨닫게 된다. 야콥 부르크하르트는 『세계사의 고찰』에서 다음과 같이 썼다. "정신은 세계의 뭇 시대를 거쳐 지내온 길의 추억을 소유물로 변화시키지 않으면 안 된다. 한 때 기쁨과 슬픔이었던 것이 지금은 지식이 되지 않으면 안 된다. … 그러나 우리의 연구는 그저 권리와 의무이기만 한 것이 아니라 또한 최고의 요구이다. 그것은 보편적 속박과 여러 필연의 흐름의 의식에 있어서의 우리의 자유이다."59) 올바로 쓰이고 올바로 읽힐 때, 역사는 우리의 육체적, 정치적, 사회적 및 경제적 생활의 모든 필연의 한가운데서 우리를 이 자유의 분위기로 끌어 올려준다.

 이 장에서 내가 취급하려 한 것은 역사 철학의 문제들이 아니었다. 전통적 의미에서의 역사 철학은 역사적 과정 자체에 관한 사변적이고 구성적인 이론이다. 인간 문화의 분석은 이 사변적 문제에 들어갈 필요가 없다. 그것은 보다 단순하고 겸손한 임무를 스스로 맡는다. 그것은 인간 문명의 유기체에서의 역사적 지식의 위치를 결정할 것을 추구하는 것이다. 역사가 없으면, 우리가 이 유기체의 진화에 있어서의 본질적 연결점을 보지 못하고 말 것이라는 것은 의심할 수 없는 사실이다. 예술과 역사는 우리가 인간성을 추구하는 데 있어 가장 유력한

---

59) J. Burckhardt, 앞의 책, pp.9 이하, English trans. 앞의 책, pp.86 이하.

도구들이다. 이 두 지식의 원천이 없다면, 인간에 관해서 우리는 무엇을 알 수 있을 것인가? 그 때에는 우리의 개인 생활의 소여 사실에 의존할 수밖에 없는데, 이것은 우리에게 주관적 견해를 줄 수밖에 없고 또 기껏해야 인류의 부서진 거울의 흩어진 단편에 지나지 않는다. 확실히 만일 우리가 이 내성적 소여 사실들에 의하여 시사된 그림을 완성하고자 한다면, 보다 더 객관적인 방법에 호소할 수 있을 것이다. 우리는 여러 심리학적 실험도 할 수 있겠고, 또 통계적 사실들을 수집할 수도 있을 것이다. 그러나 그럼에도 불구하고 인간에 대한 우리의 그림은 여전히 맥없고 색채 없는 것인 채로 있을 것이다. 우리는 다만 <평균적> 인간―우리가 일상의 실생활과 사교에서 사귀는 인간―을 볼 수 있을 뿐이다. 역사와 예술의 위대한 작품에서, 우리는 이 관례적인 인간의 가면 뒤에 참된 인간, 개성을 가진 인간의 모습을 보기 시작한다. 이러한 인간을 보려면 우리는 위대한 역사가 혹은 위대한 시인에게로 나아가지 않으면 안 된다. 즉 에우리피데스나 셰익스피어 같은 비극 작가, 세르반테스, 몰리에르 혹은 로렌스 스턴과 같은 희극 작가, 혹은 찰스 디킨스나 대커리, 발자크나 플로베르, 고골리나 도스토예프스키 같은 현대 소설가에게로 나아가지 않으면 안 된다. 시는 자연의 한갓 모방이 아니요, 역사는 죽어 없어진 사실들과 사건들의 술회가 아니다. 시와 마찬가지로 역사도 우리들의 자기 인식의 기관이요, 우리들의 인간적 세계를 세워 일으키는 데 없어서는 안 될 도구이다.

# 제11장 과 학[1]

 과학은 인간의 정신 발달에 있어서의 최후 단계요, 또 인간 문화의 최고의 그리고 가장 특징적인 성취로 볼 수 있다. 그것은 특별한 조건들 아래서가 아니면 발달할 수 없었던 매우 늦고 세련된 소산이다. 과학이라고 하는 개념 자체도, 그 특유한 의미에 있어서는 위대한 그리스 사상가들의 시대 이전—피타고라스 학파와 원자론자들, 플라톤과 아리스토텔레스 이전—에는 존재조차 하지 않았다. 그리고 과학에 대한 이 최초의 개념은 그 뒤 여러 세기에 있어서는 잊혀지고 가려지는 듯했었다. 그것은 르네상스 시대에 재발견되고 재수립되지 않으면 안 되었다. 이 재발견이 있은 후 과학의 승리는 완전하고 명백해 보였다. 우리의 현대 세계에 있어서 과학적 사고에 비길 만한 제 2의 세력은 없다. 그것은 우리의 모든 인간 활동의 절정이요 극치이며, 또 인류 역사의 최후의 장(章)이요 인간에 관한 철학의 가장 중요한 주제로 생각되고 있다.

 우리는 과학의 여러 결과 혹은 그 제 1 원리들에 관해서 논쟁할 수

---

[1] 이 장에서는 과학 철학 혹은 인식의 현상학에 관한 개요를 세시하려는 것이 목적이 아님은 말할 필요도 없다. 나는 이 인식의 현상학에 관한 문제를 Philosophie der symbolischen Formen, 제3권(1929)에서 논하였으며 과학 철학의 문제는 Substance and Function에서, 그리고 Einstein's Theory of Revolution(1910):english trans. W. C. and M. C. Swabey(Chicago and London, 1923) 및 Determinismus und Indeterminismus in der modernen Physik(Göteborgs Högskolas Arsskrift, 1936: 1)에서 논하였다. 여기에서는 다만 과학의 일반적 기능을 간단하게 지적하고, 상징 형식의 체계에 있어서의 그 위치를 결정하려는 것뿐이다.

있으나, 그 일반적 기능은 의심할 여지가 없이 보인다. 우리에게 항존적 세계를 보증해 주는 것은 과학이다. 과학에다가 우리는 아르키메데스가 한 말, "나에게 설 자리를 달라. 그러면 내가 우주를 움직이리라"를 적용할 수 있다. 변화하는 우주 속에서 과학적 사고는 정지점, 움직이지 않는 두 극(極)을 고정시킨다. 그리스어에서는 **인식**(episteme)이라는 말부터가 어원적으로 보면 확실성과 안정을 의미하는 어근에서 파생된 것이다. 과학적 과정은 안정된 평형 상태, 즉 우리의 지각과 사고 세계의 안정화와 확정화에 이르게 한다.

한편 과학은 이 임무를 혼자 수행해야만 하는 것이 아니다. 현대 인식론에서는, 경험론 학파에서나 합리론 학파에서나 인간 경험의 최초의 소여는 완전히 혼돈한 상태에 있다는 생각을 가끔 보게 된다. 칸트도 『순수 이성 비판』의 처음 여러 장에서 이러한 전제에서 출발하고 있는 것 같다. 그의 말에 의하면 경험은 의심할 것 없이 우리 오성의 최초의 소산이다. 그러나 그것은 단순한 사실이 아니다. 그것은 대립하고 있는 두 인자, 즉 질료와 형식의 복합체이다. 질료의 인자는 우리의 감각 지각에 주어지고, 형식의 인자는 우리의 과학적 개념들 속에서 표상된다. 이 개념들, 즉 순수 오성의 개념들은 현상에다가 그 종합적 통일을 준다. 우리가 대상의 통일이라고 부르는 것은 우리의 표상에서 다양한 것일 수 없다. 우리가 직관의 다양한 것 속에 종합적 통일을 산출했을 때, 그리고 오직 이 때에만 우리는 어떤 대상을 안다고 말할 수 있다.2) 그러므로 칸트에게는 인간 인식의 객관성에 관한 문제 전체가 과학의 사실과 불가피하게 결부되어 있다. 그의 선험적 감성론은 순수 수학의 문제에 관한 것이요, 그의 선험적 분석론은 수학적 자연 과학의 사실을 설명하려 하는 것이다.

---

2) I. Kant, *Critique of Pure Reason*, 독일어 초판, p.105.

그러나 인간 문화의 철학은 보다 더 먼 근원까지 문제를 파내려가지 않으면 안 된다. 인간은 과학적 세계에서 살기 훨씬 이전에 객관적 세계에서 살았다. 과학으로 나아가는 길을 발견하기 전에도 그의 경험은 그저 감각적 표현의 무정형한 집합에 지나지 않는 것이 아니었다. 그것은 조직되고 분절된 경험이었다. 그것은 일정한 구조를 가지고 있었다. 그러나 이 세계에 그 종합적 통일을 주는 개념들은 우리들의 과학적 개념들과 동일한 형태의 것이 아니며 또 동일한 수준에 있지도 않다. 그것들은 신화적 혹은 언어적 개념들이다. 이 개념들을 분석해 보면 그것들이 결코 단순한 혹은 <원시적인> 것이 아님을 알 수 있다. 언어나 신화에서 볼 수 있는 현상들의 최초의 분류는, 어떤 의미에서 보면 우리의 과학적 분류보다 훨씬 더 복잡하고 까다로운 것이다. 과학은 단순성의 추구로부터 출발한다. "단순성이야말로 진리의 표적이다"라고 하는 것은 그 근본적 의향들의 하나인 듯싶다. 그러나 논리적 단순성은 <목표>이지 <기점(起點)>이 아니다. 즉 그것은 하나의 목적이지 시초가 아니다. 인간 문화는 훨씬 더 복잡하고 뒤얽힌 정신 상태를 가지고 시작한다. 우리의 거의 모든 자연 과학은 신화적 단계를 통과하지 않으면 안 되었다. 과학적 사상의 역사에서 연금술은 화학에 앞서고, 점성술은 천문학에 앞선다. 과학은 진리에 관한 하나의 새로운 척도, 하나의 다른 논리적 표준을 도입함으로써만 이 최초의 여러 단계를 넘어 전진할 수 있었다. 과학은 진리란 인간이 그의 직접적 경험의 관찰할 수 있는 사실들의 좁은 테두리 속에 파묻혀 있는 한, 도달될 수 없는 것이라고 선언한다. 분리되고 고립된 사실들을 기술하는 대신, 과학은 우리에게 포괄적 견해를 주려고 노력한다. 그러나 이 견해는 그저 우리의 일상 경험을 확장하고 확대하고 또 풍부하게 함으로써는 도달될 수 없다. 그것은 하나의 새로운 질서의 원리, 하나의 새로운 형태의 지적 해석을 요구한다. 언어는 인간이 자신의 감각 지각의 세계를 분절하여 뚜렷하게 하려는 최초의 시도이다. 이러한 경향은 인간 언어의 근본적 특징들 가운데 하나이다. 몇몇 언어학자들은 인간 언어의 사실과 구조를 설명하려면, 인간 속에 특별한 분류 본능이 있다고 가정하는 것이 필요하다고까지 생각하였다. 예스페르센은 말한다.

  인간은 분류하는 동물이다. 어느 의미에서 언어의 전 과정은, 현상들―그 중의 어떤 두 가지 것을 보아도 모든 점에서 닮은 데가 없는 현상들―을 지각된 유사점들과 비유사점들에 의거하여 서로 다른 부류들로 배분하는 것 이외의 다른 아무 것도 아니라고 말할 수 있다. 명칭을 주는 과정에서, 우리는 명칭에 있어서의 유사성을 통해서 현상들의 비슷한 점들을 보고 또 유사성을 표현하려는 이 동일하고 뿌리 깊은 또 매우 유용한 경향을 분명히 본다.3)

  그러나 과학이 현상들 속에서 추구하는 것은 유사성보다 훨씬 더한 것이다. 그것은 질서이다. 우리가 인간 언어에서 발견하는 최초의 분류들은 엄밀하게 이론적인 목표를 하나도 가지고 있지 않다. 사물의 명칭들은, 만일 그것들이 우리로 하여금 우리의 사상을 전달할 수 있게 하고 또 우리의 실제적 활동을 조정해 줄 수 있으면, 그 임무를 다하고 있는 것이다. 그것들은 목적론적 기능을 가지고 있는데, 이 기능은 천천히 발전하여 보다 더 객관적인 <표상적> 기능이 된다.4) 서로

---

3) O. Jespersen, *Laguage, Its Nature, Development and Origin*(London and New York, 1922), pp.388 이하.

4) 이 문제에 관하여서는 E. Cassirer, *Philosophie der symbolischen Formen*, 제1권, pp.255 이하 참조.

다른 현상들 간에 외견상 유사점이 하나라도 있으면, 이 현상들은 하나의 공통되는 명칭으로써 지칭하기에 충분하다. 어떤 언어에서는 나비가 하나의 새로, 혹은 고래가 하나의 물고기로 기술되어 있다. 과학이 그 최초의 분류를 시작했을 때 과학은 이 표면적 유사점을 수정하고 극복하지 않으면 안 되었었다. 과학의 용어들은 제멋대로 만들어진 것이 아니다. 그것들은 일정한 분류의 원리를 따른다. 일관성 있는 체계적 용어를 만들어 내는 일은 결코 한갓 과학의 부수적인 특성은 아니다. 그것은 과학의 본질적이고 불가결한 요소들 가운데 하나이다. 린네가 그의 『식물 철학』(Philosophia botanica)을 창시했을 때, 거기 기술되어 있는 것은 인위적 체계일 따름이지 자연적 체계가 못 되는 것이 아닌가라는 반대에 부딪치지 않으면 안 되었었다. 그러나 분류 체계는 모두가 인위적이다. 자연 그 자체는 단지 개별적이고 분리된 현상을 포함하고 있을 따름이다. 만일 우리가 이 현상들을 종류 개념들과 일반 법칙들 밑에 포섭시킨다면, 이 때 우리는 자연의 사실들을 기술하고 있는 것이 아니다. 각각의 체계는 하나의 예술 작품, 즉 의식적인 창조적 활동의 결과이다. 린네의 체계를 반대하여 그 후에 나온 이른 바 <자연적인> 생물학적 체계들도 새로운 개념적 요소들을 사용하지 않으면 안 되었다. 그것들은 일반적 진화론에 기초를 두고 있었다. 그러나 진화 자체는 자연의 역사의 단순한 사실이 아니다. 그것은 하나의 과학적 사실이요, 우리가 자연 현상을 관찰하고 분류하는 것을 통제하는 하나의 준칙이다. 다윈의 이론은 하나의 새롭고 보다 넓은 지평을 열었다. 그것은 유기적 생명의 현상에 대한 보다 완전하고 보다 정합적인 개관을 제공하였다. 이것은 언제나 그 저자에게는 예비적 단계로 여겨졌던 린네의 체계에 대한 부정이 아니었다. 린네는 어떤 의미에서는 자기가 다만 하나의 새로운 식물학 용어들을 창작했을 뿐이라는 것을 잘 알고 있었으나, 그는 이 용어들이 언어적 가치와 현실적 가치를 모두 가지고 있다는 것을 확신하고 있었다. "사물의 이름을 모르면 그 인식도 소멸한다"라고 그는 말했다.

이 점에서 언어와 과학 사이의 연속에는 아무런 단절도 없어 보인다. 우리의 언어학적 명칭과 우리의 최초의 과학적 명칭은 동일한 분류 본능의 결과요 소산이라 하겠다. 언어에서 무의식적으로 이루어진 것이 과학적 과정에서 의식적으로 의도되고 조직적으로 수행되고 있다. 과학도 그 처음 단계들에서는 아직도 사물의 이름들을 그것들이 일상 언어에서 사용되는 의미에서 받아들이지 않으면 안 되었었다. 과학은 이것들을 사물들의 근본적 요소들과 성질들을 기술하는 데 사용할 수 있었다. 그리스 최초의 자연 철학 체계에서, 즉 아리스토텔레스에게서 우리는 이 일상 명칭들이 과학적 사고에 여전히 큰 영향을 끼치고 있음을 본다.[5] 그러나 그리스 사상에서 이 세력은 그 후 다시는 유일한 세력도 유력한 세력도 아니다. 피타고라스와 피타고라스 학파 시대 최초의 그리스 철학은 하나의 새로운 언어, 즉 수(數)의 언어를 발견하였다. 이 발견은 과학에 대한 우리의 현대적 개념이 출생한 시기가 된다. 자연 현상에—혹성의 운행, 태양이나 달이 뜨는 것, 계절의 변화에—규칙성, 어떤 제일성(uniformity)이 있다는 것은 인류가 가졌던 최초의 위대한 경험들 가운데 하나이다. 신화 사상에서도 이 경험은 충분히 인정되었고 또 독특하게 표현되었다. 신화 사상에서 우리는 자연의 일반적 질서라는 관념의 최초의 흔적을 본다.[6] 그리고 피타고라스 시대보다도 훨씬 이전에, 이 질서는 비단 신화적 용어로서

---

5) E. Cassirer, "The Influence of Language upon the Development of Scientific Thought", in *Journal of Philosophy*, 제39권, 제12호(1942. 6), pp.309~327.

6) E. Cassirer, *Philosophie der symbolischen Formen*, 제2권, pp.141 이하 참조.

만 아니라 또한 수학적 상징으로서도 기술되고 있었다. 일찍이 기원전 약 3,800년으로 더듬어 올라갈 수 있는 바빌로니아 점성술의 최초의 체계들에 있어서 신화적 언어와 수학적 언어는 매우 기묘하게 서로 침투하고 있었다. 서로 다른 성군(星群) 사이의 구별과 열두 황도대(黃道帶)의 구분은 바빌로니아 천문학자들에 의하여 도입되었다. 이 모든 결과는 새로운 이론적 기초가 없었던들, 도달될 수 없었을 것이다. 그러나 수에 관한 최초의 철학을 창조하는 데는 보다 더 대담한 일반화가 필요하였다. 수가 만물을 포용하는 진정한 보편적인 요소라고 맨 처음에 생각한 것은 피타고라스 학파의 사상가들이었다. 수의 사용은 이제 다시는 어떤 특별한 탐구 영역의 한계 안에 국한되지 않는다. 그것은 존재의 영역 전체에 걸친다. 피타고라스가 그 최초의 대발견을 했을 때, 즉 음향의 높고 낮음이 진동하는 현(絃)의 길이에 달려 있음을 발견했을 때, 철학 및 수학 사상의 장래의 방향을 결정지은 것은 그 사실 자체가 아니라, 그 사실의 해석이었다. 피타고라스는 이 발견을 고립된 하나의 현상으로 생각할 수 없었다. 가장 원심한 신비 가운데 하나, 미의 신비가 여기서 밝혀지는 듯 싶었다. 그리스 정신에 있어서 미는 언제나 완전히 객관적인 의미를 가지고 있었다. 미는 진리요, 현실의 근본 성격이다. 만일 음향의 조화에서 우리가 느끼는 미가 단순한 수의 비율로 환원될 수 있다면, 우리에게 우주 질서의 근본 구조를 드러내어 밝혀주는 것은 수이다. 피타고라스 학파의 원전 중의 하나에는 이런 말이 있다. "수는 인간 사고의 안내자요 주인이다. 수의 힘이 없으면 모든 것이 언제까지나 막연하고 혼돈한 상태에 있을 것이다."[7] 그 때 우리는 진리의 세계에서 살지 못하고, 오해와 착

---

[7] Philolaos, Fragments 4, 11, in Diels, *Die Fragmente der Vorsokratiker*, Ⅰ, 408, 411.

각의 세계에 살 것이다. 수에서 그리고 오직 수에서만, 우리는 **가지적**(可知的)인 우주를 볼 수 있다.

 이 우주가 새로운 논의의 대상이 되는 우주라는 것—수의 세계가 상징적 세계라는 것—을 피타고라스 학파 사상가들의 정신은 전혀 알지 못했었다. 다른 모든 경우에서와 마찬가지로 여기서도 상징과 대상 사이에 선명한 구별이 있을 수 없었다. 상징은 대상을 설명하기만 하는 것이 아니었다. 그것은 분명히 대상의 자리를 차지하고 있었다. 사물들은 수와 관계를 갖거나 혹은 수에 의하여 표현될 수 있었을 뿐만 아니라, 사물들이 **바로 수였다**. 우리는 이제 수의 실체적 실재에 관한 이러한 피타고라스의 설을 지지하지 않으며, 수를 현실의 핵심 자체로 보지도 않는다. 그러나 우리가 인정하지 않으면 안 될 것은, 수가 인간 인식의 근본적 기능의 하나이며 위대한 객관화의 과정에서의 필요한 일보라고 하는 점이다. 이 과정은 언어에서 시작된다. 그러나 그것은 과학에서 전혀 새로운 모습을 띠게 된다. 왜냐하면 수의 상징성은 언어의 상징성과 아주 다른 논리적 유형의 것이기 때문이다. 언어에서 우리는 분류하려고 하는 최초의 노력을 보지만, 이 노력들은 아직 정돈되어 있지 않다. 그것들은 참된 체계화에 이르게 될 수 없다. 왜냐하면 언어의 상징들은 그 자체 일정한 체계적 질서를 가지고 있지 않기 때문이다. 하나하나의 언어적 용어마다 특별한 <의미의 영역>을 가지고 있다. 그것은 가디너가 말하고 있는 바와 같이, "사물 또는 문장에 의하여 의미를 가지게 된 사물들의 복잡한 연쇄가 놓여 있는 영역의, 처음에는 이 부분을 다음에는 저 부분을 비추는 광선이다."[8] 그러나 이 모든 다른 광선들은 공통되는 초점을 가지고 있지 않다. 그것들은 분산되고 고립되어 있다. <다양의 종합>에 있어서 모

---

8) A. H. Gardiner, *The Theory of Speech and Laguage*, p.51.

든 새로운 낱말은 각기 새로운 출발을 한다.

 이 사태는 우리가 수의 왕국에 들어가자마자 완전히 바뀐다. 우리는 단일한 혹은 고립된 수를 말할 수 없다. 수의 본질은 언제나 상대적인 것이지 절대적인 것이 아니다. 하나의 단일한 수는 일반적인 체계적 질서 속의 하나의 단일한 장소일 따름이다. 그것은 그 스스로의 존재도, 독자적 실재도 가지고 있지 않다. 그것의 의미는 그것이 수의 체계 전체에서 차지하는 위치에 의하여 규정된다. 자연수의 계열은 무한한 계열이다. 그러나 이 무한은 우리의 이론적 인식에 대해서 아무런 제한도 설정하지 않는다. 그것은 그 어떤 불결정성(不決定性)도 의미하지 않는 바, 플라톤적 의미에 있어서의 <아페이론> 같은 것을 의미하지는 않는다. 그것은 바로 이와 반대되는 것을 의미한다. 수의 진전에 있어서 우리는 외적 제한, 즉 <최종항>에 이르는 법이 없다. 그러나 우리가 여기서 발견하는 것은 고유한 논리적 원리로 말미암은 제한이다. 모든 항(項)은 하나의 공통되는 유대에 의하여 결합되어 있다. 그것들은 모두 똑같은 생성 관계, 즉 수 n을 그 바로 다음에 오는 수 (n+1)과 연결시키는 관계에서 생긴다. 매우 단순한 이 관계로부터 우리는 정수의 모든 성질을 유도할 수 있다. 이 체계의 이러한 분명한 특성과 최대의 논리적 특권은 그 완전한 투명성에 있다. 근대의 여러 학설들―프레게와 러셀, 페아노와 데데킨트의 학설들―에서 수는 그 모든 존재론적 비밀을 잃었다. 우리는 그것을 하나의 새로운 그리고 강력한 상징으로 생각한다. 이 심볼리즘은 모든 과학적 목적을 위하여 언어의 심볼리즘보다 무한히 우월하다. 왜냐하면 우리가 여기서 보는 것은 이제 분리된 낱말들이 아니라, 모두가 다 똑같은 근본적 계획을 따라 전진하는 따라서 명료하고 일정한 구조적 법칙을 보여주는 항들이기 때문이다. 그럼에도 불구하고, 피타고라스의 발견은 다만 자연 과학의 발전에 있어서의 제 1보를 의미하는 것에 지나지 않았다. 수에 관한 피타고라스 이론 전체가 하나의 새로운 사실에 의하여 돌연히 의문시되었다. 피타고라스 학파가 직각 삼각형에 있어서 빗변이 다른 두 변과 더불어 공약수를 가지지 않음을 발견했을 때, 그들은 이제까지 없던 아주 새로운 하나의 문제에 직면하지 않으면 안 되었다. 그리스 사상의 전 역사에서, 특히 플라톤의 대화편에서 우리는 이 딜레마의 깊은 반향을 느낀다. 그것은 그리스 수학의 진정한 위기였다. 이 문제를 현대적 방법으로, 즉 이른바 <무리수>를 도입함으로써 해결할 수 있었던 고대 사상가는 한 사람도 없었다. 그리스인의 논리학과 수학의 입장에서 보면, 무리수는 그 말 자체가 모순된 것이었다. 무리수는 <아레톤>($\ddot{\alpha}\rho\rho\eta\tau o\nu$), 즉 그것은 대하여 생각할 수도 말할 수도 없는 것이었다.9) 수는 그 때까지 정수가 아니면 정수들 간의 비율로 정의되어 왔기 때문에, 통약(通約)할 수 없는 길이란 아무런 수적 표현도 용납하지 않는, 즉 수의 모든 논리적인 힘을 허용하지 않고 무시하는 길이었다. 피타고라스 학파가 추구하고 또 그들이 수에서 발견한 것은 온갖 종류의 존재와 온갖 형태의 지식, 지각, 직관 및 사고의 완전한 조화였다. 이 때부터는 산술·기하학·물리학·음악·천문학이 독특하게 엉켜 붙은 전체를 형성하는 듯싶었다. 하늘과 땅에 있는 만물이 <하나의 조화요 하나의 수>10)가 되었다. 그러나 통약할 수 없는 길이의 발견은 이 이론의 파멸이었다. 이 때로부터 산술과 기하학의 차이에, 불연속의 수의 왕국과 연속적인 양의 왕국 사이에는 참된 조화가 없었다.

---

9) H. Scholz and H. Hasse, *Die Grundlagen Krise der griechischen Mathematik*(Charlottenburg, 1928) 참조.

10) Aristotle, *Metaphysics*, Ⅰ, 5, 985b 참조.

이 조화를 회복하는 데는 여러 세기에 걸친 수학적 및 철학적 사고의 노력이 필요하였다. 수학적 연속에 관한 논리적 이론은 수학 사상의 최근의 성취들 가운데 하나이다.11) 그리고 이와 같은 이론이 없으면 새로운 수들—분수, 무리수 등—을 새로 지어내는 일이 모두 언제나 매우 의아스럽고 믿음직스럽지 못한 시도처럼 보였다. 만일 인간 정신이 그 스스로의 힘에 의하여 제멋대로 하나의 새로운 사물의 영역을 만들어낼 수 있다면, 우리는 객관적 진리에 대한 우리의 모든 개념을 바꾸지 않으면 안 될 것이다. 그러나 여기서도 수의 상징적 성격을 고려하자마자 딜레마는 그 힘을 잃어버린다. 이 때에 명백해지는 것은 여러 가지 새로운 종류의 수의 도입에 의하여 우리가 새로운 물건이 아니라, 새로운 상징을 창조한다는 점이다. 자연수는, 이 점에서 볼 때 분수나 무리수와 동일한 수준에 있다. 자연수들 역시 구체적인 사물들, 즉 물리적 대상들의 기술(記述)이나 심상(心像)이 아니다. 도리어 그것들은 매우 단순한 관계들을 표현한다. 수의 자연적 범위의 확대, 보다 넓은 분야로의 확장은 다만 보다 높은 질서의 관계들을 기술하는 데 적합한 새로운 상징의 도입을 의미할 따름이다. 새로운 수들은 단순한 관계들의 상징이 아니라, <관계의 관계>의 상징이요, <관계의 관계의 또 그 관계>의 상징이요, 또 이와 같이 더 추궁할 수 있는 관계들의 다시 그 관계들의 상징이다. 이 모든 것은 정수의 성격과 모순 되지 않는다. 그것은 이 성격을 밝히고 또 확실하게 한다. 불연속량인 정수와, 공간 및 시간의 연속 속에 함유되어 있는 물리적 사건들의 세계 사이의 틈을 메우기 위하여 수학적 사고는 하나의 새로운 도구를 발견하지 않을 수 없었다. 만일 수가 어떤 <물건>이었다

---

11) H. Weyl, *Das Kontinuum. Kritische Untersuchungen über die Grundlagen der Analysis*(Leipzig, 1918).

면, <그 자신이 있고 또 자신을 통해서 파악되는 실체>였다면 문제는 해결될 수 없었을 것이다. 그러나 그것은 상징적 언어였으므로 시종 여일한 방법으로 이 언어의 어휘, 어형론 및 문장 구성법을 발전시키는 것만이 필요하였다. 여기서 요구된 것은 수의 성질 및 본질에 있어서의 변화가 아니라, 오직 의미의 변화만이었다. 수리 철학은 이러한 변화로 애매함이나 모순이 생기지 않았다는 것—정수 혹은 정수들 간의 비례에 의하여 정확하게 표현될 수 없는 양이 새로운 심볼의 도입으로 완전히 이해될 수 없고 표현될 수 있다는 것—을 증명하지 않으면 안 되었다.

모든 기하학적 문제가 이와 같은 변형을 용인한다는 것은 현대 철학의 최초의 대 발견들 가운데 하나였다. 데까르뜨의 해석 기하학은 연장(延長)과 수 사이의 이러한 관계에 대하여 최초의 수긍할 만한 증명을 제공하였다. 이 이후로 기하학의 언어는 독자적 특유어이기를 그쳤다. 그것은 보다 더 포괄적인 언어 <보편학>의 일부가 되었다. 그러나 데까르뜨에게 있어서 물리적 세계, 즉 물질과 운동의 세계를 이와 똑같은 방법으로 지배하는 것은 아직 가능하지 못하였다. 수학적 물리학을 발전시키려는 그의 시도는 실패하였다. 우리의 물리적 세계의 재료는 감각적 소재로 구성되어 있으며, 또 이 감각적 소재가 드러내는 완강하고 다루기 힘든 사실들은 데까르뜨의 논리적 및 합리적 사고의 모든 노력에 대항하는 듯이 보였다. 그의 물리학은 자의적인 여러 전제로 얽어 만든 구성물인 채로 있었다. 그러나 데까르뜨는 물리학자로서, 그 수단에 있어서는 과오를 범할 수 있었다 하더라도, 그의 근본적인 철학적 목표에 있어서는 과오를 범하지 않았다. 이 때 이후로 이 목표는 분명하게 이해되었고 또 확고하게 세워졌다. 물리학은 그 모든 개개의 부문에서 하나같이 똑같은 점을 지향하였다. 즉 그것은 자연 현상의 세계 전체를 수의 지배 아래 둘 것을 시도하였던 것이다.

이 일반적인 방법론적 이상에 있어서, 우리는 고전 물리학과 현대 물리학 사이에 아무런 대립도 볼 수 없다. 양자 역학은, 어떤 의미에서는 고전적인 피타고라스의 이상의 참된 부흥이요, 혁신이요, 또 확인이다. 그러나 여기서도 역시 훨씬 더 추상적인 상징적 언어를 도입하는 것이 필요하였다. 데모크리토스가 그의 원자 구조를 기술했을 때, 그는 우리의 감각 경험의 세계로부터의 여러 유추에 의하지 않으면 안 되었다. 그는 원자의 그림, 원자의 형상도를 그렸는데, 그것은 우리의 대우주의 보통 물건을 닮고 있다. 원자들은 그 형상, 그 크기 그리고 그 부분들의 배열에 의하여 서로 구별되었다. 즉 하나하나의 원자에는 원자들이 서로 부착되어 있을 수 있도록 갈고리와 눈이 있고, 안구와 소케트가 있었다. 이 모든 상상, 이 구상적 설명은 현대 원자론에서 사라졌다. 보어의 원자 모형에는 이러한 그림 같은 언어가 하나도 없다. 과학은 이제 다시는 일상적인 감각과 경험의 언어를 말하지 않는다. 그것은 피타고라스적인 언어를 말한다. 수의 순수한 상징성이 일상 언어의 상징성을 대체하고 이를 말살한다. 거시적 대우주뿐만 아니라 미시적 소우주—원자 내의 형상의 세계—도 이제는 이 언어로 기술될 수 있었다. 그리고 이것은 아주 새로운 하나의 체계적 해석을 할 수 있는 길을 열어 주게 되었다. 아르놀트 좀머펠트는 그의 저서 『원자의 구조와 스펙트럼선』(*Atomic Structure and Spectral Lines*)[12]의 서문에서 다음과 같이 말하였다.

스펙트럼 분석의 발견 이후, 물리학에서 훈련받은 사람은 아무도 원자

---

12) A. Sommerfeld, *Atomic Structure and Spectral Lines*(독어판, 1919), English trans. H. L. Brose(New York : Dutton, 1923).

의 문제가 물리학자들이 스펙트라의 언어를 이해할 줄 알게 된 때 해결될 수 있으리라는 것을 의심할 수 없었다. 60년 동안의 스펙트로스코피(分光器)의 연구에서 축적된 막대한 양의 자료가 아주 다양한 것이었으므로, 처음에는 그것을 풀어헤치고 알 수가 없을 것 같았다. … 오늘날 우리가 스펙트라의 언어로부터 듣는 것은 원자 내의 참된 <천체의 음악>이요, 정수적 관계들의 화음들이요, 잡다한 다양성에도 불구하고 더욱 더 완전하게 되는 질서와 조화이다. … 스펙트라 선들과 원자론의 모든 정수적 법칙은 본래 양자론에서 나온다. 그것은 신비스런 <오르가논>이다. 그 위에서 자연은 그 스펙트라의 음악을 연주하고, 또 그 리듬에 맞추어 원자와 핵의 구조를 통제한다.

화학의 역사는 과학적 언어의 이러한 느린 변형의 가장 좋은 그리고 가장 현저한 예들 가운데 하나이다. 화학은 물리학보다 훨씬 늦게 <과학의 대도에> 들어섰다. 여러 세기 동안 화학적 사상의 진보를 막고 또 화학을 선과학적(先科學的) 개념의 테두리 안에서 벗어나지 못하게 한 것은 결코 새로운 경험적 증거가 부족해서가 아니었다. 연금술의 역사를 연구하면 연금술사들이 놀라운 관찰력을 가지고 있었음을 알 수 있다. 그들은 자료가 되는 다량의 귀중한 사실들을 수집했는데, 이것이 없었던들 화학은 도저히 발전할 수 없었을 것이다.13) 그러나 이 자료를 표현하는 양식이 전혀 부적절하였다. 연금술사가 자신의 관찰을 기술하기 시작했을 때, 그는 모호하고 마음대로 구사할 수 있는 도구를 하나도 가지고 있지 않았다. 그는 비유와 유추를 가지고 말했으며, 과학적 개념을 가지고서 말하지는 않았다. 이 모호한 언어

---

13) 연금술의 역사에 대하여서는 E. O. von. Lippmann, *Entstehung und Auebreitung der Alchimie*(Berlin:Springer, 1919)와 L. Thorndike, *A History of Magic and Experimental Science*(New York, 1923~1941), 전6권을 참조.

는 그의 자연관 전체에 나타나 있었다. 자연은 오직 비전(秘傳)을 이어 받은 사람, 노련한 전문가에게만 이해될 수 있는 모호한 성질들의 왕국이 되었다. 화학적 사고의 새로운 흐름은 르네상스 시대에 시작한다. <화학 의료>(iatrochemistry)의 여러 학파에서 생물학적 및 의학적 사상이 우세하게 된다. 그러나 화학의 문제들을 정말 과학적으로 연구하는 일은 17세기가 되어서야 비로소 가능하게 된 일이었다. 보일의『회의적 화학자』(*Chymista scepticus*, 1677)는 자연과 자연 법칙의 새로운 일반적 개념에 기초를 둔 화학의 현대적 이상의 최초의 위대한 예이다. 하지만 여기서와 또 이것에 뒤이은 연소 이론의 발전에 있어서도, 우리는 화학적 과정의 질적 기술만을 볼 수 있다. 18세기 말, 라브와지에의 시대에 가서야 화학이 양적 언어를 말할 수 있게 되었다. 이 때부터 급속한 진보를 볼 수 있다. 달튼이 정비례 혹은 배수 비례의 법칙을 발견했을 때 화학에 새로운 길이 열렸다. 수의 힘이 확고하게 세워졌다. 그럼에도 불구하고 아직도 수의 규칙들에 완전히 매여 있지 않은 광범위한 화학적 경험이 남아 있었다. 화학적 원소들의 표(表)는 단순한 경험적인 표였다. 그것은 그 어떤 고정된 원리에도 의거하지 않았으며 또 일정한 체계적 질서를 보여주는 것도 못 되었다. 그러나 이 최후의 장애도 원소 주기표의 발견으로 제거되었다. 원소마다 하나의 통일된 체계 속에 그 자리를 가지게 되었으며, 또 이 자리는 그 원소의 원자 번호에 의해서 표시되었다. "참된 원자 번호는 각 원소의 순서를 결정함에 있어서, 화학적 관계들을 올바로 고려할 때 자연의 체계에 있어서 원소의 위치를 부여하는 번호일 따름이다." 주기표를 기초로 하여 논하면 미지의 원소들을 예언하는 것과 이어 그것들을 발견하는 것이 가능하였다. 이리하여 화학은 하나의 새로운 수학적이고 연역적인 구조를 획득하였다.[14]

우리는 이와 똑같은 일반적 사상 경향을 생물학의 역사에서도 더듬어 볼 수 있다. 다른 모든 자연 과학과 마찬가지로, 생물학은 사실들의 단순한 분류를 가지고서 시작하지 않으면 안 되었는데, 이 분류는 아직 우리의 일상 언어의 종류 개념들을 규준으로 한 것이었다. 과학적 생물학은 이 개념들에다가 좀 더 명확한 의미를 주었다. 아리스토텔레스의 동물학 체계와 테오프라스토스의 식물학 체계는 고도의 통일성과 방법론적 질서를 보여준다. 그러나 현대 생물학에서 이 모든 초기의 분류 형태는 또 하나의 다른 이상에 의하여 가려진다. <생물학은 연역적으로 공식화된 학설>의 새로운 단계로 천천히 옮아가고 있다. 노드롭 교수는 말한다.

정상적으로 발전하는 과학은, 그 어느 것이나 두 단계를 거친다. 첫째 단계는 우리가 자연사적 단계라 부르는 것이요, 둘째 단계는 요청적으로 규정된 이론의 단계이다. 이 두 단계에는 각기 일정한 유형의 과학적 개념이 속한다. 자연사적 단계에서의 개념의 유형을 우리는 검사에 의한 개념이라 하고, 요청적으로 규정된 단계에서의 그것을 요청에 의한 개념이라고 한다. 검사에 의한 개념은 그 완전한 의미가 직접적으로 인지되는 어떤 것에 의하여 주어지는 개념이다. 요청에 의한 개념은 그 의미가 그 개념이 일어나는 연역적 이론의 여러 요청에 의하여 규정되는 개념이다.15)

그저 인지할 수 있는 것으로부터 이해할 수 있는 것으로 나아가게 하는 이 결정적 단계를 위해서는 언제나 하나의 새로운 사고의 도구

---

14) 예를 들면 자세한 것은 A. Sommerfeld, 앞의 책, 2장을 참조.

15) F. S. C. Northrop, "The method and theories of physical science in their bearing upon biological organization", in *Growth Supplant*(1940), pp.127~154.

가 필요하다. 우리의 관찰들이 과학적 개념을 가지고서 일관성 있게 해석할 수 있는 것이 되게 하려면 이 관찰들을 잘 질서 잡힌 상징들의 체계와 관련시키지 않으면 안 된다.

 수학이 보편적인 상징적 언어라는 것—수학이 사물들의 기술에 관심을 가진 것이 아니라, 관계들의 일반적 표현에 관심을 가진 것—은 철학의 역사에 있어서 한참 후에 나온 생각이다. 이 전제에 기초를 둔 수학 이론은 17세기 이전에는 나오지 않았다. 라이프니츠는 수학의 상징성의 참된 성격을 명확하게 통찰하고, 대뜸 풍부하고 포괄적인 결론을 이끌어 낸 최초의 위대한 근대 사상가였다. 이 점에서 수학의 역사는 다른 모든 상징 형식의 역사와 다른 점이 없다. 수학에 있어서도 상징적 사고의 새 차원을 발견하는 일은 극히 어려웠다. 이와 같은 사고는 수학자들이 이것의 특유한 논리적 성격을 설명할 수 있게 되기 오래 전에, 수학자들에 의해 사용되고 있었다. 언어와 예술의 상징들과 마찬가지로, 수학적 상징들로 처음부터 일종의 마술적 분위기에 둘러싸여 있었다. 사람들은 그것들을 종교적 외경심과 존경을 가지고 쳐다보고 있다. 후에 이르면 이 종교적 및 신비적 신앙이 차차 발전하여 일종의 형이상학적 신앙이 된다. 플라톤 철학에서 수는 이제 다시는 신비에 감싸여 있지 않다. 도리어 그것은 지적 세계의 진정한 중심으로 여겨지고 있다. 즉 그것은 모든 진리와 가지성에 대한 실마리가 되었다. 플라톤이 그 노년에 이상 세계에 관한 이론을 발표했을 때, 그는 이것을 순전히 수를 가지고 기술하려 하였다. 수학은 그에게 있어 감각 세계와 초감성적 세계 사이의 중간 왕국이다. 그도 역시 참된 피타고라스 학파의 한 사람이다. 그리고 피타고라스 학파로서 그는 수의 힘이 볼 수 있는 세계 전체에 미치고 있다는 것을 확신하고 있다. 그러나 수의 형이상학적 본질은 볼 수 있는 그 어떤 현상에 의해서도 드러내어질 수 없다. 현상은 이 본질을 분유하나 이것을 완전히 표현하지는 못한다. 결코 본질에 도달할 수 없다. 우리가 자연 현상에서, 혹은 천체의 운행에서 보는 저 가시적인 수를 참된 수학적인 수로 생각하는 것은 잘못이다. 우리가 여기서 보는 것은 다만 순수한 이상적인 수들의 <표적>일 따름이다. 이 수들은 이성과 지성에 의해서만 파악될 수 있고 시각에 의해서는 파악될 수 없다.

반짝이는 천공(天空)들은 하나의 모형으로서, 또 보다 높은 지식을 얻기 위하여 사용되지 않으면 안 된다. 그것들의 아름다움은 우리가 가끔 보곤 하는 다이달로스나 그 밖의 위대한 예술가의 손으로 정묘하게 만들어진 조상이나 회화의 아름다움과 비슷하다. 그것들을 본 기하학자는 누구나 그 솜씨의 훌륭함을 칭송할 것이다. 그러나 그것들 속에 참된 동등, 참된 두 배, 혹은 그 어떤 다른 비례의 진리도 이를 발견할 수 있으리라는 것은 꿈에도 생각하지 않을 것이다. … 그리고 참된 천문학자는 별의 운행을 볼 때 이와 똑같은 감정을 가지지 않을 것인가? 하늘과 하늘에 있는 물건들이 그 창조자에 의하여 가장 완전하게 꾸며졌다고 생각하지 않을 것인가? 그러나 그는 밤과 낮의 비례, 혹은 이것들과 월(月)의 비례, 혹은 연(年)에 대한 월의 비례, 혹은 별들과 이것들 및 별들 상호 간의 비례, 그리고 또 물질적이고 볼 수 있는 다른 모든 사물이, 또한 영원한 것일 수 있고 탈선이 전혀 있을 수 없는 것이라고는 절대로 상상하지 않을 것이다. 이와 같이 상상하는 것은 어리석은 일이겠다. 그리고 이것들의 정확한 진리를 탐구하는 것도 똑같이 어리석은 일이다.16)

현대 인식론은 이제 더 이상 수에 관한 플라톤의 이 이론을 지지하

---

16) Plato, *Republic*, 529, 530(Jowett trans.).

지 않는다. 그것은 수학을 볼 수 있는 혹은 볼 수 없는 사물들의 연구로 보지 않고, 관계들 및 관계들의 여러 유형의 연구로 본다. 비록 우리가 수의 객관성을 운운하긴 해도, 우리는 그것을 독립된 형이상학적 혹은 물리적 실체로 생각하지 않는다. 우리가 표명하고자 하는 것은, 수가 자연과 실재를 발견하기 위한 하나의 도구라는 것이다. 과학의 역사는 이 계속적인 지적 과정의 전형적인 예들을 보여준다. 수학적 사고는 가끔 물리적 탐구에 앞서 행해지는 것처럼 보인다. 우리의 가장 중요한 수학 이론들은 직접적인 실제적 혹은 기술적 필요에서 솟아나온 것이 아니다. 그것들은 그 어떤 구체적 응용보다도 앞서 사고의 일반적 도식으로서 착상된다. 아인슈타인이 일반 상대성 이론을 발전시켰을 때 그는 이것보다 오래 전에 만들어진 리이만의 기하학에 되돌아갔었는데, 이 기하학은 리이만이 한갓 논리적 가능성에 지나지 않는 것으로 보고 있었던 것이다. 그러나 아인슈타인은 현실적 사실들을 쉽게 기술할 수 있게 되려면 이와 같은 가능성들이 필요하다는 것을 확신하고 있었다. 우리에게 필요한 것은 물리적 사고에 온갖 지적 도구를 갖추게 해주기 위하여, 우리의 수학적 심볼리즘의 다양한 형식을 건설하는 완전한 자유이다. 자연은 무궁무진하다. 그것은 언제나 새롭고 예기치 않은 문제들을 우리 앞에 내어 놓을 것이다. 우리는 사실들을 예측할 수 없다. 그러나 상징적 사고의 힘을 통하여 사실들의 지적 해석에 대한 준비를 할 수 있다.

만일 우리가 이 견해를 받아들인다면, 우리는 현대 지연 과학이 가장 어려운 그리고 가장 논의가 많은 문제들 중의 하나—즉 결정론의 문제—에 대해서 하나의 해답을 얻을 수 있다. 과학이 필요로 하는 것은 형이상학적인 결정론이 아니라, 방법론적인 결정론이다. 우리는 라플라스의 유명한 공식에서 표현된 바와 같은 기계적 결정론을 거부할 수 있다.17) 그러나 진정한 과학적 결정론, 즉 수의 결정론은 이러한 반대들에 부딪치지 않는다. 우리는 이제 다시는 수를 신비력 혹은 사물들의 형이상학적 본질로 보지 않는다. 우리는 그것을 인식의 독특한 도구로 본다. 명백히 이 생각은 현대 물리학의 어떤 결과에 의해서도 의문시되고 있지 않다. 양자 역학의 진보는 우리의 수학적 언어가 고전 물리학의 여러 체계에서 인정되었던 것보다 훨씬 더 풍부하고 훨씬 더 탄력성이 있고 또 유연한 것임을 우리에게 보여주었다. 그것은 새로운 문제들과 새로운 요구들에 순응할 수 있다. 하이젠베르그가 자기의 학설을 제창했을 때, 그는 새로운 형태의 대수학의 심볼리즘을 사용했는데, 이 심볼리즘에서는 우리가 보통 쓰는 대수학의 규칙들 가운데 몇 개가 소용없게 되었다. 그러나 수의 일반 형식은 이 모든 후대의 도식에서 보존되고 있다. 가우스는 수학은 과학의 여왕이요 산수는 수학의 여왕이라고 말하였다. 펠릭스 클라인은 19세기를 통한 수학 사상의 발전을 역사적으로 개관하는 가운데서, 이 발전의 가장 특징적인 여러 면 가운데 하나가 수학의 점차적 <산수화>라고 선언하였다.18) 현대 물리학의 역사에서도 우리는 이 산수화의 과정을 더듬어 볼 수 있다. 해밀튼의 사원법(四元法)에서 양자 역학의 서로 다른 여러 체계에 이르기까지 우리는 더욱 복잡한 대수학적 심볼리즘의 체계들을 볼 수 있다. 과학자는 아무리 복잡한 경우라도 자기로 하여금 마침내는 자기의 관찰을 보편적이고 또 일반적으로 이해할 수 있는 언어로 기술할 수 있게 할 적절한 심볼리즘을 찾는 데 성공하리라는 원칙 위에서 행동한다. 과학사가 이 근본적인 가정을 논리적으

---

17) 이 문제에 대해서는 E. Cassirer, *Determinismus und Indeterminismus in der moderne Physik* 참조.

18) F. Klein, *Vorlesungen über die Entwicklung der Mathematik im 19. Jahrhundert*(Berlin, 1926~1927).

로 혹은 경험적으로 증명하지 않는다는 것은 사실이다. 그가 우리에게 주는 유일한 증명은 그의 업적이다. 그는 수량적 결정론의 원리를 하나의 지침이 되는 준칙으로서, 즉 그가 하는 일에 논리적 통일과 체계적 통일을 주는 통계적 관념으로서 받아들인다. 나는 과학적 과정의 이 일반 성격에 대한 최선의 서술의 하나를 헬름홀츠의 『생리 광학 총론』에서 발견한다. 만일 우리의 과학적 지식의 원리들, 가령 인과 법칙이 경험적 규칙 이외의 아무 것도 아니라면, 그 귀납적 증명은 매우 신통치 못한 상태에 있게 될 것이라고 헬름홀츠는 말한다. 우리가 기껏 말할 수 있는 것은, 이 원리들이 바람의 선회(旋回)의 법칙 같은 기상학의 규칙들보다 훨씬 더 유효하지도 못하다는 것이다. 그러나 이 원리들은 순전히 논리적 법칙의 성격을 지니고 있다. 이는 이 원리들로부터 끌어낸 결론이 우리의 현실적 경험과 자연의 한갓 사실들에 관여하지 않고, 자연에 대한 우리들의 해석에 관여하고 있기 때문이다. 헬름홀츠는 말한다.

자연 현상에 관한 우리의 이해 과정은, 우리가 **일반적 개념** 및 **자연 법칙**을 찾으려 하는 것이다. 자연 법칙은 자연 안에서의 변화에 대한 총괄적 개념일 따름이다. … 그러므로 우리가 자연 현상을 더듬어 하나의 법칙에 이르지 못할 때 … 그러한 현상들을 이해하는 가능성 자체가 끊기고 만다.

그러나 우리는 그것들, 즉 현상들을 파악·이해하려 해보지 않으면 안 된다. 그렇지 않으면 그것들을 지성의 통제 하에 있게 하는 방법이 없다. 그러므로 그것들을 탐구하는 데 있어 우리는 그것들이 파악될 수 있다는 전제 위에서 탐구를 진행시키지 않으면 안 된다. 따라서 충족이유율(充足理由律)은 실상 우리의 지성이 우리의 모든 지각을 그 자신의 통제 아래 두려는 지성의 **요구** 이상의 아무 것도 아니다. 그것은 자연의 법칙이 아니다. 우리의 지성은 일반적 개념들을 형성하는 능력이다. 만일 그것이 일반적 개념들 혹은 법칙들을 형성할 수 없다면, 그것은 우리의 감각 지각 및 경험과 아무런 관계도 없을 것이다. … 하여튼 외부 세계를 파악함에 있어, 우리의 지성 이외에는, 지성만큼 조직된 능력이 달리 없다. 그리하여 만일 우리가 어떤 사물을 **마음에 품고 생각**(conceive)할 수 없다면, 우리는 그 사물을 존재하고 있는 것으로 상상할 수 없다.[19]

이와 같은 말들은 과학 정신의 일반적 태도를 매우 명료하게 기술하고 있다. 과학자는 아직도 엄밀한 법칙과 정확한 수량적 규칙에 환원할 수 없는 광범한 현상들의 영역이 있다는 것을 알고 있다. 그럼에도 불구하고, 그는 어디까지나 이 일반적인 피타고라스적 신조에 충실하다. 즉 그는 자연이 전체적으로 볼 때 또 그 모든 특별한 영역에서 볼 때 <하나의 수요 하나의 조화>라고 생각한다. 광대무변한 자연에 직면하여 위대한 과학자들 가운데 많은 사람들이 뉴턴의 유명한 말에서 표현된 저 특별한 감정을 가졌었을 것으로 짐작된다. 즉 그들은 자기네가 하는 일에 있어 자기들이 마치 광막한 대양(大洋)의 해변을 거닐며 또 때에 따라 그 모양과 빛깔이 자신의 눈을 끄는 자갈을 주우면서 즐거워하는 어린아이와 같다고 생각했을는지도 모른다. 이 겸허한 감정은 이해할 수 있는 것이지만, 그것은 과학자가 하는 일을 참되게 또 충분히 기술하는 것이 못 된다. 과학자는 자연의 법칙들에 엄격하게 순종하지 않고서는 자신의 목적을 달성할 수 없다. 그러나 이 순종은 수동적 예속이 아니다. 모든 위대한 자연 과학자들이 한 일—갈릴레오와 뉴턴, 막스웰과 헬름홀츠, 플랑크와 아인슈타인의 업적—은

---

[19] H. Helmhotz, *Treatise on Physiological Optics*, trans. J. P. C. Southall(Optical Society of America;George Banta Publishing Co., 1925; copyright, G. E. Strechett), 제3권, pp.33~35.

한갓 사실 수집이 아니다. 그것은 이론적인 일이었던 바, 이론적이라 함은 또한 구성적임을 의미한다. 이 자발성과 생산성이야말로 모든 인간 활동의 핵심이다. 그것은 인간의 최고의 힘이요, 동시에 그것은 우리 인간 세계의 자연적 경계선을 보여준다. 언어에서, 종교에서, 예술에서, 과학에서, 인간은 그 자신의 우주를 세우는 것 이상의 일을 할 수 없다. 이 우주는 인간으로 하여금 그의 인간적 경험을 이해하고 해석하며, 분절하고 조직하며, 종합하고 또 보편화할 수 있게 하는 상징적 우주이다.

# 제12장 요약과 결론

우리의 긴 노정의 마지막에 와서 출발점을 돌이켜 보면 과연 우리가 우리의 목적을 달성했는지 자못 의심스러울지 모른다. 문화 철학은 인간 문화의 세계가 단지 흩어져 있고 고립되어 있는 사실들의 집합이 아니라는 전제에서 시작한다. 그것은 이 사실들을 하나의 체계, 하나의 유기적 전체로서 이해할 것을 추구한다. 경험적 혹은 역사적 견지에서는 인간 문화의 자료를 수집하면 충분하다고 생각될 것이다. 여기서 우리가 관심을 갖는 것은 인간 생활의 넓이들이다. 우리는 풍부하고 다양한 특수 현상들의 연구에 열중하며, 인간성의 풍부함과 다양함을 즐긴다. 그러나 철학적 분석은 이와 다른 과제를 스스로 떠맡는다. 그 출발점과 기초적 가설은 외견상으로는 분산되어 있는 갖가지 광선이 한데 집중되어 공통되는 초점에 이르게 할 수 있다는 확신 속에 구현되어 있다. 사실들은 여기서 여러 형식으로 환원되고 또 이 형식들 자체는 내적 통일을 가지고 있는 것으로 생각된다. 그러나 우리는 이러한 본질적인 점을 증명할 수 있었는가? 우리의 개개의 분석은 이와 정반대되는 것을 우리에게 보여준 것은 아니었던가? 이는 우리가 여러 가지 상징 형식—신화·언어·예술·종교·역사·과학—의 독특한 성격과 구조를 제각기 강조하지 않으면 안 되었기 때문이다. 우리의 탐구의 이 측면을 염두에 두면 우리는 아마 이 반대설, 즉 인간 문화의 불연속성과 근원적 이질성의 주장을 옳게 여기는 쪽으로 기울어졌다고 느낄지도 모른다.

  단순히 존재론적 혹은 형이상학적 견지에서 보면 이 설을 거부하는 것은 매우 어려운 일일 것이다. 그러나 비판 철학에서는 이 문제가 하나의 다른 모습을 띤다. 여기서 우리는 인간의 실체적 통일을 증명할 아무런 의무도 없다. 인간은 이제 더 이상 그 자체로 존재하며 또 그 자체에 의하여 알려질 단순한 실체로 생각되지는 않는다. 인간의 통일은 기능적 통일로 생각된다. 이와 같은 통일은 이것을 구성하는 갖가지 요소의 동질성을 전제로 하지는 않는다. 그것은 그 구성 부분의 다양성과 다형성을 용인할 뿐만 아니라 나아가 요구하기까지 한다. 이는 그것이 변증법적 통일이요, 반대물들의 공존이기 때문이다.

  "인간은 서로 다른 여러 방향으로 찢긴 것이 어떻게 통합하게 하는가를—악궁(樂弓)과 칠현금의 경우에서와 같은 반대물 속의 조화를—이해하지 못한다"[1]고 헤라클레이토스는 말하였다. 이와 같은 조화를 증명하기 위하여, 우리는 이것을 생기게 하는 서로 다른 힘이 동일하다든가 유사하다든가 하는 것을 증명할 필요는 없다. 인간 문화의 갖가지 형태는 그것들의 성질이 동일함에 의해 한데 결합되는 것이 아니라 그것들의 근본적 임무가 일치하기 때문에 결합된다. 만일 인간 문화에 어떤 평형이 있다면, 그것은 오직 동적 균형으로 기술될 수 있고, 정적인 것이라고는 할 수 없다. 그것은 대립하는 두 힘 사이의 투쟁의 결과이다. 이 투쟁은 저 〈숨은 조화〉를 배제하지 않으며, 이 조화는 헤라클레이토스에 의하면 "명백히 드러난 것보다 나은 것이다."[2]

---

[1] Heraclitus, Fragment 51, in Diels, *Die Fragment der Voesokratiker*, 제 5판. English trans. M. Bakewell, *Source Book in Ancient Philosophy*(New York : Charles Scribner's Sons, 1907), p.31.

[2] Heralitus, Fragment 54, in Bakewell, 같은 책, p.31.

인간을 <사회적 동물>이라고 한 아리스토텔레스의 정의는 충분히 모든 것을 포괄하는 것이 못 된다. 그것은 유(類)개념을 우리에게 보여주지만 종차(種差)는 없다. 사회성은 인간에게만 있는 특징도 또 인간만의 특권도 아니다. 소위 동물의 나라에서, 꿀벌과 개미들 사이에서 우리는 확연한 분업과 놀랄 만큼 복잡한 사회 조직을 볼 수 있다. 그러나 인간의 경우에는 동물들 사이에서처럼 행동의 사회만이 아니라 또한 사고와 감정의 사회를 볼 수 있다. 언어·신화·예술·종교·과학은 이보다 높은 사회 형태의 요소들이며 구성 조건들이다. 이것들은 우리가 유기적 자연에서 볼 수 있는 사회 생활의 여러 형태를 하나의 새로운 상태, 즉 사회의식의 상태로 발전시키는 수단이다. 인간의 사회의식은 이중의 행위, 즉 일치와 차별의 행위에 의존한다. 인간은 사회 생활을 매개로 하지 않고서는 자기 자신을 찾을 수 없고, 자신의 개성을 깨달을 수 없다. 그러나 인간에게 있어서 이 매개는 외부에서 결정하는 힘 이상의 것을 의미한다. 인간은 동물들처럼 사회의 규칙들에 복종하지만 또한 사회 생활의 여러 형태를 만들어 내는 데 있어 적극적으로 참여하며, 이 형태들을 변화시키는 적극적인 힘을 가지고 있다. 인간 사회의 원시적 단계에서는 아직 이와 같은 활동을 거의 알아볼 수 없다. 그것은 극히 적어 보인다. 그러나 우리가 더욱 진보할수록 이 면은 더욱 분명히 드러나고 또 의미 있는 것이 된다. 천천히 이루어지는 이러한 발전은 인간 문화의 거의 모든 형태에서 발견될 수 있다.

동물 사회에서 수행되는 많은 행동이 인간이 하는 일과 동등할 뿐 아니라 어떤 점에서는 그것보다 낫다는 것은 주지의 사실이다. 꿀벌이 그 집을 짓는 데 있어 완벽한 기하학자처럼 행동하여 고도의 정확성과 정밀성을 성취한다는 것은 가끔 지적되어 온 바이다. 이와 같은 활동은 매우 복잡한 조직을 가진 조정과 협동을 필요로 한다. 그러나 이 모든 동물의 동작에 있어서 우리는 개체적 차이를 전혀 발견할 수 없다. 이 모든 동작은 동일한 방법으로 또 변함없는 동일한 규칙을 따라 일어난다. 개체의 선택이나 능력에는 전혀 자유가 없다. 동물 생활의 보다 높은 단계에 이르러서 비로소 우리는 몇몇 개체화의 최초의 자취를 더 보게 된다. 쾰러의 유인원에 대한 관찰은 이 동물들의 지능과 재주에 많은 차이가 있다는 것을 증명하는 것처럼 보인다. 이 유인원들 가운데 어떤 것은 다른 것이 풀지 못하는 문제를 풀 수 있다. 그리고 여기서 우리는 개체적 <발명>을 말할 수도 있다. 그러나 동물 생활의 일반적 구조에 있어서는 이 모든 것이 부적절한 말이다. 이 구조는 일반적인 생물학적 법칙에 의하여 결정되어 있다. 이 법칙에 의하면 습득된 성격은 유전적 전달이 불가능하다. 어떤 유기체가 그 개체적 생활의 과정에서 획득할 수 있는 모든 완성은 그 자체의 생존에 국한되며, 종(種)의 생명에 영향을 주지는 않는다. 인간도 이 일반적인 생물학적 규칙에 있어서 예외일 수 없다. 그러나 인간은 그 업적을 고정시키고 전파하는 새로운 방법을 발견하였다. 인간은 자신의 생활을 표현하지 않고서는 살아갈 수 없다. 이 표현의 다양한 양식은 하나의 새로운 영역을 구성한다. 그것들은 그것들 자신의 생명을 가지고 있다. 이 생명은 일종의 영원한 생명이다. 이것으로 말미암아 그 여러 표현 양식은 인간의 개인적이고 일시적인 생존이 그친 뒤에도 그 명맥을 유지해 간다. 인간의 모든 활동에서 우리는 근본적인 양극성을 볼 수 있는데, 이것은 여러 방법으로 기술할 수 있다. 우리는 안정화와 진화 사이의 긴장, 즉 고정되고 안정된 생활 형태로 나아가는 경향과 이 엄격한 틀을 깨뜨리려는 또 하나의 다른 경향 사이의 긴장을 논할 수 있다. 인간은 이 두 경향 사이에서 두 갈래로 찢기고 있는데,

이 경향 가운데 하나는 낡은 형태들을 존속시킬 것을 추구하는데 반하여 다른 하나는 새로운 형태들을 만들어 낼 것을 추구한다. 전통과 혁신, 재현적 세력과 창조적 세력 사이에는 간단없는 투쟁이 있다. 이 이원성은 문화 생활의 모든 영역에서 찾아볼 수 있다. 차이점은 대립하고 있는 두 인자의 비율이다. 어떤 때에는 이 인자가 또 어떤 때에는 다른 인자가 우세해 보인다. 이 우세함이 고도화되면 하나하나의 형태의 성격을 결정하고 또 개개의 형태에 그 독특한 특징을 부여한다.

신화와 원시 종교에서는 고정화에의 경향이 아주 강해서 반대의 극을 완전히 압도하고 있다. 이 두 문화 현상은 인간 생활에 있어서 가장 보수적인 힘인 것 같다. 신화 사상은 그 기원과 원리에 있어서 가장 보수적인 힘인 것 같다. 왜냐하면 신화는 인간 생활의 현대 상태를 이해하고 설명하고 또 해석하는 데 있어서 그것을 먼 과거로 환원시키는 것 이외의 다른 방법을 가지고 있지 않기 때문이다. 그 근원을 이 신화적 과거에 두고 있는 것, 옛날부터 있어 온 것, 상기할 수조차 없는 시대로부터 존재해 온 것은 확고하고 의심할 여지가 없다. 이것을 의문시 하는 것은 신성 모독이다. 원시인의 정신에 있어서는 세월의 신성보다 더 신성한 것은 없다. 세월이야말로 모든 사물에, 물리적 대상과 인간 제도에 그 가치, 그 존엄성, 그 도덕적 및 종교적 가치를 주는 것이다. 이 존엄성을 유지하려면, 인간 질서를 변함없는 동일한 형상으로 계속하고 유지하는 것이 절대 필요하다. 연속이 조금이라도 끊기면, 신화적 및 종교적 생활의 본체는 그야말로 파멸하고 만다. 원시적 사고의 견지에서 볼 때, 사물의 기성의 형식을 조금이라도 변경하는 것은 불행을 초래하는 일이다. 마술의 공식, 즉 주문이나 푸념에서 하는 말, 종교 의식, 즉 희생이나 기도의 하나하나의 절차, 이 모든 것은 언제나 한결같이 변함없는 순서로 되풀이되지 않으면 안 된다. 그 어떤 변화도 마술의 말이나 종교 의식의 힘과 효과를 소멸시키고 말 것이다. 그러므로 원시 종교는 개인적 사고의 그 어떤 자유에 대한 여지도 이를 용납할 수 없다. 그것은 그것의 고정되고 엄하고 어길 수 없는 규칙을 모든 인간 행동에 대해서 뿐만 아니라 또한 모든 인간 감정에 대해서도 규정한다. 인간의 생활은 끊임없는 압력 아래 있다. 그것은 여러 가지 적극적 요구와 소극적 요구, 헌신과 금제, 계율과 타부의 좁은 범위 안에 갇혀 있다. 그럼에도 불구하고 종교의 역사는 종교적 사상의 이 최초의 형태가 결코 종교의 진정한 의미와 목적을 표현하지 못한다는 것을 우리에게 보여준다. 여기서도 우리는 반대 방향으로의 계속적 전진을 볼 수 있다. 원시적인 신화적 및 종교적 사상에 의하여 인간 생활을 묶고 있던 금제는 점차 풀리고, 마침내 그것은 속박하는 힘을 잃어버린 것처럼 보인다. 이 때에 이르러 도덕적 및 종교적 생활의 신선한 안계를 열어 주는 새로운 형태의 동적 종교가 일어난다. 이러한 동적 종교에서, 개인의 힘은 한갓 고정화의 힘에 대하여 우세를 쟁취하였다. 종교 생활은 그 성숙과 자유에 이르고, 견고한 전통의 마력을 깨뜨렸다.[3]

신화적 및 종교적 사상의 분야로부터 언어의 분야로 넘어가 볼 때, 우리는 여기서도 모양은 다르지만 동일한 근본적 과정을 발견한다. 언어도 인간 문화에 있어서 가장 공고한 보수적 세력들 가운데 하나이다. 이 보수성이 없다면 언어는 그 주요 임무, 즉 의사 전달의 임무를 완수할 수 없다. 의사 전달은 엄격한 규칙을 요구한다. 언어의 심볼들과 형식들은, 해소시키고 파멸시키는 시간의 영향에 저항하기 위하여 고정성과 통일성을 가지지 않으면 안 된다. 그럼에도 불구하고

---

[3] 더 자세한 것은 이 책의 7장, pp.157 이하를 참조.

음성상의 변화와 의미상의 변화는 그저 언어 발달의 우연한 면에 불과한 것만은 아니다. 이 변화들은 이러한 발전의 내재적이고 필연적인 조건이다. 이 계속적인 변화에 대한 주요 이유들 가운데 하나는 언어가 한 세대에서 다른 세대로 전달되지 않으면 안 된다는 사실이다. 이 전달은 고정되고 정지되어 있는 형태를 그저 그대로 재현시킴으로써 가능한 것이 아니다. 언어 습득의 과정은 그저 그대로 재현시킴으로써 가능한 것이 아니다. 언어 습득의 과정은 언제나 적극적이고 생산적인 태도를 내포한다. 아동의 갖가지 과오도 이 점에서 볼 때 매우 특징적이다. 이 과오들은 불충분한 기억력 혹은 재현력에서 생기는 한갓 실수이기는커녕 오히려 아동의 적극성과 자발성의 가장 좋은 증거이다. 아동은 그 발육의 비교적 이른 단계에 있어서는 언어적 규칙들을 추상적으로 의식하지 못하면서도 자신의 모국어의 일반적 구조에 대한 어떤 느낌을 갖게 되는 것으로 생각된다. 아동은 자기가 한 번도 들어보지 못한 말이나 문장 및 어형론적 혹은 문장 구성적 규칙에 위반되는 말이나 문장을 사용한다.

그러나 여러 가지 유사에 대한 아동의 날카로운 감각이 나타나는 것은 바로 이러한 시도에서이다. 이 여러 시도에서 아동은 언어의 내용을 그저 재현하지 않고, 언어의 형식을 파악하는 능력이 있음을 증명한다. 그러므로 어떤 언어의 한 세대로부터 다른 세대로의 전달은 결코 물질적인 물건이 그 성질을 바꾸지 않고 그저 소유자만 바꾸는 단순한 재산 이동에 비길 수 없다. 헤르만 파울은 그의 『언어사의 원리』(*Prinzipien der Sprachgeschichte*)에서 이 점을 특별히 강조하였다. 그는 언어의 역사적 진화가 부모에게서 아이들에게 단어와 언어 형식이 옮아갈 때 일어나는 느리고 계속적인 변화에 크게 의존한다는 것을 구체적인 예를 들어 설명하였다. 파울에 의하면, 이 과정은 음성의 변천 및 의미의 변화라는 현상에 대한 주요 이유들 가운데 하나로 여겨져야 할 성질의 것이다.4) 이 모든 것에 있어서 우리는 서로 다른 두 경향을 매우 뚜렷하게 느낄 수 있다. 그 하나는 언어의 보존으로 이끄는 것이고, 다른 하나는 언어를 혁신하고 다시 젊어지게 하는 방향으로 이끄는 것이다. 그러나 우리는 도저히 이 두 경향 간의 대립을 운운할 수 없다. 이 두 경향은 완전한 평형을 이루고 있으며 또 그것들은 언어 생활의 불가결한 두 요소요 조건이다.

이 동일한 문제의 새로운 모습이 예술의 발전에서 우리에게 주어진다. 그러나 여기서는 둘째 인자—독창성, 개성, 창조성의 인자—가 첫째 인자에 대하여 결정적으로 우세해 보인다. 예술에 있어서 우리는 전통적 형식의 반복 내지 재생에 만족하지 않는다. 우리는 새로운 책무를 느끼고 또 새로운 비판 기준을 도입한다. "시인의 평범은, 신에게도 인간에게도 또 서점의 기둥에게도 용납되지 않는다"라고 호라티우스는 그의 『시론』(*Ars Poetica*)에서 말하고 있다. 확실히 여기서도 전통은 여전히 절대적 역할을 담당하고 있다. 언어의 경우에서처럼 동일한 형식이 한 세대에서 다른 세대로 전달된다. 똑같은 예술의 근본 동기가 거듭 되풀이해서 일어난다. 그럼에도 불구하고 위대한 예술가들은 각각 어떤 의미에서는 하나의 새 시대를 만든다. 우리의 일상적 언어 형식과 시적 언어를 비교할 때 이 사실을 알게 된다. 어떠한 시인도 진허 새로운 언어를 창조할 수 없다. 그는 낱말들을 채택하지 않으면 안 된다. 그러나 이 모든 것에 대해서 시인은 비단 새로운 경향만을 주는 것이 아니라, 또한 새 생명을 준다. 시에 있어서 낱말들은 그저 추상적으로 의미가 있는 것에 지나지 않는 것이 아니다. 그것들은 그것들에 의하여 우리가 어떤 경험적 대상을 지시하고 싶어

---

4) H. Paul, *Prinzipen der Sprachgeschichte*, 제4판(1909), p.63.

하는 한갓 지시자가 아니다. 여기서 우리는 우리의 모든 일상적 낱말들의 일종의 탈바꿈을 본다. 셰익스피어의 시 하나하나, 단테나 아리오스토의 구절 하나하나, 괴테의 서정시 하나하나는 각기 그 특별한 음향을 가지고 있다. 레싱은 셰익스피어의 시 하나를 훔치는 것은 헤라클레스의 몽둥이를 훔치는 것과 똑같은 정도로 불가능한 일이라고 말하였다. 그리고 더욱 놀라운 일은 위대한 시인은 결코 자기 자신을 반복하지 않는다는 사실이다. 셰익스피어는 그 이전에는 절대로 들을 수 없었던 언어를 말했으며 또 셰익스피어에 나오는 인물은 누구나 남과 비교할 수 없고 혼동될 수 없는 그 자신의 언어로 말한다. 리어왕과 맥베드에게서, 브루투스나 햄릿에게서, 로잘린드나 베아트리체에게서, 우리는 개별적 정신의 거울인 이 개인적 언어를 듣는다. 오직 이와 같이 함으로써만 시는 다른 표현 양식으로는 불가능한 저 헤아릴 수 없을 만큼 많은 뉘앙스, 저 미묘한 감정의 명암을 모두 표현할 수 있다. 만일 언어가 그 발달에 있어서 끊임없는 갱신을 필요로 한다면, 이 갱신을 위한 원천으로 시보다 더 좋고 더 깊은 것은 없다. 위대한 시는 언어의 역사에서 언제나 날카로운 절개구(切開口), 명확한 휴지처(休止處)를 이룬다. 이탈리아어, 영어, 독일어는 단테, 셰익스피어, 괴테가 죽을 때의 그것과 이들이 세상에 탄생될 때의 그것과 같지 않았다.

미학설에 있어서, 예술 작품이 의존하는 보수적 힘과 생산적인 힘 사이의 차이는 언제나 느껴졌고 또 표현되었다. 어느 시대에나 모방설과 영감설 사이에는 긴장과 대립이 있었다. 전자는 예술 작품이 고정되고 변함없는 규칙들을 따라서 혹은 고전적 전형들을 따라 판단되지 않으면 안 된다고 주장한다. 후자는 미의 모든 표준과 준거를 거부한다. 미는 유일한 것이고 비교할 수 없는 것으로 그것은 천재의 일이다. 바로 이 생각이야말로 고전주의와 신고전주의의 여러 이론에 대항해서 싸운 오랜 투쟁의 결과, 18세기에 유력하게 되고 또 우리의 현대 미학의 길을 닦은 생각이다. 칸트는 그의 『판단력 비판』(*Critique of Judgement*)에서 말한다. "**천재**란 그것을 통하여 자연이 예술에 규칙을 주는 타고난 정신적 **성향**이다." 그것은 "아무런 명확한 규칙도 줄 수 없는 것을 산출하는 **재능**이다. 그것은 규칙에 의하여 배울 수 있는 것에 대한 단순한 소질이 아니다. 그러므로 **독창성**이야말로 그 첫째가는 특성이 아닐 수 없다." 이러한 독창성은 예술의 특권이요 특징이다. 그것은 인간 생활의 다른 분야에 확장될 수 없다. "자연은 천재를 매개로 하여 과학에 규칙들을 주지 않고, 예술에 규칙들을 정해 준다. 그리고 오직 그 예술이 아름다운 예술인 한에 있어서만 예술에 규칙을 준다." 혹 뉴턴을 과학적 천재라 말할 수 있다. 그러나 이 경우 우리는 비유적으로 말하고 있는 데 지나지 않는다. "그리하여 우리는 뉴턴이 자연 철학의 원리에 관한 그의 불멸의 저서에서 논술한 것을 모두 쉽게 배울 수 있다. 그것을 발견하는 데 아무리 위대한 두뇌가 필요했다 하더라도, 하여튼 우리는 그것을 배워 알 수 있다. 그러나 우리는 혼이 든 시를 쓰는 것을 배울 수는 없다. 아무리 예술의 기교상의 교훈이 명시되고 또 아무리 그 표본이 훌륭하다 하더라도 말이다."5)

주관성과 객관성, 개성과 보편성 사이의 관계는 예술가의 일에 있어서는 사실상 과학자의 일에 있어서와 동일하지 않다. 위대한 과학적

---

5) I. Kant, *Critique of Judgement*, secs. 46, 47. English trans. J. H. Bernard(London : Macmillan, 1892), pp.188~190.

발견 역시 그 발견자의 개인적 정신의 자국을 가지고 있음은 사실이다. 그 속에 우리는 사물의 한 새로운 객관적 측면뿐만 아니라, 또한 개인적 정신 상태, 심지어는 인격형도 볼 수 있다. 그러나 이 모든 것은 오직 심리학적 관련만을 가지고 있지, 체계적인 관련을 가진 것은 아니다. 과학의 객관적 내용에 있어서 이 개인적인 면들은 잊혀지고 말소된다. 이는 과학적 사고의 주요 목표들 가운데 하나가 모든 개인적 및 의인적 요소를 제거하는 것이기 때문이다. 베이컨의 말로 하면, 과학은 세계를 <우주의 유비에서> 생각하려고 애쓰는 것이지, <인간의 유비에서> 생각하려고 애쓰는 것이 아니다.6)

인간 문화는, 이를 하나의 전체로 볼 때 인간의 점차적 자기 해방의 과정이라 할 수 있다. 언어·예술·종교·과학은 이 과정의 다양한 국면이다. 이것들 모두에 있어서 인간은 하나의 새로운 힘을 발견하고 증명한다. 그것은 인간이 그 자신의 세계, 하나의 <이상적> 세계를 건설하는 힘이다. 철학은 더 이상 세계에 있어서의 근본적 통일의 탐구를 단념할 수 없다. 그러나 철학은 이 통일을 단순성과 혼동하지 않는다. 철학은 인간의 다양한 힘 사이의 긴장과 마찰, 강렬한 대립과 심각한 투쟁을 간과하지 않는다. 이것들은 하나의 공통분모에 환원될 수 없다. 이것들은 서로 다른 방향으로 나아가려 하며 또 서로 다른 원리를 따른다. 그러나 이 다양성과 이질성은 불화와 부조화를 나타내는 것이 아니다. 이 모든 기능은 서로를 완전하게 하고 보충한다. 그 하나하나가 새로운 안계를 열어 주고 또 인간성의 새로운 측면을 우리에게 보여 준다. 부조화는 그 자신과의 조화 속에 있으며, 반대물들은 서로 배타적인 것이 아니라 상호 의존적인 것이다. 실로 그것은 "악궁과 칠현금의 경우에서처럼 반대 속의 조화이다."

---

6) F. Bacon, *Novum Organum*, Liber 1, Aphor. 41.

## 색 인

# 이름 찾기

# 이름찾기

**(ㄱ)**

가디너　A.H. Gardiner　208, 364
가우스　K. Gauss　44, 111, 376
갈릴레오　G. Galileo　41, 110, 115, 328, 378
겔프　A. Gelb　81
고골리　N. Gogol　356
골드슈타인　K. Goldstein　81, 108
괴 테　J.W. Goethe　99, 114, 122, 234, 245, 246, 247, 255,
　　　　　　　260, 272, 274, 291, 307, 324, 339, 353, 388
그뢰투이젠　B. Groethuysen　24
그림　J. Grimm　210, 217
꼬르네이유　T. Corneille　270
꽁뜨　A. Comte　119, 120, 121

**(ㄴ)**

노드롭　F.S.C. Northrop　12, 372
노발리스　Novalis　271, 272
뉴턴　I. Newton　85, 252, 305, 378, 389
니체　F.W. Nietzsche　49, 283, 309, 310

(ㄷ)

다윈  C. Darwin  44, 47, 64, 122, 204, 215, 287, 361

단테  Dante  260, 269, 277, 388

달랑베르  F.C. d'Alembert  43

달톤  J. Dalton  371

대커리  W.M. Thackeray  356

데까르뜨  R. Descartes  17, 32, 36, 41, 67, 94, 304, 368
  물리학  43, 53, 120, 121, 143, 214, 215, 220, 278, 301, 302, 305, 317, 330
  보편적 회의  41
  보편학  94, 368
  인식론  10, 12, 53, 78, 80, 84
  해석 기하학  94, 368

데데킨트  J.W.R. Dedekind  365

데모크리토스  Democritos  85, 203, 204, 369

델브뤼크  B. Delbrück  211

도스토예프스키  Dostoievski  255, 356

뒤러  A. Dürer  263

뒤르껭  E. Dürkheim  144, 145

듀이  J. Dewey  124, 142

디킨즈  C. Dickens  262

딜타이  W. Dilthey  24, 335

뗀느  H. Taine  48, 49, 122, 332, 333, 334, 335, 340, 347, 348

(ㄹ)

라규나　G. de Laguna　207, 208
라그랑쥬　C. Lagrange　214
라브와지에　A. Lavoisier　371
라스크　R.K. Rask　217
라이프니츠　G. Leibniz　41, 95, 227, 310, 373
라플라스　P. Laplace　375
람프레히트　K. Lamprecht　344, 345, 346, 347, 348
랑케　L.v. Ranke　300, 307, 323, 324, 325, 327, 331
러셀　B. Russell　365
레베스　G. Révész　60, 63
레비-브륄　Levy Bruhl　145
레싱　G.E. Lessing　9, 388
레오나르도 다빈치　Leonardo da Vinci　251, 257
레오파르디　Leopardi　255
렘브란트　Rembrandt　99, 129, 350
로바체프스키　N.I. Lobatschevski　100
로버트슨-스미스　W. Robertson-Smith　156, 188, 189
루크레티우스　Lucretius　203
루소　J.J. Rousseau　55, 114, 115, 203, 245, 246, 288
리만　B. Riemann　44, 111
리버　F. Lieber　75
리처즈　I.A. Richards　289
리케르트　H. Rickert　322, 338
리히터　I. Richter　253

린네   C.Linne   361

(ㅁ)

마르쿠스 아우렐리우스   Marcus Aurelius   25, 26, 27, 34
마르크스   K. Marx   50
마이어   E. Meyer   338
마키아벨리   Machiavelli   298
말라르메   S. Mallarme   249, 289
말리노프스키   B. Malinowski   136, 146, 162, 166, 171
맥스웰   J.C. Maxwell   214
머레이   G. Murray   163, 164
메난드로스   Menandros   303
멘델스존   M. Mendelssohn   311
모리스   C. Morris   59
모리슨   S.E. Morison   313
모어   T. More   113
모차르트   Mozart   261
모페르뚜이   P.L. Maupertuis   43
몰리에르   Molière   255, 261, 356
몸젠   Th. Mommsen   314, 320, 321, 351
몽떼뉴   Montaigne   16, 38, 39
몽떼스끼외   Montesquieu   115, 349
밀러   F.M. Müller   194
미란돌라   Pico della Mirandola   185
미켈란젤로   Michelangelo   255, 277

밀턴 J. Milton 133, 265, 277
밀 J.S. Mill 223

(ㅂ)

바움가르텐 A. Baumgarten 241
바이어슈트라스 K.T.W. Weierstrass 44
바퇴 C. Batteux 244, 245
바하 J.S. Bach 347
발작크 H. de Balzac 273, 356
버클 J.E. Buckle 85, 341, 342, 346
버클리 G. Berkeley 85
베르그송 H. Bergson 98, 158, 159, 161, 162, 182, 183, 280, 283
베르너 H. Werner 86
베르누이 J. Bernoulli 43
베이컨 F. Bacon 135, 274, 390
베토벤 L. Beethoven 255, 261, 347
벤파이 T. Benfy 207
보드머 J.J. Bodmer 265
보어 H.N. Bohr 369
보프 F. Bopp 210
볼떼르 Voltaire 115
볼리아이 Bolyai 111
뵈클린 A. Boecklin 347
뵐플린 H. Wölfflin 128, 129

부르크하르트   J. Bruckhardt   298, 328, 351, 355
부왈로   N. Boileau   264
브라이팅거   J.J. Breitinger   265
브레스테드   J.H. Breasted   152
브뢴달   Bröndal   185, 219, 225
브루노   G. Bruno   40, 41
브루크만   K. Brugmann   211
브리지만   L. Bridgman   68, 71, 74, 75, 231
비코   G. Vico   203, 266, 299
빠스깔   B. Pascal   31-33, 36-37, 136, 315


(ㅅ)

사피어   E. Sapir   221, 225, 229
산타야나   V.G. Santayana   277
설리반   Sullivan   69
세르반테스   M. Cervantes   255, 262, 356
셰익스피어   Shakespeare   255, 257, 259, 260, 266, 270, 325, 356, 388
셸러   M. Scheler   51
셸리   P.B. Sheller   255
셸링   F.W.J. Schelling   214, 270, 274
소쉬르   F. de Saussure   216
소크라테스   Socrates   21-26, 34, 118, 200, 260, 311
손다이크   E.L. Thorndike   67
쇼펜하우어   A. Schopenhauer   310

슈타이넨  K. Steinen  150, 237
슈테른  C. Stern  100
슈테른  W. Stern  76
슐라이헤르  A. Schleicher  204, 211
슐레겔  F. Schlegel  218, 226, 271
스턴  L. Sterne  262, 356
스펜서  B. Spencer  150, 152
스펜서  H. Spencer  153, 287
스피노자  B. Spinoza  41-42
시모니데스  Simonides  243
실러  F. Schiller  261, 267, 287, 290, 326, 329

(ㅇ)

아낙사고라스  Anaxagoras  163
아디케스  E. Adickes  350
아르키메데스  Archimedes  16, 358
아리스토텔레스  Aristoteles  17-18, 31, 45-46, 198, 215, 222-223, 242, 244, 250, 258, 269-270, 277, 328, 357, 362, 372, 382
아리스토파네스  Aristophanes  260-261
아리오스토  Ariosto  388
아우구스티누스  Augustinus  30-31, 100, 311
아후라 마즈다  Ahura Mazda  178, 180
안토니우스  Antonius  315-316
앙그라 마이뉴  Angra Mainyu  180
에스겔  Ezekiel  104

에우리피데스  Euripides  163, 255, 283, 325, 354, 356
에피쿠로스  Epicuros  203
엠페도클레스  Empedocles  199
여키스  R.M. Yerkes  59, 63-64, 97, 124
영  E. Young  265
예스페르센  O. Jespersen  206-209, 224, 360
옐므스테프  Hjelmstev  225
오르테가 이 가세트  Ortega y Gasset  289, 296, 298
오일러  L. Euler  43
울프  J.B. Wolfe  59, 102
워즈워드  W. Wordsworth  247, 255-256, 268
웍스퀼  J.v. Uexküll  53-55
이사야  Isaiah  104
입센  H. Ibsen  99

(ㅈ)

잭슨  J.H. Jackson  63
제몬  R. Semon  95-96
제본스  F.B. Jevons  186, 191
제우스  Zeus  163-164, 174, 176
제임스  W. James  81, 124, 138
제크시스  Zeuxis  244
졸라  E. Zola  253, 273
질렌  F.J. Gillen  150, 152

(ㅋ)

카르납  R. Carnap  225

카르다노  G. Cardano  185

카토  M.P. Cato  343

칸트  I. Kant  57, 94, 105-106, 112, 138, 214, 240, 251, 254, 275-276, 287, 297, 305, 311-312, 334, 347, 350-351, 358, 389

캄파넬라  G.D. Campanella  185

케사르  Caesar  313-315

케플러  J. Kepler  93

켈러  H. Keller  68-73, 231

코드링턴  R.H. Codrington  154

코츠  N. Kohts  78

콜링우드  R.G. Collingwood  248

쾰러  W. Koehler  62-63, 67, 77, 102

크로체  B. Croce  247, 263, 292, 309

크세노파네스  Xenophanes  163, 177

크세노폰  Xenophon  311

클레오파트라  Cleopatra  315이하

클링거  M. Klinger  347

키에르케고르  S. Kierkegaard  133

키케로  Cicero  277 이하

(ㅌ)

토마스 아퀴나스  Thomas Aquinas  31, 132

톨스토이  P.A. Tolstoi  256

트라이츄케  H.v. Treitschke  324, 328
트루베츠코이  Trubetzkoy  218

(ㅍ)

파라켈수스  Paracelsus  185
파르메니데스  Parmenides  199
파브르  J. Fabre  101
파블로프  I. Pavlov  59, 65, 73
파울  H. Paul  211, 386-387
페레로  G. Ferrero  314-316
페리클레스  Pericles  354
페아노  G. Peano  365
페이디아스  Phidias  176
페히너  G. Th. Fechner  44
포르타  G. Porta  185
포스  H.F. Pos  219
포엥카레  H. Poincaré  44
포이에르바하  A. Feuerbach  347
포트  A.F. Pott  210
폼포나씨  P. Pomponazzi  185
퓌스텔  Fustel de Coulanges  154
프레게  G. Frege  365
프레이저  J. Frazer  138, 150, 165, 168 이하
프로이트  S. Freud  49, 137
프로타고라스  Protagoras  202

플라톤  Platon  18, 21이하
  공간  77
  불사(영생)  152
  사랑  22, 318
  시(詩)  226, 227
  언어  77
  유한과 무한  40
  이상적 수  374
  천문학  366
  철학에 대한 해석  271
플랑크  M. Planck  301, 378
플로베르  G. Flaubert  273, 356
피치노  M. Ficino  311
피히테  J.G. Fichte  270

(ㅎ)

하이젠베르크  W.K. Heisenberg  331, 243, 272,
헤겔  G.W.F. Hegel  28, 204, 214, 274, 307, 326
헤라클레이토스  Heracleitos  20, 82, 94, 163, 197-198, 201,
           252, 297, 310, 381
헤로도토스  Herodotos  176, 299
헤르더  J.G. Herder  78-81, 245, 299, 307
헤르바르트  J.F. Herbart  44
헤링  E. Hering  95-96
헤밀튼  W. Hamilton  331

헤시오도스   Hesiodos   103, 176
헬름홀츠   H.L.F. Helmholtz   814, 377
호라티우스   Horatius   101, 242, 387
호메로스   Homeros   163-164, 174, 176-177
화이트헤드   A.N. Whitehead   95
흄   D. Hume   78, 215, 262
힐데브란트   A. Hildebrand   238

## 인간이란 무엇인가(개정판)

2017년 1월 25일 · 개정판 2쇄 발행

지은이 · 에른스트 캇시러
옮긴이 · 최명관
펴낸이 · 이규인
펴낸곳 · 도서출판 **창**
등록번호 · 제15-454호
등록일자 · 2004년 3월 25일

주소 · 서울특별시 마포구 합정동 388-28번지 합정빌딩 3층
전화 · 322-2686, 2687 / 팩시밀리 · 326-3218
홈페이지 · http://www.changbook.co.kr
e-mail · changbook1@hanmail.net

ISBN 978-89-7453-152-2      93110

정가 13,000원

* 잘못 만들어진 책은 <도서출판 **창**>에서 바꾸어 드립니다.

  * 이 책의 저작권은 <도서출판 창>에 있습니다.
    저작권법에 의해 보호를 받는 저작물이므로
    무단 전재와 복제를 금합니다.

## 예수의 생애

에르네스뜨 르낭 지음 / 최명관 옮김

이 책이 1863년에 나오자 세상은 격찬과 매도(罵倒)로 들끓었으며, 굉장한 성공을 거두었다. 간행된 지 4개월 만에 6만 부가 판매되었고, 일 년 반이 채 안 되는 동안에 11개 국어로 번역되었다. 1863년과 1864년 동안에만 찬반 논문이 80편이나 나왔다. 이웃 일본에서는 늦게나마 1908년에 첫 번역이 나왔고 우리나라에서 이 책을 처음으로 1967년 훈복문화사에서 발행하였다. 이 책의 제목에 '신판'이 들어간 것은 지은이가 새 판본을 간행했다는 것은 아니고, 역자가 1967년에 옮긴 책을 처음 간행할 때에 원서에 있는 13판 머리말과 참고문헌을 넣지 않았던 것을 이번에 넣은 것이다.

## 소크라테스 영원한 인간상—진리의 첫 시민

코라 메이슨 지음 / 최명관 옮김

소크라테스의 사상에 관해 정확한 역사적 사실로 알려져 있는 것은 극히 적다. 이 책은 코라 메이슨의 ≪소크라테스 : 끊임없이 질문을 던진 자≫(*Socrates: The Man Who Dared to Ask*)를 옮긴 것이다. 옮긴이가 원서를 처음 번역하여 출판한 것은 1967년이다. 이번에 다시 출판하게 되면서 용어나 표현 등을 현재의 언어 감각에 맞게 우리말로 매끄럽게 다듬었다.

## 존 스튜어트 밀 자서전

존 스튜어트 밀 지음 / 최명관 옮김

밀 자서전은 19세기 지성사의 가장 중요한 문서 중의 하나이다. 모든 이야기는 그의 정신의 성장과 사상의 발전을 중심 삼아 전개되고 있다. 거기에는 19세기의 사회적 정세와 사상적 상황에 처하여 심각하게 고민하고 진지하게 사색한 그리고 인류의 복리를 위하여 분투한 하나의 뛰어난 정신의 모습이 그려져 있다.

## 방법서설·성찰·데카르트 연구

데카르트 지음 / 최명관 옮김

이 책에는 데카르트의 저서 ≪방법서설≫·≪성찰≫의 번역과 데카르트 연구로서 ≪데카르트의 중심 사상과 현대적 정신의 형성≫·≪데카르트의 생애≫가 수록되어 있다. ≪데카르트의 중심 사상과 현대적 정신의 형성≫은 필자가 1972년 철학 박사 학위 논문으로 제출하여 1973년 2월에 학위를 받은 것이다.

나머지 셋, 즉 ≪방법서설≫·≪성찰≫·≪데카르트의 생애≫는 1970년 9월 ≪데카르트 選集1≫이라 하여 출판되었다.

## 플라톤의 대화편

플라톤 지음 / 최명관 옮김

플라톤은 특히 초기 작품들을 통하여 소크라테스의 모습을 생생하게 그려냄으로써 영원의 생명을 획득하였다. 여기 그려진 소크라테스의 모습은 역사적 진실이 아닐지도 모른다. 그러나 "시는 역사보다 더 진실하다."라고 하듯이, 그것은 하나의 살아 있는 전체로서의 소크라테스의 인간상을 예술적으로 훌륭하게 그려내고 있는 것이다. 에우튀프론, 소크라테스의 변론, 크리톤, 파이돈, 향연 5편이 수록되어 있다.

## 니코마코스 윤리학

아리스토텔레스 지음 / 최명관 옮김

인류문학의 최고봉의 하나를 이룩한 B.C. 5세기의 아테나이에서 소크라테스는 고매한 인격을 가지고 깊은 철학적 사색을 끈기 있게 전개하였다. 그의 철학적 사색은 플라톤에 의하여 극적(劇的) 형식(形式)으로 집대성되어 표현되었고, 아리스토텔레스에 의하여 학문적 체계가 갖추어지게 되었다. 소크라테스·플라톤·아리스토텔레스는 그리스 정신문화의 3대 지주이고 원천이었다. 아리스토텔레스 이후로는 그만한 학문적 체계가 13세기 내지 19세기까지 나타나지 못했다. 13세기의 토마스 아퀴나스에 이르러 서양 문화는 다시 한 번 아리스토텔레스의 그것에 못지않은 광범하고 심오한 학적 체계를 얻었다. 또한 아퀴나스는 아리스토